『여헌학총서』는 〈사단법인 여헌학연구회〉가 구미시의 지원을 받아 출간하는
학술총서입니다.

여헌학총서 3

여헌 장현광 평전

기 획   사단법인 여헌학연구회
지은이   박학래
펴낸이   오정혜
펴낸곳   예문서원

편 집   김병훈
인 쇄   주) 상지사 P&B
제 본   주) 상지사 P&B

초판 1쇄   2017년 12월 18일

주   소   서울시 성북구 안암로 9길 13
출판등록   1993년 1월 7일 (제307-2010-51호)
전화번호   02-925-5913~4 / 팩시밀리 02-929-2285
Homepage   http://www.yemoon.com
E-mail   yemoonsw@empas.com

ISBN 978-89-7646-376-0   93150

YEMOONSEOWON 13, Anam-ro 9-gil, Seongbuk-Gu Seoul KOREA 136-074
Tel) 02-925-5913~4, Fax) 02-929-2285

값 40,000원

여헌 장현광 평전

여헌학총서 3

여헌 장현광 평전

박학래 지음

예문서원

【간행사】

'여헌학'의 지평 확대를 기대하며

  17세기 조선 유학을 선도한 여헌旅軒 장현광張顯光 선생은 퇴계退溪,
율곡栗谷 선생과 더불어 한국유학의 수준을 한 단계 끌어올린 대표적인
성리학자입니다. 학문에 대한 지칠 줄 모르는 열정과 진지한 자세를
통해 일구어 낸 여헌선생의 방대한 학문체계는 조선 유학의 성대한
자산이며, 혼란한 시대 상황을 극복하기 위해 제시된 여헌선생의 경세적
식견은 조선 유학의 진면목을 보여 주는 귀중한 모범이라 할 것입니다.
특히 시대와 지역이라는 제한과 한계를 뛰어넘어 보편적인 차원에서
추구되고 제시된 여헌선생의 사상적 지향은 분열과 갈등으로 치닫는
오늘날의 지성에게 뚜렷한 전형으로 다가온다고 하겠습니다.
  주지하다시피, 여헌선생이 이룩한 방대한 학문과 담대한 사상은
5백 년이라는 시간의 간극을 뛰어넘어 오늘의 우리에게 '여헌학旅軒學'으
로 다시 살아오고 있습니다. 중국유학과 구분되는 한국유학의 특징적인
면모를 구축하였을 뿐만 아니라 그 사상적 영향력이 큰 것으로 평가받아
온 퇴계학, 율곡학과 더불어 이제 '여헌학'은 한국유학의 맥락을 이루는
중심 줄기로 평가받고 있습니다. '여헌학'에는 퇴계학이나 율곡학에서
쉽게 찾아볼 수 없는 역학易學을 기반으로 한 방대한 학문적 체계가
온축되어 있으며, 일상성에 기초하면서도 보편성을 담지한 사상적

지향성, 실용성에 기반한 풍부한 사상 내용과 함의는 한국유학의 내용과 정체整體를 보다 풍부하게 밝혀 줄 귀중한 자산입니다.

　이러한 '여헌학'을 기반으로 사단법인 여헌학연구회는 지난 2003년, 한국유학의 중심 맥락에 위치하는 '여헌학'의 진흥과 '여헌학'을 포함한 한국학의 지속적인 성장을 도모하기 위해 출범하였습니다. 여헌선생이 나고 자란 경북 구미를 중심으로 영남 여러 지역의 명망 있는 인사들이 주도하여 창립한 여헌학연구회는 회원 가입 대상을 여헌선생이나 여헌 문인의 후손으로 한정하지 않고 지역의 전통문화에 관심이 있는 인사들에게 개방하여, 여헌선생의 숭고한 뜻과 정신을 되살리고자 창립 이후부터 지속적으로 여헌선생의 학문과 사상을 재조명하는 다양한 학술사업을 진행해 오고 있습니다. 20003년부터 고려대학교 민족문화연구원과 금오공과대학교 선주문화연구소가 각각 중심이 되어 동양철학회, 동양고전학회 등 관련 학회와 연계해서 개최하고 있는 <국내 여헌학 학술대회> 및 <국제 여헌학 학술대회>의 개최 지원을 위시하여, 여헌학 관련 학술 논저의 발간 지원, 여헌학 연구 자료의 간행 등 지난 10여 년간 사단법인 여헌학연구회가 진행한 학술지원사업은 '여헌학'의 진흥에 크게 이바지하였다는 내외의 평가를 받고 있습니다. 특히 다양한 학술지원과 이에 따른 성과는 '여헌학'의 기반을 보다 튼튼히 하는 데 기여하였을 뿐만 아니라 한국학 연구자들로부터 '여헌학'에 대한 학문적 관심을 이끌어 내는 데에도 어느 정도 기여하였다고 자평합니다.

이에 사단법인 여헌학연구회는 2014년 '여헌기념관' 준공을 계기로 보다 적극적인 <여헌학 진흥사업>을 추진하게 되었습니다. 그동안 진행해 온 학술지원사업을 간단없이 추진하는 한편, 여헌학에 대한 대중화 사업, 구미 지역을 중심으로 한 지역학의 개발사업 등을 포함한 '여헌학 진흥사업'을 의욕적으로 진행하여 '여헌학'의 지평을 확대하고 자 하고 있습니다. 오늘 간행되는 이 책은 바로 여헌학연구회가 2014년부터 의욕적으로 추진 중인 <여헌학 진흥사업>의 일환인 <여헌학총서>의 세 번째 결과물입니다.

오늘 선보이는 <여헌학총서>의 세 번째 결실인 『여헌 장현광 평전』은 사단법인 여헌학연구회 회원들의 정성 이외에 경상북도 구미시의 전폭적인 지원에 힘입었습니다. 구미 지역의 전통문화 자원에 관심이 많은 남유진 구미시장님의 아낌없는 관심과 지원이 <여헌학 대중화 사업>을 통한 '여헌학' 진흥의 밑거름이 되고 있음을 밝히며, 지면으로나마 여헌학연구회 회원 모두의 마음을 담아 감사의 뜻을 전합니다.

'여헌학'은 현재보다는 미래를 향해 있습니다. 그리고 여헌학연구회에서 추진하는 사업도 오늘보다는 미래를 위해 기획되고 추진되고 있습니다. 이러한 측면에서 <여헌학총서>의 세 번째 결실이 향후 '여헌학'의 미래를 여는 디딤돌이 되길 희망합니다. 그래서 '여헌학'의 지평이 지금보다 한 차원 높은 곳으로 나아가길 기대합니다. 이 책이 나오기까지 열과 성을 다해 주신 학계의 여러 교수님과 연구자들께 감사드리며, 여러분의 학문적 열정이 오늘보다 나은 '여헌학'의 미래를 열어 주기를 희망합니다.

　감사합니다.

2017년 12월

사단법인 여헌학연구회 이사장

교육학 박사 장이권

필자 서문

조선 유학을 대표하는 걸출한 대학자인 여헌旅軒 장현광張顯光 선생과
의 첫 대면은 대학원 석사과정 때였다. 학부수업을 통해 이름 석 자
정도는 알고 있었지만, 여헌선생의 진면목을 어렴풋이나마 확인했던
때는 한국 성리학을 본격적으로 익히던 대학원 진학 이후였다. 여헌선생
의 성리설을 연구주제로 선택하여 석사학위논문을 준비 중이던 한
선배의 발표를 통해 가졌던 여헌선생과의 첫 만남은 비록 짧았지만
강렬했다. 퇴계退溪나 율곡栗谷 선생과 확연히 다르다는 단편적인 느낌에
더하여 뭔가 특징적인 면모를 보여 준 여헌선생의 성리설은 다른 성리학
자의 그것과는 차원이 다르다는 느낌을 받았다. 하지만 이 만남을
통해 가졌던 강렬한 느낌은 오래가지는 못하였다. 날카로운 첫 키스와도
같았던 강렬한 느낌은 무엇 때문인지는 몰라도 여헌선생에 대한 필자의
적극적인 구애(?)로 이어지지 못하고 말았다.

　몇 년이라는 시간이 흐른 후 아주 가까운 선배를 통해 여헌선생과의
두 번째 만남이 이루어졌다. 여헌선생의 후손 중 한국철학을 연구하는
장숙필 선배를 통해 이루어진 두 번째 만남은 필자의 배움에 새로운
계기가 되었다. 이때는 여헌학 연구의 중심이 된 <여헌학연구회>가
본격적으로 활동을 시작하던 때였고, <여헌학 학술대회>를 체계적으

로 기획하여 여헌선생의 학문과 사상의 실체를 구체화하기 시작하던 시기였다.

장숙필 선배를 통해 이 학술대회에 참여하면서 가진 여헌선생과의 두 번째 만남은 지금까지 여헌선생에 대한 필자의 적극적인 구애로 이어졌다. 10여 년간 필자는 <여헌학 학술대회>의 기획을 맡아 '여헌학'의 실체를 구명하는 데 참여할 기회를 가졌으며, 여헌선생의 학문과 사상이 대중과 만나는 하나의 통로인 몇 권의 단행본을 간행하는 데 일조할 수 있는 기회를 얻었다. 그리고 몇 해 전에는 <여헌기념관>의 전시물을 새롭게 재편하는 데 일정 정도 기여할 수 있는 행운을 얻기도 하였다. 이렇게 십 수 년을 보내면서 필자는 운 좋게 성리학자이자 탁월한 경세가經世家로서의 여헌뿐만 아니라 인생의 스승으로서의 여헌이라는 탁월한 인물과 제대로 된 조우를 할 기회를 가졌다. 그러는 사이에 한국 성리학에서 그렇게 주목받지 못했던 여헌의 학문과 사상은 이제 '여헌학'이라는 이름 아래에 구체적인 한국학 연구의 통로로 자리를 잡게 되었고, 최근에는 '낙중학'이라는 보다 큰 범주에서 여헌학에 대한 입체적인 접근도 이루어지게 되었다.

여헌과의 만남을 통해 필자는 단순히 한국 성리학의 핵심 인물로서의 여헌뿐만 아니라 인간적인 면모를 갖춘 학자로서의 여헌에 주목하게 되었다. 이제는 구미시에 포함된 인동과 선산, 그리고 여헌의 주요 강학처였던 영천 등지의 여헌 유적을 찾으면서 고뇌하는 지식인으로서의 여헌 모습에서 큰 감동을 받았고, 여헌선생의 생애를 확인하면서 참스승으로서의 여헌선생과 마주하게 되었다. '격변'이라는 말로 다 형언할 수 없는 시대를 살면서 언제나 한결 같았던 여헌의 삶 속에서 필자는 숙연해질 수밖에 없었다. 흔히 전통을 '오래된 미래, 새로운 과거'라고 칭한다. 여헌의 삶 속에서 필자는 오래되었지만 새로운 감동을 주는 그 무엇에 이끌릴 수밖에 없었다.

지난 십 수 년간 <여헌학연구회>를 비롯하여 여헌학 연구자들은 '여헌학'의 실체를 구명하기 위한 첫 번째 계단을 올랐다. '여헌학'의 존재조차 희미하였던 한국학 연구의 현실 속에서 이제는 '여헌학'이라는 이름이 구체화되는 성과를 내었고, 비록 만족할 수는 없지만 여헌학에 대한 실체 구명도 어느 정도 이루어졌다고 할 수 있다.

이제 여헌학은 두 번째 계단에 본격적으로 올라야 할 시점에 서 있다. 그동안은 여헌학의 실체 구명을 위한 노력이 중심이었다면, 이제 두

번째 계단에서는 '여헌학'에 대한 보다 입체적인 조망과 더불어 대중화
사업이 필요하다고 할 수 있다. 한국학과 동아시아학이라는 지평 아래에서
여헌학의 위상과 체계를 구명하는 한편, 미진했던 분야의 연구를 끌어올려
야 하며, 동시에 대중과의 소통을 통해 여헌학의 지평을 확대해야 할
필요가 있다고 하겠다. 이러한 측면에서 여헌선생의 삶을 부족하나마
정리한 본서가 향후 도움이 될 수 있길 기대한다.

　본서는 기존의 연구 성과에 기대어 여헌선생의 삶과 그 속에서 피어난
학문적 업적을 4부로 나누어 정리하였다. 1부 '우주사업을 향한 첫
걸음'에서는 여헌선생의 탄생과 초년기의 삶에 초점을 맞추어 정리하였
다. 가학 전통을 위시하여 인동과 선산 지역의 전통을 소개하고자
하였으며, 특히 10대 후반에 이미 우주사업에 대한 목표의식을 뚜렷이
하면서 학문에 매진했던 여헌선생의 삶을 온전히 담고자 하였다. 2부
'임진왜란의 발발과 나그네의 삶'을 통해서는 전란 속에서 굴곡진 삶을
살았던 여헌선생의 모습을 선생의 『용사일기』를 통해 보다 생생하게
소개하고자 하였다. 미증유의 전란을 겪으면서도 학문에 대한 열정을
굽히지 않았던 여헌선생의 강건함과 강학에의 헌신은 물론이거니와
인간적인 여헌의 모습을 드러내 보이고자 하였다. 3부 '강학에 몰두하며

학문 연구에 매진하다'에서는 광해군 대를 거치면서 본격적으로 이루어진 강학 활동과 학문 연구를 담고자 하였다. 그리고 마지막 4부 '산림으로 추대되고 학문의 체계를 완성하다'에서는 노년까지 이어진 학자로서의 진면목과 시대적 소명을 비켜 가지 않았던 지식인으로서의 여헌선생을 그려 보고자 하였다.

4부에 걸쳐 정리한 여헌선생의 삶은 참스승이자 대학자로서의 여헌선생의 삶을 제대로 드러내지 못하고 있다는 것이 필자의 솔직한 판단이다. 필자의 역량 부족으로 인해 여헌선생의 삶을 제대로 그려내지 못하였을 뿐만 아니라, 여헌선생에 대한 대중의 올바른 평가도 이끌지 못하는 것이 아닌가 하는 의구심이 드는 것이 현재의 솔직한 심정이다. 하지만 부족함을 알면서도 필자는 본서의 간행을 계기로 여헌선생의 삶이 제대로 조망될 수 있는 계기가 마련되길 기대하고 있다. 독자 제현의 현명한 질정을 기대한다.

본서는 여헌학의 발전에 큰 역할을 담당해 온 사단법인 <여헌학연구회>와 여헌학 진흥에 지속적인 지원을 계속해 오고 있는 경상북도와 구미시의 지원에 힘입었다. 지면을 빌려 여헌학 진흥에 앞장서 온 여러 기관의 관계자 여러분께 고마움을 표한다. 아울러 바쁜 시간을 쪼개어 초고를 읽어 주시고 아낌 없는 질정을 다해 준 장숙필, 장정수 두 선배님께도 고마움을 전한다. 집을 떠나 학교 근처에 기숙하면서 집안일을 소홀히 하는데도 아무런 불평 없이 사랑으로 가족 모두를 보살피는 집사람과 언제나 효성스러운 세 자녀 서희, 현우, 진희에게도 고마움을 전한다. 그리고 언제나 자식을 위해 헌신해 오신 어머니의 쾌유를 비는 마음 간절하다. 여헌선생이 모친 경산이씨의 병환 속에서 효성을 다했던 것에 비해 보잘것없이 하루하루를 보내는 필자의 불효를 병상의 어머니께서 아시고 병상을 떨치고 일어나 이 자식을 꾸짖어 주길 바라는 마음뿐이다.

2017년 12월
미룡골에서
박학래

프롤로그

   '한국 유학'이라는 말을 듣게 되면 사람들은 보통 이황李滉과 이이李珥를 떠올린다. 그러다가 더 아는 유학자가 없는지 물으면 정약용丁若鏞과 같은 학자의 이름을 거론한다. 조선 유학의 역사가 5백여 년이라는 짧지 않은 기간임에도 불구하고 일반인들에게 유학자로 각인된 인물은 이렇듯 소수에 불과한 것이 오늘의 현실이다.

   하지만 한국 유학을 빛내고 우리의 사상과 문화를 동아시아의 중심부로 이끈 사상가들은 적지 않다. 퇴계와 율곡에 버금가는 학문적 성취를 이루어 우리의 학문과 사상을 주도했고, 또한 현재 우리에게 많은 영향을 미치고 있는 대학자들도 손으로 셀 수 없을 정도로 많다. 이러한 사상가들이 조선의 학문과 정치, 그리고 문화와 예술을 주도하며 발전시켰기 때문에 과거에도 그랬듯이 오늘날 우리는 전통 사상과 문화를 향유하며 또 다른 미래를 기약하고 있으며, 새로운 미래의 전망을 과거의 전통에서 그 실마리를 찾아 새로운 전통을 수립하고 있다고 하겠다.

> 여헌은 영남嶺南의 선비 가운데 현자賢者로서 학문과 덕의德義가 성대하여 일반
> 선비들이 바라보아 이를 수 있는 경지가 아닙니다.
>   — 조익趙翼, 『포저집浦渚集』 중에서

위의 인용문은 이 책에서 다루게 될 여헌旅軒 장현광張顯光(1554~1637, 명종9~인조15)에 대한 당대 학자들의 평가 중 하나이다. 여헌과 학맥이 전혀 다른 기호 계열의 학자인 포저蒲渚 조익趙翼의 문집에 실린 이 평가를 통해 우리는 여헌의 학문과 사상이 당대에 어떤 평가를 받았는지 짐작할 수 있다. 조익은 그의 친구인 조준趙竣에게서 들은 이야기를 가감 없이 수용하여 이 같은 평가를 자신의 글에 전재全載하였고, 자신의 학맥을 뛰어넘어 "평소에 종유從遊하고 싶은 분"이라고 여헌의 학문과 사상을 극찬하였다. 학맥을 뛰어넘어 여헌을 종유하고 싶어했던 당대 학자들의 여헌에 대한 관심은 율곡의 정맥을 계승하여 17세기 기호학계의 양송兩宋이라 불리며 정계 및 학계를 주도했던 우암尤庵 송시열宋時烈과 동춘당同春堂 송준길宋浚吉의 여헌 예방으로 이어지기도 하였다.

퇴계와 율곡의 시대를 지나 17세기 전반기에 접어들어 조선의 학문과 사상을 주도하며 당대 지성계를 대표했던 인물을 꼽으라고 한다면 학계의 전문가들은 주저 없이 여헌 장현광을 그 중의 한 사람으로 꼽을 것이다. 비록 현재 대중들에게 익히 알려진 인물은 아니지만, 적어도 17세기 전반기에 살던 조선의 백성들은 그 누구라도 그의 이름을 한 번 이상은 들었고, 그의 학문적 성취와 영향력에 눈길이 가지 않을 수 없었다. 그만큼 그의 학자적 명망은 드높았다. 그도 그럴 것이, 그는 인조반정仁祖反正 이후에 영남嶺南을 대표하는 산림山林으로 지목되어 기호畿湖 지역의 김장생金長生, 박지계朴知誡와 더불어 당대 조선의 지성을 대표하는 학자로 그 이름을 알렸으며, 조정에 나아가 당시의 혼란한 현실을 수습하고 도덕적인 사회를 만들기 위해 웅혼한 비전과 포부를 밝힘으로써 조정과 백성들에게 그 학문적 깊이를 보여 주었다. 그리고 그가 사망한 후에도 그의 학문과 사상은 조선의 많은 선비들에게 전해졌으며, 그의 학문적 성취에 탄복하지 않는 학자가 없을 정도로 그의 학문적 유산은 심대한 것이었다.

장현광의 호號는 여헌旅軒이고 자字는 덕회德晦이며, 시호는 문강文康이고 본관은 인동仁同이다. 당시에도 그랬고 지금도 그렇지만 흔히 그를 '여헌' 혹은 '여헌선생'이라고 부른다.

여헌은 명종明宗 대에서 인조 대에 이르는 암울한 시대를 살았다. 조선의 뜻있는 선비들이 정치적 격변기 속에서 무참하게 참화를 당했던 사화士禍가 계속되고 이에 더하여 외척外戚정치가 발호하던 명종 대에 태어난 여헌은, 이후 임진왜란과 정유재란, 정묘호란과 병자호란 등 계속된 전란을 고스란히 온몸으로 감내해야 했던 불우한 시대의 인물이었다. 개인적으로도 어린 나이에 부친을 여의고 임진왜란의 와중에 모친의 신주神主를 등에 지고 15년이라는 짧지 않은 세월을 이리저리 전전하며 고단한 삶을 영위했던 불우한 인생의 소유자이기도 했다. 그가 스스로 자신의 호를 나그네를 뜻하는 '여旅'와 집을 가리키는 '헌軒'을 묶어 정한 것도 이곳저곳을 전전하며 고단한 삶을 살았던 삶의 역정歷程과 무관하지 않은 것이었다. 물론 '여헌'이라는 그의 호에 담긴 뜻이 그리 간단한 것은 아니지만 그의 삶과 학문적 지향이 투영된 결과임에는 틀림없다.

하지만 여헌은 10대 후반에 이미 평생의 학문적 목표와 체계가 담긴 『우주요괄宇宙要括』을 저술할 정도로 학문적으로 성숙하였다. 원대한 학문적 포부와 방향을 분명하게 제시한 이 저술을 통해 여헌은 천하의 제일가는 인물이 되기를 기약하였고, 스스로의 다짐은 평생에 걸쳐 간단없이 지속되었다.

그가 평생에 걸쳐 기약했던 포부는 천하의 제일가는 사업 즉 '우주사업宇宙事業'의 실현이었다. 여헌이 제시한 '우주사업'은 현대인들이 생각하는 것처럼 인류의 새로운 삶을 개척하기 위해 저 광활한 우주공간을 연구하고 탐험하는 것이 아니라, '인간의 도덕사업'을 가리키는 것이었다. 개인적으로 올바른 수양을 통해 도덕적 주체로 거듭 태어나고, 이를 기초로 효성과 우애를 실천하여 가족과 사회, 나아가 국가와 자연세계 모두가 도덕적으로 올바르게 살아가는 그런 도덕적 이상세계를 구현하는 것이 그가 꿈꾸었던 도덕사업 곧 '우주사업'이었다.

그는 이 '우주사업'의 실현을 위해 집안에서는 지극한 효성과 우애를 실천했으며, 사회에서는 윤리강상을 실현하기 위해 교육체계와 예禮규범의 확립을 위해 불철주야 노력하였다. 그리고 학문적으로는 우주와 자연, 인간과 사회에 대해 방대하면서도 치밀한 체계와 논리를 구성하였다. 특히 그는 도덕의 실현을 위해 우주자연의 근원적 원리를 치밀하게 연구하였으며, 평생토록 『주역周易』연구에 침잠하여 조선의 역학易學 수준을 한 차원 높은 단계로 끌어 올리는 데 크게 기여하였다. 그래서 지금도 조선의 역학을 연구하려면 반드시 여헌의 역학을 거론하지 않으면 안 될 정도로 그의 역학은 조선을 대표하는 것으로 인식되고 있다.

우주적 차원에서 학문의 체계를 구성하고 그 내용을 치밀하게 제시하였던 그의 학문은 이전 시기와 구별되는 특징을 갖춘 것이었다. 앞선 시기의 조선 유학이 중국으로부터 수용한 성리학性理學을 편집하고 재구성하는 차원에 머물렀다면, 여헌의 그것은 그 단계를 뛰어넘는 것이었다. 그가 제시한 '경위經緯'의 논리, 즉 날줄과 씨줄의 논리체계는 단순히 사물과 사물을 엮어 구성한 단순 논리가 아니라 사물의 구성과 관련하여 그 근저에 자리한 위상과 공간의 개념을 기초로 새로운 차원에서 성리학을 재구성한 특징적인 논리체계였다. 성리학의 근원지인 중국에서도 여헌의 이 논리 구성은 그 유례를 찾아보기 어려울 정도라는 점에서 여헌의 학문은 당시 조선과 중국의 학문 수준을 뛰어넘는 것이었다.

'경위'의 논리 이외에도 여헌은 나누고 합하는 '분합'分合의 논리, 본체와 현상이라는 '체용體用'의 논리 등 다양한 논리구성을 통해 성리학의 학문 내용과 사상을 체계화하였으며, 이를 방대한 저술로 구체화하였다. 그가 남긴 9권 9책 분량의 『역학도설易學圖說』을 비롯하여 8권 6책으로 편집된 『성리설性理說』, 원집 13권 7책과 속집 10권 5책에 이르는 『여헌집旅軒集』 등 방대하면서 체계적인 저술은 그의 학문이 가지고 있는 깊이와 넓이가 얼마나 심원하고 방대한 것인지 여실히 보여 준다. 더구나 이 저술들이 포함하는 내용이 단순히 역학이나 성리설에 한정되지 않고 유학의 주요 경전과 관련한 경학經學을 위시하여 예학禮學, 경세론經世論, 사회사상, 인생론, 우주론, 문학론, 교육론, 지리학, 문화론 등 전 학문 분야를 포괄하고 있다는 점에서 그의 학문적 관심과 이를 구체화한 노력의 역정이 간단하지 않았음을 짐작할 수 있다.

이렇듯 우주적 차원에서 광대하면서도 웅혼한 학문체계를 구성하고 특징적인 논리를 구사하여 방대하면서도 체계적인 학문을 이룩해 내었음에도 불구하고 여헌은 자신의 삶을 고향인 인동과 주변의 선산을 중심으로 일구었다. 지역에 대한 강한 애착을 바탕으로 당대의 구체적인 현실과 삶에 주목하여 그 실제를 파악하고, 이에 근거하여 구체적인 해결책을 모색하는 것이 그의 실제 모습이었다.

젊은 시절에 겪은 전란 속에서 얻은 병환으로 인해 평생 불편한 몸을 가지고 살았지만, 여헌은 항상 자신의 삶이 근거하고 있는 인동과 선산 지역의 삶과 현실의 문제를 해결하기 위해 노력하였다. 전란으로 피폐해진 지역민들의 윤리강상을 다시 세우기 위해 다양한 활동을 벌였으며, 영남 여러 지역의 역사와 문화에 대한 관심을 구체적인 성과로 이어지도록 관련 인사들을 독려하고 배려하였다. 그가 보여 준 지역에 대한 애호 의식은 우리나라의 문화와 역사에 대한 계승

의식으로 승화되었으며, 찬란한 우리 문화를 오늘에도 확인할 수 있게 하는 밑거름이 되었다.

특히 여헌은 포은圃隱 정몽주鄭夢周와 야은冶隱 길재吉再를 비롯한 지역 선현이자 조선조 사림파의 원류가 되는 학자들과 사림의식을 바탕으로 조선의 학문에 기여한 사림파 학자들의 학문과 삶에 주목하고 그들의 학문을 선양하는 데 헌신하였다. 그가 주도한 일련의 선현추숭사업은 조선 학문의 정통을 계승하는 것에서 출발하여 성리학의 정통인 정자程子와 주자朱子, 나아가 유학의 원천인 요순堯舜과 공맹孔孟으로 나아가고자 하는 그의 의지가 구체화된 사업이었다.

이렇듯 광대하면서도 웅혼한 기상을 보여 준 여헌은 주변 사람들에게는 한없이 자상하고 따뜻한 인품의 소유자로 비쳐졌다. 실제로 여헌은 웬만해서는 화를 내지도 목소리를 크게 하지도 않는 조용한 성품의 소유자였다. 소탈하면서도 정갈한 그의 평소 모습은 제자들에게는 항상 존경의 대상이었으며, 함께 삶을 엮어 가던 지역의 백성에게는 친근한 벗이자 마음의 스승이었다. 그래서 여헌의 주변에는 항상 사람들이 모여들었고, 모여든 사람들은 여헌의 학식과 인품에 매료될 수밖에 없었다. 특히 길지 않은 기간 동안 지방관으로 재직하면서 그 지역의 백성들에게 보여 준 소탈하고 정직하며 자상한 그의 모습은 하나의 모범이 되고 목민관으로서 그가 베푼 선정은 고마움의 대상이 되었기에, 지역 백성들은 스스로 송덕비를 세워 그를 기렸고 그가 머물렀던 자리는 전설이 깃들어져 지금도 그 지역에 이어져 내려오고 있다.

80년이 넘도록 굴곡진 삶을 살았던 여헌, 불우한 처지를 비관하지 않고 조선성리학사에서 우뚝 선 성취를 이루어 낸 여헌. 질곡의 시대를 겪으면서도 항상 성실하고 진지한 태도로 일관한 그의 삶 속에서 배어난 인생과 세계에 대한 깊은 통찰력과 예지력, 그리고 그것이 구체화된 학문의 결실, 그리고 그 밑바닥에 깔린 그의 인간과 사회에 대한 한없는 사랑을 그의 삶의 궤적을 따라 하나씩 살펴보자. 그러면 우리는 여헌이라는 한 학자의 삶을 통해 조선 성리학자들이 추구한 인생과 학문의 목표가 무엇이었는지, 조선 성리학이 구체적인 삶 속에서 구현하고자 했던 가치가 무엇이었는지 어렴풋하게나마 그 상像을 그릴 수 있을 것이다. 그리고 오늘날 대중에게는 잠시 잊혔던 위대한 학자, 영원한 스승으로서의 여헌의 삶과 사상이 새롭게 다가올 것이고, 아울러 조선 성리학에 대한 올바른 평가도 할 수 있을 것이다.

제1부 우주사업을 향한 첫걸음

1. 여헌의 탄생과 인동장씨

자줏빛 기운을 안고 태어나다

우리 역사 속에서 남다른 족적을 남긴 큰 인물들은 대체적으로 보통사람들과 다른 탄생 관련 이야기를 가지고 있다. 조선 성리학사에서 가장 우뚝 선 인물로 평가받는 퇴계退溪 이황李滉(1501~1570)은 그의 어머니 춘천박씨春川朴氏가 공자孔子가 집안으로 들어오는 꿈을 꾼 후에 태어났다고 전해지며, 율곡栗谷 이이李珥(1536~1598) 또한 어머니 사임당師任堂 신씨申氏가 검은 용이 바다에서 집으로 날아 들어오는 꿈을 꾼 후 그를 낳았다고 세간에 알려져 있다. 큰 인물은 태어날 때부터 남달랐음을 보여 주는 이러한 이야기들은 마치 큰 인물은 하늘에서 내린다는 것을 암시하는 듯하다.

여헌은 이황이나 이이처럼 탄생과 관련한 신비한 태몽은 없다. 하지만 탄생에 앞서 일련의 상서로운 자연현상이 주변 지역에서 발생해 곧 태어날 아이가 평범하지 않은 인물이 될 것임을 확인시켰다.

여헌의 탄생에 앞서 벌어진 상서로운 자연 현상은 다름이 아니라 여헌이 태어나기 얼마 전부터 조상의 얼이 깃든 인동장씨仁同張氏 관향貫鄕인 인동仁同의 옥산玉山에 영지靈芝가 피어나기 시작하였고, 그가 태어난

날에는 옥산 아래 남산南山에 있는 여헌 집안의 정침正寢(제사를 지내는 몸채의 방) 주변에 자줏빛 기운(紫氣)이 감돌았다는 것이다. 영지는 지금이야 인공으로 재배하여 흔히 접할 수 있지만 당시만 해도 좀처럼 사람의 눈에 띄지 않는 신령스러운 불로초不老草로 받아들여졌고, 자줏빛은 신령스러운 기운으로 이해되는 것이 상례였다. 따라서 선조의 얼이 깃든 신성한 장소와 그의 집안에서 상서로운 자연현상이 연이어 나타났다는 것은, 인동장씨 선조의 음덕蔭德에 힘입어 장씨 가문을 빛낼 큰 인물이 태어났다는 의미임을 짐작하게 해 준다.

연이은 상서로운 기운을 배경으로 하여 여헌은 명종 9년(1554) 1월 22일 미시未時(오후 1~3시)에 경상도 인동현仁同縣의 인의방仁義坊에서 태어났다. 그의 아버지 장열張烈(1510~1561)과 어머니 경산이씨京山李氏 슬하에는 이미 딸 다섯이 있었지만·아들이 없었기 때문에, 그의 탄생은 가문의 오랜 숙원을 푸는 경사였다. 그도 그럴 것이 아들 손자가 없어 대가 끊길 것을 우려한 그의 조부 장계증張繼曾은 오래 전부터 밤마다 정화수井華水를 떠 놓고 북두칠성에 치성을 드리며 아들 손자의 탄생을 기원하였고, 인동 지역의 백성들 또한 기이한 자연현상을 마주하고는 장씨 가문에 반드시 훌륭한 인물이 태어날 것을 기대하고 있었기 때문이다. 이렇듯 여헌은 가문의 오랜 바람과 주변의 기대 속에서 태어났다.

여헌이 태어난 당시는 기묘사화己卯士禍(1519) 이후 정치적으로 크게 위축된 사림과 학자들이 중앙정계에서 일시적으로 물러나 새로운 학문적 모색을 본격화하던 시기였다. 회재晦齋 이언적李彦迪(1491~1553)은 숙부 망재忘齋 손숙돈孫叔暾과 같은 지역의 학자인 망기당忘機堂 조한보曺漢輔와 태극太極을 둘러싸고 본격적인 성리논쟁을 전개하여 일정한 학문적 결실을 맺으며 관료로 활동하고 있었고, 평생을 처사적 삶으로 일관했던 화담花潭 서경덕徐敬德(1489~1546) 또한 성리학에 대한 특징적인 이해와 탐구를 통해 독특한 기학氣學 체계를 완비하고 있었다. 비교적 늦은 나이에 관료로 입신한 이황도 착실히 학문 활동을 전개하며 체계적인 이론을 준비하고 있는 등, 이 시기의 주요한 학자들의 학문 활동은 조선 성리학의 중흥기인 '목릉성세穆陵盛世'를 예비하고 있었다.

하지만 이 시기는, 명종이 12세의 어린 나이에 즉위함에 따라 문정왕후 文定王后 윤씨尹氏의 수렴청정이 이어지고, 그녀의 권세를 등에 업은 윤원형尹元衡(?~1565)을 비롯한 외척外戚들의 발호가 극에 달한 정치적 혼란기이기도 하였다. 명종의 즉위(1545)를 전후한 시기에 등장한 외척세력들은 소윤小尹과 대윤大尹으로 나뉘어 정치적 반목을 거듭하였고, 급기야 사림파 학자들을 다시 한 번 궁지로 몰아넣은 을사사화乙巳士禍(1545)가 발생하였다. 그리고 이러한 정치적 격변은 정권을 좌지우지하던 외척들의 국정농단을 더욱 심화하는 계기가 되었다.

외척의 전횡이 거듭되는 가운데 경기도 양주 출신의 임꺽정이 가렴주구苛斂誅求를 일삼던 탐관오리를 처단하는 사건이 발생하는 등 조선 사회 내부의 혼란은 가중되고 있었다. 이에 더하여 거듭되는 왜구들의 빈번한 노략질이 마침내 을묘왜변乙卯倭變(1555)으로 이어지는 등, 나라 안팎의 상황은 혼란을 향해 치닫고 있었다.

문정왕후가 사망한(1565) 후 명종은 고른 인재등용을 시행하며 선정을 위한 노력을 기울였으나, 끝내 그 결실을 맺지 못한 채 34세의 젊은 나이에 세상을 등지게 되었다. 이후 왕위는 중종中宗의 일곱째 아들 덕흥대원군德興大院君의 셋째 아들인 16세의 하성군河城君 이연李昖, 곧 선조宣祖(재위 1567~1608)에게로 이어졌다.

선조는 재위 초기 사화기를 거치면서 희생당한 사림들을 신원伸寃해 주는 등 사림들의 사기를 북돋움으로써 사림들이 중앙정계로 진출할 수 있는 계기를 마련해 주었다. 이전과 달리 과거科擧에만 의존하지 않고 학행學行이 뛰어난 사림들을 중용하는 데 관심을 기울였으며, 이를 통해 국정쇄신에 만전을 기하고자 하였다. 이에 따라 정치 일선에서 물러나 학문에 대한 깊이 있는 탐색과 연구를 통해 정치와 도덕에 대해 근원적 성찰을 이루었던 사림 계열 학자들은 자신의 학문적 성취를 바탕으로 선조가 펼쳤던 일련의 정책에 영향력을 발휘하였으며, 그들의 노력에 힘입어 유교 경전의 간행 등 유교장려정책이 구체화되기도 하였다.

하지만 선조 즉위 이후 본격화한 사림 주도의 정치는 얼마 지나지 않아 정치세력 간의 분화로 이어졌다. 선조 8년(1575) 동서분당東西分黨이 계기가 되어 이루어진 사림파의 정치적 분화는 정치세력 간의 견제와 균형이라는 긍정적인 성격을 가진 붕당朋黨정치의 본격적인 개막을 알리는 것이었다. 그러나 사림정치의 도래와 이에 부수된 붕당의 분화는 외척정치의 청산과 권력독점이라는 폐해에서 벗어나는 계기가 되었지만, 붕당정치 이면에 자리 잡은 정치세력 간의 반목과 대립이라는 어두운 측면을 예비하는 것이기도 하였다.

이처럼 여헌이 탄생한 시대는 외척의 발호에 따른 정치적 혼란과 사회적 갈등이 끊이지 않았던 혼란기였다. 더불어 이 시대는 훌륭한 인재를 두루 등용하고 문화와 학문을 발전시켜 국가의 위기를 극복하여 태평성대太平聖代를 이루었다는 평가를 받은 조선 성리학의 전성기인 목릉성세를 앞둔 시점이기도 하였다. 절망과 희망이 교차하는 시점에서 태어난 여헌은 선조 대를 지나서 광해군 대를 거쳐 인조 대에 이르기까지 굴곡진 삶을 영위하는 가운데서도 조선 성리학을 대표하는 뛰어난 학문세계를 구축하였을 뿐만 아니라 시대의 어려운 문제를 온몸으로 감당하며 영남嶺南을 대표하는 산림山林으로 우뚝 섰다. 절망 속에서 꽃피운 희망의 싹이 결국 풍성한 열매를 맺었다고 할 만큼 뛰어난 업적을 남긴 여헌을 생각할 때, 그의 탄생을 전후하여 피어난 자줏빛 기운과 영지는 새로운 희망을 예비하는 하나의 서기瑞氣였고, 희망의 등불과 같은 여헌의 성취를 예감하는 하나의 전조前兆였다고 해도 무방할 것이다.

조상의 얼이 담긴 옥산과 남산 아래의 인의방

여헌이 나고 자란 인동은 인동장씨의 관향이자 그의 조상들이 대대로 세거한 고장이다. 격동의 근현대를 거치면서 대한민국 산업화의 중심지 중 하나로 자리 잡은 경상북도 구미시의 여러 동네 중 하나로 그 위상이 격하되었지만, 원래 인동은 인접한 선산善山과 더불어 영남의 대표적인 고을 중 하나였다.

인동은 신라시대 초기부터 사동화현斯同火縣, 이동혜현爾同分縣이라 불리며 적지 않은 백성들이 모여 살기 시작하였다고 전한다. 통일신라시대에 이르러 수동현壽同縣으로 그 이름이 바뀌었다가, 얼마 지나지 않아 지금까지 이어지는 명칭인 인동현으로 고쳐 불리게 되었다. 조선시대에 들어와서는 태종 때부터 인동 지역에 현감縣監을 두기 시작하였으며, 선조 37년(1604)에는 도호부都護府로 승격되는 등 그 위상이 높아지기도 하였다. 하지만 19세기 말 지방제도 개정에 따라 차례로 대구부大邱府와 경상북도에 속하는 인동군仁同郡으로 개편되었다. 1914년에 이르러 군면 통폐합이 이루어짐에 따라 군이 폐지되고 일부 지역이 인동면으로 남았다가 이후 구미시 인동동으로 개편되어 오늘에 이르고 있다.

여헌의 가문이 인동과 연을 맺은 것은 고려 초로 거슬러 올라간다.

삼중대광三重大匡 신호위神虎衛 상장군上將軍을 지내고 이후 벽상공신壁上功臣으로 책록된 고려 초기의 대표적인 무신 장금용張金用이 인동에 삶의 터전을 잡은 것이 인동과 그의 가문이 인연을 맺은 처음이었다. 이후 그의 후손들은 인동을 관향으로 삼고 인동을 중심으로 영남 여러 지역에서 삶을 꾸리며 명문거족名門巨族으로 자리 잡았다. 그래서 인동은 여헌 가문의 관향으로서의 의미뿐만 아니라 여헌의 선조가 누대에 걸쳐 삶의 중심으로 삼았던 곳으로 각별한 의미를 갖는다. 특히 여헌에게 인동은 자신이 나고 자란 고향으로서의 의미뿐만 아니라 선대 조상의 유지遺址가 곳곳에 남아 있는 삶의 근원으로서의 의미가 배인 곳이었다. 그래서 그는 '이 땅에 대대로 살면서 본적本籍을 두고 있는 자'라고 자칭하며 평생토록 인동의 크고 작은 일에 관여하고 기여하는 것을 자연스럽게 생각하였으며, 자신의 학문적 성취가 출발한 곳도 인동이라고 자부하였다.

크고 작은 빌딩과 아스팔트 도로로 이어진 인동의 현재 모습에서 여헌이 살았던 당시의 정취를 상상하기는 결코 쉽지 않다. 일찍부터 여헌은 자신의 고향인 인동, 인동의 별칭이자 자신의 탄생과 얽힌 신비로운 영지가 피어난 옥산, 그리고 그가 태어난 옥산 아래 남산 자락의 인의방 등 인동 지역에 대해 깊은 관심과 애정을 가졌고, 이와 관련한 기록을 여럿 남겼다. 뿐만 아니라 여헌은 인동과 이웃한 선산 지역에 대해서도 남다른 관심과 애정을 기울였다. 그리고 지역에 대한 이러한 관심은 자부심으로 이어져 선현추숭사업 등 다양한 활동으로 이어지기도 하였다. 이렇듯 인동과 주변의 선산에 대한 이해는 여헌의 생애와 학문을 이해하는 관문 중 하나가 된다.

먼저 여헌 삶의 출발점이자 종착점이 되는 인동의 지리적 형세를 살펴보자. 인동은 진산鎭山(한 마을이나 고을의 중심이 되는 산)인 천생산天生山을

등지고 금오산金烏山과 마주하고 있으며, 영남 지역을 휘감아 돌면서
기름진 옥토沃土를 일구어 낸 낙동강洛東江이 고을을 띠처럼 두르며 남류南
流하고 있어 들이 넓다. 이러한 인동의 지세에 대해 여헌은 지금과
비교해도 손색이 없을 정도로 체계적으로 파악하고 정리하였다.

인동현의 지형은 천성산(천생산)이 동쪽에 우뚝 솟아 진산이 되는데, 여기에서
산줄기가 셋으로 갈라져 나온다. 그 중 한 줄기는 왼쪽으로 뻗어 7리쯤 지세가
높아졌다 낮아졌다 하기를 반복하다가 고을의 동남쪽에 이르러 큰 봉우리를 이
룬다. 고을 사람들은 이 산을 '남산南山'이라고 칭하니, 그 아래가 바로 지금의
'인의방'이다. 천성산 오른쪽 하나의 산줄기는 높고 낮음을 거듭하면서 고을의
동북쪽을 감싸고 호위하고 있는데, 북쪽으로부터 서쪽으로 8~9리를 뻗어 가서
낙동강의 강가인 부지암不知巖에 이르러 멈추었다. 그 중심의 한 줄기는 고을의
뒤에 높이 뭉쳐 있는데, 이것이 바로 이 고을의 주산主山이다. 주산 밑에 작은
한 맥이 혹 끊겼다가 혹 연결되었다가 하여 읍성邑城에 이르러 하나의 작은 봉우리가
되었으니, 이른바 '옥산玉山'이다. 아마도 옛사람들이 이 산이 특별히 이루어진
것을 기특하게 여겨 이 고을의 이름을 옥산이라 한 것이 아니겠는가?
천성산의 동남쪽에 큰 산이 있는데 유악流嶽(현재는 遊鶴山이라고 부름)이다. 유악이
낮아졌다가 또다시 고을의 정남방 5~6리 지점에서 우뚝하게 일어난 곳이 있는데,
이것을 봉두암鳳頭巖이라 한다. 산줄기가 봉두암 서쪽으로부터 뻗어 고을의 서남쪽
5리 지점에 이르러 멈추었으니, 그 아래가 곧 양원楊原이다. 고을의 서쪽 들판
10리 밖에는 큰 강(낙동강)이 흐르고 있으며, 강의 오른쪽으로 다시 10리쯤 되는
곳에는 유명한 금오산金烏山이 높이 솟아 마주하고 있다.
　　　　　　　　　－『여헌선생속집旅軒先生續集』권4, 「인의방仁義坊에 대한 설」

인동의 진산인 천생산은 『신증동국여지승람新增東國輿地勝覽』에 "산의
사면에 깎아 세운 듯한 석벽石壁이 성城이 되었다"라고 기록되어 있을
정도로 천연의 험준함을 자랑하는 요새와 같은 곳이다. 사방 주위가
모두 석벽이고 오직 동북쪽 한 귀퉁이로만 겨우 사람이 다닐 수 있었기

때문에 '천생'이라 하였는데, "하늘이 만들었다"(天作)고 기록할 정도로 그 산세가 천연의 성과 같아서 일찍이 산 정상 주변 일부에 성을 축조하여 '천성산天城山'이라도 불렀다.

이 천생산으로부터 갈라져 나온 옥산은 인동의 다른 여러 산에 비해 나지막하고 조그마하지만 일찍부터 인동의 별칭으로 사용될 정도로 이 고장 사람들의 주목을 받았다. 그래서 인동장씨를 '옥산장씨玉山張氏'라고도 부른다. 그렇다면 왜 옥산을 인동의 상징처럼 여겼을까?

옥산은 동서남북 사방이 모두 큰 길이었기 때문에 '옥두형玉斗形'의 터라고 불렀다고 한다. '옥두'라고 칭한 이유는 옥산의 정방향에 북두칠성北斗七星이 위치해 있고 산 이름이 옥산이기 때문이었다. 뭇별이 모두 북두칠성을 향하듯이 인동을 에워싼 여러 산들이 모두 옥산을 향하고 있기 때문에 옥산의 '옥'과 북두칠성의 '두'를 합하여 '옥두'라고 하였다는 것이다.

옥산의 형세가 비록 사람들의 눈에 금방 띨 정도로 특이하거나 천생산처럼 기암절벽으로 이루어진 것은 아니지만, 그 위치가 곧 북두칠성과 같이 인동의 여러 산들이 떠받드는 곳에 위치하고 있다고 여겨 옥산을 북두칠성에 빗대어 가늠하였고, 옥산이 인동의 별칭이 되어도 무방하다고 보았던 것이다. 그리고 옥두형의 옥산 아래로 백여 걸음 떨어진 곳에 일찍이 인동장씨의 종가宗家가 위치하고 있었기 때문에 자연스럽게 인동장씨를 '옥산장씨'라고 부르게 되었고, 여헌을 비롯하여 여러 사람들이 인동의 별칭으로 옥산을 사용하게 되었던 것이다.

여헌의 옛집은 인동장씨의 종가가 위치한 옥산 인근으로부터 2~3리 정도 떨어진 남산 자락에 자리하고 있었다고 한다. 여헌의 옛집이 남산에 살포시 기대어 위치하고 있었기 때문에 여헌의 후손들을 흔히 인동장씨 남산파南山派라고 부른다. 여헌의 옛집이 남산 자락에 자리 잡게 된 것은 그의 5대조인 사천병마절제사부군四川兵馬節制使府君 장우張俁가 그곳에 터를 잡고 집을 지었던 것에서 비롯되었다. 그는 남산 자락 밑에 터를 잡으면서 남산을 주산主山(묏자리·집터·도읍터의 명당자리를 이루는 주된 산)으로 삼고 양원의 뒷산을 안산案山(집터나 묏자리의 맞은편에 있는 산)으로 삼았다. 이후 여헌의 고조高祖로부터 조고祖考에 이르기까지 연달아 3대가 모두 이 옛집을 비워 두고 백 년 동안 인근의 성산星山 외지에서 지냈는데, 여헌의 부친이 중년에 이르러 다시 이 마을로 돌아와서 옛집을 허물고 새집을 지어 살게 되었고, 바로 이때 새로 지은 집에서 여헌이 태어났다.

고즈넉히 남산을 뒤로하고 자리 잡은 여헌의 집이 위치한 동네는 '인의방'인데, 여헌이 태어날 무렵 이곳의 지명은 '인선仁善'이었다. 그런데 임진왜란 이후 여헌이 '인의仁義'라고 고쳐 부르게 되었고, 이 지명은 지금까지 이어지고 있다. 미증유의 전란이었던 임진왜란을 겪은 후 이 마을에 다시 돌아와 사는 사람이 별로 없어 북서쪽의 안태리安泰理와 인선리를 합하여 하나로 만들게 되었는데, 이때 여헌이 나서서 지명을 인선에서 인의라고 고쳤던 것이다. 이때의 사정에 대해 여헌은 "사람은 비록 옛사람이 없으나 산천은 옛날 그대로이니, 서글퍼하는 마음이 없을 수 없다. 이제 옛날의 뜻을 생각하여 마을의 옛 이름인 인선을 다시 되찾고자 하는데, 또 생각하니 인仁에는 자연 선善의 덕이 있으므로 굳이 다시 '선善'자를 붙일 필요가 없다고 여겨졌다. 그래서 마침내 '선'자를 '의義'자로 바꾸어 인의仁義라 하였다"라고 술회하였다.

마을 이름이 인仁을 주장함은 자연스러운 지세를 따른 것이라고 본 여헌에게 마을은 단순한 거주지 이상의 의미였다. 그는 인의예지신仁義禮智信 오상五常 가운데 인은 동쪽에 해당하고 마을은 서쪽을 향하는 것이 순조로운 것이기 때문에, 서쪽에 해당하는 의를 이어붙이는 것이 바람직하다고 판단하였다. 그래서 마을의 지세가 마침 인을 주장하고 의를 향하는 위치에 부합되기 때문에 지형을 가지고 이름을 바꾼 뒤, "마을에 거주하는 사람들이 마을의 이름을 돌아보고 뜻을 생각하여 반드시 그 성분性分과 직분職分을 다하여 인에 거하고 의를 따르는 풍속을 만들 것"을 기대하였다. 이렇듯 여헌은 자신이 사는 곳의 지명에도 깊은 뜻을 담았던 것이다. 더구나 인의방이 바라보는 서쪽에는 그가 평생토록 흠모하였던 야은冶隱 길재吉再(1353~1419)가 은거하여 의리를 지키며 학문을 강마하던 영남 유학의 상징과도 같은 선산의 금오산이 우뚝 서 있으니, 여헌의 지향이 어디를 향하는지 미루어 짐작할 수 있다.

삶의 바탕이 된 인동장씨 선조들

인동이 여헌 삶의 터전이자 그의 학문이 무르익은 곳이었다면, 인동장씨 시조로 일컬어지는 장금용 이래로 인동을 중심으로 그의 선조들이 일구어 낸 적지 않은 성취는 여헌 삶과 학문의 기반으로 작용하였다. 그래서인지 여헌은 일찍부터 자신의 가문에 대한 자부심이 남달랐고, 선조에 대한 숭모崇慕의 뜻과 인동장씨 동성同姓 사람들에 대한 애정을 숨기지 않았다.

오늘날 우리가 헤아려 알 수 있는 것은 단지 20여 대代일 뿐인데, 그 위에 미처 알지 못하는 선조가 또 몇 대나 되겠는가? 중간에 무릇 몇 번이나 공사公私 간 세대의 번복을 겪었을 터인데, 아직도 선대의 혈맥이 남아 있어 오늘에 이르렀는가? 이제 수십 년 동안 남·북의 병화兵火를 치른 나머지 대대로 명문거족名門巨族으로서 온 성씨와 전 종족宗族이 완전히 멸망한 성씨가 얼마나 되는가? 다행히 우리 동성들은 난리에 살아남은 자들이 생명을 보전하여 옛 땅으로 돌아오게 되었으니,

이는 진실로 국가의 융숭한 은택이다. 그러나 만약 선대의 쌓아온 덕德이 지극히 깊고 또 두텁지 않았다면 어찌 이에 이를 수 있었겠는가. 이 때문에 우리 동성들이 감동하여 분발하지 않을 수 없는데, 다만 달리할 만한 일이 없기 때문에 이 제사를 올리는 것이다.

— 『여헌선생속집』 권4, 「시조始祖를 제사하고 인하여

동성同姓의 노소老少들을 깨우치는 설」

인동장씨의 입향조이자 시조로 받들어지는 장금용의 세세한 행적에 대해서는 알려진 바가 없다. 앞서 밝힌 대로 고려 초기에 무신으로 활약하여 공신으로 책록되었을 정도로 혁혁한 공로를 쌓았던 인물이었음에는 틀림없어 보인다. 여헌의 탄식처럼 시조로 받들어지는 장금용 이전의 인물에 대해서는 전혀 알 수 없지만, 시조 이후의 세계世系에 대해서는 적어도 관력官歷 정도는 전해지고 있다. 시조의 아들 장장선張張善은 고려 문종 때 금오위상장군金吾衛上將軍을 지낼 정도로 기개가 우뚝한 인물이었으니, 인동장씨 세계의 초기 인물들은 강인한 무인의 면모를 갖추었던 것으로 확인된다.

무관으로 주로 입신했던 여헌의 선조들은 고려 중반 이후부터 문관文官들을 연이어 배출하면서 가문의 품격을 강화하였다. 그리고 고려 말에 이르러 두문동杜門洞 72현賢 중의 한 사람인 송은松隱 장안세張安世의 활약을 계기로 가격家格이 한층 높아지게 되었다.

장안세의 증조 장인숙張仁淑은 통례원판사通禮院判事를 역임하였고, 조부 장순張純은 밀직부사密直府使를 지냈으며, 선고先考 장균張均 또한 급제를 할 정도로 당시에 장안세의 가문은 그 위상이 일정 수준에 다다르고 있었다. 선대의 성취에 힘입어 일찍 벼슬길에 오른 장안세는 10여 년간 함경도의 함주부사咸州府司로 재직하면서 수리사업에서 남다른 업적을 남겼다. 그는 함주 지역의 갈한천竭罕川이 해마다 범람하여 재해가 이어

지고 백성들의 발길이 묶이자 물길을 소통시키는 한편, 목판을 이용하여 70여 칸 규모의 당시로서는 큰 다리인 만세교萬歲橋를 세우는 등 치수 사업에서 큰 공적을 쌓았다. 그리고 그 공적을 인정받아 지위가 정헌대부正憲大夫 덕녕부윤德寧府尹에 이르게 되었다.

그러던 중 조선왕조가 개창되자 그는 모든 벼슬에서 물러나 경기도 개풍의 광덕산光德山 기슭에 있는 두문동에 은거하였다. 장안세의 능력을 익히 알고 있었고 그가 함주부사로 재직할 때부터 남다른 교분을 쌓아 좋은 벗으로 지냈던 태조太祖 이성계李成桂는 수차에 걸쳐 편지를 보내어 그를 불렀으나, 장안세는 두 왕조를 섬기는 것을 부끄럽게 여겨 출사하지 않았다. 그리고 전라도 옥산(현재 전라북도 군산시 옥구읍)에 은거하며 파란만장한 생을 마감하였다. 그로부터 수백 년이 지난 후인 순조 8년(1834) 조정에서는 그의 의리정신을 기려 '충정忠貞'이라는 시호를 내렸고, 그의 후손들은 영조 50년(1774)에 세운 옥계사玉溪祠에 그를 배향하였다. 이때 대산大山 이상정李象靖(1711~1781)이 그의 유허비 비문(「高麗正憲大夫行德寧府尹張公遺墟碑陰記」)을 지어 그의 유지를 기리기도 하였다. 그의 무덤은 현재 전라북도 군산시 옥구읍 옥정리 척동 마을에 온전히 남아 있는데, 경상도 인동 출신인 그가 무슨 연유로 전라도 옥구 땅에 은거하게 되었는지는 어떤 기록에서도 확인할 길이 없다.

장안세는 아들 4형제를 두었는데, 그 가운데 장자인 장중양張仲陽이 여헌의 7대조이다. 장안세의 의리 정신을 이어받은 장중양 또한 고려에 대한 의리를 지키며 일생을 보냈다. 그는 고려 말에 관리로 등용되어 김해부사金海府使를 역임하였고 가선대부嘉善大夫의 직위에까지 올랐으나, 부친과 더불어 끝까지 고려에 대한 충절을 지켰다. 부친과 친교가 있었던 태조 이성계가 그에게 한성좌윤漢城左尹이라는 구체적인 벼슬까지 내려 등용하려 하였지만 끝내 취임하지 않았고, 임종할 때 자손들에게 자신의 비문에는 반드시 고려 때의 벼슬을 적어 달라고까지 할 정도로 의리정신에 투철하였다. 그가 평안도 성천으로 가면서 읊은 「성천도중成川途中」이라는 시 한 수가 지금까지 전해지고 있어 시인으로서의 품격을 짐작하게 해 준다.

먼 길 가노라니 이정은 늘어나고　　　　　　　行邁靡靡道里延
들판 곳곳에는 풀이 연기같이 부옇구나.　　　郊原處處草如煙
타고 가는 말은 멀리 신라 강토를 가리키니　征驂遠指新羅域
내가 온 길이 곧 옛 고향 나라 신라였구나.　客路經由故國邊
큰 집들은 비록 옛 송양 시절의 것이 아니지만　院宇雖非松壤日
강산은 역시 옛날의 삼한과 같은 모습이리라.　江山猶是馬韓天
지난 일을 생각하면 마음 상하지만 물을 곳 없고　傷心往事憑誰問
비바람 치는 앞 숲에서 두견새만 슬피 우네.　　風雨前林哭杜鵑

고려에 대한 충절을 고수하였던 장중양은 자녀들에게만큼은 자신과 다른 삶을 권유하였다. 자신은 고려에 대한 의리를 지킬 의무가 있지만, 고려에서 벼슬을 하지 않은 자손들은 고려가 아닌 조선에 대하여 지켜야 할 의리가 있다고 보았던 것이다. 이러한 그의 뜻은 당시 길재가 그의 아들에게 전한 뜻과도 부합하며, 길재의 학통을 이은 김종직이 출사出仕하게 된 계기와도 무관하지 않은 것이었다. 이런 연유로 장중양의 아들 장수張脩는 유일遺逸로 천거되어 관직에 오르게 되었다.

관직에 임용된 후 장수는 칠원감무漆原監務를 거쳐 관리들의 비리를 감찰하는 사헌부에 등용되어 지평持平, 집의執義를 거쳤고, 세종 12년(1430)에는 그 지위가 장령掌令에까지 이르렀다. 평소 성품이 강직했던 그는 사헌부에 재직하면서 조정의 기강을 바로세우는 데 온 힘을 기울였다. 관리들의 비행을 조사하여 그 책임을 규탄하는 데 주저함이 없었고,

백성이 억울하게 누명을 쓰는 일이 없나를 살펴 그것을 풀어 주는 일에 매진하였다. 평소 간언諫言을 서슴지 않았던 그는 끝내 자신의 간언이 받아들여지지 않자 고향으로 은거하였고, 인동에 머물면서 가학家學의 기반을 다지는 데 진력하다가 세상과 이별하였다. 『옥산지玉山志』에는 그가 남긴 인동부 동헌 동쪽의 인풍루를 노래한 「인풍루仁風樓」라는 시 한 수가 전해져 그의 풍모를 짐작하게 하고 있다.

장수의 슬하에는 장보張俌와 장우張俁(?~1480) 두 아들이 있었는데, 그 가운데 둘째 아들인 장우가 여헌의 5대조이다. 장우의 형인 장보는 풍저창승豊儲倉丞을 지냈으며, 세조 6년(1460)에 원종공신原從功臣 3등에 책록되었다. 여헌의 직계 선조인 장우는 종3품 무관직에 해당하는 사천진泗川鎭 병마첨절제사兵馬僉節制使로 재직하면서 해변에 성채를 쌓고 군량미를 비축하여 방비를 튼튼하게 하는 등 관료로서의 임무에 충실하였다고 전해진다. 여헌을 이해할 때 장우를 주목해야 하는 이유는, 그가 비록 관료로서 크게 현달하지는 못했지만 처음으로 인동의 남산에 정착하여 이후 인동장씨 남산파로 불리는 인동장씨 지파支派의 파조派祖가 되었기 때문이다. 관직에서 물러난 그가 인동의 남산 밑 인의방에 삶의 근거지를 잡게 된 것을 기점으로 남산파라는 지파가 형성되었고, 이후 여헌을 거쳐 지금까지도 남산파는 장씨 문중의 유력한 가문으로 자리 잡고 있는 것이다.

여헌의 4대조인 장승량張承良은 정3품 무관에 해당하는 내금위內禁衛 어모장군禦侮將軍을 지낸 인물이다. 그는 성종 1년(1470) 성종이 직접 임석한 활쏘기 대회에서 90명 가운데 1등을 차지하여 활 하나를 하사받을 정도로 활쏘기에 능하였다고 전한다. 그의 무인적 기질은 그의 아들에게로도 이어져 여헌의 3대조인 장준張俊도 부친과 마찬가지로 무관인 충순위忠順衛를 역임하며 무반의 반열에 올랐다.

여헌의 선조들은 남산파로 분립하면서부터 대체적으로 무반적 색채를 띠기 시작하였다. 이전 선조들이 대체적으로 문반으로 활약했던 것과는 달리, 남산파 파조인 장우 대부터 무반으로 등용되어 장승량과 장준 대에 이르러 그 색채를 강하게 띠었다. 이렇게 무반적 색채를 띠게 된 이면에는 장우의 부인 즉 장승량의 모친과 적지 않은 연관이 있다. 장승량의 모친인 양성이씨陽城李氏는 공소공共昭公 이사검李思儉(?~1446)의 딸인데, 이사검은 무과에 급제한 후 판의금부사判義禁府事, 중추원부사中樞院府事를 거쳐 1435년 정조사正朝使가 되어 명나라를 다녀온 뒤 중추원사中樞院使로 등용되는 등 무관으로 크게 현달한 인물이었다. 이사검이 무관으로 현달하였던 만큼 당시 무관으로 활약했던 장우가 눈에 띄었고, 통혼으로 이어지면서 이후 자손들이 자연스럽게 무관의 길로 접어들었던 것이다.

한편, 무관으로서 적지 않은 사회적 지위를 가졌던 장승량 대에 이르러 여헌의 선조는 장우가 세거의 기반을 마련한 인동의 남산을 떠나 인근에 있는 성주星州의 암포岩浦(현재 경상북도 성주군 월항면 안포리)로 이거하였다. 여헌의 선조가 암포와 인연을 맺은 것은 장승량의 조부인 장수가 암포를 세거지로 하고 있던 양양부사襄陽府使 이번李蕃의 딸과 결혼하면서부터 시작되었다. 장수는 혼인을 통해 자연스럽게 이곳에 일정한 경제적 기반을 마련하였고, 이에 더하여 장승량이 성주이씨 집안에 장가를 가게 됨에 따라 암포로의 이거가 이루어졌던 것이다.

성주에서 시작된 여헌 직계 선조의 삶은 장중량으로부터 장준, 그리고 여헌의 조부인 장계증張繼曾에게로까지 이어졌다. 이에 따라 이 3대의 묘는 암포와 월곡月谷 등 성주 지역에 조성되었다. 하지만 장계증 대에 이르러 여헌 선조의 근거지는 성주 지역에만 한정되지 않았다. 장계증은 이조참의吏曹參議를 역임한 한양의 명문세족 중 한 가문이었던 문화유씨

文化柳氏와 결혼하였고, 이에 따라 여헌의 가문은 한양에 일정한 기반을 갖추게 되었다. 이에 따라 장계증의 두 아들 장열과 장희張熙는 외가가 있는 한양에서 출생하게 되었다.

여헌의 부친 장열은 한양에서 태어나고 자랐지만, 20대에 접어들어 한양 생활을 청산하기로 결심하고 낙향하여 선대의 세거지였던 성주의 암포를 거쳐 인동 남산의 인의방으로 돌아왔다. 그가 암포의 세거지를 아우 장희에게 맡기고 남산으로 완전히 귀향함에 따라 남산파가 이곳에 터를 잡은 지 4대만에 여헌 선조의 남산 정착이 다시 이루어지게 된 것이다. 이로부터 본격적으로 남산 일대가 남산파, 아니 여헌 가문의 세거지로 확립되기 시작하였다.

여헌의 고조로부터 조고에 이르기까지 3대가 남산 옛집을 비워 둠에 따라 장우가 당초 조성했던 남산 옛집의 영화榮華는 묻혀 가고 있었다. 옛집의 외대문外大門이 있던 곳은 밭두둑으로 변해 버렸고, 집안에 세웠던 돌은 밭두둑 옆 흙 속에 묻힌 채 방치되어 있었으며, 별실이 있던 곳과 채소밭이 있던 뜰은 흔적만 남긴 채 버려져 있었다. 옛집을 둘러싸고 있던 넓고 긴 담장은 사라진 채 주변 사람들의 기억에만 남아 있을 뿐이었다. 귀향 후 장열은 남산 옛집의 영화를 다시 일으키기 위해 동분서주하였고, 그의 노력에 힘입어 새로 지은 남산 고택은 남산파 종택으로서의 면모를 어느 정도 갖추어 가기 시작하였다.

남산파의 중흥이라는 책임을 떠안은 장열은 비록 벼슬길에 오르지는 못했지만 경학經學에 밝았다. 행실이 엄정하고 일처리가 준엄하여 인동 장씨 가문 내의 종족은 물론 지역 백성들까지 모두 그를 두려워하면서도 존경하였다고 한다. 그는 9촌 족숙인 죽정竹亭 장잠張潛(1497~1552)과 함께 족계族契를 만들어 가문 내부 종인들 간의 친목을 도모하는 한편, 정기적으로 선조의 묘소를 찾아 제사를 지내는 등 선대에 대한 현양사업에

깊은 관심을 기울였다. 아울러 매월 초하루가 되면 집안의 자제를
모아 학문을 강론하는 등 면학 분위기를 조성하여 가학의 풍모를 갖추는
데 진력하였다. 집안의 어른으로서 그가 펼친 다양한 활동, 특히 가문의
자제들이 학업에 매진할 것을 독려한 일련의 활동은 훗날 여헌을 비롯하
여 기라성 같은 다수의 학자를 배출하는 토대가 되었다.

2. 짧은 수학기, 드높은 학문적 지향

영남의 유풍儒風을 이어받다

예사롭지 않은 기운을 받고 태어난 여헌은 어려서부터 집안의 관심 속에 별 탈 없이 무럭무럭 자랐다. 그리고 7세에 이르러 아버지로부터 본격적으로 글을 배우기 시작하였다. 이때 여헌은 종아리를 맞아 가며 엄하게 글공부를 하였다. 비록 어느 학자처럼 말을 배우면서 바로 글을 알 정도의 천재적인 재능을 보이지는 않았지만, 글을 배우기 시작하면서 곧 글자를 모아 글귀를 지을 수 있을 정도의 비범함을 보였다. 어린 나이임에도 불구하고 여헌은 옛 성인처럼 훌륭한 인물이 되겠다고 스스로 기약하였으며, 문장이 조숙해지는 것을 두려워하였다.

그러던 중 명종 16년(1561) 6월에 이르러 집안의 어른 역할을 맡아 묵묵히 남산파의 터전에 학문과 문화의 씨앗을 뿌리며 가문의 번영을 기원했던 아버지 장열이 세상을 등지는 비통함과 마주하게 되었다. 이때 여헌의 나이는 고작 여덟 살에 불과하였다. 졸지에 상주喪主가 된 여헌은 어린 나이임에도 불구하고 하늘이 무너지는 슬픔을 안으로 삭이며 스스로 상례 절차를 잘 지켜 나가는 의연함을 보였다. 초상初喪을 치른 후 여막廬幕에서 지내며 아침저녁으로 상식上食을 올리는 등 상주로서의 본분을 다하였다. 가족과 식사할 때는 행여나 나물 반찬에 조그마한 생선비늘이라도 떨어져 있으면 곧 숟가락을 내려놓을 정도로 의례를 준수하는 준엄함을 보였다. 이러한 여헌의 모습을 보고 어머니 경산이씨는 아직 혈기가 차지 않은 어린 나이에 상주의 역할을 감당하다 자칫 몸이 상하지 않을까 근심할 정도였다. 하지만 여헌의 뜻을 꺾을 수는 없었다.

아버지를 여읜 뒤부터 더욱 의젓해진 여헌은 10세가 되자 이미 어머니를 섬기고 공경하는 태도가 남다르다는 주위의 평가를 받았다. 어머니가 가르침을 내리거나 자신의 행실을 나무랄 때면 늘 손을 모으고 땅에 엎드려 있다가 다 듣고 나서야 일어날 정도였다. 여헌이 효행에 모범을 보였던 것은 가문의 전통이기도 하였다. 여헌의 탄생을 학수고대하며 치성을 드렸던 조부 장계증은 일찍이 채소와 과일을 심고 가꾸는 방법과 음식을 삶고 요리하는 절차를 널리 기록하여 손수 맛있는 음식을 만들어서 부모 봉양에 정성을 다하였고, 조모인 문화유씨도 술과 음식에 대한 지식을 보태어 남편과 함께 시부모 봉양에 모범을 보였다. 이러한 조부모의 효행은 아버지 장열과 어머니 경산이씨를 거쳐 여헌에게까지 이어져서, 여헌은 조부가 저술한 책자를 늘 책상 위에 두고 가문의 전통을 이어 효행에 앞장섰다.

학문에 본격적으로 접어들어야 할 나이에 여막에서 상주의 본분에만 충실한 여헌을 곁에서 지켜보던 어머니는 늘 아들의 학문이 지체되는 것을 염려하였다.

아버지가 돌아가신 지 1년이 지났을 무렵이었다. 어머니 경산이씨가 조용히 여헌을 방으로 불렀다.

"학문의 길에 본격적으로 나서야 할 나이인데, 이렇게 상주 노릇에만 전념하니 걱정이 아닐 수 없구나."

"저도 학문에의 뜻을 저버린 것은 아니오나, 현재로서는 상주로서의 역할에 최선을 다해야 한다고 생각합니다."

"네 아버지의 유택은 나와 네 누이가 지킬 것이니 너무 염려할 것이 없다. 그러니 선산에 있는 네 자형에게로 가서 학문을 익히도록 하여라."

여헌의 어머니 경산이씨는 여헌에게 배움의 중요성을 강조하고, 당시 선산에서 묵묵히 학자의 길을 걸으며 지역에서 학문적 명망을 얻고 있던 그의 자형姉兄인 송암松菴 노수함盧守諴(1516~1573)에게 나아갈 것을 명하였다. 이에 따라 여헌은 선산으로 거처를 옮기고 본격적으로 배움의 길에 접어들었다.

여헌의 첫 스승인 노수함은 길재로부터 비롯되는 선산 지역의 사림 정맥을 계승한 송당松堂 박영朴英(1471~1540)의 대표적인 문인 중 한 사람이었다. 여헌의 큰누이와 혼인을 맺은 그는 중종 35년(1540) 진사시進士試에 합격한 이후 대과 응시의 뜻을 접고 평생을 학문 연구와 후진 양성에 전념한 학자였다. 당시 그의 학자적 명성은 선산과 인동 지역에 자자하였고, 인근 지역의 학동을 위해 선산에 서당을 열고 강학에 매진하고 있었다.

노수함의 문하에 나아간 여헌은 어린 조카들 및 지역의 학동들과 함께 착실하게 학문을 익혀 나갔다. 평소 기상이 광대하고 몸가짐이 남달랐던 여헌은 배움의 과정에서 늘 앞서가는 모습을 보였고, 이러한 여헌의 성취를 바라본 노수함은 여헌에 대해 적지 않은 기대감을 가지게 되었다. 책을 읽으면서 글을 외우는 데에는 비범함을 보이지 않았지만, 글의 대의大義를 파악하는 데에서는 다른 학동이 따라올 수 없을 정도로 탁월함을 보인 여헌이었다.

여헌이 착실히 배움의 길을 밟아가던 중 신당新堂 정붕鄭鵬(1467~1512)의 아들이자 노수함의 지우知友였던 정각鄭慤이 노수함의 집을 방문하게 되었고, 이때 서당에서 공부하던 여헌을 마주하게 되었다. 이때의 만남에는 다음과 같은 일화가 전한다.

여헌이 배움을 이루어가는 모습을 보고 기이하게 여겼던 정각은 노수함에게 이렇게 말하였다.
"내 평생 이런 아이를 본 적이 없네. 장차 반드시 세상에서 뛰어난 인물이 될 것이네."
이 말을 들은 노수함은 침이 마르도록 처남인 어린 여헌을 칭찬하였다. 그러자 정각은 여헌을 자신이 있는 곳으로 불렀다.
"내가 무엇을 네게 선물하면 좋을까?"
옆에 있던 노수함은 장남삼아 "정말로 선물을 주고 싶다면, 비록 타고 온 말이지만 그것을 주면 좋을 것이네"라고 하였다. 이런 만남이 있은 후 정각은 집으로 돌아갔고, 얼마 지나지 않아 정말로 여헌에게 말을 보내왔다. 그러자 여헌은 정각의 고마운 뜻에 대해 정중히 사례하고 말을 돌려보냈다.

이 일화는 어려서부터 보여 준 여헌의 학자적 면모를 확인하게 하는 사례인 동시에, 여헌 학문의 바탕에 선산 지역의 유풍儒風이 스며들어 있음을 확인시켜 주는 사례로 이해된다. 앞서 밝힌 대로 노수함은 박영의 제자이고, 박영은 한훤당寒暄堂 김굉필金宏弼(1454~1504)의 문인인 정붕의 제자였다. 김굉필은 익히 알려진 대로 길재의 학통을 이은 강호江湖 김숙자金叔滋(1389~1456)의 아들인 점필재佔畢齋 김종직金宗直(1431~1492)의 수제자 중 한 사람이다. 이러한 흐름을 고려할 때 길재-김숙자-김종직-김굉필-정붕-박영으로 이어지는 선산 지역을 기반으로 한 정통 사림의 학맥과 학풍은 노수함을 매개로 자연스럽게 어린 여헌에게로 이어졌음이 초기 배움 과정의 일화에서 확인된다. 비록 철저한 사림의식과 이것의 기반이 되는 학풍을 온전하게 전수받은 것은 아니지만, 어린 여헌은 노수함을 통해 선산 지역의 유풍과 학맥을 확인하는 계기를 가졌고, 이러한 계승은 박영의 사위이자 정붕의 아들인 정각과의 만남을 통해 보다 뚜렷이 확인되었던 것이다.

학문의 외연을 넓히는 계기를 마련하다

노수함의 문하에서 학문에 대한 첫걸음을 내디딘 여헌은 3년여 간 유학儒學의 주요 경전을 익히고 13세에 이르러 집으로 돌아왔다. 이미 누이들이 모두 출가하여 어머니를 곁에서 모실 자제가 없고, 학문하는 것은 모두 스스로에게 달려 있을 뿐이라고 생각해서 남산 집으로 돌아온 것이었다.

집으로 돌아온 여헌은 어머니를 곁에서 모시면서 닭이 울면 일어나 양치질하고 머리를 빗고 옷을 갖추어 입은 뒤 아침 문안을 드렸고, 물러나와 서실書室로 들어가서 단정히 앉아 책읽기를 반복하였다. 매번 식사 때가 되면 어머니의 곁에서 시중을 들었으며, 저녁이 되면 어머니의 침실에 나아가 시원하고 따뜻한 것을 적당하게 맞추고 이부자리를 펴 드린 후에 다시 서실로 돌아왔다. 책읽기를 거듭하다 밤이 깊어서야 잠자리에 드는 것이 일상이었다. 비바람이 불어 일기가 불순하여도 사당에 나아가 참배하는 것을 그만두지 않았으며, 음력 초하루와 보름, 명절에 선조를 받드는 의례도 모두 한결같이 예법에 따랐다.

여헌은 어머니 앞에 있을 때에는 온화한 용모와 안색으로 말하였고, 웃는 것이 편안하여 위로하고 기쁘게 함이 골고루 지극하였다. 행여나 집에 손님이 방문하면 공손히 안부를 묻는 것 이외에 다른 외부의 일에 대해서는 언급하지 않는 신중함을 보였다. 집밖을 나서는 일이 잦지 않아 이웃집을 찾는 경우가 거의 없었으니, 가끔 친족의 집을 방문하여 인사를 나누는 것이 집밖을 나서는 일의 전부였다.

이러한 생활을 반복하면서도 여헌은 아직도 자신의 배움이 온전하게 채워지지 않고 있음을 안타깝게 여겼다. 그래서 14세(명종 22, 1567)에 이르자 스스로 집안의 어른인 학거鶴渠 장순張崏(1532~1571)에게로 나아가 배움을 청하였다. 여헌에게는 11촌 족숙인 장순은 학문과 행실이 돈독하여 이미 인동을 위시한 인근 지역에까지 명성이 자자한 인물이었다.

장순은 명종 16년(1561) 생원시에 합격한 이후 과거공부를 그만두고 오로지 학문에만 전념하여 적지 않은 학문적 성취를 일구고 있었다. 장순은 용암龍巖 박운朴雲(1493~1562), 구암久菴 김취문金就文(1509~1570) 등 선산과 인동 지역의 박영 문인들 이외에 이언적 등 선배 학자들을 종유하며 학문을 익혔으며, 이황에게도 학문적 질정을 마다하지 않으며 자신만의 독자적인 학문체계를 이루었다. 그가 저술한 「태극설太極說」, 「황극요의皇極要義」, 「계몽석의啓蒙釋疑」, 「지성무식설至誠無息說」 등에서 확인되듯이 장순은 성리학의 근원이 되는 우주자연에 대한 체계적인 인식을 갖추고 있었다. 그래서 그는 일찍부터 북송 성리학의 대표적인 저작인 소옹邵雍의 『황극경세서皇極經世書』와 장재張載의 『정몽正蒙』, 「서명西銘」 등을 깊이 연구하였고, 특히 장재를 존경하여 그의 호인 횡거橫渠의 '거渠'자를 자신의 호에 차용할 정도였다.

인동의 유풍儒風을 이끌던 장순은 명종 21년(1566)에 이르러 유학산 아래에 학림정사鶴林精舍를 지어서 가문의 어린 자손들과 인근의 초학자들을 위한 장소로 이용하고 있었다. 이런 사실을 알고 있었던 여헌은 가학의 중심인물 중 한 사람인 장순을 찾았고, 이를 계기로 학문에 대한 깊이와 폭을 넓힐 수 있는 기회를 만들었다.

인동 지역 내에서 주목할 만한 학문적 성취를 이루고 있었던 장순의 문하에서 여헌은 착실히 배움의 외연을 넓혀 나갔다. 이전의 배움이 사서삼경四書三經을 중심으로 한 경전에 대한 이해에 한정되었다면, 이 시기의 배움은 성리학 일반에 대한 체계적인 이해와 더불어 우주자연에 대한 근본적인 배움을 도모하는 과정이었다. 이러한 사실은 다음의 일화에서 확인된다.

> 장순의 문하에서 학문을 익히던 중 여헌은 스승의 책상 위에서 책 하나를 보게 되었다. 그 책은 다름 아닌 『성리대전性理大全』이었다. 이 책을 펼치자 여헌의 눈에 들어온 것은 「황극경세皇極經世」편이었다. 내용을 간단히 읽고 호기심이 인 여헌은 장순에게 물었다.
> "이 책을 보아도 되겠습니까?"
> "봐도 무방하지만 조금 어려울 것이다."
> 이렇게 몇 마디 대화를 주고받은 후 장순은 흔쾌히 책을 내어 주었다. 이로부터 여헌은 침식을 잊고 이 책을 탐독하였고, 이로부터 전적으로 장순에게 나아가지 않게 되었다.

이 일화가 있었던 때는 여헌 나이 16세 때인 선조 2년(1569)이었다. 여헌이 장순 문하에 나아간 지 2년이 지난 시기였다. 이때 보고 빌린 『성리대전』은 송당 박영의 집안에 보관하고 있던 내사책자内賜冊子, 즉 왕이 하사한 귀중한 책이었다. 이렇게 귀중한 『성리대전』을 챙겨 집으로 돌아온 이후 여헌은 더 이상 특별한 스승을 찾지 않고 홀로 독서와 탐색을 거듭하였다. 10대 중반까지 길지 않은 기간의 수학 과정을 마치고, 더 이상 스승 없이 독학을 통해 자신의 원대한 포부를 하나씩 그려나가기 시작한 것이다.

천하제일의 인물이 되고자 하는 포부를 밝히다

장순의 문하를 나와 집으로 돌아온 여헌은 오로지 학업에만 몰두하였다. 어려서 학문에 일찍 입문하지 못한 것을 자책하면서 먹고 자는 것마저 잊은 채 오로지 학문 탐구에만 매달렸다. 이때 그가 가장 관심을 가졌던 주제는 천지인天地人 삼재三才의 이치에 관한 것이었다. 밤낮으로 사랑채에 앉아 장순에게서 얻어온 『성리대전』에 매달렸고, 때로는 깊은 사색에 빠지기도 하였다. 이렇게 독서와 사색에 빠져 밤을 지새운 날이 몇 날인지 모를 정도였다. 그리고 마침내 18세(선조4년,1571)에 이르러 우주자연의 원리와 함께 자신의 원대한 포부를 담은 『우주요괄宇宙要括』을 짓고 첩帖으로 만들게 되었다.

여헌 저술의 처음에 해당하는 『우주요괄』은 '우주의 중요한 진리를 포괄한다'는 의미이다. 여헌은 삼재의 이치를 중심으로 자신이 체계화한 내용을 천지天地와 고금古今, 인물人物과 사변事變과 관련한 제목을 붙여 총 10개의 그림으로 구성해서 첩으로 만들었다. 그래서 흔히 이 저술을 『우주요괄첩』이라고 한다.

『우주요괄첩』의 첫 번째 「회진첩會眞帖」은 무극無極의 진리를 나타낸 것이다. 무극은 형체가 없으므로 여헌은 이 첩에 아무런 도식을 하지 않고 백지로 남겨 두었다. 두 번째는 「일원첩一原帖」으로, 태극의 진리를 밝힌 것이다. 모든 변화의 중심이자 만물萬物과 만사萬事의 뿌리로서 태극의 의미를 밝혔다. 세 번째 「부앙첩俯仰帖」은 위로 천문을 관찰하고 아래로 지리를 살펴 땅에서 이루어지는 것을 드러낸 것이고, 네 번째 「중립첩中立帖」은 하늘과 땅의 중간에서 삼재三才의 일원이 된 인간의 본성과 윤리도덕을 밝힌 것이다. 다섯 번째는 「전수첩傳授帖」으로, 예로부터 현재까지 전해진 도道, 즉 도통道統을 드러낸 것이고, 여섯 번째 「재도첩載道帖」은 도를 담고 있는 경전經典을 밝힌 것이다. 일곱 번째 「경모첩景慕帖」은 인간이 실천해야 할 도를 전한 존경해야 할 인물을 밝힌 것이고, 여덟 번째 「방수첩傍搜帖」은 유학 이외에 널리 참고해야 할 인물과 서적을 표시한 것이다. 아홉 번째 「원취첩遠取帖」은 인간을 둘러싸고 있는 자연환경을 드러낸 것이고, 마지막이 되는 열 번째 「반궁첩反躬帖」은 앞의 내용들을 바탕으로 자신이 이루어야 할 목표를 요약한 것이다.

여헌은 『우주요괄첩』을 통해 자신이 향후 깊이 생각하고 연구해야 할 학문의 내용과 체계를 제시하였다. 특히 마지막 「반궁첩」에서 자신의 학문적 지향점이 무엇인지 분명히 제시하여 자신의 목표가 단순하지 않음을 표현하였다. 10대 후반의 어린 나이에, 더구나 성리학 본연에 본격적으로 입문한 지 얼마 지나지 않았음에도 불구하고 여헌은 성리학의 학문체계를 우주자연의 궁극적 원리로부터 일상에서 실천해야 할 구체적인 내용에 이르기까지 체계화하여 포괄하였으며, 무엇보다도 자신이 꿈꾼 원대한 목표를 보여 주었던 것이다. 그가 가졌던 원대한 목표는 다름 아니라 '천하제일天下第一의 사업'을 실현하여 '천하제일의 인물人物'이 되는 것이었다. 그는 『우주요괄첩』의 열 번째 「반궁첩」 한가운데에 다음과 같은 글을 적고 이것을 다짐하였다.

온 천하에서 제일가는 사업(天下第一事業)을 할 수 있어야 바야흐로 온 천하에서 제일가는 사람(天下第一人物)이 될 수 있다.

여헌이 제시한 '천하제일의 사업'은 곧 도덕적인 세상을 이루는 일을 가리킨다. 하지만 그 사업을 펼쳐야 할 내용의 범위는 그리 소박해서는 안 된다는 것이 여헌의 생각이었다. 여헌은 훗날 「공성孔聖」이라는 글을 통해 인간이 감당해야 할 사업을 '천지'라는 우주적 범위에서 설정하였는데, 이러한 범주의 설정이 이미 10대 후반에 싹텄다가 훗날 더욱 구체화되었던 것이다. 「공성」에서 여헌은 "이른바 우리 인간의 사업이란 것은 곧 사람이 가진 도덕적인 본성을 모두 다 발휘하고 천명天命에 도달하며, 천지의 도에 맞추어 넘치는 것은 마름질하고 모자란 것은 보완함으로써 천지가 제자리를 잡고 만물을 그 사이에서 기르는 사업에 참여하는 도"라고 설명하였고, 천하제일의 사업은 천지만물이 모두 조화로운 삶을 영위하는 도덕세계를 이루는 것임을 분명히 하였다.

하지만 여헌은 천하제일의 사업을 이루는 것이 그것에 걸맞은 지위에 있어야만 하는 것은 아니라고 보았다. 그는 지위가 있는 사람의 사업은 한때에 그칠 수밖에 없고, 이 도를 만세토록 유행하도록 하는 것은 지위는 없지만 도를 가진 사람만이 가능하다고 생각하였다. 그래서 여헌은 10대 후반의 어린 나이에다 일정한 지위에 오르지 못한 상태였음에도 불구하고 천하제일의 사업을 실현하는 천하제일의 인물이 될 것을 기약하였던 것이다.

여헌의 원대한 포부는 일시적이고 즉흥적인 것이 아니었다. 외출할 때에는 반드시 이 서첩을 휴대하고 다니다가 시간이 날 때마다 서첩을 꺼내어 제목을 보고 실행의 순서를 생각하며 연구하였다. 시간이 얼마 지난 후에는 길을 다니면서 이 서첩을 손에 들고 다니기 어려워지자 피대皮帒 곧 가죽주머니를 만들어 그 속에 이 서첩을 넣어서 다녔다.

그가 만들어 사용했던 피대는 가로세로로 1자와 7~8척 되는 송아지 가죽 재질로 된, 지금으로 치면 일종의 가방에 해당하는 것이었다. 피대는 입구 주변에 두 개의 단추를 달아서 안에 있는 물건이 밖으로 새어나오지 않도록 촘촘하게 만들었고, 이 속에 『우주요괄첩』을 비롯한 서책 한두 권과 빗을 넣은 첩, 벼루를 넣은 갑, 모자 등을 넣었다. 그리고 외출할 때에는 항상 이 피대를 가지고 다녔다. 심지어 임진왜란이 일어나 피란을 다닐 때에도 이 피대는 여헌의 몸에서 떨어진 적이 없을 정도였다.

여헌은 자신의 학문적 지향과 웅혼한 포부가 담긴 첫 저작인 『우주요괄첩』을 항상 휴대하며 스스로 제시한 사업의 체계에 따라 학문을 강마하였으며, 이것의 실현을 위해 불철주야 노력하였다. 스스로를 채찍질하며 한평생 학문에 정진하기로 결심한 그였던 만큼 그의 학문적 역정은 간단없는 여정의 지속이었다. 그는 훗날 "나는 17~8세 때에 배첩排帖하여 한 책자를 만들고는 이름하기를 『우주요괄첩』이라 하였다. 평생의 의지를 또한 대략 여기에서 볼 수 있다"라고 술회하기도 하였다.

한편, 여헌은 돌아가신 아버지의 유지遺志를 이어 장씨 가문을 위한 사업에도 관심을 기울였다. 아버지의 생전 모습에 대해 "뜻과 행실이 준엄하고 정돈되었으며, 일을 만나면 강하고 굳세게 처리하셨다. 내가 미칠 수 있는 바가 아니다"라고 생각하고 있던 여헌은 자신이 배움의 길에 접어들어 그 체계를 갖추게 된 것도 모두 돌아가신 아버지가 평소 선을 쌓은 덕분이라고 생각하고 있었다. 그리고 아버지의 유지를 받들어 가문의 대소사에 참여하고 힘을 보태는 것이 당연한 일이라고 생각하였다. 그리하여 여헌은 아버지가 돌아가신 후부터 가문 내에서 여러 의론이 있을 때면 그 자리에 참석하여 자신의 의견을 조심스럽게 제시하였는데, 가문 내에서 여헌의 의견을 따르지 않는 인사가 없을 정도로 그의 의견은 비중 있게 받아들여졌다.

장씨 가문 내에서 비중 있는 일원으로 인정받았던 여헌은 『우주요괄첩』을 저술하던 10대 후반에 가문의 어른들에게 건의하여 매달 옥산 아래 종가에 모여 사당에 7대조의 화상畵像을 진설하고 참배한 다음,

집안의 자제들 가운데 어린 학동들을 모아 강독하고 시문을 짓고 글을 쓰는 것을 연중행사로 상설화하였다. 이때 여헌은 "집안에 큰 강령綱領이 되는 일은 오직 자제를 가르치고 문호門戶를 유지함에 있다"라고 여겼으며, 토지나 집을 물려주는 것은 가문을 살리고 유지하는 방법이 아니라고 보았다. 더구나 여헌은 세대가 거듭되면서 가문이 분할하여 뿌리가 같은 사람들이 급기야 원수가 되기까지 하는 당시 세태를 목도하면서 조상에 대한 제의를 준수하고 서로 학문을 익히는 것이 가문을 유지하고 살리는 첩경이라 판단하였다. 이렇듯 여헌은 돌아가신 아버지가 보여주었던 가문에 대한 애정을 이어받아서 장씨 가문의 기풍을 진작하고 학문적 풍토를 일구는 일에 앞장섰는데, 이러한 그의 행적은 이후에도 지속되었다.

관례와 혼례, 어른다운 풍모를 갖추어 나가다

10대 후반 이후 지속적으로 학문 정진에 몰두하던 여헌은 20세(선조 6년, 1573)가 되자 여느 사람과 마찬가지로 관례冠禮를 치렀다. 오늘날의 성인식과 같은 관례는 곧 어른이 되었다는 의미이다. 여헌도 관례를 치른 후 어른다운 풍모를 더욱 갖추게 되었고, 더욱 학업에 정진하는 계기를 마련하였다.

당시에는 관례를 치르면 관명冠名 곧 어른이 된 후의 이름을 다시 짓는 것이 상례였다. 여헌도 잠시 관명을 사용하다가 '내 이름은 돌아가신 아버지가 명명해 주신 것이니, 관례를 하였다고 해서 함부로 고쳐서는 안 된다'라고 생각하여 원래 이름을 그대로 사용하였다. 다만 어릴 때의 자字였던 '덕휘德輝'는 관례 이후에 '덕회德晦'로 바꾸었다.

약관의 나이를 지나면서 여헌은 몸가짐을 더욱 엄숙하게 하였다. 원래 웃고 떠드는 것을 좋아하지 않았지만, 이 무렵에 이르러 더욱 신중한 태도를 보였다. 그는 법도에 따라 일상의 구체적이고 쉬운 일을 배우고 익힌 후 깊고 어려운 진리의 세계로 나아갔는데, 특히 역학易學에 침잠하여 침식을 잊는 날이 이전보다 훨씬 더 잦아졌다. 이에 따라 여헌의 학문은 더욱 그 폭과 깊이를 더해 갔다. 그리고 23세가 되던 선조 9년(1576), 조정에서 전국의 군읍郡邑에 재행才行이 탁월한 자를 천거하라는 명이 내려지자 인동현에서는 여헌을 그 대상으로 추천하기에 이르렀다.

관례를 치른 후부터 더욱 뚜렷한 학문의 진전을 이루어 명망이 높아져 가자 여헌에게는 여러 문중으로부터 심심치 않게 혼인의 청이 들어왔다. 하지만 여헌과 그의 집안에서는 쉽게 혼처를 정하지 못하였다. 아버지를 여의고 홀로 어머니를 모시고 있었던 여헌으로서는 혼사에 더욱 신중을 기하지 않을 수 없었다.

그러다가 26세가 되던 선조 9년(1576)에 이르러 여헌은 가문의 또 다른 연고지였던 성주 지역의 청주정씨淸州鄭氏와 혼례를 치르게 되었다. 청주정씨는 훗날 좌참찬左參贊에 증직된 정괄鄭适의 딸이었는데, 부친이 일찍 돌아가신 후 당시 성주 지역을 중심으로 학자적 명망이 높았던 숙부 한강寒岡 정구鄭逑(1543~1620)의 보살핌과 훈육을 받으며 자란 정숙하고 착한 성품의 규수였다.

정구의 주관 하에 치러진 청주정씨와의 혼례는 여헌에게 있어 학문의 외연을 넓히고 학자적 면모를 일신하는 하나의 계기가 되었다. 정구는 이황의 고제高弟인 동시에 남명南冥 조식曺植(1501~1572)에게서도 학문적 세례를 받은 당대 영남을 대표하는 우뚝한 학자였다. 『오선생예설분류五

先生禮說分類』를 비롯하여 예학禮學 방면에서 뛰어난 업적을 남긴 정구의 학문은 미수眉叟 허목許穆(1595~1682)에게로 이어졌다가 이후 성호星湖 이익 李瀷(1681~1763)을 거쳐 다산茶山 정약용丁若鏞(1762~1836)에게로 연결되어 근기남인近畿南人들의 연원이 되었다고 평가받을 정도로 그 영향력이 작지 않았다.

정구는 생존 당시 지속적인 강학 활동을 전개하여 근거지였던 성주는 물론 인동 지역에까지 적지 않은 문인을 배출하면서 학문적 영향력을 확대하고 있었다. 이에 따라 정구의 문인이 다수 분포하고 있던 성주 및 인동을 중심으로 한 낙중洛中 지역, 곧 낙동강 중류 지역의 학풍은 이황을 중심으로 특징적인 학풍을 조성하고 있었던 영남좌도嶺南左道나 조식으로부터 연원하는 영남우도嶺南右道의 학풍과 일정한 차별성을 가지고 있었는데, 이러한 학풍이 조성되는 데 결정적 역할을 담당했던 인물은 여헌과 그의 처숙부인 정구였다는 것이 대체적인 이해이다.

정구와 여헌과의 관계는 쉽게 판단을 내릴 수 없을 정도로 복잡 미묘하였다. 더구나 여헌 사후에 빚어지는 한려시비寒旅是非에서 드러나 듯이 두 학자 사이의 관계는 사제師弟관계라는 시각과 동지同志관계라는 주장이 17세기 이후부터 팽팽하게 맞섰다.

하지만 이러한 엇갈리는 시각과 주장을 떠나, 정구와 여헌은 조카사위 와 처삼촌의 관계를 근간으로 함께 학문을 깊이 있게 토론하고 심성心性 의 도야陶冶를 서로 권면하는 동지적 관계였다. 그렇기 때문에 여헌은 청주정씨와의 혼인 이후 가끔 시간을 내어 성주를 찾아서 정구와 더불어 성리학적 주제에 대해 마음을 터놓고 토론하였다. 이때 여헌이 스스로 이룬 학문 성취는 어느 정도 체계를 갖추어 이미 상당한 수준에 이르고 있었다.

성주목사星州牧使로 새로 부임한 허잠許潛이 정구를 찾아 물었다.
"남쪽 지방의 선비 가운데 학문을 좋아하는 선비는 누구입니까?"
그러자 정구는 다음과 같이 대답하였다.
"공자의 제자 가운데 학문을 좋아한 사람은 안자顔子 한 사람밖에 없었으니, 어찌
쉽게 말할 수가 있겠습니까? 하지만 장 아무개는 학문을 구하고 도에 뜻을 두며
덕행이 순수하게 무르익었으니, 훗날 우리의 스승이 될 사람은 반드시 이 사람일
것입니다."

이 일화는 여헌의 나이 42세 때인 선조 28년(1595)에 있었던 일이다.
일화 속의 장 아무개는 비로 여헌을 가리킨다. 혼례를 치르기 이전부터
20년 넘게 여헌을 지켜보았던 정구는 여헌의 학문적 성취를 충분히
알고 있었고, 이에 주저 없이 그를 '우리의 스승이 될 만한 인물'이라고
평가한 것이었다.

'학문을 좋아하는 선비'(好學之士)에 대한 이야기는 원래『논어論語』「선진
先進」편에 실린, 노魯나라의 대부 계강자季康子의 질문에 대한 공자의
대답에서 처음 나온 말이다. 계강자가 공자에게 "제자들 가운데 누가
학문을 좋아합니까?"라고 묻자 공자는 "안회顔回라는 제자가 학문을
좋아했는데, 불운하게도 명이 짧아 젊은 나이에 죽었으니 지금은 없습니
다"라고 대답하였다. 품행이 바르고 어질어 천거에 의하여 관직에 나간
허잠은『논어』의 이 구절에 유의하여 학문을 좋아하는 선비가 누구인지
물었고, 정구는 주저 없이 여헌을 '안회'에 비견하면서 그의 학문적
성취가 우리 학문의 사표師表가 될 것이라고 높이 평가하였던 것이다.
여헌은 혼인 이후에도 여전히 어머니 경산이씨에 대한 효성의 뜻을
더욱 굳건히 하였다. 혼인 이전부터 모친의 봉양奉養을 직접 맡아 했던
여헌은 혼인한 뒤에도 모친에 대한 시중을 정씨 부인에게 맡기지 않고
손수 하였다. 밥상을 손수 올렸으며, 모친이 숟가락을 들고 식사하는

것을 보고서야 자리에서 물러났다. 아침저녁으로 이부자리를 개고 펴는 일도 여헌의 몫이었다.

이러한 그의 행동을 보고 정씨 부인은 의아해하지 않을 수 없었다. '혹시 시어머니를 소홀히 모실까 걱정해서 그런 것은 아닌가?'라고 생각한 정씨 부인은 여헌에게 조용히 "어머니께 식사를 올리는 일은 저의 소임인데, 어찌 손수 하십니까?"라고 물었고, 이에 여헌은 이전부터 해오던 일이라고 에둘러 대답하고 듣지 않았다. 모친에 대한 효성이 지극했던 여헌은 일찍이 몸채 기둥에 "어버이를 모심에는 사랑과 정성을 지극히 해야 하며, 아랫사람을 거느림에는 자애와 엄격함을 함께 베풀어야 한다"라는 글귀를 적어 두고 스스로를 반성하곤 하였다. 이러한 태도로 효성을 다해 왔던 여헌으로서는 정씨 부인의 입장을 헤아려 알고 있었으면서도 모친에 대한 봉양을 넘길 수 없었던 것이다.

잇단 향시鄕試 참가, 선비의 풍모를 보여 주다

착실하게 학문적 성취를 이루어 가던 여헌은 당초부터 출사出仕에는 뜻이 없었다. 그래서 과거를 위한 공부에는 별다른 생각이 없었고, 과거 응시는 애초부터 생각조차 하지 않고 있었다. 하지만 어려서부터 출중한 배움의 모습을 보인 데다가 약관의 나이를 넘어서면서 학문의 체계를 어느 정도 갖추게 되자 주위에서는 여헌에게 과거 응시를 요구하게 되었고, 여헌은 당시의 보통 선비들처럼 과거에 응시하는 기회를 갖게 되었다.

21세가 되던 선조 7년(1574)에 이르러 여헌은 안동安東에서 치러진

도회都會에 나아갔다. 도회는 지방에서 행하는 향시鄉試의 일종인데, 당시에 여헌은 우연한 기회를 얻어 안동도회에 참가하게 되었다. 여헌이 과장科場에 들어서자 향시에 응시한 여느 선비와 달리 용모가 준수하고 몸가짐이 특출한 여헌에게 시선이 모아졌다. 키가 8, 9척에 달할 정도로 크고 훤칠한 용모에 관冠을 쓰고 옷을 입은 그의 모습은 좌중을 압도하기에 충분하였다. 더구나 손을 모으고 똑바로 서 있으면 온화하면서도 엄숙한 모습을 보여 함부로 범할 수 없는 의연한 자태였다. 이러한 그의 차림새에 놀란 시험관들은 여헌을 불러 성명을 물어보고 몇 마디 이야기를 나누었다. 그러고는 모두 "이 사람은 진실로 세상에 보기 드문 인물이다. 시문이나 짓는 사객詞客이 아니다"라며 칭찬을 아끼지 않았다. 시험이 끝난 후 여헌이 합격자 명단에 포함되자 시험관들은 모두 '자신들이 사람을 볼 줄 안다'며 이구동성으로 여헌에게 축하의 말을 건넸다.

여헌은 안동도회에 참여하기에 앞서 청도靑道에서 열린 향시에도 참석하였다. 이때에도 여헌의 풍모는 시험관들의 눈을 압도하기에 충분하였다. 당시 시제試題는 "활개운무견청천豁開雲霧見靑天", 곧 "구름과 안개를 활짝 열고 푸른 하늘을 바라본다"였는데, 이는 안자顔子(안회)의 공부가 탁월하다는 것을 가리키는 말이었다. 이 시제를 받아들고 여헌은 거침없이 답안을 작성하여 시험관에게 제출하였다. 시험관들은 여헌의 답안을 보고 놀라움을 감출 수 없었다. 여헌의 답안 가운데 "견천이미도 우천見天而未到于天", 즉 "하늘을 보기는 하였으나 하늘에 도달하지는 못하였구나!"라는 구절에 이르러서는 모두 탄복하고 말았다. 여헌은 큰 뜻을 품었지만 일찍 세상을 떠난 안자의 삶을 두고 푸른 하늘에 비유하여 안타까움을 표현한 것이었다. 이 구절과 마주한 시험관들은 모두 "이러한 명구名句는 보통의 선비들이 들은 것을 생각 없이 남에게 전하는 수준이 아니다"라고 칭찬하였다. 흔히 구이지학□耳之學이라고 하듯이 그저 글귀나 외우고 풀어내는 수준을 넘어선 여헌의 학문적 수준을 당시 시험관들도 읽어 내었던 것이었다.

당시 영남 지역의 선비들 사이에서 이 일화가 자주 회자될 정도로 청도와 안동에서 열린 향시에서 탁월함을 보여 주었던 여헌은 28세(선조 14년, 1581)에 이르러 인동에서 열린 향시와 해시解試에 연이어 급제하였다. 그리고 2년 뒤 봄에 다시 인동향시 별거別擧에 급제하여 향시 합격자를 대상으로 치러지는 한양의 성시省試에 나아가게 되었다.

성시에 참석하기 위해 한양으로 가게 된 여헌은 보통 영남 지역에서 한양을 가기 위해 이용하는 추풍령秋風嶺 길을 택하지 않았다. 대신 그는 과거 응시를 기회로 삼아 영남 지역을 유력遊歷하고자 문경새재를 이용하여 험준한 태백산맥을 넘어서 남한강을 따라 한양으로 향하는 길을 행로行路로 잡았다. 그리고 한양으로 가는 노정에서 다음과 같은 일화를 남기게 되었다.

인동을 떠나 얼마 지나지 않아 새재를 넘은 여헌은 충주에 도착하였다. 그리고 배편을 이용하여 남한강 물길을 따라 한양으로 가기 위해 나루터에 이르렀다. 이윽고 뱃사공과 여비를 계산한 후 배에 오른 여헌은 조용히 자리에 앉아 경치를 감상하며 사색에 잠겼다.

하지만 얼마 지나지 않아 배는 거센 여울을 만났고, 거센 물살에 뱃전이 깨어지고 사공이 노를 놓치는 위중한 사태가 벌어졌다. 당장이라도 배가 뒤집힐 위기 상황이 연출되자 배에 탄 모든 사람은 넋이 나가서 어쩔 줄 몰라 당황해했고, 일부는 하얗게 질려 울부짖기까지 하였다.

이때 여헌은 조금도 동요하지 않고 태연하게 뱃전을 잡고 있을 뿐이었다. 거센 여울을 지나 배가 안정을 찾게 되자 사람들은 다시 편안한 기색을 띠게 되었다. 이때에도 여헌은 여전히 조용히 앉아 있을 뿐이었다. 그러자 주위 사람들은 여헌에게 다가와 말하였다.

"어쩌면 그리도 태연한 것이요?"

"이 와중에 울부짖는다고 무슨 도움이 되겠소?"

여헌은 이렇게 태연하게 반문하였다. 침착하고 의연한 모습을 보인 여헌의 정력定力에 주위 사람들은 그저 탄복할 뿐이었다.

이와 같이 여헌은 청년기에 접어들어 학문의 성취와 함께 예사롭지 않은 풍모를 갖추고 있었다. 더불어 지속적인 수양에 따라 바른 몸가짐에서 풍겨 나오는 품격 또한 원숙미를 더해 가기 시작하였다. 이와 같은 인격적 성장은 주위 사람들에게 늘 감동을 주었고, 마침내 인동을 대표하는 선비다운 선비로 늘 주위의 칭송을 받기에 이르렀다.

제2부 임진왜란의 발발과 나그네의 삶

1. 잇단 슬픔과 굴곡진 삶의 역정

아내와 어머니를 잃는 슬픔이 이어지다

30대에 접어들자 여헌은 정씨 부인을 잃는 슬픔과 마주하게 되었다. 부녀자로서의 범절이 있고 더구나 집안을 잘 다스렸다고 일컬어졌던 정씨 부인이 여헌과 혼인한 지 6년 만에 어린 딸 하나를 남겨둔 채 이 세상과 이별을 고하고 만 것이다. 여헌 나이 32세 때인 선조 18년(1585) 7월에 정씨 부인이 사망하자 여헌은 슬픔 속에서도 정중하게 상례를 치렀다. 비통한 마음이었지만 연로한 어머니를 생각하여 슬픔을 내색하지 않았으며, 겨울에 이르러 남산에 소재한 선산의 부친 장열의 묘 아래에 부인의 묘를 마련하여 장사葬事를 마무리하였다.

죽은 부인을 사모하는 마음을 가슴속에 간직하고 있던 여헌은 부인이 사망한 이후 홀로 모친 봉양과 집안 운영을 책임지며 학문에 정진하였다. 갓 젖을 뗀 어린 딸아이는 나이 드신 어머니가 손수 암죽을 쑤어 떠먹이며 애지중지 길렀는데, 이 모습을 지켜보던 집안의 어른들이 여헌에게 재혼을 재촉했다. 하지만 여헌은 한사코 그 뜻을 물리쳤다. 그러다 정씨 부인과의 결혼 생활만큼의 시간이 흐른 6년 뒤인 선조 23년(1590)에 이르러서 충순위忠順衛 송정宋淨의 딸 야로송씨冶爐宋氏와 재혼하였다.

이때 여헌 나이는 37세였다.

부녀자로서의 자질과 덕성을 고루 갖추고 있었던 송씨 부인이 집안에서 자리를 잡게 되자 여헌은 한결 가벼운 마음으로 학문에 정진할수 있었다. 하지만 그러한 심리적 안정도 얼마 가지 못하였다. 여헌이재혼하던 그해 겨울에 접어들면서 모친은 병환으로 몸져눕게 되었다.효성이 지극한 며느리의 정성스러운 봉양을 받은 지 얼마 지나지도않아서 중풍中風으로 앓아눕게 되었던 것이다.

일찍 남편을 여의고 홀로 지내는 어머니에게 항상 효성스러움을다하였던 여헌은 송씨 부인과 함께 어머니의 병구완에 온 정성을 다하였다. 병환으로 앓아눕기 전에도 언제나 어머니의 몸을 어루만지며 노쇠하여 몸을 여읜 것을 서글퍼하였던 여헌은 병환에 좋은 약이 있다는소식을 들으면 천리를 멀다 하지 않고 가서 그 약을 구해 왔다. 하지만어머니의 병에는 큰 차도가 없었다. 옷도 벗지 않은 채 밤낮으로 지극정성을 다하였던 여헌은 실낱같은 희망을 부여잡고 눈물로 지새우며어머니 치병에 정성을 다하였다. 하지만 이러한 정성에도 불구하고발병한 지 10개월이 채 지나지 않은 선조 24년(1591) 10월 어느 날 여헌의어머니는 이 세상과 이별을 고하고 말았다.

모친상을 당하자 여헌은 너무 슬퍼하여 몸이 야위고 거의 목숨이위태로울 지경에까지 이르렀다. 큰 소리로 슬피 울며 애통해하는 날이몇 날인지 셀 수 없을 정도로 여헌은 깊은 슬픔에 빠져 있었다. 죽과미음으로 식사를 대신하며 아침부터 저녁까지 어머니의 빈소를 지켰다.앉은 자리가 땀으로 썩어들어 갔지만 자리를 바꾸지도 않은 채 장례에정성을 기울였다.

어느 정도 슬픔을 진정시킨 여헌은 모친의 장례를 예법에 따라 진행하였다. 그리고 이해 12월에 부친의 묘 좌측에 어머니의 묘를 마련하여 장사하였다. 물론 그때부터 여헌의 여막살이가 시작되었고, 여헌은 이때 상례와 관련한 『상제수록喪制手錄』을 저술하였다. 『상제수록』을 통해 여헌은 부모에 대한 애정과 그리움을 이렇게 기록하였다.

사람에게 이 몸이 있으니 이 몸은 어디로부터 얻은 것인가? 부모가 없었다면 어떻게 이 몸이 있을 수 있겠는가? 형체는 부모와 지식으로 나뉘었지만 실은 하나의 몸이요, 몸은 상하로 나누어지지만 실은 하나의 기氣인 것이다. 사람은 한 터럭을 뽑거나 하나의 손가락을 다쳐도 오히려 그 아픔을 아는데, 하물며 그 어버이의 죽음을 어떻게 차마 견딜 수 있겠는가? 한 몸이면서 죽음은 어버이에게 있고 삶은 나에게 있으며, 하나의 기이면서 어버이에게는 그 기가 없고 나에게는 있으니, 죽어 기가 없어진 자는 지각이 없고 살아서 기가 있는 자는 지각이 있는 것이다. 그렇다면 지각할 수 있는 몸으로써 지각이 없는 몸을 생각하는 것이니, 그 애통박절함이 마땅히 다시 어떠하겠는가?

『상제수록』은 이후 여헌이 지은 여러 의례서들과 마찬가지로 『의례儀禮』에 근본을 두고 『주자가례朱子家禮』를 절충하여 작성한 것으로, 이후 민가에서 이 저술에 따라 상례를 치르는 등 그 영향이 간단치 않았다.

한편, 여막살이를 하는 여헌의 형편을 알지 못한 조정에서는 그해 겨울에 여헌에게 전옥서참봉典獄署參奉을 제수하였다. 그러나 상중이었던 여헌은 나아가지 않았다. 물론 상중이 아니더라도 애초부터 여헌은 취임할 생각을 가지고 있지 않았다.

임진왜란의 발발, 기약 없는 피란살이를 시작하다

해가 바뀌고 설이 지난 후부터 여헌은 다시 서책을 손에 들었다. 그동안 미루어 왔던 학문에 대한 열정을 다시 지피기 시작한 것이다.

그리고 4월이 되자 본격적으로 『주역周易』을 탐독하기 시작하였다. 이때 여헌은 가까운 지인이 자제를 가르쳐 줄 것을 청하자 흔쾌히 승낙하여 어린 학동學童과 함께 집에서 지내고 있었다. 그러던 중 4월 15일에 이르러 왜구倭寇가 침략해 왔다는 소식을 듣게 되었다. 임진왜란이 기어코 발발한 것이었다.

임진왜란이 발발하기 한 해 전인 선조 24년(1591)에 통신사로 파견되었던 황윤길黃允吉(1536~?) 일행이 왜국에서 돌아오면서 왜군의 침략설이 유포되어 한바탕 전국이 소란하였다. 여러 논란이 있었지만, 조정에서는 군영을 정비하고 성지를 수축하는 등 전란에 대한 대책을 마련하기 시작하였다.

인동과 선산을 위시한 경상도 지역에서도 이러한 조정의 시책에 따라 경상감사로 부임한 김수金睟(1537~1615)가 도내의 백성을 독촉하여 성을 쌓고자 하였다. "바라건대 경상일도慶尙一道를 조정에서 신臣에게 맡겨 주신다면 신이 마땅히 그것에 대처할 수 있을 것입니다"라고 호언장담한 김수였던 만큼 경상감사에 부임하자 축성築城에 혈안이 되었던 것이었다. 하지만 축성사업은 백성들의 고혈을 짜내는 일이었고, 도내의 인심은 김수를 마치 원수처럼 여기는 데에까지 이르렀다. 심지어 백성들은 그의 이름 '수睟'자가 원수를 뜻하는 '수讐'자와 소리가 같다고 해서 모두 "순찰사 김수는 진실로 원수이다"라고 할 정도였다.

이때 경상 지역에서는 왜란을 예견하고 축성이 아닌 다른 대책을 강구하자는 목소리도 높았다. 여헌과도 개인적인 친분이 있었던 선산 지역의 대표적인 학자 두곡杜谷 고응척高應陟(1531~1605)은 왜구의 침략에 대한 문제의식을 가지고 경상감사 김수에게, 도내의 젊은 선비들에게 활쏘기와 말타기를 배우도록 독려하고 각 고을에 강무당講武堂을 건립하여 무예를 익히도록 해야 한다고 건의하였다. 하지만 김수는 이를 채택하지 않고 오로지 축성에만 매달렸다.

왜란이 발발했다는 소식이 전해지자 당시 인동현감이었던 조첨趙儉은 4월 16일에 군사를 징발하여 왜적과 전투가 펼쳐지는 남쪽으로 향하였다. 하지만 전황戰況이 불리하게 돌아가자 회군하여 인동 관아로 다시 돌아왔다. 현감과 군사 일행이 돌아오자 고을의 인심은 더욱 흉흉해졌다. 이미 부산성은 함락된 지 오래이고 동래와 양산도 적의 수중에 들어갔다는 소식이 함께 전해지자 인동의 백성들은 비로소 피란을 가야 한다는 생각을 가지게 되었다. 이때 순찰사를 맡고 있던 경상감사 김수는 여러 고을을 돌아다니며 백성들에게 땅을 파고 집안 살림살이를 감추라고 명령하였다. 순찰사의 임무를 맡고 있으면서 왜적을 막고자 하는 계책을 마련하지 못한 채 그저 땅을 파고 재물을 감추라는 말만 거듭하자 백성들은 원통한 마음을 감출 수 없었다.

순찰사의 공문이 도달하자 각 고을의 수령들은 제 살길을 찾아 달아나기에 바빴다. 인동현감 조첨도 관아를 버리고 피신하였다. 연이어 관군의 패전 소식이 전해지자 인동 지역의 백성들도 피란길에 나섰다. 짐 꾸러미를 머리에 이고 등에 지고 기약 없는 피란길에 나선 것이다. 고을의 노약자들이 먼저 피란길에 올랐고, 여헌의 집에 머물던 학동도 자기의 집으로 돌아갔다.

여헌도 먼저 집안에 딸린 식구들과 처자들을 낙동강 서쪽에 있는 비산촌飛山村(현재 경상북도 구미시 비산동)으로 보냈다. 처자들을 보내고 난 후 여헌은 어찌해야 할지 난감하지 않을 수 없었다. 어머니 상중이었고, 더구나 종손宗孫이었던 만큼 10여 위位에 달하는 선세先世의 신주神主를 걱정하지 않을 수 없었던 것이다. 넘어지고 자빠지며 황급할 수밖에 없을 피란길에 모든 신주를 모시고 갈 수 없다고 판단한 여헌은 집 옆의 마당을 파고 신주를 비롯하여 제기들을 궤에 넣어 감추었다.

어머니의 신주만은 차마 묻고 갈 수 없어 등에 지고, 상복喪服 한 벌과 네 말의 곡식을 들고 여헌은 피란길에 나섰다. 길을 나설 때마다 늘 지니고 다니던 피대에는 『주역』 한 책이 담겨 있었다.

어둠이 깔린 4월 20일 비산촌으로 가기 위해 나루터에 도착하였다. 인동장씨 종가집 식구들과 이웃 사람들도 함께 강을 건너 비산촌에 도착하였고, 이후 여헌 일행은 금오산으로 향하였다. 금오산 옆 형곡荊谷(현재 경상북도 구미시 형곡동)에 도착한 일행은 잠시 쉬었다가 다시 금오산을 향해 발걸음을 옮겼다. 마을 사람들이 "산이 비록 깊지는 않지만 안으로 들어갈수록 낭떠러지와 골짜기가 점점 험해지고 나무도 빽빽한 것이 쉽게 숨을 수 있어 충분히 난리를 피할 만하다"라고 한 말이 허언은 아니었다. 금오산 골짜기에 도착하니 난리가 끝나기를 충분히 기다릴 만하였다. 그래서 여헌은 머무는 낭떠러지 가에 덤불을 베어 임시 거처를 마련하고, 거처 옆에 돌을 깔아 어머니의 신주를 봉안한 뒤 아침저녁으로 상식을 올렸다.

처음 피란한 선산의 금오산 자락은 인동과의 거리가 겨우 20여 리 정도에 불과했지만, 중간에 낙동강이 흐르고 있어 일단 왜적의 눈에서 벗어날 수 있는 곳이었다. 피란처로 잡은 곳에서 조금만 오르면 인근 지역을 두루 볼 수 있었다. 인동뿐만 아니라 성주, 대구大丘, 의흥義興(현재 경상북도 군위군 의흥면), 군위軍威, 비안比安(현재 경상북도 의성군 비안면) 등도 한눈에 살필 수 있는 금오산 자락에 올라 여헌은 깊은 상심에 잠겼다. "같은 눈으로 이미 온전하고 융성하던 시절을 보고 또다시 오늘 천지가 뒤집힌 것을 보았으니, 이에 내 심정이 마땅히 어떠하겠는가?"라며 깊은 상실감에 빠졌다. 이어 인동을 바라보며 여헌은 깊게 탄식하였다.

나는 이 고을이 관향이고, 대대로 이곳에서 살아왔다. 조상도 여기에 있고 자손도 여기에 있으며, 분묘도 여기에 있고 사당도 여기에 있다. 친척들도 여기에 있고 옛 친구들도 여기에 있다. 여기에서 태어나고 여기에서 자랐으며, 여기에서 늙어 가고 여기에서 즐겁게 논 사람이다. 그러니 오늘 내가 느끼는 이 비통함이 어찌 보통사람이 분개하는 것과 같겠는가?

여헌은 당초 첫 피란처에서 며칠을 기다리면 난리가 어느 정도 진정되지 않을까 기대하였다. 하지만 전황은 그의 기대와 다르게 돌아갔다. 다시 산에 올라 인동 지역을 바라보니 연기와 불길이 치솟아 관아와 여염집, 산천과 골짜기를 분별할 수 없는 정도로 처참했다. 인동은 이미 적의 수중에 들어가 적의 주요 통로가 되었고, 적군의 행렬이 꼬리에 꼬리를 물고 이어져 그 수를 헤아릴 수 없었다. 적군은 세 갈래로 영남 지역을 관통하고 있었다. 대구와 인동, 선산이 중로中路가 되었고, 현풍玄風과 성주는 우로右路가 되었으며, 의흥과 군위는 좌로左路가 된 지 오래였다. 연기와 불꽃이 일어나지 않는 날이 없었고, 멀고 가까운 곳에 가득 퍼져 온통 한 덩어리의 연기였다. 산천은 그 형체를 잃어버리고 해와 달은 그 색이 바랬으며, 사람들은 하늘을 보고 부르짖고 땅을 보며 울부짖었다.

이에 더하여 조선 사람들 중에 적에게 투항하여 빌붙는 자들이 생겨났다. 적들이 미처 모르는 길을 알려 주었고, 곡식이 숨겨져 있는 곳도 일러 주었다. 심지어 피란한 사람들이 은신하는 지역까지 알려 줘 피란민들은 도저히 한곳에 머물 수 없는 지경에 이르렀다. 여헌 일행이 은신한 형곡 근처에도 적군이 날마다 들이닥쳐 노략질을 일삼았다. 골짜기 안으로 들어와 피란민을 뒤쫓기도 하고, 숲이 우거진 골짜기를 수색하여 소나 말을 끌고 가는 사람들과 물건을 지고 가는 사람들을 약탈하고 도륙하였다.

여헌은 첫 피란처가 적진과 가깝고 또 적이 다니는 길과 멀지 않아 다른 곳으로 옮길 생각을 가졌다. 금오산 아래쪽에 있는 숭산촌崇山村(현재 경상북도 칠곡군 북삼읍 숭오리)이 골짜기가 깊어 적이 쉽게 들어올 수 없다는 말을 들은 그는 이곳으로 피란처를 옮기기로 하였다. 무엇보다 위로 큰 산이 있어 적이 이르면 피하기 쉬울 것이라는 판단 하에, 여헌은 종가 식구들에게 먼저 가라고 말하고 이종동생 식구들에게도 함께 갈 것을 권하였다. 하지만 그 집안의 노복들이 양식과 물건을 멀리 운반하는 것이 힘들다고 우겨 함께 갈 수 없게 되었고, 피란길의 처음을 함께하며 도움을 주었던 매제 가족들과 작별한 뒤 가족들을 이끌고 숭산촌으로 향하였다. 이 이별은 이후 매제의 가족들이 왜적의 칼에 모두 사망함으로써 영원한 이별이 되고 말았다.

5월 초에 숭산촌에 도착한 여헌 일가는 비교적 안정된 피란살이를 영위할 수 있었다. 숭산촌에는 인동장씨 집안사람들이 모두 은거하고 있었을 뿐만 아니라 인동과 약목若木(현재 경상북도 칠곡군 약목면) 두 현의 관졸들과 백성들도 많이 모여 살고 있었다. 그래서 여헌은 집안사람들은 물론, 마을 친구들과 날마다 서로 이야기를 나누면서 피란살이하는 괴로움을 잠시나마 잊을 수 있었다.

하지만 여헌의 피란살이는 편할 수만은 없었다. 피란을 떠날 때 처음 지고 온 4말의 양식은 소진된 지 이미 오래였고, 형곡에서 빌린 양식마저 다 떨어진 상태였다. 그래서 숭산촌에 도착한 후 여헌은 약목현의 창고에 남은 곡식이 있다는 소문을 듣고 양식을 구하여 끼니를 해결하였다. 식구가 많아 양식이 곧 떨어질 것을 걱정하여 충분히 먹지 못하였고, 이에 어린아이들은 배가 고파 항상 굶주림에 힘들어하였다. 굶주림에 더하여 항상 왜적에 대한 두려움이 마음 한 켠을 짓누르고 있었고, 왜적이 이곳을 향해 들어오고 있다는 잘못된 소식이 전해져서 놀라 넘어지고 자빠지는 혼란이 빚어진 것도 여러 번이었다. 그래서 낮에는 반드시 산속에 들어가 숨어 지내다가 밤이 되어서야 마을로 내려와 잠을 자는 일상을 거듭하였다.

피란길에서 중병을 앓다

숭산촌에 피란한 지 20여 일이 지났을 때, 인근 약목현에 주둔하고 있던 왜적들이 골짜기로 들어오기 시작하였다. 왜적들은 연일 골짜기를 뒤지며 노략질을 일삼았고, 머지않아 금오산 전체를 수색할 요량이었다. 금오산이 비록 험준하기는 하지만 숲과 덤불이 빽빽하지 않았고, 더구나 금오산의 산세가 기이한 재화가 모일 곳이라 생각했던 왜적들은 곧 금오산을 수색할 형세를 갖추고 있었다.

여헌은 이러한 여건의 변화 속에서 숭산촌도 안전한 곳이 될 수 없다고 판단하고 더 안전한 곳을 물색하기 시작하였다. 그러던 중 집안사람 가운데 한 사람이 "약목현의 남쪽 마을에 피하면 좋을 것이다. 산이 자못 무성하고 깊으며 또한 숨어 엎드릴 만하다"라고 제안하였다.

섣부르게 피란처를 결정할 수 없다고 생각한 여헌은 일단 가족을 이끌고 숭산촌을 떠났다. 그리고 인동의 칠진漆津을 향해 나갔다. 큰길을 지나야 하는 여정이었기 때문에 낮에는 산기슭의 성긴 숲에 잠시 피신하였다가 밤을 이용하여 발걸음을 옮겼다. 마침 큰비가 온 뒤여서 네 발로 기고 넘어지고 자빠지기를 거듭할 수밖에 없는 힘든 여정이었다. 진창 헤매기를 몇 날 동안 한 끝에 여헌 일행은 나루 옆에 있는 오태吳泰현재 경상북도 구미시 오태동)에 도착하였다. 마을 사람에게 배가 있는 곳을 묻자, "배는 건너편에 있다"라고 하였다. 이미 강을 건널 수 없었고, 강 가운데에는 왜적의 배가 정박해 있었다. 진퇴유곡進退維谷의 형세 속에서 여헌 일행은 숲이 무성한 곳에 엎드려 아침을 기다렸다.

이튿날 아침이 되자 강에 있던 왜적의 배는 나루 인근으로 내려와 산기슭의 마음을 약탈했고, 얼마 지나지 않아 오태의 마을 전부를 불태워 버렸다. 이날 오태 나루 위에 있었던 오산서원吳山書院도 적의 손에 의해 불태워져서, 깨진 기와 조각과 타고 남은 연기가 낭자하게 널려 있었다. 고려의 충신인 길재를 기리는 사당은 그 형체를 알아볼 수 없게 되고, 그 위에 있던 '지주중류비砥柱中流碑'만 홀로 왜적의 피해를 입지 않았을 뿐이었다. 이 처참한 과정을 목격한 여헌은 이루 헤아릴 수 없는 비통함에 잠겼다.

오태의 참화를 뒤로하고 여헌 일행은 나루터 위의 조그마한 산기슭에 숨었다가 간신히 나룻배를 이용하여 강을 건넜다. 이때 여헌은 인동현에 서 알고 지내던 노비들의 도움을 얻어 끼니를 해결하였다. 그리고 다시 왜적을 만날까 두려운 나머지 집안 식구들은 재촉하여 발걸음을 옮겼다. 마침내 도착한 곳은 인동에서 20여 리 떨어진 죽방사竹坊寺(경상북도 칠곡군 석적읍 남율리)였고, 때는 6월 초순이었다.

종가 식구들과 함께 여헌 일행이 이 절에 도착하자 이 절의 주지인 능인能印 스님이 일행을 반갑게 맞이하였다. 노자 한 푼 없는 여헌 일행이 의탁하기를 청하자 흔쾌히 받아 주었으며, 비축해 둔 양식을 내어 주며 불편함이 없도록 배려해 주었다. 주지 스님은 여헌과 동갑이어서 이전부터 여헌과의 정이 돈독했기에 어려운 처지에 놓인 여헌에게 후의를 베풀어 주었던 것이다.

마음과 몸도 편안해진 것도 잠시, 절에 도착한 지 4~5일 만에 여헌은 병이 나 몸져눕게 되었다. 상을 당한 지난겨울에 구들장이 없는 습한 곳에서 잠을 잤기 때문에 병의 뿌리가 깊어진 데다가 피란을 다니면서 거처한 곳마저도 모두 숲속 덤불 가운데의 냉하고 습한 곳이었고, 찌는 듯한 더위 속에서 아무 물이나 마셨기 때문에 비위 또한 상한 것이 원인이 되어 발병한 것이었다.

절에 도착한 후 여헌의 양쪽 다리의 살갗은 이곳저곳이 검푸르게 되었는데, 그 넓이가 손바닥만했다. 무릎 아래도 모두 검푸른 반점이 생겨 도저히 눈 뜨고 볼 수 없는 지경이었다. 다리 마디도 오그라들어 펼 수조차 없었으며, 조금이라도 움직이려면 기어 다녀야 했다. 식음을 전폐하자 원기가 소진되어, 인근의 왜적들이 피란민을 찾아 산으로 올라오는 기색이 있으면 스님의 등에 업혀 겨우 몸을 숨겨야만 하였다. 이때의 어려웠던 상황을 여헌은 다음과 같이 기록하였다.

나는 병이 날로 깊어져 발은 문을 나설 수 없었고 음식은 입으로 들어가지 않았다. 기력이 다 없어지고 천식이 심해져서 더 이상 몸을 지탱할 수 없을 것 같았다. 나는 맛있는 음식을 먹어 비위를 보충하고 싶었는데, 마침내 나물을 가져다가 그것으로써 밥맛을 도왔다. 또 생선과 고기를 먹어 몸과 목숨을 온전하게 하고 싶었는데, 도망 다니는 중이라 구할 방법이 없었다.
며칠이 지나 집안의 어른이 조그마한 생선을 손수 들고 와서 나에게 먹으라고 권했는데, 나는 눈물을 흘리면서 그것을 삼켰다. 그러나 위장이 나빠진 것이 극에 달하여 그것으로써 원기를 보충할 수 없었고, 입은 비록 비린내 나는 생선을 먹었지만 그 맛을 계속해서 댈 수 있는 방법이 없었다.

병은 점점 깊어졌지만 난리 중이었기 때문에 의원에게 보일 수도 없었고, 약을 구할 길도 막연하였다. 여헌의 딱한 모습을 보고 함께 있던 친지들이 물고기를 잡아 끓여 먹이거나 병아리를 구하여 날개

하나를 구워 먹여 원기를 보충해 주는 것이 전부였다. 여헌에 대한 주변의 정성은 지극하였다. 동갑의 주지 스님은 여헌이 떡을 먹고 싶어하면 그것을 마련하였고, 술을 마시고 싶어하면 또 술을 만들어 주었으며, 미나리를 먹고 싶어하면 또 그것을 캐어다가 내어놓았다. 하지만 이미 위장이 약해져 소화를 시키지 못하고 복통으로 몇 날을 또 고생하는 것이 당시의 여헌이었다. 더구나 이질에 걸려 변소 출입을 하루에도 몇 십 번이나 해야만 했다.

이렇게 병환으로 거의 한 달 동안 고생하고 있던 여헌의 소식을 듣고 팔거八莒의 대곡촌大谷村(현재 대구광역시 북구 읍내동)에 사는 동서 조벽趙璧이 동서 송후경宋後慶과 함께 그를 찾아 왔다. 편한 곳으로 데려가 병을 치료하고자 노복奴僕을 이끌고 온 것이었다. 타고 온 말에 조벽이 여헌을 부축하여 태웠지만, 산을 내려가기도 전에 여헌은 숨이 가빠 말 위에서 스스로 한 몸을 지탱하지도 못하다가 급기야 말에서 내려 길옆에 눕고 말았다. 이에 조벽은 먼저 집으로 돌아가 장정 7~8명을 보내어 들것으로 여헌을 자신의 집으로 옮겨 오게 했다.

팔거에 있는 조벽의 집에 도착한 여헌은 시원한 베옷을 입고 온돌에서 잠을 자면서 입에 맞는 음식과 약을 먹으며 병을 다스렸다. 10여 일이 지난 후부터 여헌의 병세는 차도를 보이기 시작하였다. 하지만 병이 골수에까지 들어차 있어 더 이상 나아지지는 못하고 있었다. 약을 구해 먹었지만 설사 증세는 오히려 더 심해졌다. 그러던 중 입이 말라 수박을 먹게 되었는데, 앓고 있던 설사병이 심해져 하루 밤낮 사이에 수십 번의 설사를 쏟았다. 이후 신기하게도 아프던 다리의 부위가 가벼워지고 기운이 점점 좋아지게 되었다. 쌓였던 습독濕毒을 수박을 먹은 후 다 쏟아낸 것이 증세의 호전을 불러온 것이었다.

입맛도 차츰 되찾아 가고, 검푸른 반점으로 뒤덮인 다리도 점점 원래의 색으로 돌아왔으며, 다리를 펴고 굽히는 데 지장이 없어졌다. 병을 치료한 지 거의 한 달 반 만에 여헌은 스스로 움직일 수 있을 정도로 병세가 나아졌다. 마침 이때는 왜적의 노략질이 소강 상태였기 때문에 병을 다스리는 데 큰 어려움은 겪지 않았다.

가족들의 무사함에 안도하다

병세가 호전되자 여헌은 도촌道村(현재 경상북도 칠곡군 지천면 연화리)으로 거처를 옮겼다. 이 마을은 처가가 있는 곳이었는데, 팔거현 지역이었다. 인동과는 거리가 50리였고, 대구와도 50리 정도 떨어져 있었다. 여헌은 더 이상 동서에게 폐를 끼치고 싶지 않았기 때문에 서둘러 거처를 이곳으로 옮긴 것이었다.

이때는 경상우도에서 의병義兵이 활발하게 일어나 승전보를 울리던 때이기도 하였다. 합천에서는 내암萊菴 정인홍鄭仁弘(1535~1623)이, 고령에 서는 송암松菴 김면金沔(1541~1593) 등이 각각 가까운 고을의 선비들을 모으고 무사들을 불러들였으며, 또 각 읍에는 소모관召募官이 임명되어 병사를 소집하고 있었다. 김면과 정인홍 두 의병장은 경상우도의 위쪽에 웅거하면서 위에서 내려오는 적을 막았다. 이때 여헌의 동서인 조벽과 처형 송후창宋後昌도 팔거 지역에서 유사有司가 되어 의병에 참여하였다. 망우당忘憂堂 곽재우郭再祐(1552~1617) 또한 이때 처음으로 의병을 일으켜 도망하기에 급급했던 백성들에게 적을 토벌할 수 있음을 보여 주었다.

경상좌도 전체가 이미 왜적의 소굴이 되어 있었는데, 경상우도의 고을들은 절반 이상이 온전하였고 전라도는 전체가 완전하였다. 이렇게 전황이 진전될 수 있었던 것은 모두 의병들의 활동에 힘입은 것이었다. 의병과는 달리 여러 고을의 수령들은 적이 처음 이르렀을 때 모두 달아나기에 바빴다. 그러다가 의병의 활약이 명성과 위세를 떨치자 행여나 과거의 잘못을 속죄라도 할 수 있을까 하는 생각에서 병사를 모으는 모습을 보이기도 하였다. 그러나 각 고을의 병사들은 모두 이미 의병에 편입되어 있었고, 각 진영은 또한 각 고을의 수령들을 죄인이라고 여겼기 때문에 그들이 소집하는 데 나가려 하지 않았다. 이에 따라 모든 고을의 수령들은 의병을 시기하는 마음을 가지게 되었고, 심지어 헐뜯고 비방하며 미워하기도 하였다.

의병의 활약이 경상도를 넘어 전국으로 이어질 때, 도촌에 머물고 있던 여헌은 여전히 몸이 성하지 않은 상태였다. 병은 비록 호전되었지만 아직 걸을 수 있는 상태는 아니었다. 의병에 참가하고 싶어도 그저 마음속으로 성원하는 것밖에 도리가 없었다.

병세가 호전되고 의병이 왜적들을 하나둘씩 격퇴하는 가운데에서도 여헌은 왜적의 노략질을 피해 몸을 숨길 수밖에 없었다. 왜적이 동쪽에서 나타나면 서쪽으로 피하고 서쪽에서 나타나면 동쪽으로 피하는 위험스러운 피란의 나날이었다. 당시의 위험했던 상황을 여헌은 『용사일기』에 다음과 같이 기록하였다.

하루는 내가 산길을 따라 피해 달아나고 있었는데, 뒷사람이 말하기를 "적이 이미 바짝 추격하였다" 하였다. 나는 타고 있던 말을 버리고 길옆의 소나무가 우거진 곳으로 가서 엎드렸다. 멀지는 않지만 식구들과 잠시 떨어졌는데, 얼마 있다가 적이 이르렀다.

왜적들이 잠시 동안 수풀 밖에서 어지럽게 마구 수색하였다. 갑자기 나뭇잎을 밟는 소리가 들려 왔다. 적의 발자국인가 하고 숨을 죽이고 몰래 엿듣고 있었는데 소리가 점점 가까워졌다. 소리가 식구들이 있는 곳으로부터 나는 것인가 의심하여,

딸아이가 나무를 움직여 소리를 낸다고 생각한 나는 혀를 차서 왜적의 주의를 끌었다. 그런데 왜적은 나의 헛소리에 반응한 것인지 급히 소리를 지르며 달아나 버렸다.

나중에 안 사실인데, 적이 원래 숲속을 수색하다가 점차 깊숙이 들어왔기 때문에 그 수색하는 소리가 처음에는 멀리 들리다가 나중에는 가까이에서 들린 것이며, 내가 헛소리를 내자 적들은 매복병이 함정을 만들고 숨어 있는 것이 아닌지 의심하여 겁을 먹고 소리를 지르며 도망갔다는 것이었다. 내가 이러한 일을 다른 사람들에게 이야기하자 모두들 내가 화를 면한 것을 요행으로 여겼다.

위중한 사태 속에서도 여헌은 여러 누이들의 소식을 전혀 들을 수가 없어 항상 근심하였다. 어머니가 돌아가신 후 우애가 깊었던 다섯 누이는 항상 여헌의 머릿속을 떠나지 않았고, 난리를 당하여 더욱 누이들이 그리워졌던 것이다.

7월에 이르러 여헌은 여씨呂氏에게 시집간 누이가 깊은 곳으로 피하여 농사를 지을 정도로 안전하다는 소식을 접하였고, 임씨任氏에게 시집간 누이도 집안 모두 별다른 탈 없이 무사하다는 소식을 접하였다. 이어 채씨蔡氏에게 시집간 누이도 팔공산八公山에서 안전하게 지내고 있다는 기별을 받고 한결 가벼워진 마음을 갖게 되었다. 하지만 선산과 해평海平에 거주하던 누이들의 거처가 어디인지 몰라 늘 걱정이었는데, 곧이어 모두 심한 환난을 겪고 있지는 않다는 것을 알게 되어 다행스러운 마음을 가지게 되었다. 소재지를 알게 된 세 누이가 머물고 있는 곳이 적진을 사이에 두고 있어 감히 왕래할 수 없었지만, 멀지 않은 곳에 안전하게 있다는 소식은 여헌의 마음을 한결 가볍게 하였다.

발병한 지 거의 두 달여가 지나 겨우 스스로 걸어 다닐 수 있게 되고 또 비위도 되살아나 병세를 어느 정도 극복했다고 생각한 여헌은 자신이 빈사지경瀕死地境에서 살아난 것이 모두 조상이 도와준 덕이라고 생각하면서도 어머니 삼년상을 제대로 치르지 못함을 언제나 한스럽게 생각하였다. 이때 여헌은 "보은報恩과 속죄贖罪의 길을 백 가지로 생각해도 방법이 없으니 통탄할 만하구나!"라며 스스로를 자책하였다.

9월에 이르러 성주의 증산甑山에 머물고 있던 자형 여륜呂倫이 편지를 보내어 함께 있자고 제안하였다. 자형이 보내 온 사람을 따라 길을 떠난 여헌은 인동의 상지촌上枝村에 머물게 되었다. 옛 자취는 왜적의 불길에 모두 사라지고 빈터만 남은 대곡사大谷寺를 찾아 젊은 시절 이곳에서 독서하던 때를 회상하던 여헌은 전란의 참혹함을 다시 한 번 느끼지 않을 수 없었다. 어쩔 수 없이 왜적에게 공물을 바치며 목숨을 구걸할 수밖에 없었던 백성들, 절개를 지키고자 목숨을 던진 부녀자들, 전쟁의 참상이 주마등처럼 스쳐갔다. 그러면서 자신이 겪었던 피란살이도 떠올랐다.

성주의 경계에 이르렀을 때, 여헌은 곤혹스러운 일을 당하였다. 여헌이 쓰고 있는 농립農笠을 본 성주 사람들 가운데 그것이 왜인들이 쓰는 것과 비슷하다고 여기고는 성을 내며 욕하는 사람들이 있었던 것이었다. 이전에도 이 삿갓을 썼다가 여러 번 비슷한 일을 당하고 사람들의 오해를 불러일으켰던 것을 기억한 여헌은 이때 패랭이를 구하여 쓰고 이 삿갓을 버렸다.

증산에 도착한 여헌은 누이에게 절한 후 서로 곡하고 다시 자형에게 절하고 곡을 한 이후에 온전하게 살아남은 것을 서로 위로하였다. 이들은 몇 날 며칠을 같이 먹고 자면서 그간의 회포를 풀었다. 증산은 가야산 북쪽 10여리쯤에 있는 아주 깊은 마을이었다. 성주와의 거리도 제법 되고, 산이 깊고 길이 좁으며 길옆에 험준한 곳이 많아 왜적들이 한 번도 이 마을에 이른 적이 없을 정도로 안전한 곳이었다. 이때 제법 양식이 풍부했던 자형의 도움을 얻어 여헌은 돌아가신 어머니의 제사를 다시 계속할 수 있게 되었다.

10월에 이르러서는 돌아가신 어머니의 소상小祥(돌아가신 지 한 돌 만에 지내는 제사)을 치렀다. 자형이 제수를 갖추어 주고 연포練布(천을 짠 후에 잿물에 담갔다가 솥에 쪄서 뽀얗게 처리한 천. 주로 소상 때 쓰는 冠을 만들 때 쓰임)를 마련해 주어 무사히 소상을 치를 수 있었다. 평소와 같이 마련한 제수를 앞에 두고 자형이 마련해 준 연포로 만든 연복으로 갈아입은 여헌은 옛 법도대로 소상을 치렀고, 더구나 누이와 함께 술을 올릴 수 있음에 감사함을 더욱 간절히 느꼈다.

여헌은 증산에 도착한 후 난리 이전의 편안함을 가질 수 있게 되었다. 난리가 일어난 이후부터 여헌은 거듭된 피란살이 속에서 단 하루도 경계하는 마음이 없었던 때가 없었다. 반드시 닭이 울면 일어나 밥 짓는 것을 재촉하였고, 가벼운 복장으로 앉아서 망보는 사람들의 보고를 기다렸으며, 적이 없다는 보고를 들은 다음에야 조금이나마 안심을 할 정도로 긴장의 연속이었다. 하지만 이곳에서는 비로소 긴장 없이 밤새도록 잠을 잘 수 있었고, 종일토록 앉아 있을 수 있었으며, 간혹 왜적이 침략한 것조차 잊어버리기도 하였다.

조금은 안정된 생활에 접어들자 여헌은 다시 책을 손에 잡았다. 피란살이를 시작한 이후부터 책을 잡지 못한 지 여섯 달이 지났고, 소상을 치른 후 별다른 일도 없어 독서를 하고자 하는 생각이 들었던 것이다. 왜란이 일어나기 전에 처음으로 『주역』을 읽기 시작했던 여헌은 피란길에 나서면서 주석 없이 본문만 담긴 『주역』 대문大文 3권을 피대에 넣어 다녔는데, 바로 이 책을 다시 펼치게 된 것이었다. 독서 장소를 마련하기 위해 여헌은 살게 된 집 근처 골짜기를 지나 있는 조금은 널찍한 산 두둑을 남향으로 정비하였다. 조카들의 도움을 얻어 두둑 아래에 온돌을 만들고 그 위에 나무를 엮어 덮어서, 앉아서 책을 읽을 만한 공간을 마련하였다. 바로 이곳에서 여헌은 『주역』을 읽으며 잠시 놓았던 학문의 길에 다시 접어들었고, 조카 셋은 여헌의 가르침을 받았다. 이전에 여헌을 통해 이미 배움의 길에 접어들었던 첫 조카는 이때에 이미 한유韓愈의 문장을 읽었으며, 둘째 조카는 여헌의 훈도 아래 『대학』을 배웠고, 막내 조카는 어렸지만 항상 여헌의 곁을 지키며 글을 읽어 나갔다.

독서를 다시 시작하면서도 여헌은 늘 불편한 마음을 가지지 않을 수 없었다. 자신의 몸이 온전하지 않아 직접 전장에 나설 수 없었고, 더구나 모친상을 당하여 의병에 참전할 수 있는 형편이 아니었기 때문이었다. 그래서 여헌은 "돌아보건대 나는 재주는 용렬하고 또한 기절氣節도 없으니, 내 몸에 비록 아무런 문제가 없었다 할지라도 반드시 떨쳐 분발하지 못했을 것이요, 설혹 의병을 일으켜 일을 도모하였다 하더라도 마땅히 다른 사람의 뒤에 서서 아무런 공도 이루지 못했을 것임을 알 수 있다. 그런데 몸은 마침 상중喪中에 있고 또 심한 병을 안고 있었으니, 어떻게 무언가 할 수 있었겠는가? 때로 병이 조금 나은 틈을 타서 다만 여러 아이들이 노는 모습만을 바라보았을 뿐이었다"라고 자책하기도 하였다. 하지만 여헌은 당시 의병의 활동에 대해 아낌없는 찬사를 보냈다. 이때 여헌은 자신의 생각을 다음과 같이 정리하였다.

이때 호남의 의병이 와서 본도(경상도)의 의병과 더불어 힘을 합쳐 함께 적을 막으니, 비록 기록에 남길 만한 공을 세운 것은 없었지만 이미 그것으로써 그들의 명성과 위세를 도운 것이 아니겠는가? 또 승려들의 의병이 여러 도에서 많이 일어났는데, 이것은 전대에는 들어 보지 못한 것이었다.
어찌 군부君父를 버리고 부역을 피해 도망치며 윤리를 끊어 버리고 예법을 버리며 인간세상을 환망幻妄으로 여기는 자들이 '의義'자가 있음을 어찌 알지 못한다고 할 수 있겠는가? 유학과 불교 사이의 득실得失과 길흉吉凶, 종시終始와 성패成敗에

대해서는 내가 진실로 무어라 판단을 내릴 수는 없다. 그러나 대개 어찌 이 '의義'가
천지의 이치에 근거하고 있고 우리 사람의 본성에 뿌리를 두고 있어서, 유학자라고
해서 있는 것도 아니고 불교를 믿는 사람이라고 해서 없는 것도 아니니, 또한
어찌 오늘의 상황에서 분개할 수 있는 것이 아니겠는가?

선비들의 의병활동 이외에 승병僧兵에 대해서도 아낌없는 찬사를
보낸 여헌. 비록 자신의 조건과 여건이 맞지 않아 직접 참전하지는
못했지만 이곳저곳에서 피어오른 의병의 깃발에 의로움이 깃들어 있음
을 확인하고, 신분의 높고 낮음이나 생각과 사상의 차별 없이 모든
의병들에게 애정 어린 찬사를 보냈던 것이다.

이곳저곳을 전전하는 피곤한 삶이 계속되다

임진왜란이 발발한 선조 25년(1592) 12월에 이르러 처형들이 여헌과
송씨 부인을 보기 위해 가야산으로부터 증산에 왔다. 이때 여헌은
송씨 부인을 이들 편에 같이 처가로 보냈다. 연로하신 친정아버지에게
문안할 수 있도록 배려한 것이다.

해가 바뀌어 선조 26년(1593) 정초에 이르러 여헌은 제수를 마련하여
잔을 올리고 곡을 하였다. 비록 전란 중이었지만 선조에게 예를 다하였
다. 그리고 6월에 이르러 평안한 거처를 제공해 준 누이 가족들과 작별을
고하고 송씨 부인이 있는 가야산으로 발길을 돌렸다. 거창 땅을 거쳐
해인사海印寺에 도착하였지만, 마침 호남 의병이 진을 치고 있어 백운대白
雲臺라는 암자로 발걸음을 돌렸다. 처형 송후창이 지난해 가을부터 식솔
들을 모아 이 암자에 기거하고 있었다. 처형 가족들이 여헌에게 당분간

머물 것을 청하였고, 여헌 일행은 잠시나마 이곳에 머물기로 하였다. 그리고 여헌은 한 번도 유람하지 못한 가야산을 둘러보았다. 신라 말기에 살면서 홀로 외롭게 천하를 주유하며 가야산을 즐겨 찾았던 고운孤雲 최치원崔致遠(857~?)의 정취도 느껴 보았고, 선인仙人의 흔적도 찾았다. 층층이 쌓인 봉우리를 바라보고 기암괴석奇巖怪石을 감상하며 자연의 정취에 빠지기도 하였으며, 잠시나마 세상을 버리고 홀로 서려는 생각을 가지기도 하였다.

가야산에서 시간을 보내던 중 여헌은 2월에 성주의 왜적들이 떠나고 개령開寧의 적도 얼마 지나지 않아 물러났다는 소식을 접하였다. 그리고 성주로부터 암포촌에 있는 옛집에 아직 몇 칸의 방이 남아 있고 노복 몇 명이 연명하며 채소를 가꾸고 있어 죽이라도 끓여 먹으며 살 수 있다는 소식이 전해졌다.

산에서의 생활에 불편함을 느꼈던 여헌은 가족을 데리고 암포촌을 향해 발길을 재촉하였다. 하지만 노상에서 뜻하지 않던 비보悲報를 접하게 되었다. 성주의 증산에 머물며 난리 중임에도 불구하고 여헌에게 아낌없는 사랑을 베풀어 주고 어머니의 소상을 제대로 치를 수 있도록 배려해 주었던 자형 여륜의 가족이 모두 돌림병으로 죽고 어린아이 둘만 연명하고 있다는 소식이 도착한 것이었다. 이별한 지 겨우 한 달 만이었는데, 믿을 수 없는 변고를 접한 여헌은 놀라고 애통하여 마음을 진정시킬 수 없었다. 여륜은 천성적으로 효성과 우애가 깊었으며, 그의 신의信義는 마을에 널리 알려져 있었다. 비록 학문에 종사하지 않고 일찍이 농업과 양잠에 투신했지만 마음을 잡아 지키고 행동을 자제하며 선을 좋아하고 악을 미워하는 고매한 인격의 소유자였다. 이러한 그의 실질을 모두 알지 못하였지만, 명성 높은 학자들을 쫓아다니며 고담준론高談峻論이나 일삼는 부류의 사람들과는 차원이 다른 인물이었다. 이런 자상하고 남다른 인품을 갖춘 자형을 잃은 여헌은 깊은 슬픔에 빠졌다.

슬픔을 뒤로하고 여헌 일행은 발길을 재촉하여 암포촌에 이르렀다. 암포촌을 위시한 성주 지역은 여헌의 선조들이 세거한 곳 중 한 곳이었다. 난리를 당하여 가산家産을 모두 잃은 채 선조의 옛집을 다시 찾은 여헌은 침통한 마음을 금할 수 없었다. 선조의 옛집은 폐허에 가까웠고, 남겨진 식솔들은 굶주림에 지쳐 사람 꼴이 말이 아니었다. 노복들이 비록 옛 주인을 길가 사람처럼 대했지만 묵은 밭에는 나물이 가득하고 옛집도 비바람은 막을 수 있을 정도여서 여헌은 당분간 이곳에 머물다가 형세가 바뀌기를 기다리기로 하였다.

봄기운이 완연해지자 여헌은 세 누이를 찾아 회포도 풀고 식속들을 기탁할 수 있는지 여부를 묻기 위해 길을 나섰다. 노복 한 명을 대동하고 팔거에 도착한 여헌은 황량한 마을을 보고 황망함을 감출 수 없었다. 동서의 도움으로 이곳에 머물며 병을 다스리던 지난해 가을에는 난리 중임에도 사람들이 오히려 번성하였는데, 이때에는 인적은 사라지고 텅 빈 집만 덩그러니 자리를 지키고 있을 뿐이었다. 팔거를 지나 인동에 도착했을 때의 상황은 더욱 열악하였다. 옛날 노복만이 마을의 빈터를 지키고 있었고, 살아남은 자는 한두 명에 불과하였다.

여헌은 전쟁의 참혹함이 극심한 인동을 지나 의성義城 탄지촌炭池村에 도착하였다. 이곳에는 장씨 가문의 어른들이 자리를 잡고 있었는데, 여헌은 어른들에게 정중히 인사하고 집안사람들의 생사를 확인하였다. 그러고는 의성현 남쪽에 있는 큰누이의 집을 찾았다. 여헌이 초학을 익힌 노수함의 처인 큰누이는 역병을 앓고 있었고, 조카들이 병시중을 들고 있었다.

병환 중인 누이의 병세를 확인한 여헌은 제대로 누이에게 제대로

절도 올리지 못하고, 의성현 남쪽 사곡리舍谷里에 거처하고 있는 자형 임이중任而重의 집으로 발길을 돌렸다. 이곳에서 누이와 자형에게 안부를 묻고 서로 위로하며 사나흘을 보낸 후, 채씨蔡氏네 누이가 있는 안동으로 갔다. 이곳에서 이틀을 머물다가 작별을 고하고, 다시 의성의 지인들을 찾아본 후 인동과 팔거를 거쳐 암포촌으로 돌아왔다.

짧지 않은 여정 속에서 여헌은 전쟁의 참혹함을 직접 목도하였다. 도로에서 죽은 사람을 본 것이 이루 헤아릴 수 없었으며, 경제적인 상황도 더욱 어려워져 경상좌도의 곡물은 우도보다 더 귀하여 목면 한 필이 곡식 한 말 값에 달했고 소와 말의 가격은 열 말이 되지 않을 정도였다. 건장한 노비의 가격이 소나 말의 값에도 미치지 못하여, 떠돌아다니는 궁박한 사람은 살아갈 밑천을 구하기가 매우 어려웠다. 이러한 전쟁의 잔혹함 속에서 백성의 곤궁함을 목도한 여헌은 "백성들이 무슨 죄가 있어 이와 같은 도탄에 빠지게 되었는가? 이 원한을 장차 어디에 돌려야 할 것인가?"라며 한탄하기에 이르렀다.

암포촌에서 기거하던 여헌 일행은 4월에 이르러 다시 가야산 아래 신당촌新堂村으로 거처를 옮겼다. 마을 위에 빈집이 몇 칸 있어 여헌 일행은 그곳에 나아가 기거했고, 일찍부터 알고 지내던 이승李承의 활과 화살을 빌려 무뢰한들을 방비하였다. 이곳은 대로와 가까워 군량을 옮기는 소리가 끊이지 않았으며, 바깥소식을 듣기에 용이하였다.

한 달여를 이곳에서 보내던 중 여헌은 인동에서 왜적이 물러났다는 소식을 접하였다. 이에 집안 가족들을 모두 데리고 회연檜淵을 거쳐 월오강月烏江을 건넜다. 정구가 살던 회연의 초당은 왜적에 의해 모두 불태워졌고, 숲과 화초만이 우거져 있어 여헌의 탄식을 자아내기에 충분하였다. 월오강을 건너 팔거의 대곡촌에 있는 동서 조벽의 집에 투숙하였다. 이미 조벽과 그의 아들은 왜병의 칼날에 목숨을 잃었고,

어린 두 아들이 어머니를 모시고 있을 뿐이었다. 여헌의 병구완에 정성을 아끼지 않았던 조벽 일가의 처지를 헤아리며 여헌은 은혜에 보답할 수 없는 무기력함을 통탄하지 않을 수 없었다.

대곡을 지나 도촌에 도착한 여헌은 각기병脚氣病을 앓게 되었다. 주변 사람들은 모두 여헌이 동분서주하는 동안 차고 습한 기운이 몸으로 들어와서 피가 제대로 돌지 않아 이 병에 걸리게 되었다고 말하였다. 하지만 여헌은 다르게 생각하였다.

> 내가 생각하기에, 사람이 천지 사이에서 태어나 본래 마땅히 실천해야 할 도가 있다. 이 도는 마음에 뿌리를 두고 있으면서 만사에 이르고, 몸에 근본하고 있으면서 천하에 행해진다. 하늘이 높다고 해서 통하지 않는 것이 아니고 땅이 깊다고 해서 없어지지 않으며, 해와 달이 번갈아 밝으니 도가 그와 더불어 밝고 산천이 이루어지니 도가 그와 더불어 이루어지며, 음양과 함께 굴신屈伸하고 귀신을 따라 길흉이 이루어진다.……
> 만약 이 도에 한걸음도 나아가지 못하고 한 자의 땅만큼도 이루지 못했더라도 오히려 삼재三才에 참여하는 직분을 결여한 것이 있는데, 하물며 나는 나이가 마흔이 넘었으나 시골사람의 경계를 벗어나지 못하였으며 이런 천지天地의 법도가 괴란乖亂하여 추락하고 끊어지는 때에도 오히려 자신을 부지扶持하고 수립할 수 있는 대책을 세우지 못하니, 마땅히 행해야 할 도를 폐기한 것이 누가 이보다 심하겠는가? 이것이 천지가 길을 다니는 다리에 병을 내려 도를 행할 수 없었던 죄를 드러내 보여 준 것이다.

여헌은 자신이 각기병에 걸리게 된 이유를 환경 탓으로 돌리기보다는 자신이 제대로 도를 실천하지 않았기 때문이라고 자책하였다. 이유가 어찌되었건, 이때 각기병에 걸린 여헌은 이후에도 비록 멀리 유람하거나 먼 길을 가고 싶어도 높은 산과 깊은 골짜기를 마음껏 걸어 다닐 수 없게 되었다.

한 달여 간 각기병을 치료하여 발의 병세가 호전되자 여헌은 이해 6월에 인동을 향하여 출발하였다. 인동 경내에 들어서자 옛날에 다니던 길에는 잡초만 무성하였고, 옛날에 경작했던 들판은 황폐함만이 가득하였다. 융성했던 촌락도 빈터가 되지 않은 곳이 없었으며, 그 자리를 지키고 살던 사람들도 자취를 감추고 오직 백골만 도랑과 골짜기를 채우고 있을 뿐이었다. 관사官舍와 마을의 집, 향교鄉校와 사창社倉(조선 시대에 각 고을의 還穀을 저장하여 두던 곳집) 등이 모두 쑥대밭이 되어 그 정확한 위치조차 알 수 없었다. 이러한 광경을 바라보는 여헌은 미어지는 가슴을 부여잡고 통곡하지 않을 수 없었다.

읍성은 폐허가 되고 들은 텅 비어 살아갈 계책이 없는 까닭에, 고향 인동으로 돌아온 사람들은 명나라 군사들이 먹다 남긴 밥과 의병들이 주는 밥만 바라보며 아침저녁을 넘겼다. 돌아온 사람들은 머물러 살 곳이 없어 모두 왜군이 만든 소굴에 나아가 몸을 의탁하니, 여헌 일행도 그 사람들 속에서 함께 머물렀다.

인동에 도착한 다음날 여헌은 집안 식구들을 대동하고 선조의 산소에 올랐다. 난리 직전에 어머니 장례를 치르면서 아버지의 묘소도 함께 보수한 터라 여헌의 걱정은 이만저만이 아니었다. 피란민들이 피란을 떠나면서 봉분 모양을 만들어 보물을 숨겼으리라 생각한 왜적들이 새로 조성한 웬만한 묘소는 모두 파헤쳤다는 소문이 돌자 여헌은 행여나 부모님의 묘소도 해를 입지 않았을까 근심하고 있었다. 하지만 부모님의 묘소에는 큰 환란이 없어 여헌은 큰 근심을 덜게 되었다.

선조들의 유택을 찾아 성묘한 여헌은 폐허가 된 집을 찾았다. 먼저 선조들의 목주木主(위패)를 묻어 둔 집터를 둘러보았다. 구덩이는 그대로 있었지만 목주는 보이지 않았다. 왜적의 손에 화를 입은 것이 분명하였다. 여헌은 큰 낭패감에 빠지지 않을 수 없었다.

대개 부모가 돌아가시고 그 형체가 지하에 묻히면 흩어지지 않은 정혼精魂은 깃들 곳이 없어진다. 이것은 자식 된 자가 차마 견디지 못할 일이고, 그래서 자식 된 자가 죽은 사람을 섬기려는 정을 모아 목주를 만든다. 그리하여 이 목주에 부모의 정혼이 의지하여 깃들게 되는 것이어서, 자손은 목주를 부모 보듯이 하여 그 부모를 섬기는 도리로써 그 목주를 섬기는 것이다. 이러한 목주를 잃었으니 여헌이 느낀 상실감은 이루 헤아릴 수 없을 정도로 컸다.

목주를 잃었다는 것은 부모를 잃은 것이다. 이것이 부모가 남겨 주신 몸을 가진 내가 지은 죄악이 지극히 커서 천지 사이에 용납될 수 없는 것이 있었으므로 화가 부모에게까지 미친 것이 아니겠는가? 사람이 한 부모를 잃더라도 오히려 죄인으로 자처하거늘, 하물며 지금 나는 4대에 이르는 부모를 잃었으니 그 처신하는 것이 마땅히 어떠해야 될 것인가? 물과 불의 재앙으로 부모를 잃었더라도 오히려 그 참담하고 비통한 마음을 견줄 데가 없을 것인데, 하물며 왜적의 손에 잃은 것은 어떠하겠는가?
나의 모든 부모의 정령精靈들은 화를 입은 날에는 반드시 놀라 흩어져 이리저리 날리고, 화를 입은 이후에는 오르내리며 방황하여 의지할 향화香火도 없고 의지할 상석床席도 없으며 의지할 당우堂宇도 없고 의지할 목석木石도 없었을 것이다. 생각이 여기에 이르니 차마 말을 할 수가 없구나! 차마 말을 할 수가 없구나!

원통함과 상실감을 안고 여헌은 의성을 향해 길을 나섰다. 여헌 가족들이 의탁할 만한 곳을 찾고 거처할 만한지 살펴보고자 나선 길이었다. 후혈촌後穴村을 거쳐 문소聞韶(경상북도 의성 지역의 옛 지명)의 구지산龜智山에 도착하였다. 여헌이 가족의 의탁을 청하자 누이는 남편의 허락을 받아 주었다. 며칠을 누이 집에 머물다 여헌은 인근의 탄지炭池에 있는 큰누이를 찾았다. 지난번 찾았을 때 역병을 앓아 제대로 문안 인사를 드리지 못한 송구함이 마음을 무겁게 하였지만, 정중하게 인사를 드렸다. 이 자리에서 여헌은 큰누이의 장남 노경건盧景健이 왜적에게 죽음을 당하였고, 그의 처 역시 절개를 지켜 죽었다는 소식을 접하였다. 큰누이 집안에 닥친 우환에 비통함을 함께한 후 여헌은 가족들을 데리러 다시 인동으로 출발하였다.

전란 속에서도 백성의 삶을 걱정하다

여헌은 가족들을 데리고 인동에서 팔거를 거쳐 다시 의성으로 갔다. 팔거에 도착하여 하루를 머물고 집안 식구를 이끌고 의성을 향해 발걸음을 옮겼다. 길을 가면서 오래전부터 알고 지내던 사람들을 만나 난리 중에 겪은 괴로움과 빈궁함에 대해 이야기를 나누며 살아 있음을 다행히 여기기도 하면서, 애처롭게 거리를 헤매는 여헌을 보고 통곡하는 사람들을 오히려 위로하며 길을 재촉하였다.

다시 도착한 의성 누이 집에서 여헌과 누이는 서로 슬픔을 나누며 살아갈 방도가 어려움을 걱정하였다. 며칠이 지나자 자형 임이중이 누이 집 옆에 빈집을 거처로 마련해 줌에 따라 여헌의 가족들은 부족하나마 살아 갈 집이 생기게 되었다. 거처가 정해지고 어느 정도 집안 살림이 안정되자 여헌은 집 옆에 있는 조그마한 누각에 앉아 몇 권의 책을 독파하며 학문에 관심을 쏟을 수 있게 되었다.

여헌은 기거하고 있던 마을 사람들이 수확한 올벼를 보내 주어 양식 걱정에서 어느 정도 벗어날 수 있었다. 하지만 농토가 황폐해져 농사를 짓지 못한 백성들은 식량을 구할 방법이 없어 들판에 자생하는 기장을 따다 불에 그슬려 하루하루를 연명하는 실정이었다. 대개 굶주린 백성들이 먹는 것은 풀의 열매로, 그 열매가 피자마자 백성들은 다투어 따다 먹었다. 입에 써서 먹을 수 없는 것이었지만, 목숨을 연명하기 위해서는 그렇게라도 살아 갈 수밖에 없었다. 하지만 일부 양반네는 곳간에 쌀을 쌓아 두고 호위호식하고 있었다.

전란의 와중에 벌어진 부조리한 상황을 두고 어떤 사람이 여헌에게 물었다. "오늘날 어떤 사람은 어지러운 시운時運을 타고 그 세력을 빙자하여 기름진 농토를 멋대로 빼앗아 밭 사이에 난 길들이 서로 이어지고 있습니다. 게다가 배고파 굶주린 백성들을 모아 자기 집의 일꾼으로 삼아서, 많은 사람이 굶주리는 가운데 자기만 홀로 배부르고 많은 사람들이 궁핍한 가운데 자기만 홀로 부유하여, 몸으로 도道가 아닌 일을 행하고도 죄로 여기지 않으며 입으로 이치가 없는 말을 하고서도 그르다고 여기지 않습니다. 군읍郡邑에서 기염氣焰을 토하며 멋대로 행동하고 위세가 마을을 누르는 자가 있으니, 이런 사람은 비색否塞한 운수 가운데에 처해 있으면서 혼자만 사악한 기를 만나지 않은 것입니까?"
여헌은 곰곰이 생각하다 이렇게 대답하였다.
"대개 동일한 운수 가운데에도 주객主客의 구별이 있고, 동일한 기 가운데서도 또한 주객의 구별이 있습니다. 당시의 강대한 자는 흉악한 운수의 안에 처하여 사악한 기운의 주인이 된 자이고, 당시에 힘이 다해서 패한 자는 흉악한 운수의 밖에 처하여 사악한 기운의 손님이 된 자입니다. 안에서 주인이 된 자는 흉악한 운수와 사악한 기운의 자루를 잡았고, 밖에서 손님이 된 자는 흉악하고 사악한 것의 해독을 입은 것입니다. 저 강대하게 된 자는 흉악한 기운을 발전시켜 힘써 사악한 간계를 멋대로 행해서 도가 아닌 음식으로써 크게 배부르게 하고 도리에 어긋난 재물로써 부유하게 하여, 부정不正한 기운을 강하게 하고 바르지 않은 힘을 크게 한 것입니다. 그렇다면 그가 배부른 것은 자기가 마땅히 먹을 것이 아닌데 배불리 먹은 것이요, 그가 부유한 것은 마땅히 그의 재물이 아닌데도 부유하게 된 것이며, 그가 강한 것은 마땅히 강해서는 안 되는 것인데도 강하게 된 것이고, 그가 큰 것은 마땅히 커서는 안 되는 것인데도 큰 것입니다. 천지가 강림해 있고 일월日月이 비추고 있으며 귀신이 알고 있고 억조億兆의 사람들이 바라보고 있으니, 자기가 마땅히 먹을 것이 아닌 것으로 배불리 먹고도 끝까지 배부를 수 있고, 마땅히 자기의 재물이 아닌 것으로 부유하게 되고서 끝까지 부유할 수 있으며, 마땅히 강할 수 없는데도 강하면서 끝까지 강할 수 있고, 마땅히 클 수 없는데도 크게 되어 끝가지 클 수 있다는 것을 나는 아직까지 들어보지 못하였습니다. 그렇다면 그가 배부른 것은 그것으로 인해 배고프게 되는 것이고, 그가 부유한 것은 그것으로 인해 궁핍하게 되는 것이며, 그가 강한 것은 그것으로 인해 약하게 되는 것이고, 그가 큰 것은 그것으로 인해 작게 되는 것이니, 나는 그의 강대함을 보지 못하였습니다."

이러한 문답이 오고 간 후 여헌은 전란으로 황폐해진 시대를 다음과 같이 탄식하였다.

아! 어떻게 하면 지금의 비색한 운수를 다시 되돌려 천지와 음양이 잘 어우러지게 해서 태평을 이루게 할 수 있을 것인가? 언제 다시 번창繁昌하여 거듭되는 풍년의 부유함을 이루고 실컷 먹어 배를 두드리는 백성을 볼 수 있겠는가?

시대의 걱정을 가슴에 품은 채 여헌은 거처 주변의 지역을 방문하여 평소 알고 지내던 사람들의 안부를 묻고 소회를 나누기도 하였다. 군위의 석본촌石本村을 방문하여 지인들의 안부를 묻기도 하였으며, 가까운 탄지炭池에 들러 『역학계몽易學啓蒙』 등 서책을 빌려 오기도 하면서 백성들의 삶을 직접 목도하였다. 일가친척의 사망 소식을 접하고 비통함에 싸이기도 하였다.

10월에 이르러 여헌은 돌아가신 어머니의 대상大喪을 맞이하게 되었다. 누이들이 마련해 준 제수를 받고 여헌은 감회에 젖지 않을 수 없었다. 지난해 소상 때 마음을 다하여 제수를 차려 주면서 자형 여륜이 "내년 대상 때에 만약 왜적이 물러나 시절이 화평해져서 모든 사위들과 누이들이 반드시 다 모여 상사喪事를 마치게 된다면 아마도 유감이 없을 것"이라고 했던 말이 떠올랐다. 하지만 난리 통에 유명幽明을 달리한 자형은 보이지 않고 말만 여전히 귀에 쟁쟁하여 여헌은 비통함에 마음이 아파 왔다. 대상을 앞두고 탄지에 사는 큰누이를 조카들이 모셔 왔고, 자형 임이중도 참석한 가운데 조촐하게 대상을 치렀다.

대상을 치른 다음달에 제사를 지내야 삼년상이 다 마무리되는 것이 예법이었다. 그래서 여헌은 대상을 지낸 후 큰누이에게 상제가 다 마무리되는 것을 기다리라고 청하고, 다음 제사를 준비하기 위해 진보眞寶로 발길을 옮겼다. 당시 진보현감은 여헌의 친척이었는데, 그에게 제수를 부탁하기 위해 진보로 향한 것이었다. 현의 관아에 도착하여 현감을 만난 후 여헌은 인근의 사찰에 머물면서 마음을 가라앉히고 조용히 생각을 정리하며 『역학계몽』을 읽었다. 그러면서 왜란이 발발한 이후 근심걱정으로 하루하루를 보냈지만 그래도 본심이 다 없어지지 않은 것을 스스로 징험하였다.

며칠을 그렇게 시간을 보낸 후 여헌은 현감이 마련해 준 제물 약간과 사찰의 승려가 선물한 물건을 받아 들고 다시 집으로 돌아왔다. 돌아오는 중에 일가친척도 만나고 가까운 친구를 만나 회포도 풀었다. 의성의 거처에 돌아온 후 여헌은 함께 생활하던 조카의 죽음을 마주하고 비통함에 잠기기도 하였으며, 양식이 부족하여 의흥의 장터에 나가 면포를 곡식으로 바꾸어 오는 등 어려움 속에서 근근이 삶을 영위하였다. 그리고 12월에 탈상脫喪을 하고 상복을 벗었다.

농사지으며 천하사업을 되새기다

왜란이 발발한 지 2년이 지난 선조 27년(1594)에도 전란의 참화는 여전하였다. 팔거에 주둔 중인 명나라 군대를 지휘하는 도독都督 유정劉綖

을 만나보고 싶었던 여헌은 어렵게 여비를 마련하여 어린 여종을 데리고 길을 나섰다. 하지만 군위에 도착하여 이미 명나라 군대가 호남의 남원南原을 향해 출발하였다는 소식을 접하였고, 유 도독을 만날 수 없다고 생각한 여헌은 발길을 돌려 군위의 석본촌으로 향하였다.

당시 백성들은 굶주림에 지쳐 벌떼처럼 일어나 도적질을 일삼았고, 재물을 약탈하는 것을 넘어 인육人肉마저 먹는다는 흉흉한 소문이 돌고 있었다. 얼마 안 되는 곡식이나 포목을 가진 사람은 물론이고 심지어 몸에 헤진 누더기를 걸친 사람도 모두 죽임을 당할 정도로 백성들의 인심은 흉흉하였다. 여헌이 석본촌에 도착했을 때, 그곳의 백성들도 모두 굶주려 짐승 같은 모습과 눈빛을 하고 있었다. 전대纏帶를 차고 있던 여헌에게 백성들의 눈길이 모아지니, 여헌은 활과 화살을 차고 앉아 밤을 지새워야 했다. 이렇게 어려운 고비를 넘기면서 여헌은 성주 고개를 넘어 고촌古村에 이르렀다.

이곳에서 여헌은 오랜 친구인 박수일朴遂一(1553~1597)을 만나 회포를 풀었다. 당초 석본촌으로 발길을 돌렸던 것도 박수일을 만나기 위해서였는데, 이때 박수일은 피란처에서 돌아와 본가가 있는 고촌에서 부종浮腫을 치료하고 있었다. 박수일은 송당 박영의 고제高弟인 용암 박운의 손자로, 어려서부터 여헌과 친분이 돈독한 인물이었다. 그는 아들 4형제에게 모두 여헌을 종유하도록 명을 내릴 정도로 여헌의 학문을 신뢰하고 있었다. 그 가운데 박홍경朴弘慶, 박형경朴亨慶, 박진경朴晉慶 등 세 형제가 여헌의 문인록에 등재되고 이후 외손자들도 여헌 문하의 일원이 될 정도로 여헌과 박수일의 각별한 관계는 후대로까지 이어졌다. 박수일의 막내아들인 박진경이 훗날 여헌의 사위가 됨으로써 여헌 가문과 박씨 집안은 혼맥으로까지 연결되었다.

어려서의 인연을 세월이 갈수록 더욱 두텁게 하였던 박수일은 여헌을 만나자 기뻐하며 맞이하였고, 3일간이나 자신의 집에 머물게 하면서 피란살이의 어려움과 못다 한 소회를 나누었다. 이 만남을 뒤로하고 여헌은 성주 인근의 이곳저곳에 있는 선대의 묘소를 찾아 성묘하였다. 그리고 세거지인 암포로 들어갔다가 숙부의 사망 소식을 접하고는 침통함에 휩싸였고, 홀로 남겨진 숙모와 조카를 데리고 다시 의성의 거처로 돌아왔다.

왜란이 일어난 이후 여헌이 살던 경상도 지역을 비롯하여 전국 각지에서는 역병疫病이 창궐하였다. 왜란이 일어난 임진년과 이듬해인 계사년癸巳年 사이에 역병으로 인해 죽은 사람이 왜적의 칼날에 죽은 사람보다 많았을 정도로 역병은 계속 백성들을 괴롭히고 있었다. 여헌도 여러 번 역병을 앓았고, 하나밖에 없었던 딸도 역병에 걸려 죽을 고비를 수차례 넘기고 있었다.

이해 봄에 여헌은 큰누이 댁에서 보내온 봄보리 두 말을 밭에다 심고 사람을 빌려 호미질해서 수확하는 등 농사짓는 일을 시작하였다. 비록 수해를 입어 손해를 보기는 했지만 처음 짓는 농사를 통해 경작의 노고를 몸소 체험하였다. 이때 여헌은 "나는 일찍이 농사짓는 일에 종사하지 않았는데, 지금 난리 중에 편안하게 한 농부가 되었다. 이로부터 마땅히 농사짓는 일이 오직 보배라는 것을 알고, 노력해서 먹는 것이 내 분수라는 것을 스스로 편안히 여겼다. 새벽에 나아가 황무지를 다스리고 달빛을 받으며 호미를 어깨에 메고 돌아오니, 비단 도연명의 한가한 운치가 될 뿐만이 아니었다. 지금 황폐해진 전답과 들판이 어느 곳도 그렇지 않은 곳이 없으니, 왜적이 이미 평정되었다면 어디로 간들 농사지을 땅이 없겠는가? 오늘 내가 그것을 증험하였다"라고 소회를 밝히기도 하였다. 그리고 스스로에게 다음과 같이 말하였다.

이윤伊尹은 신야莘野(이윤이 은거할 때에 농사짓던 곳)에서 농사를 지었고, 공명孔明은 남양南陽에서 밭갈이를 하였으니, 지난날에는 모두 몸소 밭을 가는 야인野人이었다. 그러나 이윤은 세상을 구제할 때를 만나고 백성을 구할 기틀을 만나 탕왕湯王이 세 번 예를 갖추어 부르는 것에 응하여 천하를 태평성대로 되돌렸고, 공명은 한고조漢高祖의 삼고초려三顧草廬에 감동하여 이미 기울어진 왕업王業을 붙들었으니, 진실로 세상에 나아가거나 은둔하는 것에는 때가 있어 그 변화에 따라 굴신屈伸하는 것이다.

지금 나는 이윤이 쟁기를 손에서 놓은 날에 있으면서 그 쟁기를 손에 잡을 것을 생각하고, 공명이 밭갈이를 그만둔 때를 만나 그 밭갈이를 일삼고자 하니, 옛사람이 세상에 나갔을 때에 나는 물러나 은둔하고, 고인이 뜻을 폈을 때에 나는 몸을 굽힌다. 그들과 너무 다르지 않은가! 이윤이 성자聖者인 까닭은 밭을 갈 수 있었던 것에 있는 것이 아니라 요순堯舜의 도를 즐기는 데 있었으며, 공명이 현자가 된 까닭은 몸소 농사를 지은 데 있는 것이 아니라 이윤과 여상呂尙의 재능을 가슴속에 온축하고 있었기 때문이다. 그러하니 그러한 도가 아니었다면 백성을 구할 수 없었으며, 그러한 재능이 아니었다면 세상을 구제할 수 없었을 것이다. 이것이 이윤이 신야의 야인으로 끝마치지 않은 까닭이며, 공명이 남양의 농부로 끝마치지 않은 까닭이다. 바야흐로 몸을 굽히고 있을 때에도 펼 수 있는 도가 있었고, 이미 은둔하고 있을 때에도 마땅히 출사할 수 있는 재능이 있었으니, 어찌 항상 굽히고 있으면서 오래토록 은둔할 수 있었겠는가?

여헌은 스스로에게 "요순의 도가 없고 이윤과 여상呂尙의 재능이 없어 비록 세상에 난리가 있으나 구제할 수 있는 도가 없고 백성이 도탄에 빠져 있으나 구할 수 있는 능력이 없다"라고 자책하고는, "나는 굽히는 것은 있지만 펴는 것이 없고 은둔함은 있으나 출사함이 없어, 끝내 밭가는 농부가 되는 것을 면하지 못하고 있다" 하고 질책하였다. 그러면서도 여헌은 "이윤이 출사한 것은 스스로 나간 것이 아니라 탕왕 같은 성인이 있어 출사할 수 있었고, 공명이 몸을 일으킨 것은 스스로 일으킨 것이 아니라 한고조 같은 사람이 있어 일으킬 수 있었던 것"으로 보고, "세 번의 예를 갖추어 부른 탕왕이 없었다면 이윤은 신야에 사는 한 사람의 농부로 일생을 마쳤을 것이고, 삼고초려한 한고조가 없었다면 공명은 남양에 사는 한 사람의 농부로 일생을 마쳤을 것"이라고 보았다.

나아가 여헌은 "성현들은 모두 나아가 벼슬하고 물러나 은둔하며 몸을 굽히거나 펴는 것에 전적으로 마음을 두지 않았으니, 출사하는 것도 그 때에 맞게 하였고 은둔하는 것도 그 때에 맞게 하며 몸을 굽히는 것도 도에 따르고 몸을 펴는 것 또한 도에 따랐다"라고 여겼다. 그러고는 "천지 사이에 사업이 아닌 것이 없으며 있을 곳이 아닌 곳이 없으니, 마땅히 밭을 갈아야 할 때 밭을 가는 것은 나의 사업이 여기에 있기 때문이요 마땅히 전야田野에 있어야 할 때 전야에 있는 것은 내가 있을 곳이 여기에 있기 때문이다. 이것이 천지가 넓고 큰 까닭이요, 우리의 도가 광대한 까닭이며, 성인의 마음이 넓고 넓은 까닭이다"라고 스스로를 위로하면서 어린 시절 그가 꿈꾸었던 '천하제일의 사업'에 대한 생각을 다시 한 번 가다듬었다. 이때 농사일에 전념한 여헌은 수확한 보리를 가지고 가족들과 함께 여름을 무사히 넘길 수 있었다.

피란의 와중에서도 학문에의 뜻을 잊지 않다

이해 봄에는 풍기군수로 있는 겸암謙菴 유운룡柳雲龍(1539~1601)으로부터 자신의 임지로 방문해 줄 것을 요청하는 편지가 도착하였다. 여헌이 난리 중에 이리저리 떠돌며 기식寄食하느라 고생한다는 소식을 접하고, 자신의 임지로 초대하여 잠시나마 괴로움을 위로하고자 하였던 것이다.

유운룡은 서애西厓 유성룡柳成龍의 형이자 이황의 문하에서 수학한 인물인데, 왜란이 발발하기 이전에 인동현감으로 재직하면서 여헌과 친분을 쌓았다. 유운룡은 또한 여헌에게는 개인적으로 큰누이의 아들이자 문인이기도 한 노경임盧景任(1569~1620)의 장인이어서 평소 가까이 지내고 있었고, 전란 중에도 노경임을 통해 자연스럽게 여헌의 소식을 접하고 있었다.

여러 가지 일로 풍기 방문을 차일피일 미루던 여헌은 풍기에 소재한 소백산小白山에 올라 답답한 가슴속을 씻어 버리고 싶은 마음도 있어, 6월에 접어들자 안기찰방安奇察訪으로 재직 중이던 노구중盧懼仲에게서 노복과 말을 빌려 성주로부터 와서 같이 지내고 있던 사촌동생 현도顯道를 대동하고 길을 나섰다. 철파鐵破, 운산雲山, 안기安奇, 영천을 거쳐 풍기에 도착한 여헌 일행은 군수를 만나 서로 위로하고 관사 옆에 있는 사가私家에 머물렀다.

그곳에 머물면서 여헌은 당시 예조좌랑禮曹佐郎에 제수되었지만 병으로 인해 체직遞職되어 풍기에 머물고 있던 노경임과 조우遭遇하고 또 풍기군에서 향임鄕任을 맡아 보고 있던 친척도 자주 만나는 등 조금은 여유로운 시간을 보냈다. 그리고 유운룡에게 청하여 소백산에 오를 기회를 가졌고, 이 산의 조그마한 암자인 초암草庵에서 유숙하게 되었다. 이 암자는 소백산의 깊은 골짜기 가운데 있어 사방을 바라볼 수 있는 것이 아무것도 없었으며, 다만 깊은 벽지僻地일 뿐이었다. 이곳에서 여헌은 유운룡에게 부탁하여 빌린 『주역』 고본古本과 그를 통해 얻은 종이와 붓을 가지고 7~8일에 걸쳐 『주역』을 베끼기 시작하였다. 비록 「상경上經」과 「하경下經」, 「단전彖傳」 상하, 「상전象傳」 상하를 베끼는 데 그쳤지만, 『주역』에 대한 평소의 열정을 어느 정도 채울 수 있어 다행으로 여겼다.

소백산 암자에 기거할 때는 마침 노경임도 함께여서, 어느 날 저녁 풍기군 관아官衙에서 보내온 술 한 병과 안주 한 상자를 가지고 시냇가의 바위에 올라 주변 경치를 감상하였다. 시냇가에 도달하자마자 홀연히 맑은 바람이 불어와 얼굴이 상쾌해지는 것을 느낄 수 있었고, 사방의 푸른 낭떠러지에 우거진 짙푸른 나무와 푸른 시냇물의 파란 이끼가 그 사이에 환하게 비쳐 한눈에 풍경을 제대로 감상할 수 있었다. 여헌 일행은 술을 데우고 안주를 내어 놓은 채 마시기도 하고 담소하기도 하면서 경치를 굽어보고 우러러보며 종일토록 시를 읊었다. 그러면서 여헌은 마음속으로 "난리가 일어난 이래로 한적한 곳은 이 한 곳이었으며, 조용한 날은 이 하루였다"라고 생각하였다. 이전에 피란을 다닐 때에도 금오산이나 가야산과 같이 깊숙한 명승지를 밟지 않은 것은 아니었지만, 그것은 피란하는 것이었지 노닐며 구경하는 것이 아니었고, 더구나 괴롭고 절박하여 마음이 어지럽고 정신이 없었기 때문에 이처럼 한가하거나 조용한 것이 아니었다. 그래서 이날의 술자리는 흥취가 어우러진 시가 더해져서 당초 이곳을 방문할 때 가졌던 생각대로 여헌은 답답한 가슴속을 씻어 낼 수 있었다.

실로 오랜만에 가슴속 응어리를 풀며 편한 날을 보낸 여헌 일행은 다음날 백운암白雲巖으로 올라갔다. 백운암은 머물고 있던 암자로부터 5리 정도 떨어진 산 정상에 위치하고 있었다. 암자의 승려가 앞장을 섰고 여헌 일행이 뒤따라갔다. 자잘한 돌이 있는 좁은 길이 높은 절벽을 향하여 둘러싼 채 구불구불 꺾여 나가다가 물러나기를 거듭하고 있었는데, 절벽이 끝나고 산록山麓이 엎드려 있는 곳을 기어오르자 활짝 열려 툭 트인 곳이 나타났고, 그곳에 암자가 자리를 잡고 앉아 있었다. 이 암자는 전란이 일어나기 전에 공사를 시작하여 이제 겨우 모양을 갖추었다고 하였다. 암자를 지은 승려는 여헌 일행에게 "처음 와서 땅을 골랐을 때 흰 구름이 이 산 꼭대기에 걸려 있는 것을 보았으므로, 그것 때문에 자신이 이름을 백운암으로 지었다"라고 말하였다. 여헌 일행은 이 암자에서 하루를 유숙하였는데, 밤이 되니 경치가 더욱 아름답고 절묘하여 사람의 정신을 백분 청정하고 원대하게 하였다.

이른 아침 백운암을 떠나 초암으로 돌아와서 밤을 보낸 뒤 여헌 일행과 노경임은 말을 몰아 백운동서원白雲洞書院을 찾아갔다. 향香을 구하여 사당祠堂에 배알하고 물러나 잠시 쉬면서 서원의 이곳저곳을 둘러보았다. 비록 크고 화려하지는 않았지만 재실齋室과 강당은 평온하였고 학문하는 곳으로 합당하였다. 과거 순흥부順興府의 경계에 있던 서원 터는 산으로 둘러싸여 물은 깨끗하고 땅은 평평하였으며, 원줄기가 말랐지만 남은 곁가지는 오히려 무성한 은행나무가 서원의 마당을 채우고 있었다.

여헌은 저녁나절이 되어서 서원을 나와 다시 풍기 관아 근처의 거처로 돌아왔고, 이후 4~5일을 더 머물렀다. 이윽고 군수에게 돌아간다고 작별 인사를 하자, 유운룡은 군색한 살림에 보텔 넉넉한 밑천을 챙겨 주었다. 애초에 돈을 바란 것은 아니었지만 여건상 사양할 수가 없었고, 때문에 여헌은 마치 도움을 구한 듯한 모양새가 되어 버려 마음이 유쾌하지가 않았다.

풍기를 떠난 여헌 일행은 안기에 이르러 하루를 머물고, 철파를 거쳐 의성의 집에 도착하였다. 이때가 7월 초하루였다. 풍기에 있을 때 이미 송씨 부인의 어머니 부음訃音을 들었던 여헌은 집에 도착하자마자 부인을 만나 조문하였다. 이 무렵 자형 채응곤蔡應鯤이 방문하여 이틀을 머물며 그간의 회포를 풀고 돌아갔는데, 다음 달에 자형의 등에 종기가 생겨 위급하게 되었다는 전갈을 받았다. 여헌은 서둘러 약을 구하여 밤을 무릅쓰고 달려갔다. 하지만 이미 자형은 운명하였고,

노환 중이었던 누이의 통곡 속에서 자형의 장례를 정중하게 치렀다. 본가가 아닌 피란처에서 당한 죽음이라 근처 야산에 임시로 매장하였고, 몇 달이 지난 후 여헌은 자신이 사는 곳으로 누이 일가를 데려와 함께 지내기 시작하였다.

여헌은 어려서 학문의 길에 접어든 이후로 중단 없이 배움을 지속하였으며, 전란의 와중에도 틈나는 대로 지니고 있던 『주역』을 읽으며 자신의 학문을 구체화하고 있었다. 왜란이 일어난 임진년에도 목숨이 위태로운 위험한 상황 속에서도 겨를이 있을 때마다 독서를 멈추지 않았고, 독서 이후에는 생각을 가다듬으며 자신의 생각을 정리하고자 하였다. 이러한 학문에의 노력은 이듬해까지 이어졌고, 그는 학문에 대한 자신의 이해와 생각을 길지 않은 글로 틈틈이 기록하고 있었다.

여헌은 이때(선조 27년, 1594)에 이르러 임진년과 계사년 이후의 글을 모아 『평설平說』을 완성하였다. 제목을 별도로 정하지 않고 생각이 있을 때마다 기록한 것이었기 때문에 그는 자신의 글을 '평설'이라고 이름하였다. 비록 체계를 갖추어 작성하지는 않았지만, 『평설』을 통해 여헌은 태극太極과 리기理氣, 오행五行과 오상五常, 사단四端과 칠정七情, 인심人心과 도심道心 등 성리학적 주제에 대한 깊이 있는 이해를 제시하였고, 『주역』의 여러 괘를 통해 성인의 도와 세상의 이치를 정리하였다. 이렇듯 전란 중에서도 여헌의 학문은 무르익어 가고 있었다.

생질의 죽음을 애도하다

해가 바뀌어 선조 28년(1595)이 되자 여헌은 설을 맞아 지난해와 마찬가지로 조촐하게 제수를 마련하여 차례를 지냈다. 문소聞韶의 거처에 있으면서 평소대로 누이들을 비롯한 일가친척들의 안위安危를 걱정하며 독서로 소일하였다.

그러던 중 6월에 이르러 전란의 와중에서 늘 도움을 주었던 큰누이의 셋째 아들 역정櫟亭 노경필盧景佖(1554~1595)이 찰방察訪으로 있던 안기에서 갑작스러운 죽음을 당했다는 비보를 접하였다. 10여 세 때부터 함께 공부했고, 여헌이 피란 중에 힘들 것을 염려하여 송아지를 보내 주고 또 봄보리 두 말을 보내어 농사를 지을 수 있게 해 주었던 마음 착한 동갑내기 조카가 갑자기 세상을 떠나고 만 것이었다. 정구 문하에서 학문을 익혔고 효성과 우애가 남달랐던 조카의 죽음 소식을 접하고 여헌은 비통함을 안고 다음날 바로 안기로 달려갔다.

곡哭을 마치고 나와 그를 죽음으로 몰고 간 병이 무엇인지 물었으나 아무도 정확히 대답하지 못하였다. 다만 방백方伯의 신임이 두터워 맡은 일 외에 다른 일까지 꺼리지 않고 도맡아 하다가 죽을병이 생겼는데도 알지 못한 채 죽음을 맞게 된 것이라고 짐작할 뿐이었다. 노경필의 초상初喪은 안기 방백의 명령에 따라 다른 찰방의 관장 속에서 진행되었다. 염殮을 하던 날 저녁에 동생 노경륜盧景倫이 슬픔을 견디지 못해 쓰러지는 불상사가 일어났지만, 급하게 약을 마련하여 목숨을 건졌다. 그리고 무사히 초상이 마무리되었다. 노경필의 상사를 모두 지켜본 후 여헌은 다시 문소의 집으로 돌아왔다. 곧 돌아가신 아버지의 기일忌日이어서 부득불 돌아온 것이었지만, 제대로 전奠을 올리지도 못하였다.

7월에 이르러 노경필의 관棺이 안기를 출발하여 문소를 지나게 되었는데, 여헌은 다음과 같은 제문을 지어 길가에서 노제路祭를 지냈다.

우리들이 불행하여   吾徒不幸
우리의 좋은 친구를 잃었습니다.   失吾良友

내가 듣고 아는 바로는	在余聞知
세상에 공보다 나은 분이 적습니다.	世鮮公右
……	
공의 선부군先府君은	惟公先府
일찍 송당을 사사하였는바	早師松堂
가정의 교훈을 잘 따라	庭訓有迪
공은 올바른 방향을 아셨습니다.	公知向方
인자하고 착하고 공손함이	慈祥愷悌
바로 공의 실제 덕행이었습니다.	乃公實德
효성과 우애는 천성에서 우러나왔고	孝友非勉
미루어 친족에게 화목하였습니다.	推爲媚睦
선은 반드시 독실히 좋아하고	善必篤好
악 또한 포용해 주었습니다.	惡亦包容
……	
나는 공과 한집안이 되어	余與一家
어렸을 때부터 따라다녔으며	稚歲相隨
말년에는 정이 더욱 깊어	晩契逾深
금란지교金蘭之交를 맺어	擬作金蘭
늙은 나이에	相期老境
태평을 함께 즐길 것이라고 생각하였는데	太平同歡
고향에 돌아간 후일에	歸鄕他日
고단한 이내 형상 어찌 견디겠습니까?	曷任形單
술잔을 올려 영결하고	酌以永訣
심장에 있는 마음을 토로합니다.	敢吐肺肝

치병을 위해 초정을 찾다

노경필의 죽음을 안타깝게 여기고 있던 차에 선산으로부터 친구 박수일이 여헌을 찾아왔다. 장차 여헌과 함께 진성현珍城縣(경상남도 산청군 단성면 일대의 옛 행정 구역)의 동쪽 20리 되는 곳에 있는 초정椒井으로 목욕하러 가려는 것으로, 여러 차례 병환을 앓아 몸이 약해진 여헌을 위해 함께 그곳에서 목욕하고 병을 다스릴 생각을 하고 찾아온 것이었다. 여헌은 집안 식구들에게 먹을거리를 준비하라고 이르고, 박수일과 함께 문소를 떠나 진성으로 향하였다.

여헌과 박수일은 안동부安東府 길안현吉安縣의 만음촌晩音村에 이르러 평소 알고 지내던 지인을 만나 마을 모임에 참석하게 되었다. 이 자리에서 일행은 "초정에서 목욕하려면 구태여 멀리 갈 필요가 없으니, 여기에서 10리쯤 떨어진 곳에 또한 목욕할 수 있는 샘이 있는데 자못 효험이 있습니다"라는 말을 듣게 되었다. 이런 말을 들은 여헌과 박수일은 시험 삼아 가 보기로 결정하여 그곳에 이르렀다. 이른바 이 '초정'은 개울가에 있었는데, 빗물이 흘러들어 있었고 덮개가 거의 사라지고 없었다. 시험 삼아 그 물을 마셔 보니 매운 기운이 없어 목욕을 포기하고 근처 숙소에 유숙하였다.

다음날 아침 여헌 일행은 진보眞寶(경상북도 청송 지역의 옛 지명)를 향하여 걸음을 재촉하였다. 산속의 좁은 돌길을 따라 풀이 무성한 곳을 지나고 이슬을 밟으며 산 넘고 물 건너는 힘든 여정이었다. 이미 옷은 젖어버렸고, 숨은 턱밑까지 차올랐다. 여헌과 박수일은 서로를 위로하며 데리고 간 노복과 여종을 격려하면서 오후 무렵에 청송을 지나가게 되었다.

청송에도 이름난 초정椒井이 있었는데, 여헌은 이미 여러 해 전에 이곳에 와서 목욕을 하여 효험을 본 적이 있었다. 속칭 '달기약물'이라 부르는 이 초정의 물은 빛과 냄새가 없고, 아무리 많이 마셔도 배탈이 나지 않으며, 마시는 즉시 트림이 자주 나는 탄산수였다. 일찍부터 약수가 있는 곳은 예로부터 '달이 뜨는 곳'이라 하여 '달기골'이라고 불렸고, 이곳에서 나는 물은 위장병과 신경통, 빈혈증 등에 효험이 있다고 알려져 있었다. 이 초정은 시냇물 가운데 있어 목욕을 하고자 하는 사람은 반드시 시냇물을 막아야만 전적으로 초정의 물로 목욕을 할 수 있도록 되어 있었다. 하지만 조금이라도 비가 내리면 막은 둑이 터져 목욕을 할 수 없었다.

청송을 지나가면서 여헌은 이러한 사정을 알고 초정 주변의 상황을 물었지만, 막 가을이 되어 아직 목욕하는 사람이 없기 때문에 시냇물을 막지 않았을 뿐만 아니라 우물도 수리하지 않았다는 대답만 듣게 되었다. 이곳에서 목욕을 할 수 없게 되자 여헌은 이곳에서 하루를 유숙하게 되었다. 이때 집 주인인 촌로村老가 여헌을 찾아왔다.

여헌 일행이 자신의 집에 유숙을 청하자 집 주인인 촌로는 한눈에 여헌이 보통사람이 아님을 알아보고 기꺼이 방을 내어 주었다. 그리고 으슥한 밤이 되자 촌로는 자신이 아끼던 봉밀蜂蜜을 가슴에 안고 여헌이 묵고 있는 방을 찾았다.

"보약補藥에 쓰십시오."

여헌이 받지 않자 주인은 거듭 받아줄 것을 청하였다. 그러자 여헌은 성의를 생각해 우선 받아 두었다. 그리고 얼마 후 주인을 불렀다.

"이 물건은 이미 나의 소유가 되었으니, 나그네가 가지고 있는 것을 다시 주인에게 주는 것이 나쁠 것이 없습니다. 관청에 바치는 여러 물건 중에 기름과 꿀이 가장 귀하니, 그대는 이것을 보관하였다가 한 번 관官에 바치도록 하십시오."

주인은 더 이상 할 말이 없어 여헌이 돌려주는 봉밀을 가지고 물러갔다.

몸이 좋지 않아 초정을 찾은 여헌이었지만, 촌로의 정성을 기분 상하지 않게 물리치는 모습을 보였다. 여헌은 젊어서부터 선물을 주고받는 것에 대해 구차하지 않는 대범함과 소탈한 모습을 보여 주었다. 이런 일이 있은 후 여헌 일행은 진성의 초정으로 향하였다.

진성에 도착한 후 그곳 아전들의 냉대 속에서 어려움도 겪었지만, 오래 전부터 알고 지내던 사람을 만나 술과 안주를 대접받고 또 다시 함께 목욕하기로 의기투합하여 초정을 향하여 출발하였다. 초정은 궁벽한 곳에 위치하였기 때문에 길이 험해서 가다가 쉬다가를 반복할 수밖에 없었다. 그러다가 한 노파의 도움으로 지름길을 알게 되어 어렵지 않게 초정에 도달할 수 있게 되었다. 초정에 도착하니 우물은 수리하지 않아 못 쓰게 되었지만, 지난해에 고을 수령이 와서 목욕을 하며 우물 근처에 장막을 늘어세운 덕분에 그 기초는 남아 있었다. 동행한 박수일의 노복들이 우물을 수리한 뒤 오래된 물을 퍼내고 새로 솟아나는 물을 모았고, 일행은 그 물을 마시고 목욕하였다.

목욕을 마치고 초정 위쪽 몇 리쯤 되는 곳에 유숙할 곳을 마련하여 일행은 그곳에 머물렀다. 어둠이 내리고 땅거미가 질 무렵, 깊은 골짜기 로부터 급하게 말을 달려 그의 문인 정사진鄭四震이 도착하였다. 지난여 름에 여헌이 영천의 누이에게 인사하러 갔을 때 그를 만나 함께 초정에서 목욕하자고 약속했었는데, 이를 기억하고 가을을 기다려 문소의 여헌 처소에 이르렀다가 여헌이 이미 길을 떠났다는 소식을 접하고 뒤쫓아 초정에 이른 것이었다. 정사진은 13세가 되던 선조 12년(1579) 영양에 사는 여헌의 자형 채응곤에게 취양取養된 것이 계기가 되어 여헌과 만나게 되었고, 이때부터 조카이자 문인으로서 근 40년 동안 여헌을 모셨다. 정사진이 채응곤의 양자로 들어가게 된 배경은, 정사진 부친의 외숙부였던 채응곤의 슬하에 아들이 하나밖에 없어 인척관계를 바탕으 로 13세의 어린 정사진을 양자로 받아들이게 된 것이었다.

다음날 일행들은 모두 다시 초정을 찾아 아침 목욕을 하면서 이야기도 나누고 혹은 웃기도 하면서 샘물의 찬 기운을 견디는 고통을 잊었다. 설사 증세가 있어 주위의 걱정을 들었던 박수일은 목욕을 계속하면서 증세가 멎었고, 난리 이후 차고 습한 기운 때문에 앓았던 부종도 호전되는 것을 느꼈다. 초정의 차가움이 냉습冷濕으로 인한 증세와 서로 들어맞아 병세가 호전되고 신기神氣도 맑게 깨어나는 것을 박수일 스스로도 느낄 수 있어, 박수일과 더불어 여헌도 기쁘고 다행스럽게 여겼다.

이렇게 목욕을 거듭하며 병증을 치료하고 있던 어느 날 여헌이 이곳에 있다는 소식을 접한 인근의 선비들이 술을 가지고 와서 여헌 일행을 위로하였으며, 박수일의 장남 홍경도 아버지가 있다는 소식을 듣고 처가인 예안에서 술과 안주를 마련해 와서 며칠을 머물면서 아버지를 모시기도 하였다.

2. 관직의 길에 오르다

고심 끝에 보은현감에 부임하다

초정에서의 목욕을 마친 후 여헌 일행은 진성현의 향교를 방문하였다. 그리고 다시 만날 것을 기약하고 각자의 행선지를 향해 출발하기로 하였다. 박수일은 아들 홍경과 함께 예안을 향해 나아갈 것임을 알렸고, 정사진은 그의 조모 묘소를 성묘하기 위해 안동으로 향하면서 여헌과 만음촌晚音村에서 만날 것을 기약하였다.

여헌 일행은 곧바로 각자의 행선지로 향하지 않고 하루 더 진성의 향교에서 유숙하였다. 이때 현감은 평해平海(경상북도 울진 지역의 옛 지명) 출신 황응청黃應淸이었는데, 그가 여헌의 숙소를 방문하여 일행과 함께 저녁을 먹게 되었다. 이날 예안현감 신순천申順天이 여헌에게 편지를 보내어 여헌이 보은현감報恩縣縣監에 제수되었다는 소식을 전하였고, 얼마 후 문소의 자형 임이중이 노복을 보내어 한양으로부터 전해 온 정구의 편지를 전해 주었다. 이 편지에도 또한 여헌이 보은현감에 제수되었다는 것이 적혀 있었으며, 정구는 편지 말미에 "올라오지 않을 수 없을 것이다"라고 분명히 못을 박아 말하였다.

여헌은 왕명을 듣고 매우 놀랐으며, 스스로 부끄러웠다. 곁에 있던 박수일이 "우리가 관직을 받고도 나아가지 않은 것은 자못 나아갈 수 없는 의리가 있었기 때문이다. 그대는 그것을 생각하라"라고 말하였다. 저녁 자리를 마친 후 여헌은 향교의 누각에서 잠을 청하며 거취에 대해 고민하지 않을 수 없었다. 다음날 초정을 찾았던 일행과 이별을 고하면서 박수일은 "그대의 거취를 다시 자세히 살피지 않을 수 없다"는 뜻을 여헌에게 전하였다.

거취에 대한 고민을 안고 여헌은 정사진이 마련해 준 말을 타고 진성현의 어천漁川을 거쳐 다음날 만음촌晚音村에 도착하였다. 정사진도 임하臨河를 거쳐 이미 만음촌에 도착해 있었다. 저녁 무렵 여헌은 정사진과 함께 자형 채응곤의 묘소에 인사하고 목이 메도록 슬피 울며 돌아왔다. 그리고 다음날 문소의 거처로 돌아와 본격적으로 출처出處에 대해 고민하기 시작하였다.

보은현감에 제수되기에 앞서 여헌은 선조 24년(1591) 겨울에 전옥서 참봉典獄署參奉에 제수되었으나 상중이라 나아가지 않았았다. 41세가 되던 선조 27년(1594) 봄에 예빈시참봉禮賓寺參奉에 제수되었으나 또한 나아가지 않았는데, 이때는 전란이 발생한 초기에 중병을 앓고 있었고 사정이 여의치 않아 도저히 관직에 나아갈 수 없었다.

하지만 40세 이후 연이어 관직이 제수되자 여헌은 출처에 대해 여러 차례 고민하였다. 그리고 출처의리出處義理에 대해 자신의 입장을 정리하기도 하였다. 이때 여헌의 생각은 관직에 나아가고 나아가지 않는 것 중 어느 한 가지만 고집해서는 안 된다는 것이었다. 이때에 이르러 정사진이 출처의 도에 대해 묻자 여헌은 다음과 같이 대답하였다.

출처의 의리는 한 가지 논점만을 고집할 수 없다. 벼슬하지 않는 것은 의義가 아니다. 그러나 배움이 넉넉하지 못하면 물러나 은둔하는 것이 옳으며, 배움이 이미 넉넉하더라도 때가 벼슬할 수 없으면 물러나 은둔하는 것이 옳다. 때가 비록 벼슬할 만하더라도 예禮가 이르지 않으면 물러나 은둔하는 것이 옳다. 함부로 나가는 사람에 대해서는 말할 것도 없지만, 벼슬하지 않는 사람에게도 옳지 않은 한 가지와 부끄러워할 만한 한 가지가 있다. 단지 자신을 깨끗하게 지키는 것이 고상하다는 것만 알고 군신君臣의 대의를 알지 못하여 일체 벼슬에 뜻이 없는 사람이 옳지 않은 한 가지의 경우이다. 또 가슴속에 스스로 지키는 실질이 없으면서 밖으로 자중自重하는 자취를 꾸며 그 이름을 빛내고 그 값을 높이는 사람이 부끄러워할 만한 한 가지의 경우이다. 옳지 않은 한 가지의 경우에 해당되는 사람은 아는 것이 지나치고 행동 또한 지나친 사람이니, 그것이 윤리를 어지럽히고 의리를 해침으로써 사도斯道에 해가 되는 것이 진실로 크다.

그러나 아는 것과 행동이 지나쳐서 잘못하게 되는 사람은 오히려 드물다. 하지만 부끄러워할 만한 한 가지에 이르는 것은 말세의 공통共通되는 걱정이다. 무엇 때문인가? 배움이 넉넉하지 못하여 은둔하는 사람은 뜻이 큰 사람이요, 때가 벼슬할 수 없어 은둔하는 사람은 도가 바른 사람이며, 예가 이르지 않아 은둔하는 사람은 의가 높은 사람이다. 뜻이 크고 도가 바르며 의가 높다는 것은 아름다운 이름이 아니겠는가? 이 때문에 그 실질은 없으면서 그 자취를 빌리려는 자가 벼슬을 취하는 것이니, 그 심술心術의 간사함이 함부로 나가는 사람의 천박淺薄하고 비루鄙陋함보다 더 심한 것이 있다. 그러니 그 부끄러워할 만한 것이 어떻겠는가? 그 사이에 뜻이 마치 큰 것 같았으나 끝내 대도大道를 확충시킬 수 없고, 바른 것 같았으나 끝내 바른 의를 지킬 수 없으며, 높은 것 같았으나 끝내 그 높은 곳으로 나아갈 수 없어, 밖으로는 인작人爵(사람으로부터 받은 지위)을 사양할 수 있다는 이름이 있으나 안으로는 天爵(하늘이 내린 벼슬, 곧 존경받을 만한 선천적 덕행)을 스스로 닦는 실질이 없다면, 처음에는 비록 이름을 빛내고 값을 올리려는 사람의 부끄러울 만한 행동은 아니었으나 마침내는 또한 자신을 속이고 일세를 속이는 사람이 되는 것을 면하지 못하는 사람이 많다. 대개 벼슬하는 것과 배우는 것은 두 개의 도가 아니다. 시대에도 고금古今이 있고 직분에도 대소大小가 있으니, 그 때에 따라 응하면 도가 그 가운데에 있는 것이다. 요컨대 그 의義를 잃지 않아야 할 뿐이다.

여헌은 정사진에게 출처의 의리에 대해 말한 후, 스스로 자신의 거취에 대해 곰곰이 생각하였다. 학문에 뜻이 없었다고 할 수는 없지만, 젊은 시절에 배움의 기회를 잃었고 나이가 들어서는 이룬 것이 없다고 스스로를 자책하였다. 그러면서도 그는 시절이 바야흐로 큰 전란을 만나 국가의 형세가 어지럽기 때문에 전례前例에 따라 거취를 결정할 때는 아니라고 판단하였다. 비록 졸렬함을 지키고 분수를 편안히 여겨 스스로 산야山野로 나가는 것이 마땅한 것이지만, 세상에 자신의 이름이 잘못 알려져 이미 두 차례에 걸쳐 벼슬을 제수받았는데, 당시는 모두 때가 나아갈 수 없었던 것이지 감히 벼슬하지 않으려 한 것은 아니라고 여헌은 생각하였다.

이러한 생각에 이르자 여헌은 자신에게 내린 보은현감이라는 지위와 책임에 대해서도 생각하기 시작하였다. "지금은 육품에 제수되어 성 하나를 온전히 다스리는 책임을 받게 되었으니, 돌아보건대 어떤 거둘 만한 재주가 있어 이런 직책에까지 이르렀는가?"라고 스스로를 반성한 후, "비록 나아가면 마음이 스스로 편안하지 못하겠지만, 또 만약 나가지 않으면 그 자취가 더욱 스스로의 명예를 빛내려는 것처럼 되어 마침내 반드시 크게 부끄러워할 만한 지경에 이르지 않을 수 없을 것"이라는 생각에 다다랐다. 그리고 스스로 "한번 잠시 출사하여 이 자취를 없앤 연후에 끝에 가서 마땅히 내가 스스로 좋아하는 뜻을 구하여야겠다"라고 생각하였다. 이러한 생각에 이른 여헌은 곁에 있던 정사진에게 조정의 명을 받으러 가겠다는 뜻을 밝혔다. 이 말을 들은 정사진은 다음날 영천의 고향집으로 돌아갔다.

여헌이 보은현감으로 제수된 후 조정에서는 경상도감사에게 영命을 내려 여헌이 한양으로 올라오는 일에 힘쓰도록 조치하였다. 감사는 여헌에게 붉은 안장을 보냈고, 한양으로 올라오라는 문자 또한 인동으로 부터 문소에 있는 여헌에게 도착하였다. 7월 25일에 이르러 여헌은 인근에 사는 자형 임이중의 도움을 얻어 옷가지와 노자, 말 등을 준비하여 한양으로 갈 채비를 하고, 또 정사진이 보내온 옷가지 몇 벌과 기거하고 있던 집주인의 도움을 받아 한양으로 향하였다. 이때 인근 마을에 사는 정대남丁大男이라는 젊은이가 자신도 일 때문에 한양으로 가야 한다며 같이 가기를 청하자, 여헌은 그가 무인武人이었기 때문에 가는 길이 보다 안전하리라 생각하여 동행을 허락하였다.

자형의 노복을 대동하고 길을 나선 여헌 일행은 안동, 영주, 풍기를 지나 죽령을 넘어 단양에 도착하였다. 노상에서 참봉 곽수지郭守智라는 사람을 만나 함께 밥을 먹으면서 이야기를 나누었다. 그는 "나와 함께 6품직에 선발된 사람이 30명인데, 호남과 영남 사람이 그 반을 차지하여 물의가 일어났으니 선발된 것이 자못 공정하지 않다"라고 말하였다. 이 말을 들은 여헌은 더욱 마음이 유쾌하지 못하였지만, 이미 한양으로 길을 떠난 터라 중지할 수 없었다. 산수가 아름다운 단양을 둘러보지 못함을 아쉬워하며 이내 발길을 충주로 돌렸다. 충주 성문에 들어서자 깨어진 기왓장이 쌓여 있고, 불탄 재가 산적하였으며, 풀이 길을 덮어 앞뒤를 분간할 수 없었다.

당시에는 연원찰방連原察訪이었던 이영도李詠道가 판관으로 승진하여 충주의 일을 총괄하고 있었는데, 여헌이 도착했다는 소식을 듣고 몸소 나와 일행을 대접하였다. 하루를 충주에서 묵고 다음날 남한강변의 누암樓巖을 지나 나루터에서 배에 올랐다. 지난날 과거를 보러 왕래할 때에 이곳의 번성함을 익히 보았던 여헌은, 다시 이곳을 지나면서 단지 쑥과 갈대만 무성한 광경을 보며 전란이 가져온 폐허를 다시 한 번 느끼게 되었다.

이후 여헌은 여주驪州를 지나 광주廣州 경내를 통과하는 도중에 승군僧軍들이 산성山城을 쌓는 것을 목격하기도 하면서 이윽고 한양 도성都城의 동대문 밖에 도착하였다. 당시 동대문 밖 이곳저곳에 있는 큰 저택들은 전란 통에 무너지고 풀만 우거져 누구의 집인지 분간할 수 없을 정도로 쇠락해 있었다. 동대문을 지나 좌우로 머리를 돌려 성안을 둘러보니 온갖 풀만 무성하게 사방을 채우고 있었고, 청계천 주변에는 무너진 담장과 부서진 계단의 틈에 기장과 좁쌀만이 어지럽게 빗속에서 이삭이 피어 있는 것이 보일 뿐이었다. 여헌은 "궁궐은 어느 곳에 있고 사헌부와 사간원은 어느 곳에 있으며, 종묘는 어느 곳에 있고 사직은 어느 곳에 있는가? 지난날 번화하던 모든 문물이 어느 곳으로 다 쓸린 듯 가 버렸는가?"라고 자문하며, 마음이 놀라고 비통하여 안타까울 뿐이었다. 그러고는 이내 혼잣말로 "이것이 천지의 운수인가? 귀신이 화를 내린 것인가? 인사가 잘못되어 불러들인 것인가? 그 누가 이렇게 시킨 것인가? 만약 통곡하지 않으면 장차 그 슬픔을 풀 수가 없을 것만 같구나!"라며 탄식하였다.

여헌은 말 위에서 폐허가 된 도성을 둘러보면서 호현방好賢坊에 도착하 였다. 호현방은 서천군西川君 정곤수鄭崑壽(1538~1602)의 고택이 있는 곳이 었는데, 당시 정구가 이곳에 머물고 있었다. 여헌은 정구에게 절을 마치고, 이어 정곤수에게도 인사를 하였다. 이윽고 진안현감에 제수된 오익승吳翼承도 왕명을 받으려고 이곳에 당도하였다.

여헌은 그와 인사를 나눈 후 정곤수의 고택에 여장을 풀고 곧바로 서대문 밖으로 나가 유희림柳希霖(1520~1601)에게 인사를 하였다. 여헌 선친의 외사촌 동생이었던 유희림은 당시 일흔을 훌쩍 넘긴 당대 원로였 고, 임진왜란이 일어나자 첨지중추부사僉知中樞府事로서 왕을 호종하여 좌승지左承旨로 발탁된 후 요직을 거쳐 예조참판에 재임하고 있었다. 유희림의 본가는 원래 남대문 밖에 있었는데, 여헌의 조모 문화유씨 집안이 대대로 살던 곳이었다. 난리 중에도 적들의 불길을 면하였지만,

유희림은 편리한 곳을 찾아 서대문 밖으로 옮겨 거처하고 있었다.

유희림은 여헌의 선친과 한집에서 자라 정이 친형제 같았다. 여헌의 부친이 일찍 세상을 떠난 후 여헌을 볼 때마다 어루만지며 친자식과 다름없이 대해 주었던 유희림은 여헌을 만나자 전란 중에 목숨을 보존한 것을 위로하며 왕명을 받은 것을 매우 기뻐하였다. 여헌 역시 문안을 드린 후 그의 얼굴과 기력이 여전히 강령함을 확인하고 스스로 위안이 되어 기쁜 마음을 감출 수 없었다.

다음날 아침 여헌은 오익승과 함께 대궐로 나아가 사은謝恩하고, 함께 이조吏曹를 다녀왔다. 그리고 함께 조정에 나아가 인사를 하고 동행해서 임지로 떠나기로 약속하였다. 당시 대궐은 사가私家를 잠시 빌린 것이었다. 온갖 부서들도 모두 민간의 집을 빌려 관아로 삼고 있었다. 잠시 여유를 갖게 된 여헌은 동강東岡 김우옹金宇顒(1540~1603)과 서애西厓 유성룡柳成龍(1542~1607)을 찾았다.

유성룡은 이때에 직접 만날 수 없었고, 대신 여러 번 심부름꾼을 보내어 서로 문안하였다. 개인적으로 유성룡은 큰누이의 아들인 노경임이 그의 조카사위였고, 더구나 여헌을 여러 번 추천했기 때문에 연락을 취한 것이었다. 유성룡과 문안 인사를 주고받은 후 김우옹을 만났다. 이때 그는 여헌에게 "옛날부터 자기를 천거해 준 사람을 찾아가 만나는 것이 예이니, 그대를 천거한 좌상左相 김응남金應南을 가서 만나 보라"라고 말하였다. 그가 만나 보라고 한 것은 여헌이 보은현감에 천거될 때에 김응남이 추천한 말이 있었기 때문이었다. 당시 좌의정을 맡고 있던 김응남(1546~1598)은 왕이 피란길에 오르자 유성룡의 천거로 병조판서兵曹判書 겸 부체찰사副體察使가 되었고, 이어 이조판서吏曹判書로서 왕을 따라 환도하여 혼란한 정국을 안정시키고 있었다. 하지만 주위의 오해를 살 것을 우려한 여헌은 끝내 그를 만나지 않았다.

조정에 나가 하직 인사를 하는 날에 이르러 여헌은 오익승과 함께 김우옹을 찾았다. 그러자 김우옹은 술을 내어 와 전별연餞別宴을 베풀어 주었다. 간단히 주연을 마친 후 여헌은 오익승과 나란히 말을 타고 한양 도성을 나섰다. 과천을 지나 수원에 이르러 산성을 쌓는 역사役事를 둘러보았고, 길 위에서 가을 저녁을 느끼며 오익승과 술 한 병을 나누어 마신 후 천천히 임지로 향하였다. 천안에 이르러 오익승과 친분이 있는 천안군수 정호인丁好仁을 만났다. 여헌도 익히 알고 있던 정호인과 함께 세 사람은 술잔을 돌리며 대화를 나눴다. 그리고 천안의 갈림길에서 여헌은 진안으로 향하는 오익승과 이별하고 편지로 서로 문안하기로 약속하였다.

향약을 시행하고 선현을 추념하다

오익승과 헤어진 후 여헌은 전란을 겪으면서 쇠락해져 보은현과 합쳐진 회인현懷仁縣에 도착하였다. 여헌이 현에 도착하자 관아에 소속된 하인 가운데 살아남은 자들이 도열하여 그에게 알현하고 물러났고, 얼마 지나지 않아 현 내의 양반 대여섯 명이 찾아와 문안하였다. 현감이 관사로 쓰던 집이 모두 왜적에 의해 불타고 없었기 때문에 여헌은 하인의 초가집을 빌려 하루를 유숙하였다.

다음날 날이 밝자 여헌은 보은현을 향하여 출발하였다. 현의 북쪽에 늘어선 속리산을 바라보면서 길을 재촉하여 보은현에 도착하였는데, 이곳 또한 관사는 사라지고 평시의 향사당鄕射堂(고을의 나이 많은 어른들이 봄가을로 모여 鄕射飮禮를 행하던 청사)만이 보존되어 있었다. 왜란 이후 주로

손님을 접대하는 곳으로 이용되었던 향사당에 자리 잡은 여헌은 통상의
법도대로 관에 소속된 하인들의 인사를 받고, 현의 품관品官(관직을 가지고
있지 않지만 관직을 가지고 있었거나 언젠가는 관직을 차지할 수 있는 양반) 10여 명과
향교 학생들의 문안도 받았다. 보은현은 영남과 호서가 교차하는 곳에
있어 후미진 듯하면서도 비옥한 들이 많아 예로부터 품관이 많았고,
비록 전란을 겪은 뒤였지만 살아남은 자들도 많았다. 하지만 여헌에게
와서 인사하는 자는 거의 없었다. 또한 당시 보은현에는 한양에 살다가
전란 때문에 이곳으로 와서 사는 사람들이 많았고, 하인도 일을 시키기에
충분하였으며, 거주하는 백성도 적지 않았다.

해가 저물 무렵 여헌은 관아로 자리를 옮겼다. 아전의 집을 임시로
빌린 이 관아는 향사청에서 5리 정도 떨어져 있었는데, 집이 좁아 몸을
바로세울 수도 없고 아침저녁으로 연기가 방안에 가득 차 있어서 눈을
뜰 수 없을 정도로 열악한 환경이었다. 그래서 여헌은 곧바로 그 옆에
초가집을 짓고 방과 대청을 마련하여 자신의 거처로 삼았다.

부임한 다음날 여헌은 성묘聖廟(향교의 사당)에 배알하려고 하였다. 성묘
또한 병화兵火를 만났지만 다행히 향교의 학생 한 명이 위판位版을 보호하
고 있다가 왜적이 물러간 뒤에 그 위판을 인근 서원에 봉안하고 있었다.
이 서원은 곧 상현서원象賢書院이었는데, 명종 4년(1549)에 이곳의 현감이
었던 동주東州 성제원成悌元(1504~1559)이 지역 유림의 공의公儀를 모아 삼년
성三年城 안에 창건한 까닭에 여헌이 보은현감으로 재직할 당시에는
'삼년성서원'이라 불렸다.

상현서원에는 당초 충암冲菴 김정金淨(1486~1521)의 위패를 봉안하였다
가 이후에 대곡大谷 성운成運(1497~1579)의 위패도 함께 봉안하였다. 백운동
서원에 이어 세워진 조선의 두 번째 서원이었을 뿐만 아니라 선산
사림의 중심인물이었던 박영의 제자인 성운의 위패가 모셔져 있어

여헌도 익히 이 서원에 대해 알고 있던 터였다. 현의 유생儒生들이 학문하는 곳으로 삼았던 이 서원은 현의 동쪽 10리쯤 되는 곳에 위치해 있었기 때문에 여헌은 일행을 대동하고 그곳으로 가서 서원의 사당에 나아가 선성先聖을 배알하였다.

현의 유생들은 전부터 향교와 서원의 학안學案을 따로 가지고 있었다. 향교는 재행才行이나 문벌을 가리지 않고 역役을 면할 수 있는 사람이면 모두 적籍을 올렸으며, 서원은 반드시 재행이 있는 자를 가려 문벌이 있는 자제라야 등록할 수 있었다. 여헌이 서원의 사당을 찾았을 때에는 향교와 서원의 유생들이 모두 모였다.

이후 여헌은 향교와 서원의 유생들이 앉아서 기다리고 있는 서원의 명륜당에 앉았다. 이 자리에서 여헌은 병란兵亂 중에 선성先聖과 선현先賢의 사우祠宇가 모두 화를 면하지 못하였으며, 나이가 많고 학문이 있는 자들이 모두 학문을 접은 것을 탄식하였다. 이어서 여헌은 "지금으로부터 점차로 수습하여 서로 진작하자"는 뜻을 전하였다. 간단히 술잔을 돌리고 자리를 파하였다.

보은현에는 일찍부터 유학의 기풍이 자리하고 있었다. 서원에 위패가 봉안된 김정과 성운 외에도 적지 않은 선배 학자들이 본받을 만한 기풍을 남겼고, 성제원이 현감으로 재직하면서 학문을 진작시키고 면려하여 현의 유생들은 자못 긍지를 가지고 행동을 신중하게 하였다. 하지만 전란으로 인해 여유가 없어서 현의 유생들은 모두 "스스로를 다스릴 여가가 없다"고 자책하고 있었다.

더구나 읍에서 조금이라도 힘을 가진 자들은 으레 수령守令을 기망하고 일반 백성들을 침탈하는 것을 본업으로 삼는 나쁜 폐단이 자리하고 있었다. 그래서 수령으로 부임한 자들은 대개 그들을 가르쳐 인도하는 것이 가당치 않다고 여겼다. 심성이 유약한 수령은 이러한 자들을 내버려 두어 그들을 더욱 방자하게 만들었고, 강한 기개를 가진 수령은 그들을 억눌러 제압하여 그들이 선으로 옮겨 가서 고칠 수 있는 길을 막아 버렸다. 이러한 관행을 알고 있던 여헌은 "모두 그 마땅함을 얻지 못했다"고 여겼고, "저들도 역시 사람이니, 또한 마음을 열어 인도하는 이치가 없지 않으리라"라고 여겼다.

이러한 생각 끝에 여헌은 마을 사람들에게 물어 아전衙前 가운데 제법 순박하고 참된 자를 가려 뽑았다. 그리고 그를 '이찰령吏察令'이라 부르면서, 그로 하여금 하리下吏들을 권면하고 징계하는 일을 관장하게 하였다. 또 노복 가운데 제법 근면하고 삼가는 자를 가려 뽑아 '노찰령奴察令'이라 부르면서, 관노官奴들을 권면하고 징계하는 일을 관장하게 하였다. 그리고 이들로 하여금 선악이 있으면 모두 알게 하여 상이나 벌을 주는 것을 법식으로 삼게 하였다.

한 마을의 권면과 징계는 그 마을의 사람 가운데 견식이 있고 명망이 있는 자를 가려 뽑아 그에게 관장하게 하였고, 각각의 마을은 또 각자 유사有司를 두어 관장하게 하였다. 그리고 매월 반드시 모임을 갖게 하였는데, 품관品官은 초하루에 모여 사람들의 이로움과 괴로움, 사무의 득실, 풍속의 선악 등의 일을 의논하여 서로 알려 시행하게 하였으며, 유생은 보름에 모여 서로 경서經書와 역사歷史에 대해 토론하고 학교에서 친구 사이에 옳은 일을 하도록 서로 권하고 과실을 바로잡는 등의 일을 모의하게 하였다.

특히 여헌은 수령으로서 향약鄕約의 시행에 역점을 두었다. 부임하고 얼마 지나지 않아 그는 "지금으로부터 한 달에 한 번 모이는 규약이 있는 향약을 만들어 초하루에 부로父老들이 서로 모여서, 일에 이해利害의 다름이 있으면 함께 시비를 따져 보고, 사람에게 선악이 있으면 함께 권장하고 징계하며, 읍에 고치기 어려운 병통이 있으면 함께 의논하여 제거하고, 백성에게 억울함이 있으면 함께 의논하여 원한을 풀어 주며, 땅을 지키는 자가 잃은 것이 있으면 함께 도와주고, 일을 맡은 자가 법을 어기거나 월권한 것이 있으면 함께 바로잡기를 바란다"라고 백성들에게 자신의 뜻을 전하면서, 향약이 실시되면 향풍鄕風을 북돋우고 읍속邑俗을 바로잡는 기틀이 마련될 것이라고 확신하였다.

이러한 여헌의 조치는 훗날 다산茶山 정약용丁若鏞(1762~1836)에 의해 다시 부각되기도 하였다. 정약용은 『목민심서牧民心書』 「애민愛民」 편에서 여헌의 보은현감 재직 시 조치에 대해 다음과 같이 평하였다.

여헌 장현광이 보은현감이 되어 부로들과 초하루와 보름날에 모이기로 약속하고, 그들로 하여금 백성들의 폐해와 잘못된 점을 말하게 해서 보완하여 바로잡고, 효도와 우애를 돈독히 하고 염치를 힘쓰며, 덕행德行을 존중하고 나쁜 풍속을 물리쳤다. 생각하건대, 여헌의 조치는 장횡거張橫渠가 쓰던 법이다.

여헌은 현의 풍속과 기강을 세우는 일련의 조치를 취한 지 10여 일 만에 상번군上番軍(번에 오르는 군사)을 거느리고 관문으로 가게 되었다. 천안에 이르러 군사를 헤아려 점검하고, 한양으로 가서 승지로서 문안사問安使가 되어 명나라 사신을 영접하고 있는 정구에게 잠시 인사를 한 뒤 유희림을 만났다. 그리고 외직에 있는 관리가 한양에 들어오면 왕에게 숙배肅拜하는 예禮가 있어 대궐로 나아가 절을 하고 나왔다. 거느리고 오던 군사들이 다 모이지 않아 대엿새를 한양에서 더 머물면서 김우옹을 만났고, 군사를 거느리는 일을 마치고 난 뒤에는 다시 대궐로 나아가 하직 인사를 하고 도성을 나왔다.

현으로 돌아온 후 여헌은 명나라 군대의 소요가 발생하여 속리산으로 가게 되었다. 불미스러운 사태를 수습하고 여헌은 추운 날씨 때문에 속리산을 감상하지 못하고 성운의 정사精舍가 있는 인근의 대곡大谷으로 향하였다. 성운의 정사에 들어가 보니 창호窓戶는 영롱하고 유유자적하며 한가하면서도 밝고 환하여, 과연 고결한 인품을 지닌 사람이 속세를 떠나 욕심 없이 살기에 적합한 곳이었다. 정사를 둘러본 뒤 여헌은 성운의 묘소를 방문하여 간략하게 제수祭需를 갖추고 제문을 지어 제사 지냈다. 이때 현의 선비들이 많이들 모여 들었다. 함께 제사를 지낸 후에 잠시 술잔을 돌리고 이야기를 나누었는데, 여헌의 관심사는 오로지 성운의 옛 자취였다. 이때 여헌이 지은 제문의 일부는 다음과 같다.

우리 선생은	惟我先生
일생을 굳게 은둔하여	肥遯一生
왕후를 섬기지 않고	不事王侯
한 세상에 높이 행하여	高蹈一世
관작과 녹봉을 좋아하지 않았습니다.	不屑爵祿
그리하여 궁벽한 시골의 한적함을 편안히 여기고	安僻鄉之潛寂
대곡의 바람과 연기를 충만하였습니다.	飽大谷之風煙
......	
저는 오늘날	某於今日
조정의 명령을 받들고	承朝廷命
와서 이 지방을 맡사오니	來守此土
한 지방을 풍화하는 책임을	一境風化之責
용렬하고 천하다 하여 사양할 수 없습니다.	不可以庸賤而辭之
다만 난리를 겪어 파괴된 때라서	顧在亂離斁壞之時
수습할 방도를 알지 못하는데	罔知收拾之道
다행히 의범이	幸惟儀範
이미 선정에게 확립되었습니다.	旣立於先正
......	
실로 밝으신 영령께서	實祈明靈

은근히 한 지방을 도우시어　　　　　　　陰祐一方
만백성을 떳떳한 가르침에 나가게 해 주시옵소서.　俾迪萬姓於彝敎耳
수많은 산이 늠름히 서 있고　　　　　　　千山凜肅
시냇물은 옥 소리를 내며 흘러가옵는데　　溪流鳴玉
정명한 신채가　　　　　　　　　　　　　精明神彩
굽어보고 우러러봄에 밝게 드러나오니　　俯仰昭露
어찌 격세라 말하겠습니까?　　　　　　　寧曰隔世
드러나 이에 강림하실 것입니다.　　　　　有顯斯臨

청백리로 기억되다

여헌은 보은현감에 부임하면서 오래 머물 생각이 아니었다. 더구나 현감으로 부임하고 얼마 지나지 않아 당시 정사政事가 모순되지 않음이 없음을 파악하게 되었다. 사세事勢를 헤아리지 않고 문서가 조정에서 당도하는 대로 일일이 응하게 되면 국가의 근본인 백성의 삶이 모두 탕진될 것이었고, 반대로 백성을 보호하고자 실속 없이 겉만 그럴듯하게 꾸민다면 수령의 도에 미안함이 있을 뿐만 아니라 그 때문에 벌을 받는 데까지 이르게 될 것이었다. 이에 여헌은 "여기에 오랫동안 머물러서 위로는 국가가 백성을 기르는 책임을 맡긴 뜻을 저버리고 아래로는 민생으로 하여금 흩어져 없어지게 되는 고통에 이르게 하면서 그런 가운데 내가 평일에 가졌던 본심을 잃을 수 있겠는가?"라고 자문하고 조만간 사직의 뜻을 밝히고 자리에서 물러나기로 결심하였다.

이러한 결심이 굳어 갈 무렵, 여헌은 부조리한 당시의 정사를 전해 듣게 되었다. 당시 병마절도사兵馬節度使였던 원균元均(1540~1597)은 본영本營을 충청도 문의文義로 옮기면서 평시와 같이 모든 필요한 물품을 구하고

자 하였다. 전란 중임을 전혀 감안하지 않고 조금이라도 명령을 따르지 않거나 요구 사항을 이행하지 않으면 각 고을의 아전을 몽둥이로 치고 잔인하게 형벌을 가하였다. 엉덩이나 배를 몽둥이로 맞은 아전 중 일부는 내장이 파열되었고, 심지어 아전에게 장형杖刑을 시행하여 그 자리에서 숨이 끊어진 사람도 있을 정도였다.

당시 순안어사巡按御史 이시발李時發(1569~1626)은 연소하였지만 재기才氣가 있었는데, 그 휘하에서도 여러 가지 문제가 발생하였다. 그의 휘하에는 유성룡이 건의하여 설치한 선봉장選鋒將이라는 것이 있었다. 당초 이 직책을 설치할 때는 서얼 가운데에서 지려智慮와 용력用力이 있는 네 사람을 선발하여 각자 호서湖西의 네 군데 경계를 관장하게 하려는 것이었다. 이때 이시발은 선발된 네 명의 선봉장에게 명령하여 각자 정예군을 가려 뽑아 졸개를 삼게 하였다. 하지만 선발된 네 사람은 군읍을 횡행하며 교만하게 기세를 일으켜 졸개를 가려 뽑을 때에 비록 높은 직위의 수령이라도 대우를 적절하게 하지 않고 출입을 자기들 마음대로 할 뿐만 아니라 군량을 변통하여 마련하라고 막무가내로 요구하고 군기軍器를 자신들이 정한 기한 내에 만들라고 억지를 부리는 등, 소요를 일으키는 것이 말로 다할 수 없을 정도였다.

이러한 흉흉한 사정이 이어지는 가운데 조정에서는 산성을 중심으로 왜적을 막는 것을 제일의 계책으로 삼았다. 이에 따라 보은현의 삼년성도 개축의 필요성이 제시되었는데, 축성하는 것이 이로운지 해로운지는 알 수 없는 지경이었다. 더구나 곤궁한 삶을 근근이 이어가고 있던 백성들은 축성에 대해 격렬하게 반대하고 있었다. 난감한 처지에 놓인 여헌으로서는 그저 답답할 뿐이었다.

이에 더하여, 보은현은 영남의 상주와 경계를 접하고 있어 그 중요 지점에 파수를 설치하고 파수장把守將을 두었는데, 현에서 장수와 그

휘하의 군사들에게 양식을 제공하고 있어 형편이 녹녹지 않은 실정이었다. 또한 속리산 아래에 은을 생산하는 곳이 있어 서얼 가운데 근면하여 일을 잘하는 사람을 뽑아 채은관採銀官으로 임명해서 은을 캐어 주조鑄造하는 일을 담당하게 하였는데, 이 채은관은 조정에서 부리는 일꾼과 양식을 모두 보은현에서 내도록 요구하여 더욱 현의 재정을 압박하고 있었다.

사정이 이러하여 현감으로서 백성을 보호하고 현을 운영하는 것이 더욱 어려운 형편이었다. 평소 현감을 오래할 생각도 없었고 백성을 기망하는 것도 할 수 없는 노릇이라 판단한 여헌은 12월에 접어들어 순찰사 박홍로朴弘老에게 3번에 걸쳐 계啓를 올려 "병 때문에 사직하겠다"는 뜻을 알렸으나 허락을 받지 못하였다. 거듭 자신의 뜻을 물리치자 여헌은 잠시 중지하고 계를 올리지 않았다.

관사에서 머물며 시간을 보내던 여헌은 학문에의 뜻을 다시 한 번 되새겼다. 조용히 앉아 그동안 공부한 내용을 마음속으로 다시 가다듬고, 자신의 생각을 덧붙여 「관물부觀物賦」를 지었다. 자신을 반성하고, 어려서부터 기약했던 학문의 여정을 멈출 수 없다고 다짐하였다. 특히 『주역』에 대한 공부의 열의를 다시 한 번 다지며, 자연과 인간을 관통하는 이치에 대한 탐구와 학문에 대한 열정과 의지를 가다듬었다.

이치를 어찌 알기 어렵겠는가?	理豈難知
하나이면서 만 가지이고 만 가지이면서 하나인 것이다.	一而萬萬而一者
나누어 말하면	分而言
도와 물건이요 물건과 나이며	道與物物與我也
합하여 말하면	合而言
나 또한 물건이요 물건 또한 도이다.	我亦物物亦道也
사람이 형기에 국한되지 않으면	人能不局於形氣

안목이 상하와 사방을 통할 수 있는 것이다.　　　　　　眼可通於四方上下

우뚝이 솟은 공중의 누각에　　　　　　　　　　　　　　屹空中之樓閣

뛰어난 사람이 규성奎星이 모인 천지에 태어났다.　　挺人豪於聚奎之乾坤

……

주역의 이치를 알면 천리天理를 아는 것이니　　　　　知易理爲知天

나는 상수학象數學을 연구할 겨를이 없다.　　　　　　余未暇乎數學

만물을 조용히 관찰하면 모두 자득한다는 것은　　　　萬物靜觀皆自得

정백자(程顥) 역시 이러한 말씀이 있었다.　　　　　　程伯子亦有是說

수는 이치 가운데를 벗어나지 않으니　　　　　　　　　數不外乎理中

나는 진리를 연구하는 공부에 종사하기를 원한다.　　願從事於窮格

물건은 소이연의 이치를 찾고　　　　　　　　　　　　物求所以然兮

일은 소당연의 도리를 찾아야 한다.　　　　　　　　　事求所當然

이로부터 가면　　　　　　　　　　　　　　　　　　　由是而往兮

본성을 다하고 천명에 이를 수 있다.　　　　　　　　　可以盡性至命

도리가 다하는 곳에는 수가 그 가운데에 있으니　　　道理盡處數在其中

신명의 이치를 궁구하여 아는 것이 또한 어찌 이 경敬에서 벗어나겠는가?

　　　　　　　　　　　　　　　　　　　　　　　　　窮神知化亦何乎此敬

여헌이 현감에서 물러나려는 뜻을 밝혔다는 소식이 전해지자 현의 백성들은 감사에게 여헌을 더 머물게 해 달라고 요청하였다. 그러자 여헌은 다음과 같이 고을 백성들을 타일렀다.

현감이 현에 도착한 이래로 나라의 은혜를 저버리고 백성에게 죄를 얻은 것이 많다. 덕이 없고 재주가 없으며 총명하지 못하고 굳세지 못하여, 오랫동안 억지로 벼슬하기 어렵다는 것을 알고 있다. 게다가 몸이 중병으로 괴로워 벼슬을 사양하는 말을 올리지 않을 수 없다. 현의 사람 중 누구라도 현감은 형세로 보더라도 마땅히 떠나야 하고 의리로 보더라도 마땅히 물러나야 한다는 것을 모르겠는가? 그런데 어찌하여 현의 풍속이 말세의 부박浮薄한 습속을 면하지 못하여 도리어 수령에게 머무르기를 청하는 것이 후덕하고 아름다운 풍속이 된다고 여기는가? 한두 사람이 그 마음을 속이는 일을 선창先唱하면 일부 사람들이 감히 그 거짓된 풍속의 그릇됨을 밝히지 못하고 드디어 굶주린 백성을 몰아 감사에게 호소하니, 이렇게 되면 이것은 비단 밝은 세상을 속이는 것일 뿐만 아니라 실로 현감의 죄를 무겁게 하고 백성들의 병을 깊게 하는 것이다. 오직 세상이 평시와 다르고 의리는 곧장 따르기가 어려우므로 이렇게 늦추면서 세월을 보낸 것이다. 이에 오늘이 일 년이 끝나는 그믐임을 생각하니, 옛날의 허물을 버리고 새로운 복을 도모하는 사람들이 어찌 각자 그 방법을 생각하지 않을 수 있겠는가?

사직의 뜻을 굽히지 않고 있던 여헌은 당분간 평상시대로 현감의 직분에 충실하고자 하였다. 그러다가 선조 29년(1596)에 병마절도사가 청주목사淸州牧使 이암李巖을 주장主將으로 삼고 여러 고을의 군사를 모아 청주에서 진陣을 치는 훈련을 하게 하였는데, 여헌도 보은현의 군대를 이끌고 훈련에 참가하였다. 오래전부터 친분이 두터웠던 친구 서사원徐思遠(1550~1615)도 마침 청안淸安(충청북도 괴산 지역의 옛 지명)현감으로 군사를 이끌고 이곳에 이르렀다. 진을 치는 훈련을 하는 날에 두 사람은 모두 철릭과 주립朱笠으로 된 융복戎服을 입고 진에 나아가 말 위에서 서로 마주보고 웃었다.

현감에게 부여된 임무를 수행하고 있던 여헌은 2월 말에 이르러 다시 3번이나 병으로 사직을 청하는 장계狀啓를 올렸다. 그리고 비록 장계에 대해 허락을 받지 못하였지만, 여헌은 현감에서 물러나기로 결심하였다. 이때가 3월 3일이었다.

여헌의 이임이 결정되자 현의 품관들과 선비들이 송별연을 차렸다. 하지만 여헌은 품관들의 술잔은 사양하고 선비들의 술잔만 받은 뒤 자리를 벗어났다. 현을 떠나는 날 백성들이 길을 막고 더 머물기를 간청하자, 여헌은 관아에 있던 가족들에게 얼굴을 가리고 걸어 나오라고 이른 뒤 가로막고 있던 백성들을 정중하게 타일렀다. 현에 살고 있던 일가친척 한 사람이 술 한 병과 대추 한 되를 전별餞別의 선물로 주자, 여헌은 그것을 돌려보내면서 "이번에 와서는 속리산의 아름다운 경치를 감상하지 못하였으니, 잠시 머물러 가을에 감상할 바탕으로 삼고자 합니다"라고 정중하게 거절의 뜻을 전하였다. 훗날 보은현의 백성들은 여헌의 뜻을 기리는 송덕비를 세우고 사모하는 마음을 영원히 기억하고 자 하였다.

현의 경내를 벗어나자 여헌은 초연超然하여 마치 거꾸로 매달려 있다 가 풀려난 것 같았다. 그는 동행했던 족손 장경우張慶遇에게 도연명陶淵明 의 「귀거래사歸去來辭」를 외우게 하였다. 9살 때 여헌 문하에 입문한 장경우는 왜란이 발발한 후 계속 여헌의 뒤를 따라 네댓 고을의 사이를 숨어 다녔고, 여헌이 보은현감으로 재직할 때에도 지근거리에서 여헌을 모시고 있었다.

여헌의 명에 따라 「귀거래사」를 외우던 장경우가 "새도 나는 것에 지쳐 돌아올 것을 안다"(鳥倦飛而知還)라는 구절에 이르렀다. 여헌은 장경우에게 그 구절을 거듭 외우게 하고는 웃었다. 여헌의 웃음소리를 들은 장경우는 의아해할 수밖에 없었다. 그러자 여헌이 장경우에게 말하였다.
"바로 오늘의 일과 같은 유類이므로 나도 모르는 사이에 거듭하게 하였다."
"도연명은 돌아갈 적에 세 오솔길이 있었지만 선생은 돌아갈 집도 없으시니, 그 담박함이 옛사람에 비해 어떠합니까?"
"도연명은 처자식들로 하여금 집에 있게 하였는데, 나는 이제 처자식들을 거느리고 관아에서 밥을 먹었으니 수치스러운 일이다."

훗날 장경우는 여헌과 나눈 대화를 떠올리며, "당시 곤궁하고 고생함 이 어떠하였겠는가마는, 선생은 태연히 처하시어 조금도 급하거나 구차한 뜻이 없으셨다"라고 회고하였다.

이런저런 생각 속에 보은을 떠난 여헌은 충청도를 지나 경상도의 경계에 이르렀다. 그리고 이곳에서 훗날 '치마바위'라고 불리는 큰 바위와 관련한 전설을 남겼다. 전설의 내용은 다음과 같다.

여헌선생이 보은현감에 한 달가량 재직하다 벼슬을 그만두고 고향으로 돌아가게 되었다. 고을 사람들이 전별 선물을 가져왔으나 모두 물리치고 부임할 때와 마찬가지로 초라한 모습으로 떠났다.

행차가 군郡의 마지막 마을인 적암리赤岩里에 도착해서 나무 그늘에 앉아 쉬고 있을 때, 아내의 치마 밑으로 삐져나온 비단 속곳이 선생의 눈에 띄었다.

"어디서 난 것이오?

"백성들이 선물로 가져온 것인데, 처음 보는 비단옷이라 입고 갑니다."

이 말을 듣고 선생은 다음과 같이 말하였다.

"나는 남에게 폐가 되는 일은 삼가고 청빈을 낙으로 삼아 살아왔는데, 비록 속곳치마이지만 남에게 폐를 주고 선물로 받았으니 참으로 애석한 일이구려."

이 말을 듣고 아내는 눈물을 글썽이면서 말하였다.

"제 자신이 부덕不德하여 남편을 욕되게 했습니다. 아직 보은 땅이니 저 바위 위에 두고 가면 보은에서 받은 물건을 보은에 돌려주는 것이 될 것입니다."

이런 말을 한 후 아내는 속곳을 벗어 바위 위에 걸쳐 두었다. 그 후부터 그 바위를 '속곳바위' 혹은 '치마바위'라 부르기 시작했다.

— 「보은의 설화」, 보은문화원 홈페이지(www.becc.or.kr)

위 이야기가 허구인지 사실인지 확인할 길은 없지만, 목민관으로서 청렴함으로 시종始終하였던 여헌의 모습과 자연스럽게 이어진다. 평소에도 여헌은 사치하고 화려한 것을 좋아하지 않아 거칠고 굵은 무명과 삼베옷을 즐겨 입었으며, 관직 생활 중에도 청렴하고 절도에 맞는 생활을 더욱 엄격하게 실천하였다. 관아의 하인들이 행여나 백성들에게 사사롭게 불편을 끼치는 일이 없도록 엄하게 통제할 정도였다. 그래서 '속곳바위' 전설에는 청빈한 남편 때문에 평생 비단옷 한 번 입어 보지 못한 아내를 안쓰러워하면서도 부인에게도 목민관 아내로서의 본분을 요구한 도학자 여헌의 엄격함과 그에 버금가는 아내의 훌륭한 인품이 담겨 있는 것이다. 그리고 여헌의 청렴함은 '치마바위'의 전설로 승화되어 오늘날까지 이어지고 있다.

무단 이임에 따라 구금되다

보은을 떠난 여헌은 어디로 갈지 막막하였다. 출사하기 전에 살던 의성은 본래 그의 거처가 아니어서 다시 갈 수 없었고, 인동은 비록 본향本鄉이었지만 폐허가 되어 돌아가서 의지할 곳이 없었다. 이런저런 생각에 잠겼던 여헌은 길을 잡아 친구인 박수일의 집으로 향하였다. 상주를 지나 선산의 내역리內驛里에서 하루를 묵고, 월파진月波津을 건너 박수일이 사는 고촌古村에 도착하였다. 이내 박수일과 그의 동생이 반갑게 맞이하며 한편으로는 기뻐하면서도 한편으로는 관직을 던지고 돌아온 여헌을 괴이하게 여겼다. 여헌은 벼슬을 버린 뜻을 밝히고, 박수일에게 의탁하려는 뜻을 전하였다. 그러자 박수일은 주저하지 않고 집하나를 비우고 여헌 가족이 거처할 수 있도록 배려하였다.

이때 선산 고촌에는 난리를 피해 피란하였던 여러 사람들이 돌아와 있었고, 여헌은 이들과 교유하였다. 때로는 홀로 서책을 보기도 하였고, 혹은 주변 인사들과 농사짓고 누에치는 일을 이야기하며 시간을 보냈다. 때로는 당시 변란에 대해 한탄하기도 하고, 전란으로 인한 어려움과 괴로움을 토로하기도 하였으며, 산과 들을 배회하며 소일하였다.

당시에도 왜적들은 국경에 주둔하고 있었으며, 명나라 군대도 한양 주변에 주둔하고 있었다. 각 도에 비축되었던 군량미가 고갈되어 명나라 군대에 조달하는 물량이 적어지자, 여러 수령들이 핍박을 받기도 하고 명나라 칙사로부터 견책을 당하기도 하였다. 천안군의 수령 정호인鄭好仁은 명나라 군대의 노여움을 사서 칼등으로 맞아 거의 죽을 지경에 이르렀고, 청주목사 이암李巖은 병마절도사 원균의 미움을 받아 장형을 받고 곤욕을 치르기도 하였다.

이에 따라 각 읍의 수령들이 실제로 화를 피하기 위해 임지를 떠나는 사태가 빈번해지자, 조정에서는 특별히 관직을 버리는 것을 금하는 법령을 엄격히 적용하였다. 그래서 여헌 또한 스스로 반드시 중벌重罰을 받을 것을 알고 있었고, 주변 사람들도 관직을 버리고 가는 것을 만류하였다. 하지만 여헌은, 관직을 버리고 가는 것을 죄로 정한 법령이 있지만 만약 오랫동안 직분을 다하지 않는 자리에 머무르면서 왕을 속이고 백성을 속이며 또 스스로 자신의 마음에 짐이 된다면, 그 죄에 비길 만한 법령은 없다고 판단하였다. 그래서 마침내 벼슬에서 물러나기로 결심하였던 것이다.

여헌은 선산으로 돌아온 후 항상 조정으로부터 자신을 잡아들이라는 명령이 내려오기를 기다리고 있었다. 과연 돌아온 지 20일이 지나자 의금부義禁府의 관원이 선산에 이르렀다. 당시 충청감사 이정암李廷馣(1541~1600)은 여헌이 허락을 받지 않고 현감에서 물러나자 계사를 거듭 올려 물러나 돌아간 죄를 준절하게 알렸고, 임금 선조 또한 진노하여 잡아들이라는 명을 내렸던 것이었다.

여헌이 한양으로 떠나게 되자 박수일은 필요한 노자를 챙겨 주었고, 사촌 동생 현도가 동행하였다. 의금부 관원은 조령鳥嶺을 통해 한양으로 가는 길을 택하지 않고 보은으로 가는 길을 잡았다. 보은현에 가면 약간의 재물을 받을 수 있기 때문이었다. 여헌 일행이 보은현에 도착하자 한밤중을 이용하여 여헌을 존경하던 품관과 선비들이 그의 처소로 와서 위로하였다. 다시 길을 잡아 한양으로 향하였다. 이때 여헌은 "나는 죄인이므로 노상에서 모름지기 삿갓을 쓰고 그 얼굴을 가리지 않을 수 없으며, 망건網巾은 착용할 수 없다"라고 생각하였다. 그래서 망건을 벗고 길을 나섰다. 이때 한 선비가 여헌에게 "왕의 감옥에 들어가는 모든 사람은 삿갓은 벗어야 하고 망건은 벗지 않는다"라고 관례慣例를 전해 주자, 여헌은 다시 망건을 착용하였다.

청안에 도착하여 서사원을 만났지만 서로 미소만 보낼 뿐 대화를 나누지는 않았다. 다시 발걸음을 재촉해서 수원을 지나 과천에 도착한 여헌은 명나라 사신 이종성李宗誠이 왜적이 다시 쳐들어온다는 소문을 듣고 무서워 도망쳤다는 소식을 접하였다. 여헌은 오직 왜적이 다시 쳐들어오게 될까 걱정할 뿐 다른 것을 생각할 겨를이 없었지만, 한양 도성에서는 모두들 도망가 숨을 차비를 하느라 한바탕 소란이 일어났다. 가벼운 물건을 사서 가고자 시중에 돈이 귀하게 되고 쌀값이 급격히 떨어지는 사태가 벌어졌다.

서울에 도착한 여헌은 유참판 댁에서 묵은 후 다음날 의금부로 들어갔다. 의금부에 도착하여 나졸이 쇠밧줄로 여헌의 목을 묶고 의정부의 뜰로 끌고 가니, 부관府官이 옥에 가두라고 명령하였다. 옥에 갇혀 하루를 지낸 후 여헌은 다시 의정부 뜰로 끌려갔다. 여헌을 대청 아래로 나오게 한 부관은 억울한 사정을 이야기하라고 주문하였고, 여헌의 이야기를 들은 후 다시 옥에 가두었다.

하지만 여헌을 잡아들이라는 명령이 내려진 후 경연관經筵官 김홍미金弘微(1557~1605) 등이 여헌을 잡아들여 국문鞠問하는 것은 선비를 대접하는 도리가 아니라고 선조에게 진달하였고, 순안어사 이시발도 여헌을 구호救護하는 뜻을 계진啓陳하여 선조의 노여움이 풀어졌다. 김홍미는 여헌을 천거했던 유성룡이 자신의 처남인 데다 익히 여헌의 학문과 성품을 알고 있었기 때문에 적극 옹호하였던 것이다. 이러한 일이 있은 후 옥에 갇힌 사람들의 이름과 죄목이 올라가자 곧 방면放免하여 보내라는 전교가 내려졌다. 다만 왕의 교지가 의금부에 미처 도착하자 않았기 때문에 억울한 사정을 듣는 과정이 진행되었던 것이다. 왕의 명령이 의금부에 도착하자 이내 부관은 여헌을 내보내라 명령하였고, 여헌은 큰 곤욕을 치르지 않고 옥사獄舍에서 나오게 되었다.

여헌은 의금부에서 풀려나자마자 서대문 밖으로 가서 참판 유희림을 뵙고, 정곤수와 김우옹을 배알하였다. 그리고 여헌의 옥바라지를 위해 보은현의 백성들이 서울로 보내 온 목면과 쌀, 콩 등의 물건을 돌려보냈다. 하루를 더 한양에서 머문 후 여헌은 자신을 따라온 사촌 동생 현도를 데리고 집으로 향하였다. 한강의 뱃길을 이용하여 죽산竹山(경기도 안성 지역의 옛 지명)으로부터 청안을 거쳐 산골짜기의 길을 따라 울창한 수목과 가파른 바위산을 넘어 선산의 거처에 도착하였다. 가족들은 물론 박수일 일가 사람들이 모두 기뻐하며 위로하였고, 여헌은 이들과 함께 연못가에 있는 오동나무 아래에서 막걸리를 주고받으며 기쁨을 나누었다.

집으로 돌아온 여헌은 자신의 출사에 대해 다시 한 번 생각하였다. 본래 스스로 좋아서 출사한 것은 아니었지만, 한 번 출사하여 마침내 엎어지고 자빠지는 지경에까지 이르게 된 경과를 되짚어 보았다. 그리고 스스로 "비록 엎어지고 자빠지기는 하였지만 벼슬자리에 매여 몸을 굽히는 것을 기뻐하지 않는 뜻은 이루게 되었다"라고 격려하였다. 그러나 시중에서는 "이미 벼슬길에 나갔으면 어찌 곧바로 돌아올 수 있는가? 곧바로 돌아오는 것은 차라리 나가지 않은 것만 못하니, 애초에 무슨 마음으로 나갔다가 또 무슨 일로 급하게 돌아왔는가?"라는 말들이 떠돌고 있었다. 여헌의 처세를 두고 이러저러한 말들이 무성하자 여헌은 스스로 반성하였다.

의리상 진실로 출사할 만하면 어찌 반드시 그 되돌아올 만한 형세를 미리 헤아려 출사하지 않을 수 있겠는가? 그리고 형세가 진실로 그만둘 만하다면 어찌 반드시 다시 이미 출사한 자취에 얽매여 그만두지 않을 수 있겠는가? 출사할 때는 돌아올 것을 기약하지 않고 돌아올 때는 출사한 것에 얽매이지 않아, 한 번 나아가고 한 번 돌아오는 것과 관직생활을 오래할 수도 있고 빨리 그만둘 수도 있는 것을 때에 맞게 할 따름이다. 이것이 어찌 옳지 않겠는가? 하물며 내가 만약 잘못 출사했다면 더욱 빨리 되돌아오려 해야 할 것이니, 출사한 것도 이미 잘못되었는데 다시 그것에 매여 오래도록 관직에 머물러 있게 된다면 그 잘못이 더욱 깊어질 것이다. 그러니 어찌 빨리 물러나 이전의 잘못을 고치는 것만 하겠는가?

이후 여헌은 비록 자신의 일을 두고 사람들의 말들이 무성하더라도 그 말에 미혹되지 않고 스스로를 채찍질하며 학문에 정진하기로 다짐하였다. 출사하면서 산실된 경전 가운데 『예기禮記』, 『논어論語』, 『맹자孟子』 등을 전사傳寫하며 다시 책을 가까이하였으며, 친구들과 함께 『춘추春秋』 등을 읽으며 선산 일대를 거닐었다.

피란살이를 기록으로 남기다

선조 31년(1598) 겨울에 이르러 왜적은 모두 바다를 건너갔다. 길고 길었던 왜란은 그렇게 끝이 났다. 여헌은 길고 긴 전란 속에서 동가식서 가숙東家食西家宿하며 정처 없이 이곳저곳을 떠돌았지만, 피란 생활에서 겪었던 모든 일들을 자세히 기록하였다. 언제 죽음을 당할지 모르는 위급한 상황이 이어지고 전세 또한 급박하게 돌아가고 있었기 때문에 매일매일 피란 생활을 정리하고 기록하지는 못했지만, 전황이 어느 정도 가라앉고 피란지의 생활이 안정을 찾아 가던 선조 28년(1595) 여름부터 여헌은 문소의 구지산 아래 거처에서 자신의 피란 자취를 자세히 정리하기 시작하였다. 대개 왜란이 일어나던 임진년(1592) 4월부터 을미년(1595) 여름까지의 기록으로, 여헌은 이 기록을 「피란록避亂錄」이라고 이름 짓고 소중히 간직하였다.

「피란록」을 작성한 이후에도 피란살이는 계속되었다. 정유년丁酉年(선조30년, 1597) 가을이 되자 왜적이 다시 크게 노략질을 감행했다가 물러나 이전에 주둔했던 소굴로 돌아가서 웅거하고 있었다. 무술년戊戌年(선조 31년, 1598) 겨울에 이르러 비로소 왜적이 철수하여 바다를 건너갔다. 이때에도 여헌은 여전히 고향 인동으로 돌아가지 못하고 떠돌며 남의 집을 전전하고 있었다.

이때 여헌은 다시 자신이 겪었던 전란의 내용과 여러 가지 일들을 기록하였다. 그는 앞서 작성한 「피란록」에 대해 "그 전에 일기를 쓴 것이 없어 세월이 오래되면 그동안 겪어 온 여러 가지 일들을 반드시 잊어버리게 될 것을 두려워하였다. 그래서 드디어 그해(1595) 여름 이전의 일을 기록한 것이니, 단지 그 대강만을 기록한 것이요 상세하게 기록할 수는 없었다"라고 술회한 뒤, "그 이후의 일 또한 피란의 자취가 아님이 없다. 다시 을미년(1595) 이후 유리하며 피란하던 자취를 생각해 보니 또한 오래되어 다 잊어버리게 될 것을 면할 수 없다. 이에 그 가운데 기억할 만한 것을 수습하여 기록한다"라며 「피란록」 이후의 기록을 「피란후록避難後錄」이라 이름하였다.

여헌은 「피란록」을 기록하면서 단순히 자기 개인의 일상에 국한하지 않고 다양한 내용을 포괄하였다. 그는 개인의 일상을 매개로 자신의 출처 문제, 의병의 동향과 전망, 축성의 이해득실, 인륜의 회복, 전란의 원인과 책임 등 여러 방면에 걸쳐 자신의 의견과 주장을 선명하게 담아내었다. 그리고 자신이 만났던 다양한 사람과의 생생한 대화, 전란 중 겪은 여러 문제에 대한 자문자답自問自答식 문답, 자세하게 묘사된 피란살이의 고통 등을 이 저술을 읽는 사람들이 직접 보는 듯한 느낌을 받을 수 있도록 표현해 내었다.

그는 을미년 여름에 「피란록」을 작성하면서 서문을 통해 일기를 남기게 된 이유를 다음과 같이 설명하였다.

> 동쪽으로 달아나고 서쪽으로 숨으며 남쪽으로 떠돌고 북쪽으로 옮겨갈 때에 귀로 들은 것과 눈으로 본 것이 또한 한둘이 아니니, 어찌 한번 기록을 남겨 후일에 대비하지 않겠는가? 그러나 넘어지고 자빠지며 괴롭고 가난한 날들이 극도에 달했으므로, 붓과 먹을 잡고 그 내용들을 수습할 겨를이 없었다. 지금 다행히 우거寓居하는 가운데 조용한 시간을 얻음에 이르게 되니, 세월이 오래되면 그 지나간 일들을 다 잊게 될 것을 두려워하여 그 만에 하나를 추억하여 기록한다.

여헌은 꼼꼼한 성격이었다. 비록 매일매일 자신이 겪었던 전란의 실상을 기록하지는 않았지만, 짧지 않은 세월이 지나 일기를 남기겠다고 결심하고 전란 중의 생활을 기록으로 남기면서 일기답게 날짜를 적고 해당 날짜에 벌어졌던 일들을 비교적 소상하게 정리하는 세심함을 보였다. 그래서 여헌의 「피란록」과 「피란후록」을 살피면, 비교적 명확하게 날짜별로 하루의 일상과 자신의 소회, 그리고 적정과 당시 상황 등을 소상하게 파악할 수 있다.

여헌은 「피란록」을 작성하면서 전란에 대한 자신의 심경을 토로하였다. 그는 왜란을 '지나간 역사를 고찰해 보아도 보기 드문 일'이라고 전제하면서 먼저 백성들의 고통에 주목하였다. "많은 생명을 수화水火의 가운데에 빠뜨리고 불타게 한 것이 지금까지 벌써 4년이니, 비록 살아남은 사람도 얼마 안 되지만 그 넘어지고 자빠지는 괴로움과 가난 속에서 구사일생九死一生으로 살아남기 위한 고통을 면할 수 있었던 사람이 있었겠는가?"라며 그는 삶과 죽음의 경계를 넘나들었던 백성들에게 연민의 시선을 보냈다. 그리고 자신의 처지가 남들보다 극심하였음을 은연중 밝혔다.

여헌은 피란록을 작성하면서 먼저 전란이 벌어진 배경과 원인에 대한 자신의 입장을 적시하였다. 그는 왜란의 발발 원인을 도요토미 히데요시(豊臣秀吉)와 연결시켜 파악하였다. "본래 오랑캐의 졸개였는데, 재주와 힘이 있어 스스로 일찍부터 다른 뜻을 품었다가 드디어 그 세력이 커지게 되자 군주의 지위를 찬탈하고 그 족속을 다 죽여 없앴다. 날마다 군사를 기르고 군마를 조련하며 무기를 만들어서, 모든 섬들을 공격하여 항복을 받고 수중에 장악하였다. 여기에서 스스로 그 재주를 크게 여기고 스스로 그 힘을 굳세게 여겨 감히 중국을 어지럽히려는 생각을 하게 되었다. 그리하여 우리 조선을 먼저 공략하여 대명大明으로 하여금 그 울타리를 잃어버리게 하고, 또 그로써 조선을 취하여 그들의 우익右翼으로 삼은 연후에 마땅히 상국上國의 경계에서 멋대로 흉포한 일을 하려는 것이 그 흉계였다"라고 자신이 알고 있던 왜적의 계략을 대략적으로나마 제시하였다.

이어 여헌은 전란을 일으키기에 앞서 그동안 보였던 왜국의 행태와 이에 대한 조선의 대응을 대략적으로 제시한 후, "국운國運이 불행한 까닭에 조정에는 기미에 밝아 그들의 계책을 토벌할 만한 현자와 준걸俊傑이 없고 민간에는 나라의 근본인 백성을 날마다 베어 내는 곤란하고 고통스러움만이 있었으며, 또한 오랑캐 사신의 왕래가 두세 번에 이르렀어도 그것을 예사롭게 보아 능히 계책을 세울 사람이 없었다"라고 전란 이전의 정세를 비판적으로 지적하였다. 그러고는 통신사를 왜국에 보냈던 일을 "우리 일국—國이 온통 오랑캐의 술책 가운데 떨어져 그 사납고 교만한 세력을 도와주고 그 병탄하려는 마음을 돋우어 주었던 것"이라고 비판하였다.

왜란이 발발하기 이전의 시대에 대해 여헌은 "바야흐로 집이 불타려 하는데 제비와 참새들의 즐거움은 깊고, 승냥이와 이리가 바야흐로 틈을 엿보고 있는데 여우와 토끼의 잠이 달콤한 것과 같았다"라고 진단하였다. 그리고 당시 여러 장수들과 대신들이 우리의 군대가 충분히 왜적을 물리칠 수 있다고 호언장담하기만 하고 전란에 효율적으로 대비하지 못한 채 그저 성을 높이 쌓고 해자垓字만 깊이 파는 것에만 몰두하여 백성들을 힘들게 만든 것이 결국 민력民力을 고갈시키고 인심을 흩어지게 하여 왜적이 이르러도 제대로 응전하지 못하게 한 원인이 되었다고 신랄하게 비판하였다.

이와 같이 여헌은 소강상태에 접어든 전란의 와중에서 전란의 원인과 책임에 주목하였으며, 자신이 겪은 전란의 생생한 기록 속에 당시 조선 사회에 대한 비판적 입장을 드러내었다. 자신이 겪었던 전란의 내용과 참상을 단순히 열거만 하지 않았으며, 사회비평적인 입장의 개진과 더불어 자신의 학문적 입장에서 바라본 당시의 세태 등을 다양한 방식을 통해 생동감 있게 그려 내었다.

> 여헌이 「피란록」을 저술하고 있었다. 이때 그의 모습을 지켜 본 어떤 사람이 그에게 물었다.
> "그대가 피란한 것을 기록한 것은 마땅히 일신—身과 일가—家가 넘어지고 자빠지며 힘들고 괴로웠던 자취를 기록하는 데 그쳐야 하는데, 자기 바깥의 일까지 포괄하고 있으며 또한 전란의 원인에 대해 이러쿵저러쿵 논란하니 그것이 옳은가?"
> 여헌은 다음과 같이 대답하였다.

"그 일은 비록 바깥에 있으나 그것에 대해 들은 귀는 나에게 있고, 일의 자취는 비록 다른 사람에게 있으나 그것을 본 눈은 나에게 있다. 하물며 옳고 그른 것을 따지고 취하고 버리는 마음도 또한 나에게 있다. 그렇다면 피란록 가운데 그것을 기록한 것이 또한 어찌 문자를 번거롭게 사용하기를 좋아하는 것이겠는가?"

전란의 전말과 그 과정에서 벌어졌던 수많은 일을 생생하게 기록한 후, 여헌은 말미에 이르러 탄식하며 이렇게 말하였다.

어지러움의 지극함과 병화兵禍의 참혹함이 오늘과 같은 경우는 없었다.…… 그 난망亂亡의 연유를 구하여, 어떤 사람은 국운國運의 도수度數에 돌리고 또 어떤 사람은 풍신수길豊臣秀吉에게 원망을 돌린다. 하지만 이것은 모두 나에게 있지 않은 것에서 그 원인을 구하는 것이지, 나에게서 구하는 것이 아니다. 내가 생각하기에 운수를 초래하는 것은 사람이요, 적을 불러들이는 것은 나이다. 사람에게 난망의 도가 없다면 어찌 불러들이지도 않았는데 운수가 저절로 이르겠는가? 나에게 난망의 근본이 없다면 어떻게 부르지도 않았는데 적이 스스로 오겠는가? 대저 난亂이란 다스려짐의 반대이며, 망亡이란 존립함의 반대이다. 다스려지지 않기 때문에 혼란하며 존립하지 못하기 때문에 망하는 것이니, 다스릴 수 있는 사람이 능히 다스릴 수 있는데도 혼란한 경우는 없으며 또한 존립시킬 수 있는 사람이 능히 존립시키는 데도 망하는 경우는 없다. 다스리는 것은 무엇인가? 리理가 이것이다. 보존하는 것은 무엇인가? 도道가 이것이다.…… 사람과 사물은 리의 주체이며 나라와 집안은 도의 부고府庫이다. 사람과 사물의 리가 먼저 나에게서 어지럽혀진 연후에 저것으로부터 말미암은 혼란이 이에 이르게 된다. 나라와 집안의 도가 먼저 안에서 없어진 연후에 밖으로부터 망하게 하는 것이 이에 이르게 되는 것이다.

사람의 이치가 다스려지지 않아 혼란이 초래되었으며, 집안의 도가 보존되지 않아 망함의 근본이 발생하였다고 설파한 여헌 국가의 전란을 겪으면서 지난날의 발자취에만 눈을 돌리고 옛날의 전철에 따라 자질구레하게 말단만을 구하는 당시 세태를 신랄하게 비판하며, "난망의 근본이 이미 나에게 있다"고 단언하였던 여헌. 그 여헌은 세상의 모든 사태가 나에게서 비롯되었음을 다시 한 번 천명하며, 혼란한 시대의 한복판에서 자신을 반성하며 모든 것의 주체로서 자신을 올곧게 세울 것을 다짐하였다. 그러나 과거에 발목 잡히기보다는 현재를 처절하게 반성하고 그것을 바탕으로 미래를 전망한 여헌의 이러한 성찰은 이후 크게 부각되지 못하였다.

「피란록」과 「피란후록」은 1982년 『여헌선생전서旅軒先生全書』가 간행될 때 『용사일기』라는 제목으로 포함되어 세상에 알려지게 되었다. 「용사일기」라는 제목은 임진왜란이 일어났던 임진년과 다음해인 계사년의 지지地支가 각각 용과 뱀을 상징하였기 때문에 그것을 따서 이름을 붙인 것이다. 당초 인조 20년(1642)에 여헌의 문집이 처음 간행될 때 「피란록」과 「피란후록」 두 권은 포함되지 못하고 필사본으로 여헌의 남산 종가에 대대로 전해져 왔다. 그러다가 1962년 10월 처음 책자로 간행되었고, 1982년에 이르러 『여헌선생전서』가 간행될 때 다른 저서들과 함께 수록된 것이다.

3. 나그네를 떠올리다

입암과 처음으로 인연을 맺다

선조 29년(1596) 여름, 여헌은 사촌동생 현도를 데리고 성주로 발길을 돌렸다. 그곳에 있는 선조의 산소를 오랫동안 성묘하지 못하였기 때문에 따뜻한 떡과 생선, 과일 몇 가지를 마련하여 산소들을 살펴보고 친척들도 방문할 요량이었다. 성주에 도착한 여헌은 당초 예정했던 일들을 하나씩 처리하고, 계사년(선조26년, 1593)에 역병으로 죽은 자형 여륜과 누이, 조카들이 가매장된 원당元堂의 산소도 둘러보았다. 그리고 돌아오는 길에 족친族親이자 장경우의 부친인 극명당克明堂 장내범張乃範(1556~1621)이 마련한 제수를 가지고 부모님의 산소에 제사를 지내고, 여러 친척들을 차례로 방문하였다.

얼마 후 여헌은 고촌에서 7~8리 정도 떨어진 최씨 가문의 선산으로 가서 이 집안으로 출가한 누이의 묘소에 전奠을 올렸다. 몇 년간 전란을 거치면서 봉분 아래의 흙이 무너져 주인 없는 무덤처럼 되어 버린 누이의 묘소를 정리한 후, 난리 중에 죽어 묻힌 곳조차 모르는 자형과 조카들을 떠올리며 비통함에 젖었다. 우애 깊었던 누이들에 대한 그리움이 사무친 여헌은 영양永陽(경상북도 영천의 옛 지명)의 채씨 집안에 시집간 누이를 떠올리고, 당시 정사진의 집에 머물고 있던 누이에게 문안을 드리고자 영양을 향해 출발하였다. 영양의 명항鴨項(현 경상북도 영천시 임고면 우항리)에 도착한 여헌은 정사진의 집에 들어가 누이에게 인사하고 물러나와 영양의 여러 벗들과 회포를 풀었다.

명항에 머물던 여헌은 어려서부터 알고 지냈던 정사진의 계부季父 정삼근鄭三近이 난리 중에 죽었다는 소식을 접하고 그의 집을 찾아 애도의 뜻을 표하였다. 그가 사는 집은 포은圃隱 정몽주鄭夢周(1337~1392)가 살던 곳이었는데, 마을 어귀에는 포은의 효자비가 있었다. 효자비를 덮은 비각의 현판에는 경상감사로 재직했던 손순효孫舜孝(1427~1497)가 지은 글이 새겨져 있었고, 그 아래에는 포은에게 사모의 마음을 다했던 손순효의 뜻을 담은 정사진의 조부 정거鄭琚의 글이 게시되어 있었다.

여헌은 전란의 병화兵火 중에 포은의 옛집이 보존된 것을 다행히 여기면서, '포은이 학문을 크게 하고 또 절의를 높게 세운 것이 모두 하나의 효에 근본한 것'이라고 생각하였다. 그러고는 "학문의 큼으로는 동방 리학理學의 종통宗統이 되고 절의의 높음으로는 동방 억만년의 강상綱常을 부식扶植하였으니, 포은선생의 효는 위대하구나!"라고 감탄하면서 정사진, 정사상鄭四象(1563~1623) 형제와 함께 이곳을 여러 차례 방문하며 포은의 뜻을 되새겼다. 당시 명항의 서북쪽 5리쯤 되는 큰 들 가운데 시냇물이 흐르는 위쪽에 외로운 언덕 하나가 있었다. 그곳에는 고을 사람들이 오래 전에 포은을 위해 세운 서원과 사우祠宇가 있었는데, 바로 '임고서원臨皋書院'이었다. 하지만 이 서원은 전란 중에 왜적의 손에 불태워지고 말았다. 여헌은 정사진 형제와 함께 그곳을 찾아 옛 학문의 자취를 생각하며 아쉬움을 달랬다.

여헌이 명항을 떠나려고 하자 정사진 형제는 평소 존경하던 선산의 박수일을 만나 보고자 여헌과 동행을 청하였다. 여헌과 정사진 일행은 영양 주변을 둘러본 후 선산으로 출발하기로 하고, 먼저 입암立巖(현재 경상북도 포항시 죽장면 입암리, 당시에는 영양 즉 영천 소속이었음)으로 향하였다. 이 때의 입암 방문은 여헌과 입암과의 첫 인연이었다. 원래 입암은 여헌의 방문 이전에는 이름이 없는 큰 바위일 뿐이었는데, 이때 이곳을 방문한 여헌이 바위의 이름을 '입암'이라고 명명한 후 바위뿐만 아니라 바위 근처의 지역이 입암으로 불리게 되었다.

영양의 동북쪽 가장 깊은 경계에 위치하고 있는 입암은 산골짜기의 물이 흐르는 위쪽에 우뚝 서 있었다. 높이가 20여 미터에 이르며, 바위의 북쪽으로 수십 미터 되는 곳에 산이 둘러싸고 있고 물이 휘감아 돌아 집을 짓기에 적합하였다. 하지만 옛날부터 이곳에는 거주하는 사람이 없었고, 가끔 인근 마을의 농부들이 와서 농사를 짓기도 하였지만 땅이 척박해서 경작에 적합하지 않았기 때문에 황폐한 채로 버려져 있었다. 임진년에 왜적이 쳐들어오자 영양에 살고 있던 정사진과 그의 친구 몇몇이 가족을 이끌고 이곳저곳을 전전하다가 이곳을 찾아내어 서로 뜻을 합하여 모옥茅屋을 짓고 살았다. 전란이 어느 정도 안정된 후에도 그들은 이곳이 숨어살 만한 곳이라고 여겼다. 입암과 그 주변이 궁벽해서 난세의 거처로 합당할 뿐만 아니라 빼어난 경치를 그냥 버리기 도 아까워 떠나고 싶지 않았던 것이었다.

여헌은 정사진 형제의 안내에 따라 입암 주변의 낭떠러지를 따라 들어갔다. 들어가면 들어갈수록 골짜기가 더욱 깊어져 계곡이 굽이굽이 돌고 있었고, 길은 끊임없이 이어져 푸른 숲속을 뚫고 들어가기도 하고 혹은 가파른 바위를 감아 돌기도 하였다. 크고 작은 돌들이 뒤섞여 있는 시냇가가 나타나기도 하였으며, 때로는 크고 평평한 반석盤石이 못 위에 늘어서 있기도 하였다.

석양이 내리자 여헌 일행은 서둘러 말을 몰아서 돌이 많은 좁을 길을 따라 골짜기 입구에 들어섰다. 두 산 사이에 가파르게 우뚝 서 있는 커다란 형체가 문득 그 자취를 드러내었다. 바로 입암이었다. 정사진 형제는 여헌에게 손으로 가리키며 계속 나아가게 하였고, 드디어 바위 아래에 이르렀다. 바위의 남쪽으로부터 계곡을 건너 북쪽으로 가서 말에서 내려 주변을 둘러보았다. 여헌은 속으로 "참 기이한 광경이구나"라고 감탄하면서 다음과 같이 중얼거렸다.

> 무릇 산과 들 사이에 바위가 혹 우뚝 솟아 있어 입암立巖(선바위)이라고 이름 지은 것을 내가 많이 보았지만, 가장 기이하고 특별하여 더불어 비견할 수 없는 것은 내 홀로 이 바위에서 보았다.

여헌의 시야에 들어온 선바위는 과거 다른 곳에서 보았던 선바위와 확연히 달랐다. 여러 바위들 사이에 서 있지 않았고, 산등성이와 산기슭을 의지하지 않았으며, 발끝부터 머리에 이르기까지 전체가 한 바탕이었고, 모서리지지 않고 구멍이 나지 않았으며, 혹이 붙지도 않고 움푹 꺼지지도 않았다. 아래로부터 위에 이르기까지 그 곧음이 똑같고 밑에서부터 머리에 이르기까지 그 크기가 고르고 발랐으며, 바라보면 둥근 듯하고 나아가면 네모진 듯하며, 앞에서 보면 기울지 않고 뒤에서 돌아보면 치우치지 않아, 가히 '중정中正하다'고 이를 만하였다. 시장이나 큰 길거리가 아닌 깊은 산속에 있어서 '제자리에 서 있다'고 할 만했고, 맑은 물을 끼고 깊은 연못에 붙어 있어서 '지극히 움직이는 가운데에 지극히 고요한 것을 간직하고 있다'고 할 수 있었다. 산을 좋아하고 물을 좋아하는 사람이라면 누구나 좋아할 만한 그런 선바위였다.

선바위의 소나무가 있는 언덕으로 걸어 올라가자 곧 뒤쪽은 깎아지른 듯한 바위였다. 입암을 마주하고 있으면서, 그 위는 평평하면서도 가운데가 조금 솟아 있었다. 솟아난 곳을 평평하게 다듬고 주변에 섬돌을 만들어 하나의 누대樓臺를 만든 것이 눈에 들어왔다. 난리 중에 이곳에서 은거하면서 정사진과 몇몇 친구들이 만든 것이었다.

정사진과 함께 이 누대를 만든 사람은 정사진의 고모부인 동봉東峯 권극립權克立(1558~1611), 윤암綸庵 손우남孫宇南(1564~1623), 그리고 이우열李友說이었다. 마침 불어오는 솔바람은 여헌의 가슴을 시원하게 하였다. 계곡의 풍광은 공중에 비쳐 하나의 선계仙界 같았으며, 속세의 마을이 아닌 듯하였다.

다음날에도 여헌은 이곳에 머물며 벗들과 함께 누대 위로 오르기도 하고 시냇가에 앉기도 하였으며, 혹은 서로 이끌고 거닐기도 하였다. 차례대로 앉아 술잔을 주고받기도 하였으며, 작은 물고기를 잡아 회를 쳐서 먹기도 하였다. 술잔이 한 순배 돌자 여헌은 물에 깎여 편편해진 하얀 돌조각을 가져다가 정사진에게 어른과 젊은이들의 성명을 쓰게 하였다. 그리고 이 모임을 신라의 화랑花郎이 속세를 떠나 유람하며 결속을 다졌던 청유淸遊의 계회契會에다 비기면서 입암을 가리키며 서약誓約하게 하였다. 그리고 이 자리에서 여헌은 성명이 적힌 돌을 '철권鐵券'이라고 이름 짓고, 바위를 잘 오르는 자를 시켜 바위틈에 감추게 하였다.

다시 학문에 몰두하다

선산으로 돌아온 여헌은 다시 학문에 대한 열정을 되살렸다. 그는 갑오년(선조 27년, 1594)에 풍기에서 유운룡에게 빌려 전사傳寫한 『주역』 고본이 완전하지 않고 또 정이程頤의 『역전易傳』과 주자朱子의 『주자본의朱

子本義』가 없어 걱정이 앞섰다. 보은현감에서 물러난 후에도『주역』에 대한 공부를 계속하고 있던 여헌은, 그래서 박수일이 가지고 있던 『주자본의』가 수록된『주역』한 질, 곧『주역전의대전周易傳義大全』을 빌려 전사를 다시 시작하고, 박수일이 평소 서당으로 이용하던 풍뢰당風雷堂을 수리하여 그곳에서 여름을 지내며 학문에 몰두하였다.

새벽이면 일어나 박수일, 박성일朴成一 형제와 함께 풍뢰당에 모여 앉아 교대로『주역전의대전』을 베꼈다.『주역전의대전』을 다 베낀 후 여헌은 교정을 보면서 구두句讀에다가 주점朱點을 찍었다. 또 그는 박수일 이 가지고 있던『예기禮記』당본唐本을 빌려 베끼기 시작하였는데, 종이가 부족해서 가장 긴요한 10여 편만 베꼈다. 그러다가 눈병을 앓게 되어 박수일과 박성일 형제에게서 적지 않은 도움을 받았다.

여러 경전을 전사하면서 여헌은 마을의 어린 학동들에게 글을 가르쳐 주기도 하였으며, 다른 책을 읽으며 이치를 강구하기도 하였다. 손님이 찾아오면 성심껏 응대하였으며, 바람이 그치고 날씨가 청명하면 어린 학동들을 데리고 산보도 하면서 여유로운 나날을 보냈다. 마음 내키는 대로 종일 배회하면서 가까이는 마을 입구의 비석이 있는 언덕에 오르기 도 하였고, 멀리는 마을 서쪽의 창염정蒼髥亭, 보전寶田의 강변, 석현石峴의 봉령烽嶺에까지 다녀오기도 하였다.

마을 입구에는 박수일의 조부인 용암 박운의 효자비孝子碑가 서 있었다. 박운은 송당 박영의 문하에서 수학하여 동문인 진락당眞樂堂 김취성金就成 (1492~1551)과 금란지교金蘭之交를 맺은 사이였는데, 덕을 숨긴 채 생을 마쳤지만 마을 사람들이 그의 효행을 조정에 알려 정려旌閭가 세워졌다. 비음기碑陰記는 같은 문하에서 수학한 송정松亭 최응룡崔應龍(1514~1580)이 찬술하였고, 글씨는 손자인 박수일이 썼다. 이 효자비 주변을 배회하면 서 여헌은 그를 존숭하는 마음을 키우며 바람이 일고 연기가 나는 세상으로 인해 생긴 울적한 마음을 충분히 풀 수 있었다.

그가 자주 찾았던 창염정은 두곡杜谷 고응척高應陟(1531~1605)이 사는 마을 앞산 기슭에 있는 정자였다. 고응척이 이름을 지은 이 정자를 둘러보며 여헌은 고응척을 떠올리지 않을 수 없었다. 당시 고응척은 안동제독安東提督에 제수되어 이 마을에 가끔 왕래하고 있었는데, 여헌은 그를 만나 담소를 나누며 교유를 이어가고 있었다. 문사文詞 짓는 것을 즐거움으로 여기고 리학에 대해 말하기를 좋아하는 그를 두고 주위에서는 사리에 어둡다고 평하기도 하였지만, 여헌은 항상 그의 질박하고 소탈한 성품을 좋아하였다.

선산 인근을 배회하는 시간은 그리 길지 못했다. 눈병으로 인한 고통 때문에 더 이상 산보를 다니기도 어려웠던 것이다. 박수일 형제가 얼마간의 밭을 내 주어 끼니 걱정을 하지 않고 학문에 집중할 수 있게 된 것이 산보를 대신하는 위안거리였다. 그러던 중 그해 8월 윤달 초하루에 일식日蝕이 있어 백주대낮이 갑자기 어두워졌는데, 마침 여헌은 박수일, 성일 두 형제와 풍뢰당에 있다가 두 눈으로 일식을 보게 되었다. 하나의 자연현상에 불과한 것이었지만, 여헌은 상심하여 학동들에게 일식과 관련한 부賦를 짓게 하였다. 그리고 여헌 자신도 세상사와 자연현상을 연계하여 자신의 생각과 포부를 담은 「일식부日蝕賦」를 지었다.

나는 친구들과 춘추를 읽었는데	余從朋友而讀春秋
성인은 일식이 있을 때마다 반드시 기록하였으니	觀聖人日食焉必志
재앙이 크므로 깊이 근심하신 것이었네.	蓋災大而深憂
어찌 일찍이 형상이 없이 그림자만 있겠는가?	曾豈無形而有影
당시 난신적자들이 발자취를 이어서라오.	時亂臣賊子之接跡
서로들 성인의 기록 훌륭히 여기며 그때를 서글퍼했네.	遂相與大聖筆而傷其時
......	

하늘이 재앙을 보여 주기 전에는   天之示災之前
사람이 반드시 재앙을 부르는 잘못이 있고 人必有召災之失
하늘이 재앙을 보인 뒤에는   天之示災之後
나라에서 반드시 하늘에 응하는 실제가 있어야 하니 國必有應天之實
재앙을 보이는 것은 군주를 사랑하기에   示災者乃所以仁愛
먼저 화를 내려 경계를 보이는 것이다.   故先禍而示警

자연현상과 인간사는 긴밀하게 연결되어 있다는 천인감응天人感應에 입각하여 당시 세상의 어지러움을 읊은 여헌은 박수일 형제와의 문답 내용도 「일식부」에 담아 두 형제에게 보여 주었다. 그리고 전란의 피폐함을 이겨 내고 다시 태평성대를 이루려면 군주나 관리뿐만 아니라 모두가 스스로를 반성하고 허물을 고쳐야 함을 은연중에 밝혔다.

아이들을 가르치고 학문에 몰두하면서도 여헌은 국가의 안위에 대해 걱정하지 않을 수 없었다. 그래서 늘 세상 돌아가는 것에 귀를 기울였으며, 전황戰況에 대해서도 관심을 두었다. 이때 임진왜란은 소강상태에 접어들었지만, 여전히 적의 정세는 불안한 상태였다. 왜적의 본진은 조선 땅에서 일시 물러나 있었지만, 수시로 바다를 건너 공격을 감행해 와서 무고한 우리 백성을 도륙하였다. 왜군과 명나라 사신 간의 화의 협상은 지리멸렬한 상태가 지속되었고, 우리 조정에서는 혹시나 하는 생각에 또 다른 전란을 대비하고 있었다.

당시에는 오리梧里 이원익李元翼(1547~1634)이 우의정右議政 겸 사도체찰사四道體察使가 되어 성주에 진영을 설치하고 있었다. 여헌은 평소에 그를 "그 사람됨이 청렴함으로써 자신을 잡아 지키고 간이簡易함으로써 덕을 지키며 충忠으로써 군주를 섬기고 공손함으로써 사람을 대하여, 사람들을 감동시키는 성심誠心이 있고 또 번거로움을 결단하는 재능이 있다"라고 평가하고 있었다. 비록 그가 체찰사가 되어 백성들의 뜻을 고무하고 탐욕스런 아전들을 움츠러들게 하였지만 큰 통체統體를 세울 만한 역량이 없어 국정의 긴요한 중심으로 옮겨 가지 못하는 단점을 가지고 있다는 세간의 평가 또한 알고 있던 여헌은 그의 활동을 예의주시 하고 있었다.

이때 이원익은 조정의 명을 받아 영남 일대에서 산성 쌓는 일을 독려하고 있었다. 선산부에는 밀양부사로 있던 배설裵楔(1551~1599)이 일을 처리하는 능력이 있고 장수의 재질이 있다고 평가받아 방어사防禦使를 겸하여 금오산성金烏山城 쌓는 일을 관장하고 있었다. 선산부에 거주하고 있던 여헌은 성 쌓는 일에 대한 소상한 이야기를 듣고 있었다. "오늘은 체찰사가 금오산성에 올라왔다", "어제는 솥을 거두어 성 안에 들여놓았다", "오늘은 다른 성으로 승군이 공역을 나갔다", "어떤 관리의 장인匠人이 인부를 데리고 와 우물을 팠다", "몇 걸음 정도의 거리에 이르는 나무를 베어 내어 담당 책임자가 형벌을 받았다" 등의 괴이하고 참혹한 소식들이 기록할 수 없을 정도로 여헌에게 들려왔다.

이러한 이야기를 접한 여헌은 왜란 전에 쌓았던 무수한 성들이 흙이 채 마르기도 전에 왜적에 의해 홀연히 무너졌던 일을 떠올렸다. 전란이 일어나기 전에 무리하게 시작하여 영남 일대에서 10여 개의 산성을 쌓으면서 백성들의 힘을 고갈시키고 피폐하게 했던 일이 주마등처럼 여헌의 머리를 스쳤다. 헛되이 성만 쌓고 제대로 된 장수도 군졸도 없었으며, 민력이 고갈되어 병장기도 없고 양식도 없어 왜적이 밀려들자 곧바로 성이 모두 함락되어 수많은 백성들이 죽고 없어진 것을 생각하니 분노가 치밀어 오르기까지 하였다. 조정에서 성을 쌓아 백성을 성안으로 들어가게 하는 이유가 단지 적을 막으려는 것에만 있었던 것이 아니라 백성들을 보호하고 살리려는 것이었지만, 적들이 침략하자 성은 허무하게 무너져 버렸으며 백성들은 오히려 성을 쌓느라 피폐해질 대로 피폐해져서 원망하는 데까지 이르렀던 일련의 일들을 떠올리며 여헌은 깊은 시름에 빠질 수밖에 없었다.

여헌은 그때나 지금이나 조정에서 산성을 쌓는 것이 적을 막는 불변의 방책이라고 보고 영남의 곳곳에서 산성을 쌓는 대공사를 벌이는 것에 대해 우려의 뜻을 가지고 있었다. 천연적으로 험난하게 생긴 곳은 더 이상 성을 높일 필요가 없다는 것이 여헌의 기본적인 생각이었다. 지세가 험한 산천과 언덕 등에 요새를 설치하여 나라를 지키는 것이 비록 성인의 가르침이라고 하더라도 산성을 지키는 자는 군대이며, 군대가 비록 있더라도 그 군대를 쓰는 것은 장수將帥라고 보고, 산성을 쌓는 것보다 제대로 된 장수를 선발하여 배치하는 것이 선결되어야 한다고 여겼다.

여헌은 이러한 생각을 가까운 친구들에게 전하기도 하면서 당시의 전란 대비에 대해 적지 않은 우려감을 표명하였다. 이때 여헌과 주변의 인사는 다음과 같은 대화를 주고받았다.

어떤 사람이 여헌에게 이렇게 말하였다.

"왜란이 처음 일어났을 때의 장수는 과연 모두 장수에 합당한 사람이 아니었지만, 금일에는 적을 섬멸하는 것으로 몸을 일으킨 많은 사람들 가운데에서 빼어난 사람이 장수가 되었으니, 다시 옛날의 장수와 같은 유가 아닐 것이다. 그런데 그대가 어찌하여 장수에 합당한 사람을 얻지 못했다고 하는가?"

여헌이 대답하였다.

"군사들의 실정을 봄으로써 그것을 징험할 수 있다. 장수가 과연 장수가 되기에 적합한 사람이라면 군사들의 마음이 저절로 사랑하고 두려워하며 복종하고 믿을 것인데, 지금 이른바 장수라는 사람들 가운데 능히 이와 같은 사람이 있는가? 그 가운데 비록 혹 저 사람이 이 사람보다 낫다는 것은 있으나, 또한 그것도 몇 사람이나 되겠는가? 저 사람이 이 사람보다 낫다는 것도 또한 거의 없는데 산성을 쌓는 것은 한두 군데가 아니니, 비록 그들로 하여금 구차하게 장수의 이름은 채워 넣게 하였으나 싸워 지키는 책임을 다하게 할 수 있겠는가?"

그러자 어떤 사람이 다음과 같이 반문하였다.

"그대가 장수에 마땅한 사람을 얻지 못한 것으로써 말을 하니, 만약 그 마땅한 사람을 얻고자 한다면 우리나라에도 그럴 만한 사람이 있는가? 만약 과연 그러한 사람이 있다면, 또한 장차 어떤 도로써 그를 얻을 수 있겠는가?"

여헌은 이렇게 대답하였다.

"길흉화복吉凶禍福과 치란흥망治亂興亡은 번갈아 움직여 서로 마주하지 않음이 없으니, 이미 혼란하고 망하며 재앙과 재난이 이른 때가 있으면 곧 또한 반드시 길하고 복되며 흥기하고 다스려지는 때가 이르는 것이다. 이미 혼란하고 망하며 재앙과 재난이 이르게 한 사람이 있으면 또한 반드시 길하고 복되며 흥기하고 다스려지게 하는 사람이 있는 것이니, 요컨대 그를 구하는 도는 그 정성을 다하는 데 있을 뿐이다. 위에서 그러한 정성이 있다면 어찌 아래에 그러한 사람이 없을까를 근심하겠는가?"

여헌의 대답을 듣자마자 어떤 사람이 다시 반문하였다.

"진실로 그대의 말과 같다면 장차 과연 그러한 사람을 얻을 수 있을 것이다. 그렇다면 오늘의 산성을 모두 철거하고 쌓지 않을 것인가?"

여헌은 그 말을 듣자마자 바로 대답하였다.

"어찌 그렇겠는가? 대장이 되는 사람에 진실로 마땅한 사람을 얻었다면 인자하고 위엄 있으며 지혜롭고 용맹하여 저절로 군사들의 마음을 한데 모을 수 있을 것이며 규획하고 조치하는 것이 반드시 일의 기틀에 꼭 합치될 수 있을 것이다. 오직 그 형세가 어떠하며 시세가 어떠하며 병력이 어떠하며 형편이 어떠한지를 헤아려, 성을 쌓을 만하면 쌓을 것이니 성을 쌓는 것은 그것이 반드시 지켜야 하는 형세이기 때문이요, 성을 쌓을 수 없으면 쌓지 않을 것이니 성을 쌓지 않는 것은 그것이 반드시 지킬 수 없는 형세이기 때문이다. 이와 같다면 성을 쌓는 것도 옳고 성을 쌓지 않는 것도 옳으니, 한 번 성을 쌓고 한 번 성을 쌓지 않는 것이 그것으로써 우리나라를 지키고 우리 백성을 보호하며 저 적을 막고자 하는 데 있을 뿐이다. 어찌 헛되이 지킬 수 없는 성을 쌓아 다만 살아남은 사람들의 원망을 쌓이게 하는 일이 있겠는가?"

이렇게 당시 전란 대비에 대한 여러 의견을 주고받은 후, 여헌은 지난 여름 성주를 방문하여 자형과 누이, 조카들의 가묘를 썼던 일을 떠올렸다 그리고 조금이라도 겨를이 있는 이때에 장례를 제대로 치러야 겠다고 결심하였다. 지금 장례를 치르지 않으면 전란으로 인해 언제 제대로 백골을 안장할 수 있을까 염려한 끝에 9월 10일에 그는 성주를 향해 출발하였다. 당시 성주목사星州牧使로 있던 한천寒泉 허잠許潛(1540~ 1607)은 박수일의 사돈 집안 출신인 데다가 서로 벗이 된 의리가 있어 박수일이 동행하기로 하였다. 여헌 또한 허 목사가 부임하면서 고촌을 지날 때 서로 인사한 인연이 있기도 했다. 상주 관아에 도착한 후 여헌은 일꾼과 목수를 청하였고, 허 목사는 흔쾌히 그 청을 들어주었다. 그런 후 박수일은 먼저 선산으로 돌아가고, 여헌은 관棺과 곽槨을 각각 마련하여 자형과 누이의 장례를 치렀다. 허 목사가 마침 제수를 보내 주어, 그것으로 극진히 제사를 올렸다. 며칠 후 누이의 장자의 유해가 도착하여 자형 부부의 묘 아래에 묻어 주었다. 누이 부부와 조카의 장례를 무사히 치른 후 여헌은 사촌동생 현도와 함께 암포로 가서 전란 중 사망한 숙모의 장례를 마쳤고, 인동을 경유하여 고촌으로 돌아왔다.

주왕산을 둘러보고 여헌대의 전설을 남기다

해가 바뀌고 정유년(선조30년, 1597) 봄이 되자 여헌은 이곳저곳에서 노략질을 일삼던 왜적을 피해 청송의 속곡涑谷으로 들어갔다. 수시로 출몰하는 왜적의 동향이 심상치 않음을 간파한 정사진 형제가 여헌에게 보다 안전한 곳을 찾을 것을 청하여, 인적이 드물고 산세가 깊은 이곳으로 거처를 옮기게 된 것이다.

정사진의 예견대로 일시 물러났던 왜적들은 이해 8월 다시 대군을
이끌고 바다를 건너왔다. 이른바 정유재란丁酉再亂이 발발한 것이다.
미리 왜적을 피해 깊숙한 곳으로 은거한 여헌은 여러 사람을 통해
전황을 들으며 독서로 소일하였다. 그러던 중 여헌은 인근의 송생松生에
사는 대암大庵 박성朴惺(1549~1606)을 방문할 기회를 가졌다.

경상도 현풍(현재 대구광역시 달성군 현풍면) 출신인 박성은 어려서 곽간郭趈
(1529~1593)의 문하를 출입하다가 이후 정구에게서 학문을 익힌 재사才士
였다. 임진왜란이 발발하자 의병을 일으켜 큰 공로를 세웠으며, 이후
공조정랑工曹正郎을 거쳐 초유사招諭使 김성일金誠一(1538~1593)의 종사관從事
官으로 활약하기도 하였다. 선조 29년(1596) 봄에 그는 가솔을 이끌고
주왕산周王山 아래로 들어와 관직에 취임하지 않고 조용히 은거하고
있었다. 시냇가에 초당草堂을 짓고 현판懸板을 학안재學顏齋라 명명하였으
며, 동쪽 행랑은 사물四勿이라 이름하고 서쪽 행랑은 박약博約이라 이름하
고는 항상 그 가운데에서 『논어』를 읽었다.

박성과 첫 대면을 한 여헌은 그와 서로 마음이 맞고 뜻이 통함을
느꼈다. 비록 그가 자신보다 5살이나 많았지만, 여헌은 박성과 도의지교
道義之交를 맺었다. 그리고 첫 대면 이후 서로 자주 왕래하며 마음을
터놓고 깊은 대화를 나누며 우의를 도모하였다. 이때 박성의 시에
차운하여 여헌은 다음과 같은 시를 남겼다.

구름 나무 천 겹을 지나오니   雲樹千重過過來
사립문 느지막하게 푸른 산 향해 열렸어라.   柴扉晩向碧山開
산옹은 세상일 까마득히 모르고   山翁不識當時事
요순堯舜시대의 해와 달 높음을 한가로이 말하네. 閒說唐虞日月嵬
                      - 『여헌선생속집』 권1, 「차박대암次朴大庵」

무더위가 맹위를 떨치던 이해 여름이 되자 여헌은 자신의 거처와 가까운 주왕산을 유람할 기회를 가졌다. 주왕산은 비록 높지는 않지만 당시에 그 이름이 이미 크게 알려져 있었다. 옛 자취가 있었으며, 또 바위와 골짜기가 기이하다고 평판이 자자하였다. 여헌은 일찍부터 이 산을 꼭 한 번 유람하여 티끌 많은 세상에 물든 자신의 눈을 상쾌하게 하고 싶었다. 젊어서부터 가졌던 이 소망을 이루지 못하다가, 이때서야 비로소 풀게 되었다.

여헌은 산에 오르기에 앞서 이 산 이름의 유래에 얽힌 전설을 들었다. 이 산을 주왕周王이라고 이름한 것은 삼한三韓시대에 한 왕호王號를 가지고 있던 사람이 이곳에 피란하여 산의 위에 대궐을 세운 것에서 유래하였다는 전설이었다. 그가 세운 대궐 옆에는 폭포수가 있고 그 가운데에 바위 구멍이 있어 사람이 몸을 숨길 수 있었다는 것이었다. 폭포수가 가리고 있어 외부 사람들은 바위에 구멍이 있는 것을 알지 못하였기 때문에 그 왕은 위급한 일이 있으면 이 구멍에 숨어서 피하곤 했다고 하였다.

이러한 이야기를 들은 여헌은 직접 그곳을 둘러보려고 하였지만 해가 저물고 또 비가 내려 그 자취를 직접 보지 못하였다. 하지만 주변에 있던 인사들로부터 "이 산은 골짜기가 좁고 시냇물이 험하며, 암벽이 우뚝이 솟아 있고 고개 위가 평평하고 넓으며, 사방의 길이 모두 멀리 막혀 있으니, 난세亂世를 당하면 군대를 은닉하여 적을 막을 수 있다"라는 이야기를 듣게 되었다. 이 이야기를 듣고 여헌은 '이 산을 구경하는 사람들은 다만 옛 자취 때문이 아니라, 바위가 기이하고 물이 깨끗하여 마치 신선들이 서식棲息하는 곳인 듯해서 많이 찾는 것이다'라고 생각하였다. 그리고 당초 마음처럼 주왕산을 두루 살펴보고 감상하지는 못하였지만, 산의 대략을 파악할 수 있을 정도로 산속을 돌아다녔다. 이 산행 이후 여헌은 유람하고 느낀 소회를 「주왕산록周王山錄」이라는 글로 남겨 스스로 분발하는 자료로 삼았다.

한편, 여헌은 청송의 속곡으로 피란하여 살면서 주왕산을 비롯하여 청송의 이곳저곳을 두루 살펴보았다. 그리고 이러한 그의 행적은 청송에 '여헌대旅軒臺'의 전설을 남기게 되었다.

청송의 남쪽 매봉산에 있는 계곡에 깎아지른 듯한 바위가 병풍처럼 둘러서 있는데, 원래 '병암屛岩'이라 부르는 이 바위의 또 다른 이름이 '여헌대'이다. 이 바위를 여헌대라고 부르게 된 이유는 임진왜란 때 여헌이 이곳으로 피란 와서 지냈기 때문이라고 전해진다.

조선 선조 때에 의성군수로 있던 여헌 장현광은 성리학에 조예가 깊은 학자로 임진왜란이 나기 직전에 큰 난리가 날 것을 예언했다.

어느 날 여헌이 의성 장에 가 보니, 모든 장꾼들의 얼굴이 사색이 되어 맥이 없어 보이는데 유달리 눈에 정기가 넘치는 노인이 시장 모퉁이에서 무엇인가를 팔고 있는 것이 눈에 띄었다. 가까운 주막에 노인을 모시고 가서 공손히 대접한 다음 앞으로의 나라 사정에 관하여 물어 보았다. 좀체 입을 열지 않던 노인이 "내일 아침 일찍 영천에 가서 동문거리에서 기다리고 있으면 함지박을 이고 큰 개를 앞세워 장보러 오는 중년 부인을 만날 것이오 그 부인을 놓치지 말고 집에까지 따라가서 그 집에 계신 노인에게 사정을 하여 물어 보시오" 하였다.

날이 새기가 바쁘게 영천장에 갔더니, 과연 함지박을 머리에 이고 큰 개를 앞세운 중년 부인이 나타났다. 여헌은 종일 그 부인을 따라다녔다.

석양 무렵이 되자 부인은 쌀을 받고 청어를 사서 함지박에다 넣더니 오던 길로 향해 갔다. 여헌이 부인을 따라갔더니 부인은 산기슭에 있는 오두막집으로 들어갔다. 부인의 집은 단칸방이었고 아랫목에는 노인 한 분이 앉아 있었다. 여헌이 노인에게 인사를 드리고 찾아온 뜻을 말하였으나 노인은 들은 체도 하지 않고 묵묵부답이었다. 얼마 후 저녁상이 들어왔다. 노인 내외의 상에는 한 그릇의 밥과 나물국에 구운 청어를 각기 한 마리씩 차렸고, 손님상에는 밥과 국에다 반 동강의 청어를 차려 놓았는데, 마당에 있는 큰 개에게는 한 대야의 밥에다 구운 청어를 다섯 마리나 주었다.

저녁상을 물리고 난 뒤 노인은 "아는 정도대로 먹어야 하는 것이니 언짢게 여기지 말게" 하면서 검둥개에게 뭐라고 했다. 개는 귀를 곤두세우더니 동쪽을 향해서 무엇인가 듣고 있다가 한참 후에 노인을 향해 "멍멍" 하고 몇 번 짖었다. 노인은 그 소리를 듣고 여헌에게, "지금 풍신수길의 십오만 팔천 대군이 우리나라에 쳐들어와 부산과 동래를 함락시키고 파죽지세로 북상 중이어서, 내일 아침 묘시경에는 영천까지 온다고 하네"라고 풀이했다.

여헌이 피난할 곳을 묻자 또 다시 노인이 개에게 신호를 하니, 조금 전처럼 개가 몇 마디 짖었다. 그러자 노인은 여헌에게 "솔 송(松)자 이름이 있는 곳에 피란을 하라네" 했다.

여헌은 가족을 거느리고 청송으로 피난해서 청송 땅 하사리에서 피란생활을 했는데, 전세가 악화되자 더 깊은 산골인 범덩 모퉁이에 굴을 파고 은거해서 전란의 화를 면했다. 세상 사람들은 오늘날까지 장덕회가 피난했던 곳을 '여헌대'라 부르고 있다.

— 청송군지 편찬위원회, 『청송군지青松郡誌』(1990)

여헌이 의성군수 곧 의성현령으로 부임한 것은 임진왜란과 정유재란이 끝난 선조 36년(1603)이니 이 이야기는 사실과 부합하지 않는다. 1900년대 초반에 간행된 청송의 읍지인 『청기지青己誌』에 여헌대를 "선조조 병자년(1576)에 이르러 벼슬할 뜻이 없어 병암의 외구암外龜岩 위에 대를 쌓아 노니는 곳으로 삼았기 때문에 여헌대라고 이름하였다"라는 기록이 있는데, 이 또한 사실과 일치하지 않는다. 병자년은 여헌이 인동에서 한창 역학에 몰두하던 23세 때의 시기로, 청송과는 아무런 인연이 없다. 따라서 훗날 조선을 대표하는 대학자로 우뚝 선 여헌의 명망을 듣게 된 이 지역의 백성들이 여헌과 청송과의 인연을 내세워 이러한 이야기를 만들고 전해 온 것이라고 추측할 수 있다. 임진왜란 후 청송의 백성들은 보통 학자들과 다른 대학자적 풍모를 가진 여헌의 영향력을 빌려서,

특히 역학에 밝아 천문지리는 물론이거니와 세상 모든 일을 다 알수 있었으리라 짐작하여 노인과 검은 개를 등장시켜 여헌의 전설을 만들고 병암을 여헌대라고 이름하였던 것이다. 이렇듯 임진왜란이라는 미증유의 전란을 거치면서 여헌은 당시 백성들에게 이인異人으로 비쳐졌고, 여헌대의 전설을 남기게 되었다.

동해바다를 둘러보다

청송에서 피란 생활을 한 후 얼마 지나지 않아 여헌은 입암의 네친구와 뜻 깊은 시간을 보내고 다시 선산으로 돌아왔다. 일상으로 돌아온 그는 예전과 마찬가지로 학문과 강학에 매진하면서 시간을 보냈다. 선산 지역의 학자들과 교유를 지속하면서 학문을 토론하고 시사에 대해 의견을 주고받았다. 그러던 중 우연한 기회에 주변 선비들과 문인을 대동하고 흥해興海(경상북도 포항 지역의 옛 지명)로 가게 되었다.

흥해에 가기에 앞서 여헌은 경주慶州에 들러 이언적의 덕행과 학문을 기리는 옥산서원玉山書院을 찾았다. 이언적은 영남을 대표하는 학자이자 사림의 억울한 희생을 막으려 노력한 대표적인 사림파 학자였다. 명종대 초반에 외척세력이 조작한 양재역벽서사건良才驛壁書事件에 억울하게 연루되어 유배를 갔다가, 해배된 이후 고향에서 멀지 않은 경주 안강安康의 옥산玉山에 거처를 정하고 독락당獨樂堂과 계정溪亭을 경영하며 성리학 연구에 전념하였다.

이언적은 생전에 여헌 가문의 가학을 일구는 데 중추적 역할을 담당했던 죽정 장잠과 깊이 있는 교유를 주고받았다. 이언적이 인동현감으로 재직할 때 공무를 마치고 항상 들렀던 곳이 장잠의 집이었다. 당시 두 학자는 서로 시를 지어 나누어 보기도 하고, 서로의 저술을 읽어가며 깊이 있는 학문 토론을 펼쳤다. 이때 이언적은 장잠을 두고, "죽림竹林의 주인이 보리밥과 죽순국을 배불리 먹고 항상 성현의 책을 보면서 취미를 붙이니, 일생의 맑은 즐거움을 꼽을진대 이보다 나은 것이 없다"라고 말하기도 하였다. 두 학자가 함께 지은 시장詩章들과 주고받은 서찰들만 엮어도 책 한 권에 달할 정도였다. 이언적과 장잠의 교유는 이후 인동장씨의 가학을 여헌에게 이어주는 데 일익을 담당했던 장순에게로 이어졌다. 장순은 글을 배운 이후 인동과 선산 지역의 여러 학자들에게 나아가 학문을 익혔는데, 이때 그가 수학한 인물 중 한 사람이 이언적이었다.

이렇듯 인동장씨 가학과 인연이 닿아있던 이언적의 행적을 여헌 또한 익히 알고 있었다. 더구나 당시에도 이언적의 학문과 덕행이 사림의 추앙을 받고 있었기 때문에, 여헌은 평해에 가기에 앞서 시간을 내어 일행을 대동하고 경주의 옥산서원에 들러서 그의 사당에 나아가 절하고 존경의 뜻을 표하였다.

옥산서원을 방문한 후 여헌 일행은 발걸음을 평해로 향하였다. 여헌이 평해를 가기로 결심한 것은 무엇보다 바다를 보기 위해서였다. 선산에 머물 때 여헌은 오래 전부터 관계를 맺어오던 인재訒齋 최현崔晛(1563~1640)으로부터 바다에 대한 이야기를 들었는데, 최현은 이 지역의 대표적인 학자인 송당의 제자 최심의 아들이었다. 여헌은 송당으로부터 "저는 들은 바가 본 바와 잘 부합되는 것을 바다에서 얻었습니다"라는 말을 듣고는 참으로 명언이라고 생각하고 있던 참이었다.

여헌은 평소 바다를 보지 못하였으므로 최현의 말을 듣고 바다의 실제를 상상하면서 "하늘과 땅 사이의 물건 중에 가장 큰 것은 바다이다.

만물을 싣고 있는 것은 땅인데, 바다는 만물을 싣고 있는 땅을 완전히 둘러싸고 있다. 그리하여 바다 밖은 오직 하늘뿐이니, 그 넓음이 끝이 없고 그 깊음이 측량할 수 없고 그 큼이 짝할 수 없는 것, 이것이 바로 바다가 가지고 있는 실제이다", "그 넓음이 끝이 없다는 말을 듣고 그 넓음을 보면 과연 끝이 없으며, 그 깊음이 측량할 수 없다는 말을 듣고 그 깊음을 보면 과연 측량할 수 없으며, 그 큼이 짝할 것이 없다는 말을 듣고 그 큼을 보면 과연 짝할 것이 없으니, 이 때문에 최 군이 바다를 보고서 이 말을 한 것이다"라고 생각하였다.

최현의 이야기를 듣고 바다를 상상하던 여헌은 한 번은 꼭 바다를 보고 싶었다. 그래서 흥해로 길을 잡아 떠난 것이었다. 경주를 거쳐 동해의 오지 중 한 곳이었던 흥해에 도착한 때는 여헌이 입암을 다녀온 지 얼마 지나지 않은 선조 33년(1600) 봄이었다.

흥해는 지형이 위축되고 좌우가 꽉 막혀 있어 시력을 다해 대양大洋의 전체를 볼 수가 없었다. 하지만 여헌은 그곳에서 바다의 대개를 볼 수 있었다. 그리고 바다와 마주하고 난 후 여헌은 "이날 본 것을 입과 혀로 형용하고 붓과 먹으로 나타내려고 한다면 그 실제에 걸맞게 표현하기가 어려울 것"이라고 하였다. 무엇보다 여헌은 평소 자신의 좁은 소견에 대해 다시 한 번 생각할 기회를 가졌다.

"내가 평소 물을 본 것이, 가두어 놓은 물로는 작은 것은 우물이고 큰 것은 연못일 뿐이었으며, 흐르는 물로는 작은 것은 시냇물이고 큰 것은 강하江河일 뿐이었다. 나는 생각하기를 '가두어 놓은 물로는 연못보다 큰 것이 없고 흐르는 물로는 강하보다 큰 것이 없다'고 여겼는데, 이제 바다에 나와 보니 연못과 강하가 모두 다시는 내 눈에 큰 물이 될 수 없었다. 똑같은 물인데도 서로 비길 수 없음이 이와 같단 말인가?"

바다의 거대함을 보고 이전의 어리석었던 생각을 반성하던 여헌은 또 다른 생각에 이르게 되었다.

"그러나 이 바다가 이렇게 크고 이렇게 깊은 까닭을 연구해 보면, 작은 물줄기를 가리지 않고 모으고 모아 이에 이른 것이다. 그러므로 만약 그 근원을 연구한다면 이 바다는 곧 강하와 시냇물인 셈이다. 물의 신神에게 제사하는 자들이 하수河水를 먼저 하고 바다를 뒤에 하는 것도 이것 때문이다."

이런 생각에 도달한 여헌은, 멀고 크고 높고 깊은 도에 뜻을 둔 자는 진실로 가깝고 작고 낮고 얕은 일에 종사하여야 하고, 가깝고 작고 낮고 얕은 일을 하는 자는 멀고 크고 높고 깊은 도를 채우지 않을 수 없다고 여겨서, 함께 바다를 구경한 인사들에게 "바라건대 오늘 나와 함께 이 바다를 구경한 자들은 형체가 있고 기운이 있는 큰 것으로 인하여 형체가 없고 기운이 없는 더욱 큰 것을 알며, 또 그 큰 것이 작은 것을 쌓음으로 말미암아 커지며 그 깊은 것이 얕은 것을 합함으로 말미암아 깊어짐을 안다면, 오늘날 구경한 것이 어찌 다만 바다뿐이겠는가? 이에 마침내 함께 구경한 군자들에게 고하는 바이다"라고 일갈하였다

이렇듯 여헌은 40대 중반 이후부터 평소 찾아보고자 했던 장소와 유적, 옛 선현의 자취 등을 찾아 유람의 길에 자주 들어섰고, 이를 통해 보다 웅혼한 기상을 키우며 어려서 기약했던 천하제일사업의 규모를 구체화하였다. 그리고 이때 그는 다시 한 번 자신이 기약했던 학문의 길의 종착점, 곧 성인을 떠올리며 다음과 같이 다짐하였다.

아! 만물은 사람보다 더 큰 것이 없고 사람은 성인보다 더 위대한 사람이 없다. 성인 또한 사람이요 나 또한 사람이다.

자신의 삶을 돌아보며 '여헌'으로 자호하다

무더운 여름의 한가운데에서 비교적 안정된 시간을 보내며 여헌은 자신을 돌아보는 의미 있는 시간을 가졌다. 아버지를 여의고 본격적으로 배움의 길에 들어섰던, 집을 떠나 있던 어린 시절에서부터 전란으로 인해 처자를 이끌고 친척이나 친구에게 의지하며 동서남북으로 떠돌던 젊은 시절, 가난으로 인해 떠돌이 생활이 습관이 되어 버린 것 같은 지금의 자기 모습이 주마등처럼 스쳐 지나갔다. 순조롭지 못했던 젊은 시절, 파란만장한 장면 속에서 가난과 질병으로 인해 떠돌이처럼 지낼 수밖에 없었던 지난 시절을 추억하면서 여헌은 슬픔이나 아픔보다는 오히려 평온함과 자유로움을 발견하였다.

이때 여헌은 스스로 만든 조건이 아니라 자신에게 주어진 환경 속에서도 구도자求道者의 삶을 지향하고자 했던 자신을 다시 발견하였다. 어려운 환경에 얽매이지 않고 도의 실현을 기약했던 젊은 시절의 굳은 약속, 그리고 동서남북을 떠돌면서도 자연을 벗 삼아 구도의 길에서 벗어나지 않으려고 했던 자신의 지난 삶을 통해 여헌은 오히려 조건에 얽매이지 않는 진정한 참선비의 길을 발견하였다. 그러면서 여헌은 일찍이 서로 종유하던 친구가 헌호軒號를 지을 것을 자신에게 권하던 일이 떠올랐다. 그때 여헌은 친구에게 다음과 같이 대답하였다.

어찌 나 같은 사람이 헌호를 가질 수 있겠는가? 헌호라는 것은 그 사람이 호號를 붙일 만한 자격이 있어야 가지는 것이다. 자기가 내면을 돌아보아 과연 남처럼 기이한 재주를 품고 참된 덕성을 쌓았다는 것을 자부할 만하고, 남이 나를 보더라도 타인들이 가진 것을 가질 능력이 있어 쳐다볼 만한 가치가 있다고 모두 말한 뒤에라야, 내 스스로 호를 가짐이 부끄럽지 않고 남들 또한 호를 불러 줌이 욕되지 않을 것이다.

이렇게 말할 당시의 여헌은 스스로를 아무것도 지닌 바가 없고 남들이 보기에도 볼만한 것이 없는 사람이라고 생각하고 있었다. 그래서 "하늘과 땅 사이에 위치하여 삼재三才의 하나로 참여하고 있지만, 이미 사람의 도리를 다하지 못하였고 사람의 꼴에 맞는 실천을 못하였으니, 사람의 이름을 가진 것도 도리어 하늘을 우러러 부끄럽고 땅을 굽어보아 부끄럽다. 하물며 헌호를 스스로 더하라는 말인가?"라고 자문하면서 젊은 날 기약했던 도덕사업을 향한 삶의 여정을 지속해 갈 뿐이었다.

그러나 제법 세월이 흐른 지금에 이르러 여헌은 비로소 자신의 지난 삶과 현재의 모습을 되돌아보며 '여헌旅軒'이라고 자호自號할 수 있었다. 여헌은 "이 호를 나에게 붙이는 일은 참람함이 되지 않으며, 또 나의 실제 모습과 부합한다"라고 자평하면서, 여헌이라고 자호한 것에 대해 스스로에게 묻고 답하며 이렇게 풀이하였다.

"헌軒은 어느 곳에 있는가?"
"일정한 거주처가 없다."
"어찌하여 나그네(旅)라고 하였는가?"
"나는 항상 나그네이기 때문이다. 나그네는 남에게 손님이 되는 사람을 뜻하는 이름이다. 내가 『주역』의 여괘旅卦를 보니 리괘離卦가 위에 있고 간괘艮卦가 아래에 있는데, 산(艮)은 멈추어서 장소를 옮기지 않고 불(離)은 움직여서 멈추지 않으니, 떠나가고 머물지 않는 상象이다. 그러므로 괘의 이름을 여旅라고 한 것이다. 만약 일정한 거처에 있고 밖으로 떠돌지 않는다면 어찌 나그네라고 부를 수 있겠는가?"

여헌은 『주역』의 여괘에 대한 풀이를 통해 '여헌'이라는 호가 단순히 집이 없이 유랑생활을 하는 나그네라는 의미에 한정되는 것이 아니라, 멈추어 자리 잡고 있는 우주자연을 관통하는 도의 원리를 끊임없이 실현하기 위해 이곳저곳을 옮겨 다니는 구도자적 삶이 담겨 있는 것임을 은연중에 드러내고자 하였다. '여헌'이라는 말은 어찌 보면 모순적일 수 있다. 이곳저곳을 옮겨 다니는 나그네인 '여'와 언제나 한 자리를 지키는 집인 '헌'이 결합되어 있기 때문이다. 하지만 여헌은 '여헌'이라는 호를 통해 굳건한 우주자연의 원리와 그것을 향해 나그네처럼 지속적으로 실천을 이끄는 삶을 결합하고자 한 것이었다.

여헌으로 자호한 것이 알려지자 어떤 사람이 여헌에게 물었다.

"사는 집이 일정한 뒤라야 헌호를 가질 수 있다. 지금 그대는 나그네인 주제에 헌이라고 호하였는데, 그대의 집은 과연 일정한 장소가 있는가? 그리고 하물며 헌은 주인의 소유물이다. 그런데 나그네로서 헌이라는 글자가 들어간 호를 썼으니, 자기 소유물이 아닌 것으로써 호를 쓴 것이 아닌가?"

이 말을 듣고 여헌은 다음과 같이 대답하였다.

"나의 헌이 일정한 장소가 없고 또한 나의 소유가 아니기 때문에 '나그네 여'(旅)자로 헌에 이름을 붙인 것이다. 헌이면서 나그네라고 말하였으니, 이름이 진실로 실정에 맞다. 나의 헌은 일정한 장소가 없어 가는 곳에 따라 헌이 있으니, 나에게 헌이 있음은 일정하다. 일정하지만 하나의 헌에 내내 머물러 있지 않으니, 헌이 주인의 소유물이 됨은 이전 그대로이다. 없지만 없음에 빠지지 않고, 있지만 있음에 매이지 않으니, 이것이 내가 항상 나그네이면서도 반드시 헌이 있는 것이다. 그렇다면 여헌이라는 호가 어찌 소유물이 아님에도 자기 것인 양 취한 것이겠는가?"

여헌이 이렇게 대답하자 그 사람이 다시 말하였다.

"그대가 여헌으로 호를 삼음에 대해서는 잘 들었다. 그러나 우주 사이에는 오직 태극太極만이 동서남북의 방위와 정해진 장소(方所)가 없고 형체가 없다. 만물은 반드시 형체가 있고 반드시 방위와 장소가 있다. 지금 그대의 헌을 이미 헌이라고 이름하였는데도, 어찌해서 말로 표현할 만한 형체가 없고 손으로 가리킬 만한 방향과 장소가 없으며 편안하고 즐겁게 산다는 실상이 없는가?"

이 말을 묵묵히 듣고 있던 여헌은 다시 다음과 같이 대답하였다.

"나의 헌은 이미 있고 없음의 사이에 있으니, 어찌 일정한 형체가 있겠는가? 그러나 편안하고 즐겁다는 실상은 그렇지 않은 때가 없고 그렇지 않은 곳이 없다."

이렇게 대답한 후 여헌은 다음과 같이 이어서 자신의 생각을 제시하였다.

"나의 헌은 혹 동쪽 이웃에 있기도 하고 혹은 서쪽 이웃에 있기도 하다. 혹 산의 남쪽에 있기도 하고 혹 물의 북쪽에 있기도 하다. 혹은 천리千里의 밖에 있기도 하고 혹은 열 걸음 안쪽에 있기도 하다. 혹은 호숫가나 바닷가에 있기도 하고 혹은 시내와 계곡의 경계선에 있기도 하다. 혹은 깊은 산속 골짜기에 있기도 하고 혹은 큰 들가에 있기도 하다. 굳이 검소함을 취하지 않으니 비록 높은 집과 넓은 집이라도 또한 간혹 편안하게 여기고, 굳이 높고 넓음을 취하지 않으니 비록 초가집과 조그마한 방이라도 간혹 즐겁게 여긴다. 꽃과 대나무가 뜰 안에 가득해도 번거롭게 여기지 않으며, 밭과 동산이 잡초로 뒤덮여도 더럽게 여기지 않는다. 또 집만 헌으로 여기지 않으니, 시원한 그늘이 드리운 푸른 나무 아래도 나의 헌이며, 흰 구름 흘러가는 푸른 낭떠러지 아래도 나의 헌이며, 흰 구름 흘러가는 푸른 낭떠러지 위도 나의 헌이다. 향기 나는 풀이 자라는 시냇가도 나의 헌이며, 맑은 바람 부는 산기슭도 나의 헌이다."

이렇게 설명하자 그 사람은 묵묵히 듣고만 있었다. 그러자 여헌은 자신의 생각을 이어나갔다.

"나는 혹은 하루를 머무는 헌이 있고 혹은 며칠을 머무는 헌이 있으며, 혹은 달을 넘겨 머무는 헌이 있고 혹은 철을 넘겨 머무는 헌이 있으며, 혹은 한 해 동안 머무는 헌이 있고, 혹은 여러 해를 머무는 헌이 있다. 헌의 소재지가 일정하지 않지만 합하여 내 한 몸의 헌이 되고, 헌에 머무는 시간이 한결같지 않지만 쌓이고 쌓여 일생의 헌이 되니, 나의 헌은 다른 사람의 헌과 다름이 있다.

모든 사물은 방위와 장소가 있으니 구역이 일정해서 동서남북에 두루 통할 수가 없고, 형체가 있으니 규모가 일정해서 크게 하고 작게 하거나 비우고 채우는 것을 마음대로 바꿀 수 없다. 그러므로 일정한 방위와 장소가 있는 것은 그 형세가 반드시 좁지만, 정해진 반위와 장소가 없는 것은 그 넓음이 무궁하다. 형체가 일정한 것은 그 쓰임이 반드시 한정되지만, 정해진 형체가 없는 것은 두루 쓰여 막힘이 없다. 이것이 나의 헌이 방위와 장소가 없는 방위와 장소에 처하여 천하의 명승名勝을 겸비하고 형체가 없는 형체를 세워 사방의 경치를 겸비한 까닭이니, 헌이 크고도 부유하지 않은가?

헌에 있는 물건을 들어 보면, 성현의 책 몇 권, 문방사우, 삼척장검三尺長劍 한 자루, 새벽에 머리 빗는 빗 하나가 있다. 헌에서 마주하는 사람으로는 혹 옛 도道를 좋아하고 배우기를 즐기는 선비, 혹 경전을 통달하고 역사를 공부하는 사람, 혹 음풍농월하는 호걸, 혹 촌 노인네와 늙은 농부 등이다. 때로는 취향이 남다른 손님과 본래 몰랐던 사람도 있는데, 오는 사람은 또한 서로 받아들이고 그 중 용렬하고 미천한 사람이라면 더욱 불쌍히 여겨 대접한다. 헌 주변에 나를 따르는 소년들로 몇 사람의 동자가 있어, 혹은 옆에서 시중을 들기도 하고 혹은 한가해지면 글자를 배우기도 하면서 서로 떨어지지 않는다.

여헌 노인이 하는 일은 무슨 일인가? 뜻을 같이하는 사람을 만나면 도의道義를 논하고, 후생을 만나면 학문을 권유하며, 글 짓는 사람을 만나면 문장을 논하고, 시인을 만나면 시를 담론하며, 농사꾼이 오면 누에치고 베 짜는 일을 말하고, 고기 잡는 늙은이가 오면 물고기와 자라를 말한다. 혹은 술을 권하면 반드시 취하여 사양하지 않으며, 혹 촌 늙은이를 만나 바둑을 두면서 소일한다. 손님이 없으면 책을 펼치고 글을 보는데, 먼 옛날 성현의 마음을 보는 것처럼 책을 본다. 피곤해지면 팔을 베고 누워 한가롭게 잠을 자는데, 도가 깊고 덕이 지극한 태고의 세상에서 노니는 듯이 한다. 잠이 깨어 창문을 열고 한가롭게 눈을 놀리면, 천지는 가없이 크고 넓은데 솔개는 날고 물고기는 뛰어올라 힘차게 약동한다. 흥을 타고 산보를 나가 꽃과 버드나무를 따라 거닐면, 마음은 한없이 넓어져서 만물과 더불어 봄기운을 즐긴다. 흥이 다하여 돌아오면 내 헌은 그대로 고요하다. 의관을 반듯이 정돈하고 엄숙하게 눈을 감으면, 무극과 태극의 오묘함이 과연 일상생활을 하는 사이에 떠나지 않고, 유형과 무형이 일찍이 두 가지 이치가 아니다. 선천先天과 후천後天의 역리가 마음과 눈에 조용히 명료해지니, 옛 성인과 후세의 성인이 본래 하나의 도를 같이한다. 이와 같이 하면서 하루를 보내고 이와 같이 하면서 한 해를 마치는데, 이것이 여헌 노인이 하는 일이다. 그렇다면 내 헌에서 누리는 즐거움이 지극하다고 할 만하다."

긴 설명을 마치자 그 사람이 다시 자신의 생각을 여헌에게 말하였다.

"그대의 즐거움을 즐긴다면 참으로 즐거울 것이다. 그러나 '손님이 되어 얻는 즐거움은 가난하더라도 집에 있는 사람의 즐거움만 못하다'는 옛말이 있다. 그대는 남달리 나그네의 고통을 알지 못하고 도리어 즐겁다고 여기니, 사람들의 일반적인 정서에 어긋나지 않는가? 온몸을 움직여 노동하지 않고 오곡을 분별할 줄 모르면서 가만히 앉아 배부름과 따뜻함을 얻고, 처는 길쌈을 하지 않는데도 추위를 면하며, 종들은 김매지 않으면서 배를 채운다. 그럼에도 그대가 나그네의 즐거움을 말하는 것은, 노동을 하지 않으면서 누리는 것이 달갑다고 여기고 일하지 않고 먹는 밥이 부끄럽다는 것을 모르는 것이 아닌가?"

이 말을 들은 후, 여헌은 다시 자신의 생각을 자세히 다음과 같이 알려 주었다. "내가 정말로 노동하지 않고 누리고 일하지 않고 밥 먹으며 천지사방을 집으로 삼아 나그네로 돌아다니는 것을 즐거움으로 여긴다면, 혹자의 비난이 마땅하다. 그러나 하늘과 땅 사이에 있는 사물의 이치는 모두 알아내기 어렵고, 때의 변화는 모두 궁구하기 어렵다. 나무에는 개똥나무와 상수리나무가 있고, 흙에는 모래와 자갈이 있다. 개똥나무와 상수리나무가 목재로서 무슨 쓸모가 있을까마는 헛되이 비와 이슬의 양분을 섭취하며, 모래와 자갈이 토양에 무슨 쓸모가 있을까마는 헛되이 한가롭게 버려진 토양이 된다. 그렇다면 사물의 세계에는 정말로 무용하고 조물주의 노고를 허비시키는 것이 있는데, 인간세상에만 나와 같이 쓸모없는 사람이 없을 수 있는가? 또 이 병화兵火의 즈음에 비록 자기를 위해 의지할 만한 장구한 계책을 지닌 사람이 있더라도 자기 살 곳을 잃는 경우가 있는데, 하물며 나의 졸렬함으로써는 어찌하겠는가?

괴로워해야 함이 마땅하지만 고통으로 여기지 않고 즐거운 일이 아니지만 홀로 즐겁게 여기는 것은, 내가 좋아하고 싫어하는 것이 남들의 정서와 다르기 때문이 아니다. 내가 즐거움이라고 말하는 것은 나그네로 사는 것을 즐겁다고 여기는 것이 아니다. 다만 나그네 신세로 있지만 그 즐거움을 잃지 않을 따름이다. 군자는 만나는 경우에 따라 편안함을 찾으니 어떤 경우에 편안하지 않을 수 있으며, 대인은 곤경에 처해서도 형통함을 추구하니 어느 곤경에서 형통하지 않을 수 있겠는가? 사람들의 근심과 걱정, 곤경과 고통은 모두 밖으로부터 온다. 내가 이것들에 대처하는 방법은 내가 지켜야 할 도리를 잃지 않는 것에 있을 뿐이다. 밖에서 오는 것이 어찌 내 마음에 누를 끼칠 수 있으랴? 만약 내 마음의 도리가 부족함이 없고 결여됨이 없어 때와 장소에 따라 저절로 풍족하다는 것을 알지 못하면, 근심걱정으로 시끄럽고 곤경과 고통으로 슬퍼한다. 마찬가지로 항상 나그네로 사는 어려움에 마음을 쓰고 매양 나그네를 면할 방도를 찾는 데에 힘을 쓴다면, 도리를 잊고 의로움을 저버림에 이르지 않는 경우가 드물 것이다. 오직 걱정과 금심, 곤궁함과 고통에 초연한 사람이라야 가는 곳마다 즐거움을 스스로 얻지 않음이 없다. 동쪽에 의탁하든 서쪽에 의탁하든 나는 항상 나인 것이고 이리로 가든 저리로 가든 내 땅 아닌 곳이 없으니, 밖으로 살 곳을 잃었다고 해서 안으로 지킬 바를 잃어서는 안 된다.

또한 하늘 아래는 내 살 곳이 아닌 곳이 없고, 세상에 태어난 만물은 모두 나의 형제이다. 남자는 천하를 집으로 삼고 만물을 나의 몸으로 삼는다. 세상이 평화로우면 자기 마을의 우물에서 물 길어 먹고 자기 마을에서 사는 것이 진실로 도리에 맞는 일이지만, 변란의 때를 만나면 진秦나라 사람이 월越나라 마을을 살 곳으로 삼고 촉蜀나라에서 온 손님이 제齊나라 선비와 무리를 짓는 것 또한 도리에 맞다. 평화로운 때에 대처하거나 변란의 때에 대처하거나 이 도리가 아님이 없으니, 이곳을 집으로 삼든 저곳을 집으로 삼든 안 될 것이 무엇인가? 하물며 우리나라는 중국의 옆에 붙어 있는 작은 나라이다. 지금 내가 나그네로 손님이 되는 곳은 친구와 친족의 범위를 벗어나지 않는데, 다만 옥산 경내에만 한정하지 않고 있을 뿐이다. 어찌 나그네라고까지 할 것이 있는가? 그런데도 나그네라고 말하는 것은 그 뜻을 취함이 멀다."

이렇게 길게 자신의 입장을 설명한 후 여헌은 계속 자기 생각을 털어놓았다.

"나는 이미 내가 나그네가 된 이야기를 다 하였으니, 다시 나그네의 뜻을 미루어 넓혀 보겠다. 내가 나그네가 되는 것은 여러 나그네 중의 한 가지 작은 나그네에 지나지 않는다. 천지의 차원에서 보면 하늘과 땅 사이에 붙어사는 모든 것들 중에 어느 것이 나그네가 아니겠는가? 천지는 만물의 여관이다. 그 사이에서 태어나는 것들은 갑자기 왔다가 갑자기 간다. 가는 것은 지나가고 오는 것은 뒤를 이어 와서, 일찍이 한 사람도 하늘땅과 더불어 처음과 끝을 같이한 자가 없었으니, 나그네가 아니면 무엇이겠는가?

하늘과 땅 사이에 사는 자들 또한 나그네라고 한다면, 그들이 나그네의 도리를 다하고자 생각하면서 평생 부끄러움이 없고자 힘쓰지 않을 수 있겠는가? 사람이 남에게 나그네가 되어 지나감에 나그네의 도리를 지키고 의로움을 저버리지 않아서 안으로 내 마음에 부끄러움이 없고 밖으로도 여관 주인에게 부끄럽지 않을 수 있다면, 내 자신에 있어서는 마음에 흡족하고 남들 또한 나그네 노릇을 잘한다고 할 것이다. 만약 도리를 지키지 못하여 마땅히 바라서는 안 될 것을 바라고 또 의로움에 편안하지 못하여 마땅히 해서는 안 될 짓을 하게 되어 혹 남의 신발을 훔치거나 혹 황금을 절취하는 자가 있다면, 여관 사람이 추하게 여기는 사람이 되지 않겠는가? 추하게 여겨지는 사람이 될 뿐만 아니라, 심해지면 혹은 옥사를 불러오고 형벌을 받게 되어 몸을 망치고서야 그만두는 경우까지 있다. 두려워하지 않을 수 있겠는가? 삼가지 않을 수 있겠는가?

하늘과 땅에 나그네로 있는 것들 또한 이와 같다. 사물은 말할 것도 없고, 가장 신령한 존재인 우리 사람이다. 형체를 받아 사람이 되었으니 그 존귀함은 비할 데가 없다. 반드시 내가 사람되는 까닭인 도리를 알고 마땅히 실천해야 할 바인 도리에 밝아서, 어려서는 배우고 장성해서는 실천하며 늙어서 보존하다가 죽어서야 그만둔다면, 사람의 몸값을 하였고 사람됨을 잃지 않았다고 말할 수 있다. 살아 있을 때는 사람들이 우러러 존경하고 죽은 뒤에는 후세인들이 칭찬하여 사모한다면 어찌 대장부로서 천지에 부끄러움이 없었다고 말하지 않겠는가?

혹시라도 사람됨의 도리를 버리고 사람의 윤리를 어지럽혀서, 집에서는 효도하지 않고 공경하지 않으며, 마을에서는 공손하지 않고 순종하지 않으며, 나라에서는 충성하지 않고 도를 실천하지 않으며, 살아서는 수많은 백성들에게 해독을 끼치고, 죽어서는 만세에 더러운 냄새를 풍긴다면, 나그네가 되어 삼가지 않음으로써 옥사를 부르고 몸을 망치는 자와 똑같지 않겠는가?

아! 일생은 잠깐이고 백년은 얼마 안 되는 기간이다. 정신을 쓸데없는 일에 소모하여 본성을 상실해서는 남과 경쟁하고 이익에 골몰하면서 못하는 짓이 없는 자들은, 스스로는 원하는 것을 극진히 충족하고 욕망한 것을 끝까지 채우고서는 일생의 계획을 성취하였다고 여길 것이다. 그러나 하늘을 어기고 도리를 거슬러서 드러나게 는 남의 노여움을 사고 안 보이게는 귀신의 벌을 받을 것이니, 과연 성취하였다고 말할 수 있겠는가?

나는 나의 헌에 있으면서 이러한 사람들을 몇이나 보면서 불쌍히 여겼다. 나 같은 사람은 나의 헌에 앉아서 친구의 옷을 입고 친구의 밥을 먹지만 수석의 사이에서 뜻을 자유롭게 펼치고 바람과 달의 가운데에서 감정을 발산한다. 다행히 내 정신은 온전하고 본성과 정서는 무너지지 않았으니, 그대가 비록 비웃더라도 나는 즐겁도다!"

여헌의 긴 설명이 끝나자, 그 사람은 다시 다음과 같이 말하였다.

"그대가 이제 하늘과 땅 사이의 사람과 사물을 들어 모두 나그네라고 말하였는데, 그렇다면 누가 주인인가? 그대가 자신을 외롭다고 여겨 남에게까지 미루어 나그네 의 범위를 넓히려는 것이 아닌가? 또 만물이 모두 나그네라면 조물주가 주인이란 말인가?"

이 말을 듣자 다시 여헌은 다음과 같이 대답하였다.

"작게는 남에게 의탁하거나 크게는 천지에 의탁하거나 그 이치는 한가지이다.

그러므로 그 이야기는 같다. 또 천지는 항상 하나의 천지일 수 없다. 만물의 입장에서 보면 비록 그 처음과 끝을 볼 수 없지만, 도의 관점에서 보면 천지 또한 소멸하고 자라나는 데 정해진 수의 법칙이 있다. 일원一元이 다한 뒤에는 지금의 천지는 곧 가는 것이 되고 그 뒤의 천지가 다시 오는 것이 되니, 천지 또한 도 가운데서는 하나의 나그네일 뿐이다. 조물주가 어떻게 늘 주인이 될 수 있겠는가?

밖에서 주인을 찾으려 하면 어떤 존재가 있어 주인이 되는 것이 끝내 없다. 대신 오직 존재하는 것마다 스스로를 돌아볼 수 있다면 내면에 주인이 되는 도리가 있으니, 사람이 스스로 살피지 못할 뿐이다. 가장 신령한 존재인 우리 사람을 들어 말하면, 나의 형기는 손님이요 이 마음의 이치가 곧 주인이다. 화복과 영욕은 밖에서 오는 손님이요, 내 마음이 지키는 이치가 주인이다. 이치는 있지 않은 곳이 없다. 그러므로 내 몸이 편안치 않음이 있다 해도 화복과 영욕이 나를 어찌하겠는가? 혹 도리가 형체와 혈기의 제재를 받아 형체와 혈기가 한 몸의 주인이 되어서 화복이나 영욕처럼 밖에서 오는 것이 내 마음이 지키는 이치를 뒤흔들어 놓는다면, 내 마음은 스스로 천명에 순응할 수 없을 것이다. 이는 한 몸이 주인을 잃는 것으로, 육신은 화복과 영욕이 머무는 여관이 되어 버리고 마니 또한 가련하지 않은가?

이제 나는 한 몸이 비록 살 곳을 잃었지만 내 마음의 주인이 되는 것은 도리이다. 여헌의 즐거움은 이 도리에 뿌리를 두지 않고 생기는 것이 없다. 이것이 이른바 사람의 편안한 집이다. 나의 편안한 집이 있은 연후에 능히 여헌이라는 집을 즐길 수 있을 것이다. 만약 편안한 집의 즐거움이 없다면 여헌이라는 집이 어떻게 내 마음을 즐겁게 할 수 있으랴?"

여헌이 거듭하여 자신의 생각을 상세히 설명하자, 마침내 그 사람은 다음과 같이 말하였다.

"나그네의 도를 듣게 되어 이제 사람이 되는 도리를 알게 되었다. 오늘 들은 이야기는 위대한 이야기이다. 그러하니 여헌이라는 집에 사는 여헌 노인은 편안한 집의 주인이다."

이 말을 듣자 여헌은 사양하는 뜻을 밝히며 말하였다.

"내가 이것을 가지고 있다는 말이 아니요, 다만 그 이치가 그렇다는 말이다. 그러나 여헌이 소망한 것도 이것을 벗어나지 않는다."

이렇게 긴 대화를 나눈 후 여헌은 이 내용을 「여헌설旅軒說」에 담아 기록하였다. 이때부터 여헌의 친구나 일가친척은 물론이거니와 모든 사람들이 그를 '여헌선생'이라고 불렀다.

여헌이 자신을 두고 '여헌'이라고 자호한 것은 단순히 자신의 삶을 반추하고 자신의 처지를 드러내기 위해서가 아니었다. 소유에 얽매이지 않았던 여헌은 자신이 가서 머무는 곳을 자신의 집으로 여겼고, 궁극적으로 우주를 집으로 삼았다. 그리고 우주자연 속에서 나타나는, 있음과 없음, 소유와 무소유, 삶과 죽음 등 일체의 현상 속에서 나그네처럼 사는 것이 인생이고, 그 속에서 도를 실현하는 것이 의미 있는 삶임을 드러내고자 한 것이었다. 인간의 본질에 대한 통찰을 바탕으로 우주자연 속에서 어떠한 태도로 삶을 살아야 하는지에 대한 성찰이 '여헌'이라는 호 속에 담겨 있었던 것이다. 인간이란 애초부터 천지의 나그네이며, 인간은 진정으로 나그네의 도리, 곧 도의 실현을 위해 살아야 한다는 것이 '여헌'으로 자호한 여헌의 뜻이었던 것이다.

자신을 추천했던 유성룡과 조우하다

해가 바뀌어 선조 31년(1598) 봄이 되자 여헌은 태백산 아래에 있는 봉화의 도심촌道心村으로 거처를 옮겼다. 왜적이 다시 침략하여 변방의 소식이 날로 급박해짐에 따라 정사진과 함께 이곳으로 거치를 옮겼고, 다시 정처 없이 떠도는 과정에서 곤궁함을 겪게 되었다.

아침저녁으로 자주 쌀독이 비어 가족들이 모두 굶는 경우가 빈번해졌으나, 여헌은 그것을 마음에 두지 않고 『주역』의 괘상卦象을 깊이 완미하거나 산가지의 수효數爻를 궁구하였다. 이따금은 계곡 가장자리의 소나무 그늘에 돌을 쌓아 단을 만들어서 한가롭게 시를 읊기도 하였다. 이때에 문인 6~7명 정도가 여헌을 따르고 있었는데, 여헌은 '스스로를 속이지 말라'(無自欺)를 가르침의 근본으로 삼아 문인들로 하여금 날마다 과오를 기록하여 바로잡게 하였다.

학문 탐구와 문인에 대한 교육에 집중하던 여헌은 이 무렵 가까운 곳에서 은거하고 있던 유성룡을 방문하였다. 유성룡은 여헌의 품행과 도의에 대해 익히 알고 있었기 때문에 경연經筵에서 여러 번 여헌을 천거한 바 있었다. 여헌은 보은현감에 제수될 때에 자신의 임용 이면에 유성룡의 추천이 작용하였음을 익히 알고 있었다. 이렇게 서로 인연이 깊었지만, 두 사람은 이때 있었던 여헌의 방문 이전까지는 한 번도 만난 적이 없었다. 물론 만날 기회가 없었던 것은 아니다. 여헌이 현감으로 제수되어 한양에 갔을 때 조우할 기회가 있었지만, 서로의 사정이 여의치 않아 인편을 통해 편지만 주고받았을 뿐이었다.

유성룡은 한눈에 바로 여헌이 대유大儒의 풍모를 가지고 있음을 간파하였다. 첫 만남의 자리에서 여헌은 법도에 맞는 행동거지는 물론이거니와 차분히 가라앉은 마음가짐을 통해 함부로 흔들리지 않는 태도를 은연중에 보여 주었던 것이다. 여헌은 이 자리에서 그동안 자신에게 베풀어 준 후의에 감사의 뜻을 전하고 대화를 나눈 후 물러났다. 그리고 유성룡이 이곳에 은거하는 동안 시간이 날 때마다 그를 찾았다.

유성룡은 여헌과의 첫 대면 이후 막내아들 유진柳袗을 불러 여헌에 대한 자신의 생각을 전하였다. 그는 유진에게 "이 사람은 단정하고 확고하며, 화기和氣가 있고 인정人情이 두터우며, 성정性情이 가라앉아서 겉으로 드러나지 않는 사람이다. 그 뜻을 빼앗을 수 없고 도량의 크기를 엿볼 수 없으며 그를 대하면 사람으로 하여금 심취하게 하니, 후일에 세상에 이름을 떨칠 대유大儒가 되어 우리 유학의 도를 이끌 맹주盟主가 될 사람은 반드시 이 사람일 것이다"라고 말한 뒤, 여헌에게로 나아가 배울 것을 명하였다.

여헌은 유성룡의 아들 유진을 문하에 받아들이게 된 뒤부터 유성룡 가문과 두터운 관계를 지속해 나갔다. 유성룡의 사후에 유진이 합천군수陜川郡守로 재직하면서 전란 중에 흩어지고 잃어버린 부친 유성룡의 여러 글을 수습하여 문집을 간행하였는데, 그 발문을 여헌에게 부탁하자 그는 사양하지 않고 발문을 작성해 주었다. 이때 여헌은 일찍이 유성룡이 자신을 알아주었음을 기록한 뒤, "공은 스스로 빼어난 자품資品으로 일찍부터 훌륭한 말씀을 퇴도退陶 이황의 문하에서 전수받아 우리 유학의 진정한 길과 맥을 알았다. 그리하여 소견과 지식이 정밀하고 잡아 지킴이 바르며, 마음을 잡음이 공평하고 몸을 받듦이 깨끗하며, 집안에서 효도하고 우애하며 나라에 충성하고 어질어서, 무릇 그 역량이 미치는 곳에는 일찍이 정성을 다하지 않음이 없었으니 이것이 공이 소유한 실제가 아니겠는가?"라고 적었다. 그리고 문집에 실린 그의 시문에 대해 다음과 같이 평하였다.

그 시詩는 우아하면서도 깨끗하고 그 문장은 조리가 밝고 환하면서도 순하니, 근본과 근원이 없이 이러한 것이 있을 수 있겠는가? 불행한 때를 만나 왜구倭寇가 7년 동안이나 우리나라에 머무르는 난리를 겪었는데, 공이 이것을 담당하여 다스렸다. 그리하여 노심초사하는 것을 꺼리지 않고 명군明軍을 접대하였으며, 백성들을 장려하고 진작振作하여 끝내 국가를 회복하는 공업功業을 이루어 오늘에 이르고 있으니, 그 상세한 내용이 국사國史에 자세히 기재되어 온 나라 사람들이 함께 알고 있다. 그렇다면 시문詩文을 지은 것이 어찌 다만 빈말일 뿐이겠는가?

4. 학문 연구와 강학의 기틀을 마련하다

선산 사림과의 교유를 지속하다

선조 32년(1599) 봄, 여헌은 거처를 청송의 도심촌에서 선산의 월파촌月波村(현재 경상북도 구미시 해평면 낙산리)으로 옮겼다. 지난해 겨울 왜적이 모두 섬으로 철수함으로써 길고 길었던 전란이 완전히 끝나고 나라의 사정도 어느 정도 안정되어 가는 추세였기 때문에 더 이상 궁벽한 청송에 머물지 않고 새로운 거처를 찾았던 것이다.

전란이 수습된 이후 여헌은 어느 곳으로 가야 할지 막막하였다. 인동 남산의 옛집으로 돌아가고 싶었지만, 전란의 와중에 모두 불타 없어져 돌아갈 수 없었다. 그래서 첫 누이의 아들인 노경임의 집으로 가 함께 살게 되었다. 당시 노경임은 홍문관교리弘文館校理로 있다가 낙향한 이후 헌납獻納·전적典籍에 임명되었지만 모두 나아가지 않고, 예천醴泉·풍기豊基·영해寧海·성주 등 영남 일대의 외직을 맡아 선산의 본가를 오가고 있었다.

선산은 일찍부터 여헌과 인연을 맺은 곳이어서 낯설지 않았다. 선산에서 강학하던 자형 노수함 문하에서 기거하며 처음으로 학문을 익혔고, 보은현감을 사직하고 나온 후 거처를 정한 곳도 선산 지역에 세거하고 있던 박수일의 집 근처였다. 어려서부터 자주 선산을 오가며 학문을 익혔고 가장 절친한 벗 또한 이곳에서 만났기 때문에, 여헌은 노경임의 집으로 거처를 옮기면서도 그리 불편한 마음을 갖지 않았다.

일찍이 선산은 영남을 넘어 조선 전역에서 인재가 가장 많이 나기로 정평이 난 곳이었다. "조선 인재의 반은 영남에 있고, 영남 인재의 반은 선산에 있다"라는 말이 회자될 정도로 예로부터 뛰어난 학자들이 다수 배출된 곳이었다. '인재의 고장'으로 각인된 선산은, 절의의 정신을 만천하에 드러낸 고려 말의 충신 농암籠巖 김주金澍와 백암白巖 김제金濟 형제를 비롯하여 금오산 기슭에 은거하며 학문과 강학 활동을 통해 수많은 인재를 배출한 길재, 조선 초 어지러운 정국 속에서 의리정신을 구현한 생육신生六臣 경은耕隱 이맹전李孟專(1392~1480)과 사육신死六臣 단계 丹溪 하위지河緯地(1412~1456) 등이 나온 곳으로 일찍부터 의리의 고장, 학문의 고장으로 알려져 있었다.

이후 길재의 문하에서 강호江湖 김숙자金叔滋(1389~1456), 율정栗亭 박서생 朴瑞生(?~?), 모암慕菴 김극일金克一(1382~1456), 정재靜齋 조상치曺尙治(?~?), 응계 凝溪 옥고玉沽(1382~1436), 최운룡崔雲龍(?~?) 등 기라성 같은 학자들이 계속해 서 배출되었다. 또한 김숙자를 이어 그의 아들 김종직이 선산을 중심으로 한 영남 일대에서 강학 활동을 전개함에 따라 선산과 인연이 깊은 한훤당寒暄堂 김굉필金宏弼(1454~1504)을 비롯하여 김종직의 생질인 강백진 康伯珍(?~1504)과 강중진康仲珍(1459~1520) 형제, 그리고 황린黃璘, 황위黃偉, 황필黃瑾(1464~1526) 형제 등이 배출되었다. 이 밖에도 선산 인근인 김천 출신의 정석견鄭錫堅(1444~1500), 함양 출신의 일두一蠹 정여창鄭汝昌(1450~ 1504), 유호인兪好仁(1445~1494), 표연말表沿沫(1449~1498), 경주의 손중돈孫仲暾 (1463~1529), 성주의 김맹성金孟性(1437~1487), 청도의 김일손金馹孫(1464~1498), 밀양의 박한주朴漢柱(1459~1504) 등이 뚜렷한 학문 활동을 전개함으로써 선산이 조선 유학의 중심임을 재확인시켜 주었다.

영남 사림의 학통은 김굉필에게서 수학한 신당 정붕에게로 이어졌고, 그 문하에서 송당 박영이 배출되어 선산의 학풍을 계승하였다. 선산의 학풍은 박영의 문하에서 학문을 익힌 진락당眞樂堂 김취성金就成(1492~1551) 과 구암久菴 김취문金就文(1509~1570) 형제, 용암 박운, 송정松亭 최응룡崔應龍(1514~1580), 송암 노수함, 길면지吉勉之, 최해崔海, 최심崔深(1524~1571) 등이 주도하고 있었다. 이들은 모두 여헌의 한 세대 선배였고, 여헌이 선산과 인연을 맺고 교유를 시작할 때 그 후손들은 자연스럽게 여헌에게 이들의 학풍과 기품을 전해 줄 수 있었다.

전란 이후 노경임의 집으로 거처를 정한 여헌은 선산 지역의 학풍을 주도하던 선배 사림들의 후학들과 긴밀하게 교유를 나누었다. 그리고 이를 통해 자신의 학문적 관심을 보다 확대하면서 선산의 유풍에 기여하는 발판을 마련하였다. 특히 이때 여헌은 『주역』을 비롯하여 여러 경전을 거듭해서 읽으며 자신의 학문체계를 구체화하였으며, 자신을 찾아오는 젊은 선비들을 문하에 받아들여 강학에도 열중하였다. 여헌을 찾아온 어린 학동들과 젊은 선비들은 대부분 박영의 문하에서 학문을 익힌 선배 유학자들의 후손들이었고, 여헌을 이들을 문하에 받아들이면서 자연스럽게 선산 지역에 자신의 학문을 뿌리내리게 되었다.

여헌은 이렇게 선산 지역의 인사들과 교유하는 와중에 강학 활동에도 힘을 쏟으면서 여름과 가을을 보냈다. 그리고 겨울에 접어들어 여헌은 하나뿐인 딸을 오랜 친구이자 동지인 박수일의 4남 진경晉慶에게 시집보냈다. 외동딸을 시집보내면서 여헌은 『의례儀禮』와 『가례家禮』를 참조하여 「혼의婚儀」를 찬술하였다. 이 「혼의」를 통해 여헌은 신랑 집에서 신부 집에 혼인을 구하는 납채納采의 예에서부터 혼례를 마친 후 신부가 사당을 뵙는 일에 이르기까지의 일체의 의식을 체계적으로 정리하였다.

입암28경을 선정하고 이름 짓다

외동딸을 시집보낸 것 이외에 특별한 일 없이 평소대로 학문과 강학으로 하루하루를 보내던 여헌은 선조 33년(1600) 봄에 정사진과 함께 다시 영양의 입암을 찾았다. 지난해 여헌은 이곳을 찾아 입암의 기이함에 감탄하며 친구들의 전언이 허언이 아니었음을 실감했는데, 입암의 친구들이 다시 자신을 그곳으로 불러주자 이번에는 미처 보지 못한 곳을 두루 탐방할 것을 기약하였다.

입암에 이르러 여헌은 자세히 입암 주변을 살펴보았다. 우뚝 선 입암은 여전히 그 형체가 기이하고 서 있는 모습이 특이하였다. 그리고 다시 살펴보니 방위方位 또한 알맞은 곳을 차지하고 있을 뿐만 아니라 여러 산들이 바위와 골짜기를 둘러싸고 있었으며, 그 형세를 돕듯이 뒤에는 운둔雲屯의 높은 바위가 있고 앞에는 우뚝 솟은 높은 봉우리가 있으며, 왼쪽에는 붕새(鵬) 부리 모양의 뫼가 있고 오른쪽에는 거북이 엎드린 듯한 등성이가 있으며, 마을 입구에는 푸른 산이 중첩되어 있고 골짝 위에는 근원을 찾는 작은 오솔길이 있었다.

입암 주변을 풍광을 살펴본 뒤 여헌은 "몇 두둑의 황폐한 밭은 콩을 심을 수 있고 천산千山의 새로운 산나물은 입맛을 돋을 수 있다. 구불구불한 돌길은 지팡이 소리를 아침저녁으로 울릴 수 있고, 지저귀는 새소리는 제 스스로 울부짖는데 나는 홀로 노래한다. 그리하여 물건을 만나 흥취를 이루고 눈을 붙여 생각을 일으키는 것이 비록 묘한 솜씨라도 다 그려낼 수 없고 비록 공교한 문장이라도 이것을 다 거두어 표현할 수 없으니, 그렇다면 한 바위가 간직하고 있는 기이한 경치를 이루 헤아릴 수 있겠는가?"라고 속으로 찬탄하였다.

여헌은 이윽고 바위 뒤에 있는 작은 골짜기를 살펴보았다. 땅이 그리 넓지 않았지만 충분히 수십 채의 초가草家를 지을 만하였으며, 삼면으로 높은 산이 병풍처럼 둘러싼 가운데 그 남쪽에 운둔암雲屯巖이 자리하고 그 아래가 바로 이 입암이었다. 바위 아래에는 냇물이 있고 냇물 남쪽에는 또 봉우리가 있었으며, 봉우리 위에는 또 고개가 있었다. 지형이 이미 높으면서도 오목하게 파여서 냇물을 따라 가는 사람이라면 아무도 이곳에 마을이 있는 줄을 알지 못할 것 같았다. 여헌은 무릎을 치며 "참으로 은자隱者가 살 만한 곳이다"라고 외쳤다.

이렇게 입암과 그 주변을 살펴보며 유유자적 시간을 보내던 중 정사진과 그의 형 정사상, 그의 고모부 권극립, 그리고 손우남 등 네 친구가 여헌을 보고 말하였다.

"바위가 이처럼 신기하고 사는 곳이 이처럼 깊으므로 우리는 이곳을 노년을 마칠 장소로 삼고자 합니다. 공은 우리들을 따르지 않겠습니까?"

여헌은 이 친구들을 '입암의 네 벗'(立巖四友)이라고 칭하며 항상 가깝게 지내오던 터였다. 그래서 그들은 여헌에게 함께 입암에서 노년을 보내자고 제안한 것이었다. 이어 그들은 다음과 같은 제안을 하였다.

"우리가 처음 (입암을) 취한 것은 이 바위가 신기하기 때문이었는데, 이 바위의 위아래와 사방에 골짜기와 시냇물과 돌이 모두 아름다운 경치를 이루어 이 바위에 도움이 되고 있으니, 곳에 따라 명칭을 붙여 우리가 놀고 구경하며 탐상探賞하는 장소로 삼지 않겠는가?"

여헌은 이미 경치에 취한 상태였으므로 흔쾌히 네 벗의 제안을 승낙하였다. 이에 대해 훗날 여헌은 "스스로 어리석고 졸렬하고 참람하고 망령되며, 또 시냇물과 산에 욕을 끼친다는 것을 깨닫지 못하였다"라고 반성하기도 하였지만, "이미 이곳의 바위와 산, 시냇물과 돌의 아름다운 경치를 얻었는데, 만일 깃들여 쉬고 거처하며 학문을 닦을 집을 만들지 않는다면 다시 편안히 머물 곳이 없을 것이다. 또한 처자식이 시끄럽게 떠드는 곳과 닭이나 개가 번잡하게 다니는 곳이 어찌 군자가 정신을 기르고 본성을 기를 수 있는 곳이겠는가?"라며 네 벗에게 자신의 뜻을 피력하였다.

여헌의 말을 듣고 네 친구는 서재書齋를 설치하기로 하고, 바위 뒤 동쪽 가에 집 몇 칸을 지을 만한 터를 마련하였다. 서재로 쓸 터는 뒤로는 마을과 막혀 있고 앞은 시냇물을 굽어보고 있었다. 또 바람을 막고 양지陽地를 향하고 있어 겨울에도 춥지 않을 것으로 보였다.

비록 아직 서재는 세워지지 않았지만 네 친구의 계책이 이미 서 있었기 때문에 여헌은 서재의 이름을 '우란재友蘭齋'로 할 것을 청하였고, 네 친구는 모두 동의를 표하였다. 여헌이 서재의 이름에 대해 상세히 일러 주지는 않았지만 벗들은 넉넉히 그 의미를 알 수 있었다. 난초는 깊은 골짜기에서 자라나 군자가 차고 다니는 것이므로, 우란재라 이름한 것은 이 공간을 군자가 강학하는 공간으로 삼고자 하는 뜻임을 충분히 짐작하였다.(현재 우란재는 입암서원의 부속건물인 日蹄堂으로 불리고 있다. 우란재 편액도 그 건물 안에 걸려 있어 일제당은 우란재의 후속 건물로 판단된다.)

입암에 머물면서 여헌은 네 벗의 부탁에 따라 이곳저곳을 탐방하며 명칭을 붙였다. 먼저 우란재가 등지고 있는 산에 있는 작은 언덕의 바위산에 눈길이 갔다. 높이가 4~5길 정도로 높이 솟아 우뚝하여 구름이 머물러 있는 듯하였다. 바위산 위에는 오래된 소나무 수십 그루가 용龍 모양의 가지를 뻗어 서로 얽혀 있는데 바람에 시달린 잎이 앙상하여 높고 큰 산악의 형체가 의연하고, 신선이 사는 지역과 절정의 풍취가 은연히 있어 우러러보는 자들로 하여금 정신이 엄숙하고 상쾌하며 마음과 생각이 깨끗하고 원대하여 저절로 흥기하고 감발하게 하였다. 그래서 여헌은 그곳을 '기여암起予巖'이라 칭하였다.

기여암에서 계곡의 절벽에 접하는 곳에 평평한 바위가 있는데, 입암과 기여암에서 각각 10여 보쯤 된다. 네 친구는 이곳에 지형을 따라 터를 닦고 그 주위에 돌을 쌓아 대臺를 만들었다. 대의 좌우에는 두 그루의 높은 소나무가 있어 아침저녁의 햇빛을 가릴 수 있었는데, 한낮에 그늘이 지지 않을 때를 대비하여 긴 나무를 두 소나무에 걸쳐 놓고 소나무 가지를 베어다가 덮어서 종일토록 햇빛을 보지 않을 수 있도록 하였다. 대의 남쪽 귀퉁이에도 작은 소나무 몇 그루가 있는데, 네 친구들은 이 소나무를 사랑하고 보호하며 자라기를 기다렸다.

대 위는 열 명 내외가 앉아서 차를 끓이고 술을 데우기에 적당한 장소가 있었다. 대 위에 앉으면 삼면이 모두 높은 절벽이어서 반드시 항상 깊은 못에 임한 듯이 경계하고 두려워하는 마음이 있었기 때문에 여헌은 이 대를 '계구대戒懼臺'라고 이름 지었다. '계구'는 비록 대의 형세를 보고 지은 이름이기도 하였지만, 여헌은 계구의 뜻이 참으로 많다고 생각하여 다음과 같은 시를 지었다.

대가 바위 끝에 있으니	臺在巖盡頭
아래는 대여섯 길이 되누나!	下可尋五六
오르는 자 한번 실족하면	上者一失足
눈 깜짝할 사이에 떨어지네.	傾墜在瞬目
이 때문에 계구대라 이름하여	爲此名戒懼
마음 항상 깊은 골짝과 못에 임한 듯하네.	常使心淵谷
경계하여 경계할 만함이 없음에 이르면	戒至無可戒
위태로운 곳을 밟아도 평지처럼 편안하며	履危如平陸
두려워하여 두려울 만함이 없음에 이르면	懼至無可懼
험한 것을 바꾸어 큰 복을 오게 하네.	轉險來胡福
마음을 해이하게 하지 않으므로	由能不弛心
몸이 끝내 전복을 면한다오.	身終免顚覆

만약 계구대라 칭하지 않았으면	若非戒懼稱
몇 사람이나 떨어져 골육이 진흙처럼 되었을까.	幾人泥骨肉
세간에 위험한 곳은	世間危險地
이 계구대만이 아니네.	不是玆臺獨
안에는 하나의 방촌이 있는데	內有一方寸
사방에는 천 길의 깊은 못이요,	四邊千尋瀆
밖에는 양장의 길이 있는데	外有羊腸路
수레의 축이 부러질 뿐만이 아니라오.	不啻車絕軸
이 때문에 명철한 사람들은	所以明哲人
잠시라도 조심함을 잊지 않나니	不暫忘兢肅
부디 대에 처하는 마음 가져다가	須將處臺心
몸을 받들어 항상 조심하오.	奉身恒跼蹜

자칫 실족이라도 하면 크게 다치게 될 것을 경고하는 데 그치지 않고, 마음이 자칫 해이해지면 더 큰 위험에 빠질 수 있기 때문에 항상 경계하고 두려워해야 한다는 것이다. 시 하나에도 마음을 수렴하고 신중을 기하라는 뜻을 담고 있다. 여헌은 입암의 여러 경치를 그냥 쉽게 보아 넘기지 않는 세심함을 보였던 것이다.

계구대 바로 앞에는 병풍처럼 길게 형성된 앞산의 능선이 점점 내려와 작은 언덕을 이루는데, 시냇물을 두고 입암과 서로 손을 잡고 읍揖을 하는 듯하였다. 여헌은 이 언덕을 '구인봉九仞峯'이라 칭하였는데, '구인'이란 『논어』 「자한子罕」편에서 공자가 "산을 만들 적에, 비록 흙 한 삼태기가 부족하여 산을 이루지 못하고 중지하는 것도 내가 중지하는 것이며, 비록 평지에 한 삼태기의 흙을 쏟아 부어 전진하더라도 내가 전진하는 것이다"라고 말한 데서 나온 것이다. 여헌은 이것을 끌어와 사람들이 한 삼태기의 흙을 더하지 아니하여 아홉 길의 산이 되지 못함을 경계하고자 하였다.

계구대 동쪽으로는 뒷산 줄기가 낮아지다가 다시 일어나 봉우리가 되었는데, 봉우리 모양이 마치 물 위로 나왔지만 아직 꽃봉오리가 터지지 않은 부용芙蓉과 닮아 있었다. 계구대에서 바라본 봉우리가 둥근 달을 토해 내는 듯하여 여헌은 '토월봉吐月峯'이라 이름 지었다.

계구대의 서북쪽에 가장 높은 하나의 산이 있는데, 입암 일대의 주산이다. 여헌은 이 봉우리의 명칭을 '소로봉小魯峯'이라 칭하였다. 공자가 동산東山에 오르고 태산泰山에 오른 고사에 따른 것이었다. 그는 "공자께서 동산東山에 오르고 태산泰山에 오른 것에 따른다면 조그마한 우리나라가 일찍이 한번 보는 시야에 들어오지 못하니, 이 산을 어찌 '소로小魯'라고 이름하지 않을 수 있겠는가?"라고 하여 그 이름을 '소로'라고 정하게 된 이유를 밝혔다.

이렇게 임암을 둘러싸고 있는 봉우리들의 이름을 지은 후 여헌은 주변 고개의 이름을 하나씩 지어 나갔다. 토월봉 동쪽의 깊고 빼어난 고개는 매우 울창하여 나무하거나 약초를 캐는 사람들의 발자취도 미치기 어렵다고 하여 '산지령産芝嶺'이라 칭하였고, 산지령의 서쪽 고개는 주자의 "옥이 묻혀 있으니 산이 빛을 머금고 있다"(玉蘊山含輝)라는 글귀에서 뜻을 취하여 '함휘령含輝嶺'이라 이름 지었다. 함휘령으로부터 남쪽으로 아득한 사이에 있는 고개를 '정운령停雲嶺'이라 칭하였는데, 변화가 무상하고 가고 오는 흔적이 없는 것이 구름이라 해서 지은 이름이었다. 입암 주변의 산 가운데 가장 높은 서산西山은 시냇물의 하류에 있는데, 그 골짜기 초입에 있는 고개는 마치 세상과 멀리 떨어져 있는 듯하다고 하여 '격진령隔塵嶺'이라 칭하였다.

이후 여헌은 주변 1~2리 거리에 있는 들판을 '경운耕雲'이라 명명하고, 시냇물이 흐르는 곁에 있는 숲을 '야연惹煙'이라 이름하였다. 또 맨 아래 어구의 골짜기는 '초은동招隱洞', 시내 위에 있는 골짜기는 '심진동尋眞洞',

정운령 아래에 있는 골짜기는 '채약동採藥洞'이라고 각각 이름 짓고, 이름과 관계된 의미를 제시하였다.

이어서 입암 아래 흐르는 시냇물 가운데의 평평한 돌을 '경심대鏡心臺'라 하고, 경심대 밑으로 흐르는 시냇물이 멈추어 이룬 맑고 작은 연못을 '수어연數魚淵'이라 하였다. 경심대로부터 시냇물을 거슬러 올라가 구인봉의 동쪽 언덕에 있는, 평평하고 넓지만 물이 불어나면 잠겨 집을 지을 수가 없는 곳을 '피세대避世臺'라 하였으며, 피세대로부터 시냇물을 건너가서 채 1~2리가 못 되는 곳에 물을 가로지르며 솟아 오른, 사람이 누울 만한 높고 넓은 두 바위를 '상엄대尙嚴臺'라 하였다.

상엄대로부터 거슬러 올라가 몇 리쯤 되는 곳에 이르면 두 산 사이에 연못이 있는데 이를 '욕학연浴鶴淵'이라고 하였으며, 경심대로부터 물길을 따라 서쪽 벼랑과 부딪혀 이루는 작은 못 위에 있는 바위를 '화리대畫裏臺'라고 이름 붙였다. 화리대로부터 서남쪽으로 2리쯤 떨어져 시냇물이 합류하는 곳에 바위가 겹쳐 언덕을 이루는 곳을 '합류대合流臺'라 이름하였고, 합류대 앞의 넓고 깊은 물을 '조월釣月'이라 하였다.

조월의 여울물을 따라 내려가서 초은 어구에 이르면 시냇물이 큰 못을 이루는데, 이 골짜기에 드나드는 사람이 이 못을 경유하고 또 이곳이 경계로 진세塵世와 선계仙界, 신선神仙과 범인凡人이 나누어진다고 하여 '세이담洗耳潭'이라 하였다. 바깥 길을 따라 마을로 들어올 때 이용하는 다리는 그것을 밟을 때에 옥소리 같은 물소리가 들려온다고 하여 이름을 '향옥교響玉橋'라 하였다.

계구대로부터 걸어 내려와 경심대에서 고기를 구경하려 할 때 반드시 건너는 돌다리는 돌바닥에 파란 이끼가 잘 자란다고 하여 '답태교踏苔橋'라 하였으며, 기여암 옆의 차갑고 시원한 우물은 『주역』 정괘井卦 상육上六의 효사爻辭를 취하여 '물멱정勿幕井'이라 이름하였다. 마지막으로 입암의 곁에 서 있는 일곱 개의 돌은 그 모양이 북두칠성北斗七星과 유사하다고 하여 '상두석象斗石'이라 명명하였다.

이렇게 입암의 경처 스물여덟 곳을 선정하여 이름을 지은 여헌은 그 내력을 「입암기立巖記」로 남겼다. 그리고 "스물여덟 곳의 좋은 경치는 입암을 얻어 드러나고, 입암의 빼어난 기이함은 스물여덟 곳의 아름다운 경치로 인하여 풍부해지는 것"이라고 하면서, 특히 계구대가 있지 않다면 진실로 입암의 빼어난 기이함을 빛내어 스물여덟 곳의 아름다운 경치를 꾸미지 못했을 것이라 하여 계구대를 북극성에 비유하여 평가하였다. 그러고는 "네 친구가 이곳에 와서 터를 잡은 것은 그 또한 입암의 아름다운 만남일 것"이라 하여 입암 네 친구가 입암에 터를 잡은 큰 공로를 치하하였다.

이렇게 입암의 경처에 대해 이름을 지은 후 여헌은 입암의 네 벗에게 "바라건대 친구들이 조만간에 만약 우란재를 완성한다면 서로 더불어 이 이치를 강론하지 않을 수 있겠는가? 그런 뒤에야 입암을 대하고 스물여덟 곳의 아름다운 경치를 대함에 부끄러움이 없어서 모두가 자신의 성정性情을 쾌적하게 할 것이다"라고 말하며 함께 면려할 것을 다짐하였다.

족계族契를 중수하고 『주역』 교정에 참여하다

선조 34년(1601) 10월에 이르러 조정에서는 경서교정청經書校正廳 낭청郎廳으로 여헌을 초치하였다. 소지召旨를 통해 여헌을 부르면서 조정에서는 "초야에서 궁핍하게 살아서 탈 것을 갖추지 못할까 염려되어 지나는

길에 있는 각 관청에 편의에 따라 말을 제공하라고 명을 내렸다"라고
알려 왔다. 하지만 여헌은 병으로 인해 제수된 벼슬을 사양하고 나아가지
않았다.

이해 겨울에 여헌은 선산의 월파촌을 떠나 인동으로 돌아왔다. 남산
본가는 여전히 폐허였기 때문에 송정동松亭洞에 있는 집안 조카인 장내범
의 집에 거처를 마련하였다. 장내범은 11세 때 아버지인 장사영張士瑛의
명에 따라 여헌과 사제의 연을 맺었고, 이후 정구의 문하를 넘나들면서
예학에 대한 자신의 관심을 구체화하였다. 임진왜란 때는 김해金垓(1555~
1593)와 함께 의병을 일으켜 작지 않은 공훈을 세우기도 하였으며, 인동에
서 재지적在地的 기반을 강화하면서 가문 내에서 영향력을 확대하고
있었다. 특히 그는 여헌보다 불과 9세 아래였지만 항상 여헌을 스승으로
예우하였으며, 아들 장경우를 여헌 문하로 보내어 학문을 익히게 하는
등 여헌과는 각별한 인연을 이어 나갔다.

인동으로 돌아온 여헌은 인동 지역의 문인들에게 강학을 펼치며
자신의 학문적 성취에도 일정한 진전을 이루어 나갔다. 여헌은 특히
인동장씨 가문을 부흥시키는 데 큰 관심을 기울였다. 당시 인동장씨
가문은 전란을 겪으면서 크게 위축되어 있었다. 살아남은 가문의 일원은
어른이 채 열 명이 되지 못하고 어린아이도 불과 6~7명에 불과할
정도였다. 살아남은 이들 종족宗族은 대부분 곤궁하여 입고 먹을 것을
장만할 겨를조차 없었던 까닭에, 전란 전에 제정된 족계에 따라 화목을
이루고 강학 활동을 하는 것은 엄두도 낼 수 없는 형편이었다. 이러한
가문의 상황을 알고 있던 여헌은 일가친척들을 합하고 화목을 닦는
방도를 모색하는 것이 종족을 위해 필요한 급선무라고 판단하고, 그의
선친과 족조族祖인 장잠이 중심이 되어 제정한 족계를 중수重修하는
데 정성을 다하였다.

그의 선친 대에 제정한 족계는 전란이 발발하기 전에는 번성하여 인동장씨 가문의 기풍을 조성하는 데 기여하였을 뿐만 아니라 인동 지역의 기풍을 진작시키는 데도 일정한 기여를 하고 있었다. 족계에 가입한 자가 30여 명이었지만, 나이가 어려 아직 장가를 들지 않고 부형父兄의 아래에 딸려 있는 자도 많았기 때문에 작지 않은 규모를 갖추고 있었다. 더구나 인동장씨가 아니더라도 외손外孫이 된 후손들이라면 허락을 받아 족계에도 가입할 수 있어 족계의 규모는 더욱 커지고 있었다. 이에 더하여 족계의 운영도 건실하여 인동 지역 내에 명망이 높았다. 하지만 전란을 거치면서 족계는 유명무실해졌고, 이를 회복시 켜야 할 필요성이 절실하게 대두되었다.

인동으로 귀향한 여헌은 집안의 어른들에게 청하여 족계를 회복할 것을 의논하였다. 그리고 장씨 이외에 외척外戚으로서 연계되거나 혹은 뜻을 합한 자로서 인동 지역에 있는 자들에 대해서도 장씨 종족을 버리지 않고 함께 족계의 규약規約을 지키기로 약속하면 모두 입계入契할 수 있도록 허락하였다.

족계의 가입 조건이 정해지자 여헌은 책을 만들어 족계 구성원의 이름을 등사謄寫하도록 하고 규약도 27조로 정리하였다. 이때 장잠의 손자인 장광한張光翰(1561~1624)과 대종손大宗孫인 장내범을 수계修契하는 유사有司로 삼고 족계 중의 여러 형제들에게 그 전말顚末을 기록할 것을 부탁하여 「족계중수서族契重修序」를 작성하였다. 이때 정해진 27조의 규약 가운데 중요한 내용은 다음과 같다.

1. 계중契中에 가입되어 있는 자들은 서로 사랑하고 보호하여 항상 한집안 사람처럼 대하여야 한다.
1. 우리 계는 바로 종족의 계이다. 계를 만든 것이 이미 종족을 근본으로 하였다면

우리 계원들은 종족이 된 근원을 생각하여 먼 조상을 추모하는 정성을 지극히 하지 않으면 안 된다.

1. 먼 조상의 분묘를 이미 알 수 없고 집안의 옛 족보도 난리 통에 모두 잃어서 이제 미상未詳한 부분이 많으니, 내외손內外孫을 막론하고 만일 혹시라도 우리 장씨의 선대 사적事蹟을 듣고 보아 아는 자가 있으면 반드시 그 듣고 본 것을 자세히 기록해서 우리 계중에 보고하여야 할 것이다.

1. 우리 계는 처음에 다만 동성 사람들만을 가지고 만들었으나, 지금은 비록 소원한 타성他姓이라도 만약 우리 장씨 족보와 연관이 있으면 모두 들어오게 하였다. 이는 또한 선대의 은혜를 미루어 화목하는 도를 넓힌 것이다.…… 계중에서는 마땅히 동성同姓과 이성異姓을 구별하지 말고 간격 없이 서로 후하게 대하여야 할 것이나, 다만 선조를 추모하는 등의 일은 동성의 입장에 있는 자가 반드시 스스로 그 정성을 다하여야 할 것이다.

1. 한 계원 가운데에 길한 일만 있고 흉한 일이 없으며 좋은 일만 있고 나쁜 일이 없다면 이는 계중의 다행이다. 무릇 우리 계원의 처지에 있는 자들은 진실로 각자 삼가고 힘쓰고 반성하여 반드시 마땅히 해야 할 일을 하고 반드시 하지 말아야 할 일을 하지 말아, 모름지기 계중으로 하여금 기쁘게 들을 만한 일이 있게 하고 듣기 싫은 일이 없게 한다면 이보다 큰 다행이 있겠는가?

1. 계원 중에 어린 나이가 공부하는 자들은 비록 평소처럼 초하루와 보름에 글을 강하지는 못하더라도 부형이 된 자들이 각기 마땅히 감독하고 권면하여야 할 것이다.

1. 계원의 잘못을 계원이 들었으면 각기 친근한 사람이 먼저 두서너 차례 타이르고, 반드시 고치지 않음에 이른 뒤에야 유사에게 알린다. 고치지 않는 것을 보고도 유사에게 고하지 않는 자와 먼저 타이르지 않고 대번에 유사에게 알리는 자는 모두 벌을 주도록 한다.

1. 관원官員의 선악을 논하고 시정時政의 득실을 논하는 것은 분수를 지키고 몸을 보전하는 도리가 아니니, 우리 계중에서는 이것을 지극히 경계하여야 한다. 이 경계를 범하는 자는 계중에서 함께 처벌한다.

족계 중수를 통해 종족들의 화합과 도덕적 기풍을 조성하기 위해 노력했던 여헌은 이듬해(선조35년, 1602) 2월에 거창현감居昌縣監에 제수되었지만 나아가지 않았다. 3월이 되자 조정에서는 다시 여헌에게 경서언해교정청經書諺解校正廳의 교정낭청校正郎廳을 제수하고 역마驛馬를 타고 한양으로 오라는 명을 내렸다.

경서언해교정청은 전란이 일어나기 전인 선조 18년(1585)에 여러 학자들이 모여 『소학小學』과 사서삼경四書三經에 대한 언해 작업을 하도록 하기 위해 왕명으로 설치한 기관이었다. 여러 학자들의 노력에 힘입어 교정청이 설치된 지 2년 만에 『소학언해小學諺解』가 완성되어 간행되었고, 그 이듬해에 사서삼경에 대한 언해도 완성되었다. 하지만 여러 사정이 생겨 간행이 미루어졌다가, 임진왜란의 와중에 언해본 자료가 많이 소실되고 말았다. 사서의 언해는 다행히 남아 있었지만, 『시경언해詩經諺解』는 부분만 남아 있고 『주역언해周易諺解』와 『서경언해書經諺解』는 흔적도 찾아볼 수 없었다. 이에 선조는 다시 명을 내려 교정청을 설치하여(선조 34년, 1601) 『주역』 언해를 시작할 것을 명하였다.

유교 경전에 대한 언해는 사림파 학자들이 대거 중용되었던 중종 때부터 본격화하였다. 왕명으로 『번역소학飜譯小學』이 간행되어 일반 백성들에게 보급되었다. 한문에 대해 깊은 지식이 없는 일반 백성들도 쉽게 『소학』을 읽고 이해할 수 있도록 배려하고, 나아가 소학윤리의 보급을 통해 유학의 강상을 뿌리내리려고 하였던 것이다. 이 언해본은 일반 백성뿐만 아니라 경연의 교재, 양반자제의 교육 등에도 두루 이용되었다. 하지만 한글 번역에서 여러 문제점이 발견되어 새로운 언해본 작업이 요청됨에 따라 선조 대에 이르러 다시 『소학』을 비롯하여 여러 경전에 대한 언해를 위해 교정청이 다시 설치되었고, 전란 후에 거듭 교정청 설치가 왕명으로 이루어졌던 것이다.

당시 총재관總裁官이던 윤근수尹根壽(1537~1616)를 비롯하여 많은 관료들과 학자들이 『주역』 언해 작업에 참여하였다. 여헌과 인연이 깊은 정구도 참여 학자 중 한 사람이었다. 그런데 언해 과정에서 참여 학자들 사이에 의견이 일치되지 못하는 경우가 자주 발생하게 되자, 조정에서는 『주역』에 대해 해박한 지식을 가지고 있던 여헌을 낭청으로 초치하여 보다 명확한 언해 작업을 진행시키고자 했던 것이다.

『주역』의 언해 작업이 진행 중이라는 사실을 익히 알고 있었던 여헌은 조정의 명에 따르기로 결심하고 한양으로 향하였다. 하지만 전란을 겪으면서 얻은 병이 여헌의 발목을 잡았다. 인동을 출발하여 선산에 도착한 여헌은 병으로 인해 도저히 한양으로 갈 형편이 되지 못하였고, 조정에 이 같은 사실을 알린 후 인근의 도리사桃李寺로 발걸음을 옮겼다. 여헌은 도리사가 아늑하고 조용하여 병을 다스리는 데 적합하다고 판단하고, 이 절에 머물면서 건강이 회복되도록 몸을 보살피고 병을 다스린 후 인동으로 돌아왔다.

교정청이 설치된 후 『주역』의 언해 작업이 계속되면서 논란은 계속되었다. 전란이 끝난 지 얼마 지나지 않아 형편이 어려우므로 긴급하지 않은 언해 작업은 당장 중지되어야 한다는 의론도 제기되었고, 언해 내용을 둘러싸고 참여 학자들 간의 논란도 거듭되었다. 그래서인지 병으로 낭청의 직임에 나아가지 못한 여헌에게 몇 달이 지난 9월에 다시 낭청의 직임이 내려졌다. 하지만 여름 이후로 병이 계속되어 청송의 초정에 나아가 목욕하기도 하고 주왕산을 유람하기도 하면서 한가로이 병을 치료하고 있던 여헌은 이때에도 한양으로 갈 형편이 되지 못하여 사양하고 나아가지 않았다.

그러자 조정에서는 거듭 여헌에게 공조좌랑工曹佐郎을 제수하였고, 더 이상 사양할 수 없었던 여헌은 소명을 받고 한양으로 올라갔다. 한양에 올라간 여헌은 공조좌랑으로서의 직무를 수행한 것이 아니라 당시 교정청에서 추진하고 있던 『주역』 언해에 참여하게 되었다. 이때

언해 작업은 어느 정도 진행된 상태였기 때문에 여헌은 언해 내용에 대한 교정에 참여하였다.

여헌은 3일에 걸쳐 교정 작업에 참여하였는데, 대체적인 검토 작업을 마치자마자 병이 재발하였다. 이에 여헌은 자신의 사정을 조정에 알리고 공조좌랑을 사직하였다. 길지 않은 3일의 교정 작업은 언해 작업에 적지 않은 성과로 이어졌고, 조정에서는 그 공을 인정하여 어린 말을 상으로 내렸다. 하지만 여헌은 자신에게는 공이 없다고 극구 사양하면서 받지 않았다.

공조좌랑을 사직한 후 여헌은 한양에 있는 친척들을 두루 만나며 얼마간의 시간을 보냈다. 이를 알게 된 조정에서는 다시 여헌에게 형조좌랑刑曹佐郞을 제수하여 대궐에 들어올 것을 명하였다. 하지만 한양에서의 생활이 편안하지 않았던 여헌은 다시 병세가 위중해졌고, 이에 따라 조정에 나아가지 못하고 12월에 이르러 인동으로 내려왔다.

의성현령으로 부임하여 선정을 베풀다

인동으로 돌아온 여헌은 병세를 다스리며 다시 학문과 강학에 힘썼다. 그러나 조정에서는 여헌에 대한 관심을 거두지 않고 있다가, 이듬해(선조 36년, 1603) 2월에 그를 용담龍潭(현재 전라북도 진안군 용담면)의 현령에 제수하였다. 여전히 병세가 가시지 않았던 여헌은 이번에도 사양하고 부임하지 않았다. 그리고 일상에서 자신이 하던 일을 묵묵히 수행하였다.

여헌이 거듭해서 관직을 사양하자, 조정에서는 9월에 다시 여헌에게 의성현령義城縣令을 제수하였다. 50세에 이른 여헌은 거듭 관직을 사양하고 있었지만, 맡겨진 소임을 올바로 수행할 만한 인사로는 여헌만한 사람이 없다고 판단하여 다시 관직을 제수한 것이었다. 여헌은 거듭 관직을 사양한 것이 미안하기도 하고 자신의 능력을 인정해 준 것에 대해 고마움도 느껴서 결국 부임을 결심하였다.

부임 예정지인 의성은 누이가 살던 곳이어서 일찍부터 인연이 있었으며, 전란 중에 여헌 자신이 가족들을 데리고 거처하며 짧지 않은 시간을 보낸 곳이었다. 또한 현령으로 부임하기 3년 전인 경자년庚子年(1600)에 영양의 임암에 다녀오면서 들러 여러 선비들과 교유를 맺는 등 적지 않은 인적 기반도 갖추어진 곳이었다. 여헌은 이미 당시의 방문을 통해 오봉梧峰 신지제申之悌(1562~1624)와 조임도趙任道의 부친인 조식趙埴을 위시한 지역 학자들과 회합을 가진 바 있었다. 훗날 '여문旅門 10현賢'의 한 사람이 되어 여헌 제자들을 이끌었던 10대 후반의 조임도가 이 회합에 참석하여 여헌을 처음 본 후 남긴 소회는 당시 중년기에 이른 여헌의 품격을 읽을 수 있게 한다.

지난 경자년에 임도任道는 선군자先君子를 모시고 하천리下川里에 있는 사촌 자형인 오봉梧峯 신지제申之悌를 방문하였다. 돌아올 때에 길가의 숲속에 정자亭子가 있었는데, 한 마을의 젊은이와 어른들이 많이 모여 있었다. 오봉공梧峯公도 그의 선친先親을 모시고 자리에 있었는데, 그 가운데에 한 대인大人이 계셨다. 얼굴빛이 붉은 것이 마치 물에 담근 듯하고, 눈 모양은 단정하여 시선을 함부로 돌림이 없었으며, 말과 행동에 법칙이 있어 조용하고 온화하며 굳세고 깨끗하며 의젓하고 원대하였다. 온후溫厚하고 평이平易한 가운데에 확고하여 뽑을 수 없는 지조가 있으며, 공손하고 겸허한 가운데 엄격하여 범할 수 없는 기상氣象이 있음을 임도는 보았다.
임도가 이때에 비록 댕기를 드리운 어린아이여서 아무런 지식이 없었으나 마음속에 진실로 특이하게 여겼었다. 돌아와서 선군자에게 여쭈니 답하시기를, "이분은 여헌선생이시다. 일찍이 학행學行으로 유일遺逸로 발탁되어 보은현감에 제수되셨는데, 네가 아직도 기억하느냐?" 하셨다.
　　　　　　　　　　─ 『여헌선생속집』 권9, 「취정록就正錄」(趙任道)

의성현령에 부임한 여헌은 먼저 고을 안의 형편을 살폈다. 전란이 끝난 지 얼마 지나지 않은 때였기 때문에 황폐해진 논밭을 손질하게 하였고, 농사와 길쌈을 권장하여 현의 백성들이 안정된 삶을 이룰 수 있도록 조처하였다. 그리고 매일매일 현에서 일어나는 모든 일을 기록하고, 그 첫머리에 "정법政法으로써 다스리고, 덕교德敎로써 교화하며, 고요함으로써 움직임을 제어하고, 간략함으로써 번잡함에 대응하며, 경敬으로써 나를 잡아 지키고, 공손함으로써 다른 사람을 대한다", "공명公明하고 강정剛正함으로써 위엄을 세우고 자상하고 불쌍히 여김으로써 은혜를 베푼다", "온화하고 간이簡易함으로써 백성을 가까이하고 엄중嚴重함으로써 서이胥吏를 제어한다"라고 적었다. 이렇게 『일성록日省錄』 첫머리에 자신의 다짐을 적은 후 여헌은 보은현감으로 재직했을 때의 경험을 십분 발휘하여 현의 일을 하나씩 처리해 나가며 목민관으로서의 책무를 다하고자 하였다.

백성들의 생활을 안정시키는 데 몰두하면서도 여헌은 윤리강상을 밝히고 고을의 풍습을 바로잡는 데에 관심을 기울였다. 만나는 백성들에게 농사와 누에치기에 힘쓰고 부역을 부지런히 할 것을 권하였으며, 어린 학동들과 젊은 선비를 만나면 효제孝悌를 독실히 행하고 충신忠信을 주장할 것을 가르쳤다. 이렇게 정사를 베풀자 의성현의 풍속과 선비들의 풍습이 변해 가는 조짐이 하나씩 드러나기 시작하였다.

가문 대대로 의성에 살면서 여헌이 현령으로 부임하기 전에 이미 만남을 가졌던 신열도申悅道는 어린 나이에 가까이서 지켜 본 여헌의 정사를 훗날 다음과 같이 기억하였다.

계묘년(1603)에 선생이 본현本縣에 부임하셨다. 매월 초하루와 보름이면 문묘文廟에 배알하였는데, 닭이 세 번째 울 때 이미 향교鄕校에 이르셨고, 제생諸生들은 행단杏壇

아래에서 공경히 맞이하곤 하였다. 선생은 문묘에 배알을 마친 다음 명륜당明倫堂에 앉아서 제생들과 상읍례相揖禮를 행하시고는, 훈장訓長과 제생들은 차례로 앞줄에 앉히고 아이들은 또 그 다음 줄에 앉힌 다음 이들과 경전의 뜻을 강론하였다. 제생 중에 깨닫지 못하는 자가 있으면 선생은 반복하여 가르쳐 주었으며, 질문하는 자가 있으면 즉시 대답하셨다. 말소리가 크고 통창通暢하시어 온 좌중이 경청하였다. 나는 어린 나이로 책을 끼고 맨 말석末席에 앉아 있었는데, 선생을 우러러보니 기상氣象이 혼후渾厚하고 위의威儀가 엄정嚴整하여 사람들로 하여금 숙연肅然히 두려워하고 공경하는 마음이 있게 하였다.

— 『여헌선생속집』 권9, 「배문록拜門錄」(申悅道)

현의 향교에서 펼쳐진 여헌의 강학 활동에는 어린 학동뿐만 아니라 젊은 선비들도 적지 않게 참석하였다. 당시 20대의 과년한 나이였던 만오晚悟 신달도申達道도 신열도와 함께 참석하여 수업을 들었다.

고을의 수령으로서 고을 기풍을 진작하기 위해 이루어진 강학은 부임 직후부터 지속적으로 이루어졌다. 그러면서도 여헌은 공무에도 적극적으로 임하였다. 아전의 횡포를 방지하게 위해 엄한 모습을 보였으며, 조금이라도 부정을 저지르면 엄하게 처벌하였다. 백성들의 억울한 일이 생기면 발 벗고 나서서 해결하였으며, 송사訟事에 임해서도 공정한 태도를 보여 주었다.

이러한 여헌의 목민관으로서의 올바른 정사는 백성들에게 많은 감화를 주어, 이윽고 다음과 같은 전설을 남기게 되었다.

여헌이 임진왜란 당시까지 의성현령으로 있었는데, 임란이 임박해 오던 때에 돈을 빌려 준 사람과 빌려 쓴 사람 간의 분쟁이 있었다. 여헌이 판결을 하는데, 돈을 빌린 사람에게 "세상에 바른 마음을 가지고도 옳게 살기가 어렵거늘 너는 어찌하여 남의 돈을 쓰고도 갚을 생각을 그렇게도 안 한단 말인가?" 하고 크게 꾸짖어 즉각 갚도록 명령하였다. 돈을 빌려 준 사람에게는 "남에게 돈을 빌려 줄 때에는 반드시 되돌려 받아야 할 일이나 세상에는 그렇지 못한 형편도 허다히 있거늘, 너희 사이에 좋던 인정이 이번 제소로써 너무도 변질되었으니 딱하다"라고 하고, 이어서 "그 돈을 돌려받아 본들 너도 별수가 없겠으니 이 일을 어찌하나?" 하고 뜻 모를 말을 하니 모두가 어리둥절해하였다. 이어서 임진왜란이 터져 돈이 재화로서의 가치를 잃고 나자 세상 사람들은 그제야 여헌의 진의를 알고 임란을 예측한 그의 선견지명을 함께 거론하게 되었다.

또 한 가지 예언이 있는데, 5월에 서리가 내릴 것을 짐작해서 남원의 들에 공동 못자리를 하도록 지시하였다. 서리가 내리던 날 밤에 못자리 옆에 모이게 해서 술과 고기를 내리니, 크게 불을 피우고 즐겁게들 놀았다. 날이 새고 보니 천지는 때 아닌 서릿발이 높은데 못자리는 파랗고 생생하게 무사히 구제되었다.

　　　　－ 의성군지 편찬위원회, 『의성군지義城郡誌』 중 「여헌선생의 예언」

의성 지역에 전해오는 이 이야기 또한 사실과는 맞지 않다. 임란이 발발하기 전에는 여헌이 현령으로 부임하지 않았기 때문이다. 하지만 이후 현령으로 부임하여 선정을 베풀었고, 이것을 기억하는 백성들이 이러한 이야기를 만들어 전해 왔던 것이다. 백성들의 교화에 힘쓰고 백성들의 생업을 돌보아 민생을 안정시켰던 여헌의 행적에 여헌의 깊은 학문이 더해져 이러한 전설이 탄생하였던 것이다.

위판분실사건으로 의성현령을 사직하다

백성을 우선하는 여헌의 정사는 백성들에게는 환영받을 만한 일이었지만 고을의 이권을 독차지하던 아전들에게는 눈엣가시일 수밖에 없었다. 그리하여 얼마 지나지 않아 감당하기 힘든 불미스러운 사건이 현내에서 발생하였고, 이로 인해 여헌은 현령 직에서 물러나게 되었다. 이 사건은 여헌의 정사에 불만을 품은 향리의 소행으로 밝혀졌고, 이로써 여헌의 애민정신과 목민관으로서의 행적은 다시 한 번 확인되었다.

사건은 겨울로 접어들어 가던 11월 말에 발생하였다. 사건을 접한 후 여헌은 사건의 전말을 조사하여 감사에게 보고하였고, 당시 경상감사였던 이시발은 조정에 이 사건을 알렸다. 이시발이 조정에 알린 내용은 『선조실록』 36년(1603) 12월 9일의 두 번째 기사로 실려 있다.

당일 도착한 의성현령 장현광의 첩정牒呈(하급 관아에서 상급 관아에 올리는 문서)에 "11월 28일에 향교에 사는 유생이 와서 고하기를 '성전聖殿 내문內門의 자물쇠가 없어지고 대성大聖(공자)의 위판位版과 술성공述聖公(자사)의 위판 및 예국豫國·낙국洛國 두 정자程子(정호와 정이)의 위판이 다 없어졌으므로 전직殿直을 잡아 물었더니, 필시 향리鄕吏 김건상金乾祥이 한 짓일 것이라고 했습니다'라고 하였다. 변고를 듣고 즉시 김건상과 전직殿直 박복朴福 등을 잡아다가 엄하게 죄를 묻고 가둔 뒤에 현령이 몸소 향교에 가서 성전을 살펴보았더니 과연 유생이 고한 것과 같았다"라고 하였습니다. 이 변고는 천만 뜻밖에 나왔거니와, 인심이 맑지 않은 것이 이토록 지극하니 놀라서 어쩔 줄 모르겠습니다. 누가 한 짓인지 확실히 알지는 못하겠으나 김건상이라는 사람은 전에 의심할 만한 혐의가 있어서 그 고을 사람들이 이 사람을 의심한다고 하므로, 김건상과 건물을 맡아 지킨 유생과 전직을 안동安東으로 옮겨 가두고 부사府使 홍이상洪履祥, 진보현감眞寶縣監 최준崔準 등으로 하여금 죄인을 추궁하여 죄상을 조사하게 하였습니다. 이 일은 혹 아랫사람이 현령이 단속하는 것을 미워하여 이런 변고를 일으켰는지도 알 수 없으므로, 현령 장현광의 허물을 묻고 조사하며 조정의 처치를 기다립니다. 위판을 개조하는 일과 위안제慰安祭의 향축香祝을 내려 보내는 일을 해당 관청으로 하여금 빨리 처치하게 하소서. 신이 외람되게 왕명의 출납을 관장하는 지위에 있으면서 교화를 잘 밝히지 못해 전에 없던 변고가 도내에서 일어나게 하였으니, 황공하여 죄를 기다립니다.

조정에 사건의 전말을 1차 보고한 경상감사 이시발은 이어서 다시 추가 보고를 하였다. 이렇게 연이어 보고가 올라오자 이 사건과 관계된 예조에서는 의성향교의 변고가 이 지경에 이른 것에 대해 경악을 금치 못한다는 입장을 내놓고, 닷새 후에 선조에게 "전례에 따라 서울에서 관리를 보내어 수감된 죄인을 추궁해서 죄상을 조사하고 정상을 알아낸 뒤 죄를 정해야 하겠습니다. 사라진 위판과 문 밖에 던져지고 더럽혀진 위판은 급히 다시 만들고, 거꾸로 놓인 위판은 더럽고 손상된 곳이 없으면 그대로 봉안하도록 하며, 더럽혀지기까지 한 옛 위판을 그대로 쓸 수는 없으니 정전正殿 뒤에 깨끗한 곳에 묻어 두도록 하는 한편 위안제慰安祭는 위판을 개조하여 봉안한 뒤에 한꺼번에 설행設行하는 것이 좋을 것입니다"라고 아뢰어 윤허를 받았다.

조정에서 사건에 대한 처분이 내려지자 여헌은 이에 따라 위판을 새로 만들어 대성전에 봉안하고 제사를 지냈다. 그리고 여러 번 자신의 죄를 스스로 탄핵하는 소장을 올렸다.

만약 그 죄를 말한다면 비록 백 번 주벌誅伐을 당하고 천 번 죽임을 당하더라도 또한 부족하온데, 조정에서는 특별히 관대한 법을 적용하여 다만 추고推考하는 데 그쳤으나 결말은 지금 감히 알 수 없습니다. 조정이 끝내 엄한 형률刑律을 적용한다면 지금까지 염치없이 직책을 그대로 맡고 있는 것이 어찌 온당한 도리이겠습니까? 조정의 뜻은 간사하고 흉악한 자들을 막으려는 일시적인 조처에 불과하오며, 재앙을 부른 이 몸은 그 죄가 여전하옵니다. 이미 이러한 죄를 짓고서도 감히 벼슬자리에 그대로 무릅쓰고 있다면, 사람들이 보고 들음에 어떻겠으며 명교名敎에는 또한 어떻겠습니까? 현령이 비록 염치가 없고 지각이 없어 어둡고 완악하며 미련해서 태연히 떠나갈 줄을 모른다 하더라도, 무릇 귀와 눈이 있는 온 고을의 백성들은 그 누가 괴이하게 여기지 않겠으며 비루한 물건이라고 생각하지 않겠습니까?…… 부득이 감히 무릅쓰고 곧바로 연유를 하소연하오니, 굽어 살피시어 제때에 파면해 주소서.

조정에 여헌의 소장이 당도하였고, 이듬해(선조 37년, 1604) 2월 15일에 현령에서 파직한다는 명이 하달되었다. 여헌이 의성현을 떠나자 고을의 백성들은 여헌이 떠난 것을 안타깝게 여기고 그의 치적에 감사하는 청덕비를 세우기로 하였다. 비석으로 쓸 돌을 구하여 다듬어 놓고, 비석에 새길 글을 의논하였지만 쉽게 결정을 보지 못하였다. 고을의 선비들이 매일 모여 회의를 거듭하였지만, 의견이 엇갈려 쉽게 비문을 정하지 못하였다.

그러던 어느 날, 선비들이 모여 비문의 내용을 의논하고 있을 때 대여섯 살쯤 되는 어린 학동이 비석으로 쓸 돌에 걸터앉아 낙서를 하고 있는 것이 아닌가? 그 광경을 본 한 선비가 뛰어 내려가 어린 학동에게 달려가니, 어린 학동은 황급히 자리를 떠났다. 뛰어내려 온 선비는 어린 학동이 낙서한 글귀를 보았다. 그리고 놀라 모여 있던 선비들을 향해 소리쳤다. "모두들 이리 와서 이 글귀를 보시오." 무슨 일인가 궁금해하던 선비들은 모두 비석으로 모여들었고, 누구랄 것도 없이 모두 탄복하였다. 어린 학동이 비석에 써 놓은 것은 낙서가 아니라 선비들이 몇날며칠을 고민하던 바로 그 글귀였던 것이다.

얼음보다 더 맑은 것은 없고	莫淸者氷
옥보다 더 결백한 것이 없는지라.	莫潔者玉
아! 슬프다.	嗚呼
우리 현령은 얼음같이 맑고 옥같이 결백하도다.	我侯氷玉潔

모여든 선비들은 모두 이 글귀가 여헌에게 어울리는 말이라는 데 동의하고 청덕비 뒷면에 새기기로 결정하였다. 그리하여 이해 6월에 이르러 청덕비의 앞면에 "현령여헌장선생청덕비縣令旅軒張先生淸德碑"라 새기고 뒷면에 "부임한 지 5개월 만에 벼슬을 버리고 고향으로 돌아갔다. 마을사람들이 번갈아 만류하였으나 끝내 돌이키지 못하였으니, 슬프다!

백성들이 부모를 잃은 것 같아서 글을 읊어 이른다"라고 쓴 뒤 어린 학동이 남긴 글귀를 이어서 새겨 향교 안에 세웠다.

이후 목민관으로서의 여헌의 선정과 그의 억울함이 알려졌고, 선조 38년(1605)에는 비변사에서 수령의 재목으로 여헌을 천거하는 등 그에 대한 조정의 관심이 계속되었다. 그리고 이해 2월 순천順川(평안남도 순천군) 군수에 제수되었으나 부임하지 않았다.(여헌의 연보에는 선조 37년에 순천군수에 제수된 것으로 기록되어 있으나, 『선조실록』에는 선조 38년으로 기록되어 있다.)

원회당과 모원당을 마련하다

고향 인동에는 여전히 마땅한 거처가 마련되지 않았기 때문에, 의성현령에서 물러난 여헌은 인동으로 돌아가지 않고 선산 월파촌에 있는 노경임의 집에 머물렀다. 이에 노경임은 문인들과 의논하여 원당元堂(경상북도 구미시 선산읍 생곡동)에 작은 재실을 짓고 여헌이 거처할 공간을 마련하였다. 재실의 위치는 유유히 흐르는 낙동강을 굽어볼 수 있는 전망이 좋은 조금 높은 곳이었다. 재실은 노경임이 주자가 중건하여 강학을 실천한 백록동서원白鹿洞書院을 떠올리며 주위의 지세를 두루 살펴본 뒤 위치를 정하였고, 여헌의 사위 박진경朴晉慶이 "상고시대에는 사람들이 바위구멍에서 살고 들판에서 거처하였는데, 후세에 성인聖人은 궁실宮室로 바꾸어 위에는 들보를 두고 아래에는 기둥을 두어 비바람을 대비하였다"라는 『주역』 대장괘大壯卦의 원길元吉의 상을 취하였다.

이렇게 마련된 재실을 보고 여헌은 흡족해하였다. 재실은 고려 말 충절을 다한 농암 김주의 유허지를 아침저녁으로 바라보고 있었으며,

길재의 사당과도 멀지 않았다. 이에 여헌은 재실의 이름을 '원회당遠懷堂'
이라고 짓고, 강물을 굽어보며 책을 펴서 학문을 연마하고 찾아오는
문인들에게 학문을 가르쳤다.

여헌은 원회당의 툭 트인 지세를 좋아하였다. 독서로 소일하고 학문을
강론하면서도 이따금 재실의 창을 열고 풍광을 내다보았다. 그리고
이때의 감흥을 시로 옮겼다.

작은 집 큰 들에 임해 있으니	小堂臨大野
들녘 밖이 바로 장강이라오.	野外是長江
강가에 층층이 늘어선 산악들	江上列層嶽
내 항상 창문 열고 보노라.	使余常闢牕

— 『여헌선생문집旅軒先生文集』 권1, 「원당元堂에서 우연히 읊다」

여헌은 문하의 제자들에게 항상 "배우는 자는 모름지기 하루에는
하루의 공부가 있어야 하고 일 년에는 일 년의 공부가 있어야 하니,
하다 말다 하는 것은 곧 공부가 아니다"라고 강조하며 꾸준히 공부할
것을 주문하였다. 또한 그런 가운데서도 "사치가 가장 학문함에 해로우
니, 배우는 자가 만일 살찐 말을 타고 가벼운 갖옷을 입으려는 생각을
마음 한쪽에 간직하고 있으면 곧 마음이 밖으로 달려간다. 그리하여
점점 그 가운데로 들어가서 자연 학문과는 상관이 없게 될 것이다"라고
경계하는 말도 잊지 않았다.

이렇게 착실하게 강학을 이어가자 원회당으로 찾아오는 어린 학동들
과 젊은 선비들이 줄을 이었다. 이미 선산과 인동을 넘어 영남 전역에
여헌의 학문적 명망이 알려진 데다가, 이제 일정한 거처까지 마련되어
제자들의 강학에도 소홀함이 없다는 소식이 알려졌기 때문이었다.
이에 따라 선산과 인동 일대의 명문가 자제는 물론, 인근 지역의 젊은

선비들이 다투어 원당을 찾았고, 원당의 원회당은 여헌의 주요 강학처 중 하나로 자리 잡게 되었다.

모원당이 마련된 후 여헌에게는 경사慶事가 이어졌다. 첫째 부인인 정씨 부인과의 사이에 딸 하나만을 두고 둘째 부인인 송씨 부인과의 사이에는 자식이 없었던 여헌은 이때에 이르러 사촌동생인 현도의 둘째 아들 응일應—(1599~1676)을 양자로 맞이하였다. 이때 응일의 나이 7살이었다.

여헌의 후사를 잇게 된 응일은 어머니 송씨 부인의 보살핌과 출가한 고모들의 사랑을 받으며 성장하였다. 이미 출가한 누이도 응일에게 집안의 여러 일들을 알려 주며 응일의 성장을 도왔다. 송씨 부인은 응일에게 여헌의 지나온 일을 상세히 알려 주며 여헌의 뜻을 이어 나가길 기대했으며, 누이는 여헌이 선조를 위해 헌신한 여러 일을 알려 주며 가통을 이어 나가길 기원하였다.

여헌도 때로는 엄하게 응일을 훈육하면서도 사랑스러운 눈길을 거두지 않았다. 특히 여헌은 응일에게 지속적인 독서를 권하였다. "옛사람의 책을 보면 어느 것인들 간절하지 않은 것이 있겠는가마는, 『춘추』 한 책은 선과 악에 대한 심술心術의 구분이 분명하고 옳고 그름을 칭찬하고 폄하하는 의리가 공정하니, 신하로서 군주를 섬기는 자들은 마땅히 알지 않을 수 없다. 그러므로 나는 네가 『춘추』를 읽기를 바란다"라고 하여 응일이 독서를 통해 성장하여 장차 신하로서의 직분을 다할 수 있기를 기대하였다.

원회당에서 학문 연구와 강학에 매진하던 여헌은 53세가 되던 선조 39년(1605) 봄에 고향 인동으로 돌아왔다. 피란살이를 할 때나 보은현감으로 재직할 때나 언제나 지근거리에서 여헌을 모셨던 인동장씨 종가의 자제이자 제자인 장경우가 주도하여 인동의 남산 아래에 여헌의 새로운 거처를 마련한 것이었다.

여헌은 전란 통에 인동의 남산 옛집이 쑥대밭이 되어 버린 까닭에 인동에 거주하는 동안 종손인 장경우의 부친 장내범의 집에 임시로 거처를 정하기도 하는 등, 특별히 머물 곳이 없어 인동으로 돌아왔다가는 곧바로 떠나기를 반복하고 있었다. 이러한 사정을 잘 아는 장경우는 인동의 집안사람들과 의논하여 가시나무를 베고 불탄 재를 쓸어 낸 뒤 나무를 베어다 기둥을 세우고 서까래를 얹어 집의 모양을 갖추었다. 방과 대청이 각각 두 칸씩이었다. 이제 집의 모양은 갖추어졌지만, 지붕에 얹을 기와가 문제였다. 이때 장경우는 인동현감 유영서柳永緖에게 부탁하여 관아의 건물을 수리하고 남은 기와를 얻어서 지붕을 덮었다. 이렇게 해서 인동에 여헌의 새로운 거처가 마련되었다.

새로운 거처가 마련되자 장경우는 선산의 원회당에 거처하던 여헌을 인동으로 모셔 왔다. 남산 아래 아늑한 새 거처를 둘러보고 감회에 젖은 여헌은 새 거처를 '모원당慕遠堂'이라고 명명하였다.

아! 산은 옛 산 그대로이고 냇물은 옛 냇물 그대로이며 골목도 옛날 골목 그대로인데, 예와 지금이 바뀌고 인물이 변하여 죽은 자는 다시 살아나지 못하고 없어진 자는 다시 생겨나지 못하니 고인古人을 다시 볼 수 없다. 그러하니 선조께서 남겨 주신 이 몸으로 선조께서 거주하시던 시골에 살면서 선조를 생각하여 사모하는 마음이 어떠하겠는가? 저 밭과 들을 보면 바로 선조께서 밭 갈고 수확하시던 들판이며, 도로는 바로 선조께서 밟고 다니시던 도로이며, 강산江山은 바로 선조께서 노닐고 감상하시던 강산이다. 저 선조께서 쌓아 올린 덕의 남은 음덕陰德을 입어 자손들이 또한 이 전야를 갈고 수확하며 이 도로를 밟고 다니며 이 강산에서 놀고 감상하니, 사람들이 과연 스스로 밭 갈고 스스로 수확하며 스스로 밟고 스스로 다니며 스스로 놀고 스스로 감상할 수 있었겠는가. 이는 모두가 선조께서 남겨 주신 것이다. 그렇다면 효성을 다하는 정성을 다하지 않을 수 있겠는가?
한 번 생각할 적에 선조를 생각하여 선조의 마음에 위배됨이 있을까 두려워하고

한 번 말할 적에 선조를 생각하여 선조의 덕에 위배됨이 있을까 두려워하며 한 번 동작할 적에 선조를 생각하여 선조의 도에 위배됨이 있을까 두려워하여 전전긍긍하며 항상 깊은 못에 임한 듯이 여기고 살얼음을 밟는 듯이 여긴다면, 우리 성을 함께한 자들은 거의 선조의 남겨 주신 가르침을 실추하지 않을 것이요 우리 선조들 또한 훌륭한 자손을 두었다고 말씀하실 것이다. 이에 나의 당을 이름하여 '모원慕遠'이라 하였다.

— 『여헌선생문집』 권9, 「모원당기慕遠堂記」

조상 대대로 이어온 옛터에 새로운 집을 마련한 여헌은 선조에 대한 효성을 담아 새 거처의 이름을 지었다. 새 거처가 마련된 기쁨보다는 선조에 대한 감사와 추모의 마음을 먼저 생각하여, 새 집의 이름을 '모원당'이라 이름하고 직접 기문을 지어 이름을 모원당이라 한 이유를 밝혔다.

극심한 피해를 남긴 긴 전란을 겪고 난 후에 급하게 지어졌기 때문에 새 거처는 화려하거나 안락하지만은 않았다. 여헌의 평소 성품이 그대로 옮겨진 듯, 모원당은 장식도 없고 웅대하지도 않았다. 간결한 일자형 구조에 소박한 기품이 서려 있었다. 오른쪽 두 칸을 대청, 왼쪽 두 칸을 방으로 삼고, 현판을 대청 한복판이 아닌 방으로 들어가는 문 위에 걸었다. 서고는 앞마당을 이용하도록 하였으며, 부엌은 뒤에서 출입하도록 배치하였다. 이렇듯 담박한 모원당은 생활에 불편함을 주기도 하였지만 여헌은 그러한 불편함을 오히려 반겼다. 그도 그럴 것이, 이제야 자신의 영원한 고향 인동에 마음 편히 지낼 공간이 마련되었다는 안도감이 앞섰기 때문이었다.

여헌은 불편함 속에서도 독서로 소일하며 학문 정진에 매달렸다. 모원당 대청에 앉아 마당의 회화나무를 바라보며 자주 사색에 잠겼다. 그러면서 입춘을 맞이하여 다음과 같은 시를 지었다.

귀가 있어도 남의 악한 일 듣지 않고	有耳無聞人不善
고요한 가운데 항상 책 속의 스승 대했으면.	靜中常對卷中師
몸의 병과 마음의 병 모두 제거하여	消除身疾兼心病
갠 달 시원한 바람 사시에 맡기리라.	霽月光風任四時
분수 안의 빈한함은 나의 괴로움 아니니	分內寒貧非我苦
세상의 부귀영화 늙어서 어찌 사모하겠는가.	世間榮慕老何宜
다만 건곤의 뜻을 안다면	但能領得乾坤意
어느 곳이든 어느 때든 기쁘지 않음이 없으리라.	無處無時不自怡

— 『여헌선생문집』 권1, 「모원당慕遠堂에 대한 입춘의 축원」

이렇게 여헌은 독서를 통해 성인과 만나 대화를 나누었으며, 자신의 처지를 비관하지 않고 오로지 학문에만 침잠했던 것이다. 부귀도 영화도 그를 흔들지 못하였으며, 오로지 우주자연의 원리만이 그가 추구하는 인생의 지침이었다.

입암정사가 낙성되다

같은 해(1605) 가을, 입암의 정사진으로부터 새로운 거처가 마련되었다는 연락이 왔다. 여헌을 위해 입암의 네 친구가 입암을 둘러싸고 계곡물이 굽이쳐 흐르는 언덕 위에 작지만 아늑한 새 거처를 마련하였다는 소식이었다. 이에 여헌은 제자 몇 명을 대동하고 곧바로 입암으로 갔다. 도착하여 정사진 형제를 비롯하여 입암의 친구들과 만나 회포를 풀고, 새로운 건물의 이름을 '만활당萬活堂'이라고 지었다.

만활당은 입암 옆에 있는 얕은 언덕에 막돌로 3단의 기단을 쌓고 그 위에 초석을 놓은 후 둥근 기둥을 세워 지어졌다. 정면으로 3칸, 측면으로 1칸 규모의 아늑한 거처였다. 이 아늑한 공간을 보고 여헌은 "내 이제 궁벽하게 산재山齋에 거처하니, 이 몸이 비록 흙덩이와 같은 한 물건에 불과하나 그 마음은 진실하여 이치가 통하지 않음이 없고 사물이 포괄되지 않음이 없다. 그러므로 당堂의 이름을 '만활'이라 하여 스스로 살피는 자리로 삼는 바이다"라고 하였다. 그리고 다음과 같은 사辭를 지었다.

천지의 큰 덕은 만물을 낳는 것이니	天地之大德曰生
낳는 이치가 유행함을 '활活'이라 하네.	生之理流行曰活
이 이치는 하루만 유행하지 않으면	此理一日不流行
천지가 천지가 되지 못하니	天地不能爲天地
하물며 만물이 만물이 될 수 있겠는가?	萬物況得爲萬物
그렇다면 이 천지의 가운데에 서서	然則立此天地之中
이 만물의 우두머리가 되어	首此萬物之上
이 이치 알고 체행할 것을 생각하지 않겠는가?	盍思有以體會夫此理
체행은 어떻게 하여야 하는가?	體之伊何
경敬 한 가지뿐이라오.	曰敬而已

지난 선조 33년(1600) 봄에 시작하여 얼마 지나지 않아 완성된 서재인 '우란재友蘭齋'와 더불어 이제 확실한 거처인 만활당이 마련되어 여헌은 기쁨이 컸다. 앞서 우란재가 완성되었을 때 여헌은 입암의 친구들에게 "작은 서재가 이미 이루어졌으니, 우리가 이곳에 거처하면서 마땅히 무엇을 닦고 무슨 일을 하여야 하겠는가? 세상에 정자亭子나 혹 당堂을 경치가 좋은 구역에 만들어 두는 자들은 그 하는 바가 똑같지 않다. 술과 여색을 좋아하는 자는 주색을 즐기는 장소로 삼고, 활쏘기에 성벽性癖이 있는 자는 고함치고 떠들며 다툼을 일삼고, 장기와 바둑을

좋아하는 자는 효로梟盧(주사위의 일종)의 마당으로 삼는다. 이것은 굳이 말할 것이 못 되니, 우리는 이러한 것은 하지 않을 것이다"라고 하고 다시 "세속을 버려 인간의 일을 끊고 인륜을 버리며 공허空虛한 것을 말하고 현묘玄妙한 이치를 찾아서 숨은 것을 좇고 괴이한 짓을 행하여 연하煙霞를 고향으로 삼고 바위와 골짝에 거하면서 사슴과 멧돼지와 짝하고 도깨비와 벗 삼는 자들이 혹 이러한 곳에서 은둔하고 감추니, 이 또한 좌도左道라서 유자儒者의 사모하는 바가 아니다"라고 지적한 뒤, 친구들에게 이곳에서 함께 학문을 강마할 것을 청하였다. 이때 친구들은 여헌의 뜻에 찬성하고 재차 여헌에게 이곳으로 옮겨와 살 것을 청하였으며, 여헌은 흔쾌히 약속하였다. 이제 만활당의 건립으로 친구들과의 약속이 머지않아 완전히 이루어질 것이라는 희망이 눈앞에 펼쳐지는 듯하였다.

만활당의 건립은 이듬해(선조40년, 1607) 겨울에 이르러 다른 재실과 대청의 완성으로 이어졌다. 입암의 네 친구인 권극립, 정사상과 정사진 형제, 손우남은 우란재, 만활당에 이어 대청인 일제당日躋堂을 짓고, 일제당 좌우에 이미 지은 우란재와 열송재悅松齋를 배치하여 완전한 강학 공간을 마련한 것이었다. 이 밖에 친구들은 살림집 만활당 이외에 경제당敬躋堂 등도 인근에 더 지었다. 이렇게 하여 살림집과 서재, 그리고 강학할 공간이 온전히 갖추어지게 된 것이다.

서재와 살림집, 여러 부속건물들이 온전한 모습을 갖추게 되자 여헌은 "젊어서 배우지 못하고 늙어서 아는 것이 없건만, 이미 지나간 세월을 다시 돌릴 수 없고 이미 노쇠한 정력을 다시 강하게 할 수 없다. 다만 흰머리의 나이에 수습하고 노년 시절에 스스로 힘쓰니, 다행히 밖으로 사모함이 없고 만년에 취미가 있어 때와 시월時月의 사이에 만약 다시 만萬에 하나 전진이 있다면 이 또한 어찌 거처하는 곳의 도움이 아니겠는가?"라고 말하고, "책을 다 읽고 강講을 마친 다음 정신을 쉬고 기운을 펴는 일을 나와 여러 친구들이 함께 할 것"이라고 하여 학문의 정진을 재차 다짐하였다. 그리고 '입암정사立巖精舍'라는 편액을 걸고 입암의 친구들과 본격적인 강학에 나섰다.

입암정사 준공 이후 학문에의 의지를 가다듬던 여헌은 선조 40년(1607) 정월에 뜻하지 않은 비보를 접하게 되었다. 정유년(선조 30년, 1597) 청송에서 도의지교를 맺었던 박성의 부음을 접하게 된 것이다. 첫 대면 이후 수시로 왕래하였고, 여건이 여의치 않으면 편지라도 주고받으며 교유의 깊이를 더해 갔던 절친한 벗 박성의 부음을 전해 듣고 여헌은 다음과 같은 제문을 지어 보냈다.

마음을 알아주는 분을 잃었으니	既失知心
누구와 더불어 손을 잡고 가겠습니까.	誰與攜手
내 이 세상을 보니	我觀此世
공과 같은 분이 몇 명이나 있겠습니까.	似公幾有
굳세고 방정하고 정직함은	剛方正直
공이 하늘로부터 받았사온데	公所天授
이것을 천성대로 지켜	性此而守
조금도 굽히거나 흔들림이 없었습니다.	無往屈揉

– 『여헌선생문집』 권11, 「박대암朴大庵에 대한 제문」

막역지우 박성을 잃은 지 얼마 지나지 않은 선조 40년(1607) 5월, 다시 여헌은 유성룡의 부음을 접하게 되었다. 일찍이 자기를 조정에 천거하여 출사의 길을 열어 주었고 전란 중에 만나 우의를 나누며 학문을 강론했던 유성룡이 풍산현 고향에서 운명하였다는 소식이 인동의 여헌에게 도착한 것이었다. 연이은 비보에 여헌은 망연자실하였다. 형편상 직접 조문할 수 없었던 여헌은 "밖에 있으나 나라를 근심하는 걱정 더욱 깊었고, 죽음에 임해서도 군주를 사랑하는 심정 더욱 간절하였다오. 깨끗한 지조와 고상한 도량 아이들도 모두 아니, 시정에서 정성 바침 어찌 이름을 위해서이겠나?"라는 만시晩時를 지어 보냈다.

교유의 폭을 넓히고, 야은을 추념하다

원회당에 머물며 독서와 강학 활동에 힘쓰던 여헌은 선조 40년(1607) 초봄에 정구와 함께 용화산龍華山 주변을 유람하였다. 경상도 함안군에 있는 용화산은 남강南江과 낙동강이 합류하여 서출동류西出東流하는 명당으로, 일곱 마리 용이 승천하는 것 같은 형상을 하고 있어 예로부터 재사才士들이 즐겨 찾는 곳이었다. 여헌은 정구와 함께 망우정忘憂亭을 방문하여 망우당忘憂堂 곽재우와 만난 후, 이어 인근 도흥강道興江으로 가서 배를 띄우고 여유로운 시간을 가졌다. 여헌 일행이 이곳을 찾았다는 소식이 전해지자 인근의 선비들과 친구들이 30여 명이 넘게 모여들었다. 함안을 비롯하여 영산靈山, 창녕昌寧, 현풍玄風, 고령高靈, 성주의 선비들이 자리를 함께하였다. 이때 여헌과 정구에 대한 참석 인사들의 인물평이 흥미롭게 오고갔는데, 그 내용은 다음과 같다.

> 용화산 아래에서 함께 배를 띄우고 노시던 날에 곽재우가 웃으며 정구에게 말하였다.
> "나의 소견에는 여헌이 한강보다 낫다."
> 이 말을 듣고 정구가 답하였다.
> "영공令公의 소견이 옳습니다, 옳습니다."
> 함안 고을의 학자 작계鵲溪 성경침成景琛이 나이가 가장 높았는데, 손을 저으며 말하였다.

"이러한 말씀을 하지 마시오, 우선 이러한 말씀을 하지 마시오. 나는 단지 우리 스승이 있음을 알 뿐이오."

참석했던 외재畏齋 이후경李厚慶(1558~1630)이 곽재우를 돌아보며 "영공의 의논은 서하西河 사람과 같음이 있습니다"라고 말하였고, 이렇게 서로 한바탕 재미있게 이야기를 주고받은 후 이 자리를 파하였다.

이 자리에 부친을 모시고 참석했던 20대 초반의 젊은 선비 조임도는 훗날 이에 대해 "곽 우윤의 말씀은 질박하여 꾸밈이 없고, 한강(정구)의 대답은 탁 트여 사사로움과 인색함이 없었으며, 작계가 우선 이러한 말씀을 하지 말라고 한 것과 외재가 서하 사람이라고 배척한 것도 스승을 높이고 도道를 호위하는 뜻에서 나온 것이니, 우리 학문의 성대한 모임을 어찌 다시 얻을 수 있겠는가?"라고 술회하였다. 이 일화는 비록 웃으며 주고받은 짧은 인물평이었지만, 50대 중반에 이른 당시 여헌의 학문과 인품이 정구의 그것을 넘어서고 있음을 시사하는 일화였고, 이후 여러 선비들 사이에서 회자되었다.

이해 여름에 여헌은 선산의 금오산을 유람하였다. 일찍이 왜란이 발발하자 금오산으로 피란한 적이 있었지만, 이때 여헌은 비로소 여유를 갖고 금오산을 감상하며 선현들을 추억할 수 있었다. 그리고 다음과 같은 시를 지었다.

대나무는 당시의 푸르름 그대로 유지하고	竹有當年碧
산은 옛날과 다름없이 높아라.	山依昔日高
청풍에 아직도 머리털 쭈뼛해지니	淸風猶竪髮
누가 고인을 멀다 말하는가?	誰謂古人遙

― 『여헌선생문집』 권1, 「금오산을 방문하다」

금오산을 오르면서 여헌은 길재의 충절과 학덕을 확인하기 위해 이곳저곳을 둘러보았다. 이때는 아직 채미정採薇亭이 건립되기 전이라 여헌은 금오산 기슭에 산재한 길재의 유적지를 찾아 깊은 감회에 젖었다. 그리고 금오산의 대나무를 바라보며 다음과 같은 부賦를 남겼다.

주나라의 일월이 밝고 은나라는 망하였는데	周家日月兮殷室丘墟
선생은 대나무를 얻어 짝이 생겼으며	先生得竹而有匹
모든 산에 차가운 서리로 풀들 모두 시들었는데	萬山風霜兮百草俱拉
대나무는 선생을 얻고 외롭지 않았네.	竹得先生而不獨
선생이 대나무를 저버리지 않으니	先生不負竹兮
우주에 윤리강상이 지켜지게 되었고	宇宙有綱常
대나무가 선생을 저버리지 않으니	竹不負先生兮
천지에 순수히 굳센 기운이 있게 되었네.	天地有純剛
선생은 떠나갔어도 대나무는 그대로 있으니	先生去兮竹尚在
빛이 더욱 늠름하고 바람이 더욱 시원해라.	光凜凜兮風颯颯

— 『여헌선생문집』 권1, 「야은의 대나무에 대한 부賦」

독서에 집중하여 학문적 기틀을 다지고 강학에 몰두하는 가운데서도 여헌은 유람을 즐기며 교유의 폭도 넓히고 자신의 뜻도 가다듬었다. 그러던 중 무신년戊申年(선조 41년, 1608) 2월에 이르러 선조가 승하하였다는 비보를 접하고 오산서원吳山書院에 가서 애도를 표하였다. 그리고 여름에는 영양의 입암으로 들어갔다. 선조의 발인일이 되자 여헌은 계구대에 나아가 서쪽을 향해 곡을 하고 절하였고, 하관하는 날에도 마찬가지로 서쪽을 향해 곡을 하고 절하였다.

제3부 강학에 몰두하며 학문 연구에 매진하다

1. 은인자중하며 강학에 몰두하다

요기가 판치는 세상, 은인자중을 선택하다

선조가 승하한 후 광해군 즉위년(1609) 6월에 여헌에게 합천군수陜川郡守가 제수되었지만 여헌은 사양하고 나아가지 않았고, 이어 광해군 1년(1610) 12월에 다시 선공감繕工監 첨정僉正이 제수되었으나 또한 사양하고 나아가지 않았다. 이것을 끝으로 광해군 대에는 더 이상 여헌에게 관직이 제수되지 않았다.(연보에는 광해군 2년 7월에 사헌부 지평이 제수되었다고 기록되어 있지만, 『광해군일기』에는 그러한 기록이 없다.)

광해군이 즉위하던 때는 여헌이 50대 후반에 이른 시기였다. 선조 대에는 이미 학문적 명성이 알려져 밀물처럼 벼슬이 제수되었지만, 광해군 대에 접어들어서는 두 차례 정도 벼슬이 제수되었을 뿐 더 이상 여헌을 찾지 않았다. 그 이유에 대해서는 명확한 기록이 없다. 다만 광해군 대의 정치적 상황, 그리고 이와 관련된 관료 학자들 간의 갈등 등 여러 상황에 비추어, 여헌이 국정에서 배제되었으며 여헌 또한 광해군 대의 정치적 상황에 대해 극히 부정적이어서 관직에 대한 미련을 더 이상 갖지 않았을 것으로 추측할 뿐이다.

광해군 대 초반에 불거진 정인홍의 '회퇴변척晦退辨斥' 등 당시 정국을 주도하던 북인정권의 학통 인식과 이에 따른 갈등은 여헌을 부정적으로 인식하는 계기가 되었을 것으로 추측할 수 있다. 광해군 3년(1611) 3월에 이르러 북인의 영수였던 정인홍은 스승인 조식曺植이 이황으로부터 무함誣陷을 받은 것을 변호한다는 취지로 차자箚子를 올려 이황을 비판하였고, 이에 더하여 이언적의 과오까지 지적하였다. 을사사화乙巳士禍 때 이언적과 이황이 관직에 있으면서 이를 막지 못하였고, 이황이 만년에 벼슬을 사양하고 나오지 않은 것도 또한 하나의 오만이자 세상을 경멸한 행실이라고 비판하였던 것이다.

정인홍의 차자 내용이 알려지자 이황을 따르던 성균관 유생 500여 명은 연명으로 소를 올려 이언적과 이황을 옹호하면서 정인홍의 차자 내용을 비판하였고, 급기야 정인홍의 이름을 성균관의 유적儒籍인 청금 록靑衿錄에서 삭제하였다. 일련의 사태가 벌어지자 광해군은 정인홍을 청금록에서 삭제한 책임자를 찾아 문책하려 하였고, 성균관 유생들은 이에 대항하여 권당捲堂(일종의 동맹휴학)에 들어가는 등 일대 소동이 빚어졌다. 사건은 당시 좌의정이었던 백사白沙 이항복李恒福(1556~1618) 등이 나서서 광해군을 만류하여 유생들을 타이르는 수준에서 봉합되었지만, 이후에도 조정의 관료들을 물론 지방 유생들까지 시비논쟁에 참여하여 논란은 한동안 지속되었다.

광해군 대 초반에 정국의 일대 파란을 일으켰던 정인홍의 회퇴변척을 계기로 여헌과 일정한 관계를 유지하고 있던 정구는 정인홍과의 절교를 선언하였다. 정인홍 또한 정구에 대해 불편한 감정을 숨기지 않았으며, 이들 간의 갈등은 조정은 물론 영남 지역으로까지 확대되었다.

정인홍과 정구 사이의 갈등이 표면화되기 이전에도 이미 갈등의 조짐은 잠복해 있었다. 북인정권이 들어서서 정인홍이 정국의 주도권을 장악하면서 영남 지역에서의 영향력을 확대하려 할 때 이미 논란이 점화되었던 것이다. 광해군 대를 지나 인조 대에 이르러 편찬된 『광해군일기』의 사관은 당시의 갈등 상황을 다음과 같이 평가하였다.

> 대저 영남은 선비가 많은 곳인데, 이황의 뒤로는 참된 선비로서 우뚝하게 사표師表가 될 만한 자가 없다. 좌도左道와 우도右道의 반은 유성룡을 주장으로 삼아 언론이 투박하고, 우도의 고령高靈 이하는 정인홍을 주장으로 삼아 언론이 포악하였다. 정구는 유성룡의 무리로서, 정인홍과 서로 가까운 거리에 살면서 문하를 나누고 생도를 끌어 모아 서로 비방하였다. 정인홍의 문도들로 말하면 더욱 무뢰배가 많아 말은 요堯임금처럼 하지만 행동은 도척盜跖처럼 하니, 한갓 정인홍의 형세를 빙자하여 사적私的으로 명예를 세우느라 수령을 협박하고 고을을 무력으로 억압하였다. 조금이라도 자기를 따르지 않는 자가 있으면 문득 집을 헐어 내고 고을에서 쫓아내며 통문을 돌려 과거를 치르지 못하게 하니, 그 근방의 선비들은 일생의 편안함과 곤란함, 영화와 몰락이 모두 그에게 달려 있으므로 부득이 그를 따랐으나 대부분 자신의 뜻은 아니었다.
> ― 『광해군일기光海君日記』(정초본) 26권, 광해 2년 3월 21일

비록 인조 대에 정권을 잡은 서인에 의해 작성된 것이지만, 북인 정권의 중심인물이었던 정인홍과 그의 문인들이 보여 준 행태는 영남 지역에서부터 조정에 이르기까지 정당성을 잃은 것이었고, 특히 정구와 정인홍의 갈등은 심각한 수준에 이르고 있었다. 이에 따라 정구와 연결되어 있던 여헌도 북인정권으로부터 부정적인 인사로 취급되었고, 그 결과 여헌의 관직 제수는 기대하기 어려운 상황이었음을 어렵지 않게 짐작할 수 있다.

정치적 상황과 연계된 정인홍과 정구의 갈등도 있었지만, 그에 못지않게 광해군 대의 정치현실에 대한 여헌의 인식도 결코 긍정적이지 않았다. 광해군이 보위에 오른 지 얼마 지나지 않아 여헌은 당시 정국을 걱정하며 다음과 같은 시를 지었다.

긴긴 밤 괴로운 마음 끝이 없는데,　　　　　　　長夜苦漫漫
천지엔 새벽이 어이하여 더디 오는가?　　　　　天地何遲曉
들쥐들 침상 가에 어지러우니　　　　　　　　　群鼠亂牀邊
쉬어 가는 나그네 꿈이 절로 적어라.　　　　　宿客夢自少

　　　　　　　　　－『여헌선생문집』권1, 「겨울밤에 우연히 읊다」

　여헌은 당시의 정치적 갈등 상황과 혼란에 대해 정권의 책임자 누구를 탓하기보다는 세상을 걱정하는 뜻을 앞세웠다. 그는 조식에 대한 평가에 있어서도 이황 문하의 일각에서 제기된 것처럼 그 학문을 높게 평가하지 않았던 흐름에 동조하지 않았다. 그는 한 제자에게 조식에 대해 "높은 부분(高處)은 단지 작록爵祿을 사양하고 풍절風節을 세움에 있을 뿐만이 아니다. 의논이 보통사람들의 의표를 뛰어넘고 식견이 보통사람들보다 몇 등급이 더 높아서, 타고난 자품과 학문이 매우 드높고 탁월하다"라고 평한 뒤, "이 어른의 높은 부분을 누가 감히 바라 미치겠는가?"라며 탄식하였다. 자신의 처지나 당시 세태에 기울지 않고 객관적인 입장에서 북인의 연원이 되는 조식의 학문과 인품을 평가하고 있다. 광해군 대에 접어들어 자신이 정권에서 소외되고, 심지어 영남 지역 내에서 일부 조식 문인들의 횡포를 목도하였음에도 불구하고 여헌은 조식의 가르침을 인정하였던 것이다.

　이처럼 선배 학자들에 대해서는 보다 객관적인 입장에서 평가하고 이해하고자 한 여헌이었지만 광해군 당대의 정치 현실에 대해서만은 부정적이었다. 비록 광해군 당대에는 자신의 정치적 입장을 분명하게 밝히지 않았지만, 비도덕적인 정치 현실에 대해 그는 비판적 입장을 견지하고 있었다. 훗날 그는 다음과 같이 광해군 대를 평가하였다.

　폐조廢朝(광해군) 때의 일을 살펴보면 바로 이와 같습니다. 이때를 당해서는 백주白晝

에도 깜깜하여 요사스러운 기운이 가득하였으며, 시랑豺狼이 길에서 사람을 잡아먹고 여우와 이리가 큰 도시에서 난무하여 윤리가 무너지고 강상綱常이 모두 실추되었습니다. 도탄塗炭의 화가 혹독하고 인심이 이미 이반하여 음陰과 양陽의 순서가 뒤바뀌고 천명天命이 이미 떠나가니, 수백 년의 사직社稷이 장차 며칠이 못 되어 망하게 되었습니다.

광해군이 즉위 후 얼마 지나지도 않은 시점에서 자신이 왕위에 오르는 과정에서 갈등을 빚었던 영창대군永昌大君을 위리안치圍籬安置하여 살해하고, 또 이이첨李爾瞻(1560~1623)의 폐모론廢母論에 따라 인목대비仁穆大妃를 서궁西宮에 유폐시킨 일련의 사건들은 도덕정치를 희구하는 여헌의 눈에는 부정적일 수밖에 없었던 것이었다. 비록 광해군이 임진왜란 기간 동안 국가의 안위를 위해 노력하였고, 후금後金이 조선에 압력을 행사하는 상황에서 국경방비國境防備에 힘썼으며, 명나라와 후금後金 사이에서 능란한 중립외교 솜씨를 발휘하였고, 왜국과 단절되었던 외교를 재개하여 포로로 끌려갔던 백성들을 데려오기는 했지만, 여헌의 눈에 비친 당시의 정치 현실은 비도덕적인 상황의 연속이었다.

초기 제자 양송 15현, 부지암정사를 건립하다

여헌은 비록 피란 중에 정처 없이 떠돌고 곤궁하여 어려운 가운데서도 결코 손에서 책을 놓지 않았다. 어떤 사람이 "죽느냐 사느냐 하는 이 갈림길을 당하여 책은 읽어서 무엇을 하는가?"라고 비아냥거려도 개의치 않고 묵묵히 독서에 몰두하며 학문의 길을 걸었던 여헌은 50대 중반에 이르러 본격적으로 학문적 성취를 구체화하기 시작하였다.

나이 55세 때인 무신년戊申年(1608)에 여헌은 인동에서 입암으로 거처를 옮긴 후 그곳에서 자신의 저술 가운데 최고의 역작 중 하나로 평가받는 『역학도설易學圖說』을 본격적으로 찬술하기 시작하였다. 평생토록 역학易學에 침잠하여 언제나 『주역』을 끼고 다니면서 틈이 날 때마다 공부하고 연구하였던 여헌이었던 만큼, 성숙한 나이에 접어들면서 그 성취를 하나씩 체계화하기 시작했던 것이다. 하지만 저술 작업이 끝나기 전까지는 사람들에게 보이지 않았으므로 주변 사람들은 그가 도설을 저술하기 시작한 것은 알았더라도 그 내용은 알지 못하였다. 여헌은 전혀 내색하지 않고 오래도록 저술 작업에 매달렸다.

본격적인 저술 작업을 시작한 지 얼마 지나지 않아 여헌은 새로운 경사를 맞이하였다. 광해군 2년(1610)에 이르러 그의 제자들이 합심하여 인동의 낙동강 가에 새로운 강학 공간을 마련한 것이다. 장경우를 비롯한 당시 제자들이 인동부에서 서쪽으로 5리 정도 떨어진 낙동강 가의 부지암不知巖 동남쪽 벼랑 위에 정사를 짓고, 여헌이 안정적으로 학문과 강학 활동을 할 수 있도록 배려하였던 것이다.

정사가 세워진 낙동강 가의 이 바위를 '부지不知'라고 한 연유에 대해서는 당시 여헌도 알지 못하고 있는 상태였다. 어떤 사람은 "이 바위가 본래 언덕의 흙 속에 감추어져 있다가 강물이 충돌하여 오랜 세월이 흐른 뒤에 흙이 다 없어지고 나서야 나타나니, 이 언덕에 흙이 있을 때에 사람들이 바위가 있음을 알지 못했다고 하여 이름한 것이다"라고 하였고, 다른 어떤 사람은 "이 바위는 강물이 크게 범람하면 파도 가운데에 감추어져 있다가 홍수가 지나고 물이 줄어든 뒤에야 비로소 나타나니, 물이 크게 불어났을 때에는 사람들이 바위가 있음을 알지 못한다고 해서 이름한 것이다"라고도 하였다. 왜 부지라고 했는지에 대해서는 의견이 엇갈렸지만, 다들 바위가 숨고 드러남을 가지고 있다고 하여

'부지'라고 이름했다는 데에는 이론異論이 없었다. 하지만 이에 대해 여헌은 다음과 같이 말하였다.

바위가 깊은 못 위와 끊긴 산기슭 아래에 있어, 사방이 모두 보기 좋은 경치이고 사시 어느 때나 아름다움을 취할 만큼 경관이 뛰어나다. 강에 배를 띄워도 절경이고 바위에 자리를 깔고 앉아도 절경이어서, 시원한 바람이 불어오는 낮과 밝은 달이 비추는 밤이 모두 좋은 경치이다. 강가의 위아래에 무릇 경치가 좋은 지역으로 이름난 곳이 여러 군데가 있지만 오직 이곳이 가장 뛰어난 절경이다. 그리하여 이 바위와 비견할 만한 곳이 드문데, 심상한 가운데에 매몰되어 있고 물고기와 산새들의 마당으로 버려져 있어 사람들이 기이하게 여기지 않으므로 일을 만들기 좋아하는 자들이 그 실제를 가지고 이름한 것이다.

부지암은 지금은 볼썽사나운 다리가 가로막고 있고 주변에 공단이 조성되어 있어 그 절경을 확인하기 어렵지만, 당시까지는 인동의 낙동강 주변에서 가장 빼어난 절경으로 손꼽혔다. 그래서 여헌은 임인년壬寅年(선조35년,1602)에 인근 지역의 친구 두세 명과 낙동강에 배를 띄우고 부지암 아래에서 풍류를 즐기는 등 이곳을 가끔 찾았다. 그리고 이곳에서 짧은 시를 짓기도 하였다. 이때 지은 시는 다음과 같다.

위에는 하늘이 있고 아래에는 땅이 없으니	上有天下無地
이 어느 세계인가 인간세상 초월하였네.	是何界超世間
세상 사이의 수많은 소식들	世間幾般消息
구름 너머 한 기러기 스스로 한가로워라.	雲外一鴻自閒

　　－ 『여헌선생속집』 권1, 「부지암不知巖에 배를 띄우고 놀다」

여헌은 이 시를 통해 자신을 기러기에 비유하며 속진俗塵을 벗어난 호탕한 기상을 은연중 드러내었다. 이렇게 부지암에서 아름다운 경치를 감상하면서 학문에의 뜻을 다짐한 여헌의 행적을 익히 알고 있었던 제자들은 이곳에 강학의 터전을 마련하고자 했던 것이다. 정사를 마련하는 데 힘을 보탠 제자들은 훗날 '양송槳頌 15현賢'이라 불리게 되는 초기 제자 15명이었다. 이들은 인동, 선산, 칠곡 등을 중심으로 여헌 집안의 자제이거나 혹은 여헌과 인척으로 엮여진 인물들이었다.

여헌은 자신의 학문이 닦인 20대부터 인동장씨 집안의 자제들을 제자로 받아들여 배움의 길을 열어 주었으며, 집안의 세거지였던 성주와 인근의 선산, 칠곡 등의 젊은 선비들에게도 유학의 요체를 가르치며 스승으로서의 위치를 다져 나갔다. 그리고 50대에 접어들어 조카 노경임이 주도하여 선산의 원당에 마련한 원회당을 중심으로 강학의 기반을 강화하였다. 본격적인 강학 활동에 나섰다고 천명하지는 않았지만 여헌은 지속적으로 인동 인근의 촉망받는 자제들을 받아들여 학문을 전수하였으며, 이를 통해 스승다운 면모를 갖추어 갔던 것이다. 그리고 초기의 강학 활동을 통해 배출된 문인들이 양송 15현으로 구체화되어 부지암에 정사를 마련하는 데 주도적 역할을 담당하였던 것이다.

양송 15현 가운데 인동장씨 가문의 자제로는 일찍이 여헌을 종유하며 학문을 익혔고 피란살이 중 거처를 제공하기도 하였던 장내범張乃範과 그의 아들 장경우, 장내범의 동생 장내도張乃度(1573~1644)를 비롯하여 여헌의 족질인 장내정張乃貞(1579~?)과 장내목張乃睦, 여헌의 족제族弟이자 여헌이 일찍이 배움을 익혔던 장순의 아들인 장제원張悌元(1556~1621)과 장광한張光翰(1561~1624), 장덕원張德元(1569~?) 등을 손꼽을 수 있다. 나머지 7명도 대부분 혼맥으로 연결된 인물들이었다. 김종효金宗孝(1553~?)는 족조인 장잠의 손녀사위였고, 박유문朴有文과 박지율朴之聿은 여헌의 족제인 장경한張景翰의 사위였으며, 조희도趙熙道(1569~?) 또한 여헌의 족제 장천한張天翰의 사위였고, 신우덕申祐德(1581~1663)은 장내범과 사돈지간이었다. 이수언李秀彦(1571~?)과 이충민李忠民(1588~1673)도 직간접적으로 여헌과 얽힌 인물이었다.

이들 가운데 정사 건립을 주도한 인물은 일찍부터 여헌을 늘 따라다니며 종유하였던 장경우였다. 인동에 여헌의 새 거처인 모원당의 건립을 주도한 바 있던 그는 부친 장내범을 비롯한 양송 15현의 도움을 받아 부지암 인근의 부지를 매입하고 공역을 지휘 감독하였다. 그리고 이때에 이르러 정사를 완공하고 여헌을 부지암으로 모셔 왔다.

부지암의 정사에 도착한 여헌은 이곳이 진사 서석년徐錫年의 옛터라는 것을 기억하였다. 정사 뒤 산기슭에 있는 그의 묘 앞에 가서 문인들에게 "강산은 어제와 같은데 옛일은 아득하니, 그 묘에 한 잔의 술을 올려 풍월의 옛 주인을 위로하고자 한다"라고 말하고 절을 올렸다. 이어 문인들을 대동하고 정사로 돌아와 둘러보고는 정사의 이름을 '부지암정사不知巖精舍'라고 명명하고 기문(「不知巖精舍記」)을 지었다.

정사의 이름을 부지암정사라고 명명한 것은 단순히 부지암이라는 바위 때문만이 아니었다. 여헌은 '부지不知'의 뜻이 풍부하고 원대하기 때문에 이름을 취하였다고 전제하고, '부지'가 가지는 진정한 의미를 밝혀 문인들에게 바른 공부의 방향을 제시하였다.

자신에게 있어서 알지 못하는 것이 두 가지가 있으니, 마땅히 알지 말아야 할 것을 알지 못하는 것은 알지 못하는 것 중에 좋은 것이요, 마땅히 알아야 할 것을 알지 못하는 것은 알지 못하는 것 중에 나쁜 것이다. 무엇을 마땅히 알지 말아야 할 것이라고 이르는가? 기이한 재주를 부리고 지나치게 공교로운 일과 사사로움을 경영하고 이익을 도모하는 방법으로, 무릇 세상에 잡되고 자질구레한 일이 이것이다. 이것을 알지 못한다면 어찌 알지 못하는 것 중의 좋은 것이 아니겠는가? 무엇을 마땅히 알아야 할 것이라고 이르는가? 천지인물天地人物의 성性과 삼강오상三綱五常의 도道로, 크게는 천하가 다 싣지 못하고 작게는 천하가 깨뜨릴 수 없는 것이 이것이다. 이것을 알지 못한다면 귀와 눈, 입과 코를 지니고 지각知覺을 갖춘 인간이 될 수 있겠는가? 우리들은 자신에게 있는 두 가지의 알지 못하는 것 중에 마땅히 선택을 잘하여야 할 것이다.

남에게 있어서 알지 못하는 것 역시 두 가지가 있다. 내가 알아줌을 받을 만한 실재가 없어 사람들이 알지 못하는 것은 남이 나를 알지 못하는 것이 아니라 나에게 알아줌을 받을 만함이 없는 것이니, 내가 남을 어찌 괴이하게 여기겠는가? 그리고 내 이미 알아줌을 받을 만한 실재가 있는데도 사람들이 마침내 알지 못한다면 그 알지 못하는 것이 남에게 있다. 내 스스로 간직하고 있는 실재는 남이 알지 못한다 해서 상실되는 것이 아니니, 남이 알지 못함이 나에게 무슨 상관이 있겠는가? 무엇을 알아줌을 받을 만한 실재라고 이르는가? 곧 천지인물의 성性을 연구하고 삼강오상의 도道를 다하여, 천하가 실을 수 없도록 커서 밖이 없고 천하가 깨뜨릴 수 없도록 작아서 안이 없는 것이 이것이다. 이 도를 내 몸에 행하고 이 덕을 내 마음에 간직한다면 사람의 능히 할 수 있는 일이 이에 다하니, 과연 남에게 알아줌을 받는다면 이 도와 이 덕의 공용功用이 온 세상에 입혀져서 천지가 자리를 편안히 하고 만물이 잘 길러지는 효과를 이루지 못함이 없을 것이다. 그리고 세상이 혹 알아주지 못하면 이 도를 한 몸에 간직하고 이 덕을 한 마음에 즐거워하여 또한 천지와 만물의 사이에 부끄러움이 없고 홀로 서 있는 경지에 호연浩然할 것이다.

여헌은 제자들에게 "정사에 거처하면서 정사의 이름을 돌아보고 부지의 뜻을 다하여, 자신에게 있어서는 마땅히 알지 말아야 할 것을 알려고 하지 말아서 알지 못함을 한스럽게 생각하지 말고, 반드시 알아야 할 것을 알려고 하여 알지 못하면 그만두지 않아야 하며" "남에게 있어서는 항상 자신에게 있는 실재를 돌이켜서, 없는 것을 있게 하려고 노력하고 작은 것을 크게 하려고 노력하며, 낮은 것을 높게 하려고 노력하고 얕은 것을 깊게 하려고 노력해야 한다"고 역설하였다.

이렇듯 여헌은 '부지'라는 바위의 이름을 차용하여 '부지'의 의미를 보다 높은 차원으로 승화시켜서 제자들의 학문이 보다 충실해질 것을 강조하였던 것이다. 그래서 그는 옛날 성인과 현인, 군자들이 공부한 것은 일찍이 사람들이 알지 못하는 곳에 있지 않은 적이 없었음을 강조하면서 자신과 제자들이 지향해야 할 바를 천명하였다. 그리고 "학문에 나아감은 알지 못한다고 자처하나 끝내는 알지 못하는 바가 없음에 이르고, 세상에 대처함은 항상 알지 못한다고 스스로 감추나 끝내 반드시 알려짐을 스스로 가릴 수 없을 것"이라고 하여 노여워하지 않고 후회하지 않는 지극한 공부에 이를 것을 주문하였다.

공자를 계승하길 희망하다

부지암정사는 여헌에게 기거하고 공부하는 하나의 강학 공간으로서의 의미를 뛰어넘는 것이었다. 여헌은 제자들에게 부지암정사에서 이루어지는 학문의 절실함을 강조하면서 부지암정사가 지향하는 바를 제시하였다.

정사 아래에 흐르는 강물은 바로 낙수 곧 낙동강의 하류인데, 이수伊水와 낙수洛水는 송宋나라 여러 현인들이 일어나신 지역이다. 강의 이름이 우연히 그와 같으니, 정맥正脈이 흐르는 물줄기를 생각하여 수수洙水와 사수泗水의 연원을 거슬러 올라가야 한다. 서쪽은 금오산인데, 바로 야은선생이 은거하신 곳으로 깨끗한 풍도風度와 높은 절개가 곧바로 수양산首陽山의 고죽孤竹 곧 백이伯夷·숙제叔齊와 서로 비추니, 이에 우러러보면 참으로 늠름함이 있다.

이수와 낙수는 이정二程 형제(정호와 정이)가 제자들을 가르치면서 성리학의 초석을 다진 곳이고, 수수와 사수는 공자가 제자를 가르치던 곡부의 옛터를 종횡으로 흐르는 물이다. 여헌은 이수와 낙수를 부지암정

사를 흐르는 낙동강에 비유하여 부지암정사가 곧 성리학의 근원이
되길 희망하였고, 이를 통해 멀리 공자가 유학의 토대를 만든 곡부의
그곳을 지향하였던 것이다. 이것은 여헌 자신이 곧 이정 형제와 마찬가지
로 조선의 학문의 중심이 되어 유학의 본령인 공자를 지향하고 있음을
의미한다고 해도 과언이 아니었다.

비단 여헌은 학문의 본령을 세우고 학문의 새로운 중흥지로 부지암정
사를 위치 지으려고만 하지 않았다. 그는 부지암정사에서 보이는 금오
산, 바로 그곳에 은거한 길재가 보여준 절의를 수양산에 은거하여
두 임금을 섬기지 않겠다는 의리정신을 만대에 길이 새긴 백이와 숙제의
그것에 비견하며 그 정신을 이어받겠다는 신념도 내보였다. 학문과
더불어 유학에 깃든 절의정신을 되새기며 지조를 갖춘 후학의 양성을
꿈꾸었던 것이다.

이처럼 여헌은 이정 형제를 통해 공자를 사숙하며 위대한 학문의
길을 묵묵히 걷고자 하고, 백이와 숙제에 비견되는 길재의 절의를
통해 꿋꿋한 지조와 절개를 갖춘 참지성의 길을 쉼 없이 가고자 하였다.
특히 여헌은 도덕과 사업을 축으로 공자와 같은 웅혼한 인물이 되기를
희망하였다. 그래서 중년 이후 자신이 지위에 있지 못한 것을 마치
공자에 비견하듯이 공자가 지위를 얻지 못한 것에 대한 글(「孔子不得位論」)을
짓고, 공자의 위대한 학문을 사숙하며 공자의 학문에 대한 글(「孔聖」)도
지으면서 그는 언제나 공자처럼 되기를 희망하였다.

공자를 사숙했던 여헌은 "하늘이 공자를 탄생시켜 이미 그 도덕을
크게 하였지만 마침내 높은 지위를 주지 않은 것은 어찌 우연히 그러한
것이겠는가? 진실로 이치에 그렇게 하지 않을 수 없음이 있었기 때문일
것"이라 하여 그의 덕과 지위가 일치하지 않은 이유를 궁구하였고,
또 말하기를 "공자가 없었더라면 우주 사이에 삼재의 도를 누가 붙들어

세우고 천명하여 만세를 하루와 같이 똑같게 하였겠는가?"라고 하여 공자가 당시에 지위를 얻지 못함으로써 만세에 인간의 가치를 천명한 공로를 가지게 되었다는 것을 분명하게 확인하였다. 이는 나아가 자기 자신이 세상을 다스리는 지위에 있지 않으면서 웅혼한 학문에의 지향을 가진 것을 은연중에 공자에 비견한 것이기도 하다.

이렇게 공자를 사숙했던 여헌은 심지어 꿈에서조차 공자와 인연을 맺기도 하였다. 그는 광해군 2년(1609) 8월 더위가 한창이던 어느 날, 입암의 만활당에 기거하면서 공자의 후손에게서 공자의 집을 매수하는 듯한 꿈을 꾸었고, 꿈에서 깬 후 생생하게 기억나는 꿈의 내용을 손수 기록하였다.

지난밤 꿈에 내가 장차 공자의 집을 공자의 후손에게서 매수하는 듯하였는데, 그는 곧 공자의 47~8대손이라 하였다. 이미 집값을 약속하였는데, 값 또한 그리 높지 않아 내 힘으로 충분히 장만할 수 있었다. 이에 내 몸이 이미 그 문 밖에 있으므로 장차 들어가 문과 담장 안에 있는 대청과 방 사이를 살펴보니, 공자의 후손으로 주인인 자가 곧 나와 기다리고 있다가 나를 인도하여 들어가고자 하였다. 나는 머뭇거리면서 먼저 이 집 안에 있는 사람을 물었더니, 성姓이 구씨邱氏라고 대답하였다. 내가 한번 집을 살펴보니, 맨 뒤에는 사람들 집의 대문처럼 설치된 것이 있었는데 곧 큰 누각이었고, 그 안의 좌우에는 모두 세로로 배열된 집이 있었으며, 집이 끝나자 또 가로로 배열된 누각이 있어 밖의 합문閤門과 같았으며, 합문 안에는 또 좌우에 집이 있고 집이 끝나자 또 다시 큰 누각이 있었으니, 지나온 누각이 이미 세 겹이었다. 안에 있는 집과 누각은 또 매우 높고 크니, 이는 정당正堂이기 때문에 규모의 갖추어짐이 앞에서 최고였다. 그 뒤에도 여러 개의 집이 있었으나 나는 다 보지 못하였다. 내가 이곳에 이르러 사방 주위를 둘러보니, 주산主山이 동그랗고 평정平正한데 좌우의 여러 산이 달려와서 일어났다 엎드렸다 하며 사방에서 빈틈없이 호위하고 있었고, 왼쪽 날개의 수구水口를 거둔 곳에는 벼랑이 높이 솟아 마치 날아가는 학鶴이 머리를 치켜든 듯하였다. 나는 돌아보고 즐거워하여 본래 소유했던 것처럼 여겼는데,

이른바 구씨 성인 사람은 볼 수가 없었다.

나는 꿈을 깨고 생각해 보니 공자의 후손인 그 주인은 나이가 20여 세쯤이었는데, 얼굴 모습을 삼삼히 기억할 수 있었다. 그 집은 오래되었으나 제도가 높고 예스러우며 지형이 너르고 웅장하였다. '구丘'자는 곧 성인인 공자의 휘諱인데 성姓이라고 말한 것은 그 뜻을 알지 못하겠다.

- 『여헌선생속집』 권4, 「꿈을 기록함」

여헌은 공자를 직접 계승하고자 하는 의식이 강하였기 때문에 꿈에서 공자의 집을 방문하고 그의 자손을 만나게 되었던 것이다. 이렇듯 여헌은 공자를 사숙하며 공자로부터 비롯된 학문의 본령을 체득하여 도덕과 사업을 이룩하고자 하였다. 어려서 천하에서 제일가는 사람이 되어 천하에서 제일가는 사업을 이루고자 꿈꾸었던 여헌은 마침내 부지암정사의 낙성을 계기로 보다 구체적으로 자신이 지향하는 바를 드러내게 된 것이다.

여헌이 꿈꾸었던 인물은 단순히 앞서 조선에서 학문을 일구고 가꾼 선배 학자에 국한되지 않았다. 그는 유학의 본령을 만들고 이어온 위대한 성인들의 가르침에 주목하고 그 가르침이 자신에게 이어지기를 희망하였다. 그는 단순히 시대의 문제에만 한정하여 고민하고 사색한 것이 아니라 시대적인 문제의 근본적인 해결책을 유학의 본령에서 찾았으며, 자신을 유학 본령에서 비롯된 가르침의 연장선상에서 위치 지우고 싶었던 것이다. 그래서 그는 어려서부터 지향하였던 '천하에서 제일가는 사업'을 '우주사업'이라고 규정하고, 그것의 실현을 자신의 책임으로 떠안고자 하였다.

여헌이 지향했던 '우주사업'은 무엇이었을까? 그는 우주사업이 현실에서 벗어난 공허한 것이 아님을 항상 강조하였다. 그리고 그것을 천지 사이에 크고 작은 온갖 형체를 이룬 존재들이 각각 해야 할 직책을 법칙에 따라 날마다 해야 하는 일로 보았다. 여헌이 꿈꾼 우주사업은 우리 인간이 일상생활에서 항상 행하는 것, 곧 일상의 도와 같은 것이었다. 그래서 그는 우주사업이 인간의 책임이고, 그것을 자신을 비롯해 인간이라면 누구나 해야만 하는 일로 보았던 것이다.

> 우주 안의 수많은 사업이 모두 우리 인간에게 있으니, 만약 우리 인간이 그 사업을 해 내지 못하면 우주는 빈 그릇이 된다. 그러므로 이미 인간이 되어 이 몸이 있으면 저절로 그 도리가 없을 수가 없다. 몸은 도로써 몸이 되고 도는 몸을 얻어 도가 되니, 도와 몸이 합쳐져서 사람이 된다. 사람이 진실로 도를 떠날 수 없다는 것이 이를 가리킨다. 항상 행해지지 않을 수 없어 잠깐이라도 떠날 수 없으므로 도라고 한다. 도는 도로道路의 도道(길)에서 빌려 온 비유이다. 저 도로의 도를 빌려 이 도리의 도를 비유한 것이니, 사람은 도로의 도를 생각하면서 잠깐이라도 떠날 수 없는 오묘함을 알아야만 한다.
> — 『여헌선생문집』 권7, 「도통설道統說」

사람이라면 누구라도 떠날 수 없는 도는 어디로부터 비롯되었을까? 여헌은 사람을 낳은 것은 하늘과 땅이고, 하늘과 땅을 낳은 것은 태극이라고 보았다. 그리하여 태극이 도의 큰 근원을 이룬다고 파악하였다. 하늘과 땅이 생기기 이전에 이미 태극의 이치(도)는 스스로 항상 있었고, 이것으로부터 원기元氣 곧 근원이 되는 기운이 나와 하늘과 땅을 이루었고, 이에 사람과 만물이 하늘과 땅 사이에 태어났다고 이해하였다. 그리하여 하늘이 하늘이 된 이치를 따르는 것이 하늘의 도이고, 땅이 땅이 된 이치를 따르는 것이 땅의 도이며, 사람이 사람이 된 이치를 따르는 것이 사람의 도라고 하여, 하늘과 땅과 사람을 관통하는 도는 모두 태극의 이치라고 파악하였다.

이러한 이해를 바탕으로 여헌은, 하늘은 그 이치를 따라 하늘이 항상 하늘이 됨을 잃지 않으며 땅은 그 이치를 따라 땅이 항상 땅이 됨을 잃지 않지만, 오직 우리 사람만이 기질氣質이 뒤섞이고 물욕物欲의 유혹이 없지 않아서 때로 사람이 된 이치를 따르지 못하여 삼재三才에 참여된 도를 다하지 못하는 경우가 있다고 하였다. 그래서 이 도의 큰 실마리, 즉 '도통道統'을 얻은 사람이 예로부터 지금에 이르기까지 몇 명밖에 되지 않는다는 것이다.

여헌은 당唐나라의 한유가 「원도原道」편에서 "요堯는 이것(도)을 순舜에게 전하였고, 순은 이것을 우禹에게 전하였고, 우는 이것을 탕湯에게 전하였고, 탕은 이것을 문왕文王, 무왕武王, 주공周公에게 전하였고, 문왕, 무왕, 주공은 이것을 공자에게 전하였고, 공자는 이것을 맹가孟軻(맹자)에게 전하였는데, 맹가가 죽고 나서 그 전함을 잃었다"라고 한 것을 거론하며, 도통의 전함에 참여할 수 있는 자가 항상 세상에 있는 것은 아니었다는 점을 밝혔다. 그러면서 동시에 여헌은 송나라 때 여러 현인들이 한유의 입장을 받아들였던 것을 뛰어넘어, 이미 삼대三代(중국 하·은·주대를 가리킴) 이전에도 지극히 성스럽고 지극히 성실한 분들이 대대로 나와 높은 자리에 있으면서 모두 도를 마음에 체득하고 몸에 체행하여 집과 나라와 천하에 밝혔는데 그 성인들이 바로 삼황三皇(중국 고대 전설상의 세 임금. 대체로 燧人氏·伏犧氏·神農氏를 가리킴)·오제五帝(상고 시대 중국의 다섯 임금. 皇帝·顓頊·帝嚳·堯·舜을 말함)·삼왕三王(三代의 聖王이라는 뜻으로, 중국 고대의 세 임금인 夏의 禹, 殷의 湯, 周의 文王을 가리킴)이요 그 세대가 바로 당唐·우虞·삼대三代였음을 상기시켰다.

그러면 왜 여헌은 기존의 도통관을 뛰어넘어 삼황과 오제 등을 도통의 연원으로 이해했을까? 그가 주목한 것은 삼황의 업적이었다. 여헌에 따르면, 복희씨伏羲氏에 이르러 팔괘八卦가 그어지고 문자文字가 만들어졌으며, 예법禮法이 지어지고 명분名分이 차등되고 정사政事가 행해져서 비로소 사람의 도가 천명되었다. 그리고 신농씨神農氏에 이르러 생민生民의 본업과 화물貨物을 유통하는 큰 규칙과 백성을 오래 살게 하는 신묘한 의방醫方이 갖추어지지 않음이 없었으며, 황제黃帝에 이르러 천지에 숨겨진 것이 모두 개발되고 조화의 은미한 것이 모두 나오며 경륜經綸의 관건이 모두 베풀어졌다. 따라서 복희·신농·황제 세 성인은 그 도가 삼재의 큰 강령이 되고 만세의 공통된 모범이 되어 '통統'자로 다할 수 없기 때문에 굳이 도통을 말하지 않았다는 것이다.

그러면 왜 여헌은 도통에 주목하였을까? 그는 우주가 있은 이래로 이 도통을 계승한 자가 있었기 때문에 삼강三綱이 그로써 삼강이 되고 오륜五倫이 그로써 오륜이 되어 세상이 문명文明한 세상이 되었다고 여겼다. 새와 짐승이 모두 잘 살고 오랑캐들이 돌아와 교화되며 해와 달이 빛나고 사시가 차례를 따르며 음양이 조화롭고 비바람이 제때에 불어서, 하늘은 높고 밝은 하늘이 됨을 잃지 않고 땅은 넓고 두터운 땅이 됨을 잃은 것도 바로 이 때문이라는 것이다. 그러니 어찌 여헌이 도통에 주목하지 않을 수 있었겠는가?

하지만 여헌은 도통의 계승이 반드시 높은 자리에 있어야만 가능하다고 보지 않았다. 그는 삼대 이전에는 지극히 성스럽고 지극히 성실한 분이 대대로 나와 높은 자리에 있었고 그 군주가 바로 삼황·오제·삼왕이었지만, 그 뒤로는 이 도의 전통을 얻은 자가 곧 공자와 맹자였는데 이 두 성인은 곤궁하고 낮은 자리에 있어서 도를 품고 일생을 마쳤다는 데 주목하였다. 그리고 공자와 맹자가 활동하던 시대에도 영달하여 높은 지위에 있는 군주 가운데 비록 한두 명 정도 도에 가까운 군주가 있었지만, 제왕帝王의 심법心法을 마음에 두지 않고 제왕의 법을 따르지 않은 채 잡된 패도霸道를 도라고 여겼기 때문에 도통이라고 말할 수 없다고 하였다. 반드시 높은 자리에 있어야만 도통을 계승했다고 할 수 있는 것이 아니라, 비록 낮은 자리에 있더라도 도를 실천하면 도통을 얻을 수 있다는 것이 여헌의 일관된 입장이었던 것이다.

이러한 여헌의 도통관은 여헌이 지향하는 학문의 목표와도 맞닿아 있었다. 그는 어린 나이에 『황극경세서』를 보고 크게 감명 받았고, 20대 초반부터 지속적으로 『주역』에 침잠하며 역학에 몰두하였다. 그리고 평생토록 도를 천명하고 실천하며 우주 사이에 그것을 실현하고자 하였다. 그래서 기존의 도통관을 뛰어넘어 삼황과 오제에 주목하였던 것이고, 지위에 상관없이 도통을 이을 수 있다는 입장을 가졌던 것이다. 지역과 지위를 뛰어넘어 도의 실현에 주목한 여헌이었기에 그의 학문적 계승 입장은 한낱 조선의 선현에만 국한되지 않고 공자와 같은 성인에 맞닿아 있었던 것이다.

여헌이 부지암정사가 낙성된 후 그곳의 입지를 돌아보며 성리학의 물꼬를 튼 이락伊洛의 이정 형제를 통해 학문의 정맥을 거슬러 올라가서 공자를 거론한 것은 그의 지향과 목표가 담긴 것이었으며, 이때 여헌은 지위의 고하가 아니라 도의 실현에 주목하였다. 그래서 그는 도의 실현, 곧 사람의 도리를 다하는 것을 자신의 임무로 삼아 평생을 헌신하였던 것이다. 도통에 대한 또 다른 여헌의 말을 보면서 도의 실현을 간절히 열망하였던 여헌을 다시 떠올리는 것이 우리 시대에 절실한 과제를 확인하는 계기가 되지는 않을는지……

아! 하늘은 하나의 하늘이요, 땅은 하나의 땅이다. 하늘과 땅이 일찍이 없어지지 않았으니 도가 어찌 일찍이 없어졌겠는가? 사람이 스스로 사람의 도를 다하지 못하여 도통이 끊어지고 이어지지 않았을 뿐이다.
— 『여헌선생문집』 권7, 「도통설道統說」

2. 본격적인 강학을 통해 문인을 배출하다

부지암정사를 중심으로 본격적인 강학에 나서다

여헌은 부지암정사의 낙성을 계기로 본격적인 강학 활동에 나섰다. 부지암정사가 마련되기 전에도 영양의 '입암정사立巖精舍', 선산의 '원회당遠懷堂' 등이 차례로 건립되어 강학 기반이 갖추어지기는 했지만, 이때에 이르러 비로소 본격적으로 문인들에게 학문을 가르치며 강학에 몰두하기 시작한 것이다.

여헌의 강학 활동은 이미 젊은 시절부터 시작되었다. 여헌은 18세에 집안의 어른들에게 건의하여, 매월 보름에 종가에 모여 참배하고 자제들을 모아 경서를 강독하며 글을 짓는 것을 상례로 하였다. 관례를 치르던 계유년癸酉年(1573)에 인동장씨 종가의 자제이자 족제인 장내범을 받아들인 것을 시작으로 20세부터 집안의 자제를 중심으로 제자를 받아들였고, 이들과 함께 경전을 읽으며 학문에의 길을 열어 주었다. 이러한 초기의 강학을 통해 여헌 문하에서 형성된 제자들은 앞서 밝힌 대로 '양송15현'이라는 우뚝한 초기 제자 그룹으로 구체화되었다.

여헌의 강학은 피란 중에도 계속되었다. 피란 생활을 하면서 이곳저곳을 전전하였지만, 여헌은 독서로 소일하면서도 가는 곳에서마다 그의 명성을 듣고 찾아온 그 지역의 젊은 선비들에게 강론을 게을리하지 않았다. 피란 생활 중 여헌을 처음 만난 유성룡이 여헌의 학문적 풍모를 한눈에 알아보고 아들 유진을 보냈던 것처럼 평소 인연이 깊었던 성주, 안동, 상주 등지의 교유 인사를 통해 젊은 선비들이 여헌의 문하에 입문하였으며, 선산의 오랜 친구 박수일에 의탁하여 지냈던 얼마 안 되는 기간에도 선산의 여러 학동이 문하로 몰려들었다.

이후 입암의 네 친구에 의해 입암 주위에 만활당과 일제당이 차례로 조성되어 입암정사가 온전하게 그 틀을 갖추게 되자 여헌은 영양을 중심으로 지역의 젊은 선비들을 모아 강학 활동을 전개하였으며, 이를 통해 적지 않은 문인들을 배출하였다. 영양 또한 자형 채응곤이 거주하던 지역이었으니, 자형을 매개로 이루어진 여헌의 인적 관계는 그가 전개한 강학 활동의 기반이 되었다.

여헌은 의성현령으로 재임하면서도 강학에 주목하였다. 입암을 드나들 때에도 반드시 들렀던 곳이 의성이었을 정도로 의성은 여헌과 깊은 인연이 있는 곳이었다. 이곳은 자형 임의중이 오랫동안 거주하면서 나름대로 영향력을 발휘하던 곳으로, 여헌이 의성을 찾을 때마다 임의중은 여헌에게 지역의 유력한 선비들을 소개하여 교유의 폭을 넓힐 수 있도록 배려하였다. 이에 더하여 여헌 또한 전란 중에 의성에서 짧지 않은 기간 동안 거처하였던 만큼 낯설지 않은 곳이었기 때문에, 여헌은 의성현령에 부임하여 향교에서 정기적으로 강학을 진행하면서도 개인적으로 몇 명의 고을 자제들의 입문을 허락하여 또 다른 강학을 전개하였던 것이다.

이와 같이 여헌은 20세부터 부지암정사가 마련되던 57세까지 40년 가까이 꾸준하게 제자들을 받아들이며 강학 활동을 전개해 오고 있었지만, 이제 부지암정사의 건립이 계기가 되어 여헌 문하를 찾는 인근 지역의 선비들은 더욱 늘어나게 되었다.

부지암정사의 하루는 이렇게 진행되었다.

정사에서 밤을 보낸 제자들은 아침 일찍 일어나 낙동강 가의 부지암으로 나아가서 맑은 공기를 마시고 강물로 세수를 한 뒤 정사로 돌아온다. 인근의 모원당에서 밤을 보내고 일찍 정사로 나온 여헌. 제자들은 여헌에게 문안 인사를 드린다. 이후 곧바로 여헌의 강론이 시작된다.

강당에 모인 제자들은 아침 식사를 하기 전에 여헌의 강론을 듣고, 아침 식사 이후에도 다시 모여 여헌의 강론에 귀를 기울인다. 그렇게 오전 시간을 보낸 제자들은 오후에 각자 자신만의 시간을 보내며 여헌의 강론을 되새기거나 서로 모여 토론을 하고 글을 짓기도 한다.

오후 시간에 여헌은 제자들을 불러 공부하면서 미처 깨닫지 못한 것을 확인하고, 의문점에 대해 질문을 하도록 해서 친절하게 그 질문에 대답을 해 준다. 미처 여헌의 부름을 받지 못한 제자들은 여헌이 한가한 틈을 보아 찾아가서 의문점을 해소하며 오후 시간을 보낸다.

저녁이 되면 여헌의 강론이 재개된다. 이 자리에서 여헌과 제자들은 학문의 주요 주제에 대해 문답을 주고받는다. 이런 시간은 밤늦도록 계속되기도 한다. 밤이 되면 제자들이 낮에 본 서책의 내용을 등을 돌리고 외우게 한다.

강론이 없는 날이면 여헌과 제자들은 정사 주변을 산보하기도 하고, 낙동강에 배를 띄워 뱃놀이를 즐기기도 한다. 이때 서로 시를 지어 감흥을 드러내기도 하고 유쾌한 술자리도 가지면서, 분주함 속에서도 한가로운 시간을 보낸다.

제자들에게 비친 여헌의 모습은 보는 이로 하여금 공경하지 않을 수 없도록 하는 풍모였다. 여헌이 의성현령으로 재임할 때 입문한 신열도는 인동의 부지암정사에서 다시 만나 이틀을 함께 지내면서 본 여헌의 평소 모습을 다음과 같이 그렸다.

매일 일찍 일어나 세수를 하시고는 의관을 정제하고 엄연儼然히 단정하게 앉아서 책상을 바르게 놓고 동정動靜함을 합당하게 하였으며, 잠시도 책을 보는 것을 폐하지 않으셨다. 사람을 대할 때에는 웃고 말씀함이 온화하여 한결같이 공손하고 삼가는 것을 위주로 하였으며, 하루 종일 모시고 앉았을 적에 비록 자세히 가르쳐 주심은 없었으나 사람들로 하여금 엄숙하고 공경하게 하여 나쁜 마음이 감히 싹틀 수가 없게 하였다.

부지암정사에서 여헌이 항상 독서와 강학으로 소일한 것은 아니었다. 한가한 날에는 모원당에서 가마를 타고 부지암정사로 나아가 밝은 창문과 조용한 책상에 도서圖書를 좌우에 진열해서 스스로 진리를 터득하는 즐거움을 만들었으며, 주위의 선비들과 어린 학동 몇몇을 대동하고 강 언덕에 올라가 한가롭게 바람 쐬고 시 읊는 흥취를 만끽하였다. 때로 먼 곳에서 제자들이 찾아오면 주저 없이 부지암 아래에 배를 띄우고 뱃놀이를 하면서 즐거운 한때를 보내기도 하였다.

이렇게 부지암정사에서 강학에 몰두하자 인동은 물론, 선산과 성주, 청송, 의성 등 영남의 여러 지역에서 여헌 문하로 입문하는 선비들이 늘어났다. 그리하여 여헌의 학문적 명망은 더욱 높아져 갔고, 이것은 전국적으로 영남의 가장 뛰어난 학자가 여헌이라는 명성으로 이어졌다. 여헌은 '시랑豺狼이 길에서 사람을 잡아먹고 여우와 이리가 큰 도시에서 난무하는 시대'를 맞이하여 정치와 일정한 거리를 두면서 자신의 고향에서 후학을 양성하며 도덕과 사업이라는 자신의 학문적 지향을 구체화하고 있었던 것이다.

여문 10현 등 고제집단이 형성되다

부지암정사의 낙성은 여헌의 강학 활동이 본격적인 궤도에 오르는 계기가 되었다. 학문 연구와 후학 양성을 목표로 건립된 부지암정사는 인동과 선산 출신의 초기 제자인 '양송 15현'에 의해 건립이 주도되었지만, 건립된 이후 이곳에서 학문을 익히고 학자적 자질을 갖추게 된 문인들은 인동과 선산을 넘어 성주와 칠곡, 의성, 청송, 안동, 상주 등 경상좌도 전역을 비롯하여 진주와 함안 등 경상우도 지역에까지 분포해 있었다. 당시 부지암정사의 강학을 통해 이루어진 학문 활동에 대해 훗날 공산恭山 송준필宋浚弼(1869~1943)은 김경장金慶長의 문집인『구암문집龜巖文集』의 서문에서 "옛날 여헌선생께서 동락東洛에서 도道를 강론할 때 동남 지역의 학생들이 옷깃을 여미고 와서 가르침을 청하는 자가 많았는데, 그들은 모두 한 시대의 뛰어난 인재들이었다"라며 문인들이 번성하였음을 높이 평가하였다.

여헌의 문하에 들어선 많은 문인들 중에는 주목할 만한 학문적 성취를 이룬 학자들이 적지 않았다. 여헌은 평소 여러 문인들 가운데 학문하기를 좋아하는 인물 10명을 직접 기록하였는데, 이들은 훗날 '여문旅門 10현賢'이라고 불리게 된다. 여헌 문하의 여러 제자 가운데 호학好學하는 문인들이 별도로 여문 10현이라는 이름으로 일반에게 알려지게 된 경위는 다음과 같다.

당시 문하에 입문한 뛰어난 제자가 많지 않은 것이 아니었으나, 여헌선생께서 늘 10현을 호학하는 이로 일컬었으며 선생 당일의 수록이 있었다고 했다. 나는 그것을 보지 못해 항상 한스럽게 여기던 중, 경신년 2월에 의성의 나재懶齋 신열도 본손本孫의 집에 들러 고적을 열람하다 이 기록을 보았다. 이에 베껴 와서는 삼가 유사의 편말에 기록해 두었다.
　　　　　　　　　성재省齋 권봉權對의 5세손 제행濟行이 삼가 기록하다.

여헌의 문인이었던 권봉權對의 5세손인 권제행權濟行이 안동권씨 일가의 시문을 모아 편집한『영가세고永嘉世稿』중「성재공유고省齋公遺稿」의

'여헌선생문하십현록旅軒先生門下十賢錄'에 실린 이 글을 통해 '여문 10현'의 존재가 처음 확인된 것이다. 여문 10현에 포함되는 문인은 유성룡의 아들 수암修巖 유진(1582~1635)을 비롯하여 학사鶴沙 김응조金應祖(1587~1667), 수암守庵 정사진(1567~1616), 만회당晚悔堂 장경우(1581~1656), 나재懶齋 신열도(1589~1659), 쌍봉雙峯 정극후鄭克後(1577~1658), 간송澗松 조임도(1585~1664), 구암龜巖 김경장(1597~1653), 성재省齋 권봉(1592~1672), 백암栢巖 안응창安應昌(1593~1673) 등이었다.

또 여문 10현 외에 여헌 문인들 가운데 '여문旅門 10철哲'이라고 분류하여 지칭하는 고제집단이 있다. 여문 10철은 여문 10현과는 달리 후학들이 여헌에게 수학한 기간과 학문적 조예의 정도에 따라 고제로 손꼽히는 문인들을 분류한 것인데, 그 구성원들을 보면 여문 10현의 인물들 가운데 권봉과 안응창을 대신하여 학가재學稼齋 이주李紬(1599~1669)와 노형필盧亨弼(1605~1644)이 포함되는 정도의 차이만이 있을 뿐이다. 그만큼 여헌 문하의 고제집단은 대체로 동일한 인물들로 구성되어 있었으며, 이에 대한 당대 및 후대의 평가도 대동소이하였다.

여문의 10현 및 10철로 분류되는 고제들은 인동·성주·안동·의성·영천·경주·함안 등 경상도 전역에서 여헌 문하로 입문한 문인들이었다. 그만큼 여헌의 학문적 영향력이 경상도 전역에 고르게 발휘되고 있었음을 확인할 수 있다. 물론 이것은 이황 사후에 그의 학맥을 계승한 학자들이 대부분 사망하여 경상 지역 내에 여헌 외에는 특기할 만한 학자들이 없었던 데 기인하는 측면도 있다. 더구나 부지암정사가 낙성되고 여헌이 강학 활동을 본격화할 때는 성주를 중심으로 강학에 매진하던 정구마저 세상을 뜬 상태였기 때문에 여헌 문하로의 집결은 자연스러운 결과였을 것이다. 그러나 진주를 위시한 함양과 함안 등 조식의 학문적 영향력이 컸던 경상우도 지역에서도 적지 않은 문인들이 배출되었다는 것은 낙중 지역의 여헌이 가졌던 학문적 영향력이 경상도 전 지역까지 확대되었음을 의미한다. 이것은 결국 이황과 조식의 학문 권역을 아우른다는 점에서 주목할 만하다. 일찍부터 학문적 명망을 얻고 강학에 매진했던 여헌의 그간 활동이 경상 지역 내에서 널리 인정받게 된 것이다.

'양송 15현'으로 지칭되는 초기 문인들이 대체로 여헌학파의 형성에 기여하였다면, 여문 10현으로 대표되는 고제집단은 여헌과 함께 학문을 강론하며 여헌의 학문적 영향력을 확산하는 데 기여하였다. 9살 어린 나이에 여헌 문하에 입문하여 여헌을 시종하며 문인으로서의 역할을 자임했던 장경우는 여헌으로부터 『논어』, 『대학』, 『중용』 등 주요 경전을 배우며 학문적 재능을 인정받았으며, 장성해서는 아버지 장내범과 함께 부지암정사의 건립을 주도하였다. 이후 그의 아들 장해張𤄼와 장학張𤄼 두 형제도 여헌 문하에 입문하면서 일가 모두가 여헌으로부터 학문적 세례를 받았다.

장경우와 더불어 인동과 선산 지역의 핵심적인 문인이었던 김경장도 양송 15현 중 한 사람이었던 김종효를 이어 여헌 문하에 입문한 인재였다. 여헌의 입암 네 친구 중 한 사람인 권극립의 사위이기도 했던 김경장은 여헌으로부터 학문적 기대를 한 몸에 받았으며, 공문孔門의 안자顔子에 비견되기도 하였다. 그의 아우 김희장도 여헌 문하에 입문하였고, 그의 아들 김순발은 여헌의 아들 장응일에게 수학할 정도로 여문 내에서 비중 있는 인물이었다.

여헌이 의성현령으로 재임할 때 인연을 맺은 신열도는 형제들인 신적도申適道(1574~1663), 신달도申達道(1576~1631)와 함께 입문한 인물이었다. 그의 가문인 아주신씨鵝洲申氏 집안이 일찍부터 여헌 집안과 인연을 맺고 있었고 그의 아버지 신흘申仡 또한 여헌을 종유한 인물이었기 때문에, 삼형제의 여문 입문은 자연스러운 것이었다. 아주신씨 가문에서는 신열도 삼형제 외에도 사촌인 신영도, 신지도 등 7명이 여헌 문하에 입문하여 문인 내부에서 의미 있는 역할을 담당하며 학문적 결실을 맺어 나갔다.

입암의 네 벗 중 일인인 정사진과, 역시 네 벗 중 일인인 권극립의 하나뿐인 아들 권봉은 영천 지역을 대표하는 여헌 문인이다. 이들은 인동과 선산 지역의 여헌 문인들과 혼인관계를 맺으며 문인 내부의 유대를 강화하는 한편 영천 지역 내에 여헌의 학문을 확대해 나갔다. 이러한 여문과의 인연은 그 자식대로 이어져, 권봉의 아들과 조카 등 10명 내외의 가문 인사들이 여문에 입문하였다.

성주 출신이었던 이주는 9살에 여헌 문하에 입문하여 여러 경전을 익히며 학문적 재능을 인정받았다. 학식과 문장이 뛰어나 성주 일대에서 상당수 문인을 양성하면서 여헌의 학문을 확대하였고, 여헌이 허심탄회하게 대화를 나누는 몇 안 되는 제자 중 한 명이었다. 이주는 여헌 사후에 여헌의 아들 장응일의 부탁으로 문인을 대표하여 여헌의 가장家狀을 찬술하기도 하였다.

여문의 고제 가운데 노경임과 유진은 여헌에 앞서 세상과 이별하여 여헌에게 큰 슬픔을 안겨 주었고, 여헌은 이들을 위해 제문을 지어 넋을 위로하는 등 자신보다 일찍 사망한 제자에 대한 안타까움을 표시하기도 하였다. 이 밖에, 여문 10현이나 여문 10철에는 포함되지 않지만 선산의 원회당을 마련하는 데 중추적인 역할을 했던 노경임盧景任을 비롯하여 신급申圾, 이언영李彦英, 박길응朴吉應, 조준도趙遵道, 최린崔轔 등 여러 문인들도 고제집단에 포함될 수 있는 문인들이다.

여헌 문하에서 고제집단이 형성된 것은 단순히 그들이 문인 내부에서 명망이 높고 출사하여 관직이 높았던 것에 기인하지 않았다. 물론 여헌 10철을 선정할 때에는 후학 내부에서 여헌과의 인연, 수학 기간의 장단 등을 고려하였지만, 여헌은 생전에 문인들의 학문적 성숙에 주의를 기울여 고제집단의 기틀이 되는 인사들을 직접 정리하였다. 여헌이 호학하는 문인으로 꼽았던 문인들은 대체로 부지암정사를 비롯하여 여헌의 강학처를 찾아 여헌과 학문을 강론하고 깊이 있는 토론을 펼쳤던 인물들이었다. 여헌의 학문적 지향이 어디로 향하는지, 여헌이 기약하는 학문의 실체가 무엇인지, 그리고 여헌이 필생을 두고 강론하는 학문의 대체가 무엇인지를 충분히 알고 있는 문인들이었다. 더구나 이들은 여헌과의 격의 없는 대화를 통해 학문 이외에 지역의 대소사, 가정 내에서의 여러 일 등 여러 부문에서 관심사를 공유하고 있었고, 여헌의 애정 어린 충고를 받으며 문제를 해결하고 있었다.

여헌 사후에 여문 10현을 중심으로 문인 내부의 고제집단에 의해 작성된 여헌의 언행록은 얼마만큼 여헌이 문인들과 깊이 있게 학문을 강론하였는지 여실히 보여 준다. 여헌은 문인들과 심도 있는 학문 강론 이외에도 격의 없는 자리를 만들어 풍류를 즐기기도 하였으며, 이를 통해 사제 간의 정은 물론 문인 내부의 결속을 다지기도 하였다. 다음 몇 개의 일화를 통해 스승으로서의 여헌의 모습을 상상해 보자.

계축년(광해군 5년, 1613)에 문인 조임도가 여헌선생을 배알하였는데, 선생은 아직 관례冠禮를 하지 않은 사자卌子로 하여금 술잔을 돌리게 하였다. 조임도가 자리를 피하며 굳이 사양하면서 말하였다.
"이 술잔이 선생에게만 그친다면 자제子弟들이 술잔을 받들어 올리는 것이 당연하거니와, 소생小生에게도 미친다면 감히 감당할 수 없사오니 청하옵건대 비복婢僕들로 하여금 대신하게 하소서."
선생은 허락하지 않으시고 가까이 이웃 마을로 옮겨 와 사는 것이 낫겠다고 말씀하였다. 조임도가 일어나 대답하였다.

"좋은 지역을 골라 인仁한 곳에 처함은 진실로 소원이오나, 염려되는 것은 이미 별세하신 부친의 묘소가 멀리 떨어져 있으니 이 때문에 근심하는 것입니다."

그러자 선생은 다시 조임도에게 분부하였다.

"이곳은 강가인데 자네의 선영先塋도 물가에 있다 하니, 만약 작은 배 한 척을 장만하여 타고 가서 봄가을로 성묘한다면 왕래가 매우 편할 것이네. 어찌 안 되겠는가?"

조임도는 일어나 절하고 그렇게 하겠다고 대답하였으나, 끝내 결단하지 못하였다.

　　　　　　　　　　　　　　－ 『여헌선생속집』 권9, 「취정록就正錄」(趙任道)

여헌선생이 하루는 정사精舍의 서쪽 마루에 앉아 계셨는데, 문도 10여 명이 나열하여 모셨다. 이때 저녁비가 걷혀 강산이 맑게 개고 환하였다.

선생은 책상 위에 있는 한 권의 책을 펴시어 "운무가 활짝 개어 푸른 하늘을 본다"(靄開雲霧見靑天)라는 시구詩句를 가리켜 보여 주시며 말하였다.

"제군들은 이것이 어떠한 경지가 되는 줄 아는가?"

여러 사람들은 모두 대답하지 못하였다. 이에 선생은 천천히 말을 이어 갔다.

"이것은 지知와 행行이 나누어지는 부분이다. 구름이 걷혀 하늘을 봄은 진실로 인욕人欲이 깨끗이 다하고 천리天理가 유행하여 십분 통투通透한 경지인데, 아직도 이러한 경지에 이르지 못하였다. 이미 이러한 것을 보아 알았으면 반드시 이러한 경지에 이르러야 가장 높은 부분을 다하는 것이다."

　　　　　　　　　　　　　　－ 『여헌선생속집』 권9, 「경원록景遠錄」(金慶長)

전국 각지에서 문인들이 운집하다

평생에 걸쳐 학문에의 열정을 이어 갔던 여헌은 광해군 대에는 인동을 중심으로 선산과 영양의 강학처를 옮겨 다니며 주로 경상도 지역에서 활발한 강학 활동을 전개하였다. 하지만 인조 대에 이르러 학문적 명망이 전국적으로 확대된 뒤로부터는 비록 강학은 경상 지역에 한정되었지만 문하에 입문하는 선비들은 영남을 넘어 전국적으로 확대되었다. 인조반정 이후 영남을 대표하는 산림으로 여헌이 지목되어 사망할 때까지 조정의 징소가 거듭되었고, 이에 따라 나라를 대표하는 원로로 평가받게 되었기 때문에 여헌의 학문적 명망이 전국으로 확산되는 것은 자연스러운 현상이었다.

이에 더하여 여헌은 국가의 원로로서 조야朝野의 중망을 받고 산림으로 징소되는 것을 계기로 기호 학맥의 중심인물이자 이이의 수제자였던 사계沙溪 김장생金長生(1548~1631)과 학문적 교유를 하며 학문적 관심을 확대하였다. 이때는 아직 영남 계열 학자들과 기호 계열 학자들 사이의 갈등이 부각되지 않았기 때문에 두 사람의 학문적 교유는 자연스럽게 양 지역 학자들의 학문적 교류를 촉발하는 계기가 되었고, 이이의 학통을 이은 기호 계열 학자들이 여헌을 방문하는 것이 자연스러운 현상으로 자리 잡았다. 김장생의 고제인 우암尤菴 송시열宋時烈(1607~1689)과 동춘당同春堂 송준길宋浚吉(1606~1672)이 인조 12년(1634) 4월에 인동의 여헌을 예방하고 길재의 묘와 오산서원을 참배한 것도 이때였다.

기호 계열 학자들이 여헌을 예방한 것은 여헌에 대한 긍정적인 평가를 낳는 계기가 되었으며, 여헌에게 학문적 질정을 하는 것으로 이어지기도 하였다. 조선 중기 한문사대가漢文四大家 중 한 사람으로 손꼽히는 택당澤堂 이식李植(1584~1647)은 여헌을 영남의 마지막 유자로 평가했으며, 또 다른 한문사대가인 월사月沙 이정구李廷龜(1564~1635)는 여헌에게 평소 이해하기 어려웠던 『주역』의 여러 문제들을 질정하기도 하였다. 그리고 이러한 평가와 질정은 기호 유림들이 스스로 여헌 문하로 들어오는 것으로 이어져, 이정구의 사위 홍방洪霶(1573~1638) 등이 여헌 문하에 입문하기도 하였다.

한편, 여헌이 활동했던 인동과 선산의 수령으로 부임한 인사들과 그들의 자제가 여헌의 문하에 입문하거나 혹은 여헌이 징소되어 한양에 있을 때에 사제의 연을 맺는 경우도 적지 않았다.

인동부사를 역임한 정호서丁好恕(1572~1647)와 정두원鄭斗源(1581~?)를 위시하여 성산현감 이시만李時萬(1601~1672), 울산부사 맹세형孟世衡(1588~1656), 영천군수 한덕급韓德及(1577~1660) 등 인근 지역의 고을 수령으로 재임하면서 여헌 문하에 입문하는 인사들이 속출하였다. 특히 기호학계의 거목이었던 우계牛溪 성혼成渾(1535~1598)의 손자 성력成櫟(1580~1651)은 신녕현감新寧縣監으로 재임하면서 여헌의 고제 조임도와 인연을 맺고 여문에 입문하여 이채를 띠기도 하였다.

고을의 수령으로 부임한 자제들의 여문 입문도 이어졌다. 여이재呂爾載는 아버지 여인길呂裀吉이 인동부사로 부임하자 함께 인동으로 왔다가 여헌 문하에서 수학하였다. 박훤朴烜 또한 선산부사로 재임 중이던 박효성朴孝誠(1568~1617)을 시종하다가 여헌 문하에 입문한 경우이다. 그는 이후에 아들 박장원朴長遠(1612~1671)도 여문에 입문시켜 부자가 모두 여헌 문인이 되었다.

여헌의 고제로서 여문 10현 중의 일인으로 지목되는 안응창은 인동부사로 부임한 아버지 안몽윤安夢尹(1571~1650)의 명에 따라 여헌의 문하에 입문하였다. 경기도 용인 출신인 그는 비록 짧은 기간 동안 여헌에게서 수학하였지만 예제禮制에 대한 날카로운 질문을 통해 학자적 자질을 인정받았고, 훗날 신열도와 함께 의성의 지지地誌를 편찬하는 데 한몫을 담당하는 등 여문 내부에서 상당히 비중 있는 역할을 담당하였다. 그는 기호 지역 여헌 문인의 중심인물로, 주로 한양에서 활동하면서 기호 계열 학자들과의 학문적 교류를 진행하였다.

이 밖에, 훗날 여헌이 지은 『우주요괄』을 검토하고 잘못된 곳을 고쳐서 효종孝宗에게 차기箚記(책을 읽으면서 이해하고 체득한 내용을 그때그때 적어 놓은 책)

를 붙여 올렸던 박길응은 약관의 나이에 여문에 입문하여 여헌으로부터 독서에 대한 세세한 가르침을 받는 등 학자로서의 자질을 키웠다. 또 관서 지역에서 여문에 입문한 선우협鮮于浹(1588~1653)은 비교적 늦은 나이인 38세의 나이에 입문한 경우이다. 입문 이전에 이미 학문적 체계를 갖추고 있던 선우협은 도산서원을 거쳐 인동의 여헌을 방문하여 여러 날 동안 지도를 받은 뒤 고향으로 귀가하였고, 후에 문인록에 그 이름을 올리게 되었다.

이렇듯 여헌은 만년에 이르러 학문적 명망이 전국으로 확대됨에 따라 기호계열 학자들의 입문이 이어지는 등 외연의 확대를 이루었다. 그는 영남 지역 이외의 선비들에게도 문호를 개방하여 학문의 영향력을 확대하였지만, 그렇다고 여헌을 찾는 선비들이 모두 입문하는 것은 아니었다. 언제나 수용적인 자세로 문인들을 받아들인 여헌이었지만, 학문에 대한 태도와 학자적 자질이 충분하지 않을 때에는 가차 없이 입문을 거절하는 준엄한 태도를 보여 주었다.

하루는 한양의 한 선비가 복식服飾을 매우 화려하게 차리고 마부와 하인을 심히 호사스럽게 거느리고 와서 선생을 뵙기를 청하였다. 그가 선생을 만나고 처신하는 도리에 대해 묻자, 선생은 "검소함이다"라고 대답하였다. 이어 여러 사람을 대하는 도리를 묻자, 선생은 "너그러움이다"라고 대답하였다.
그 사람이 물러가자 선생은 끝내 한 말씀도 하지 않으셨다. 이것은 그의 사람됨을 비루하게 여기셨으므로 여러 말씀으로 대답하려 하지 않으신 것이다. 그러나 그의 물음에 대답하신 것은 모두 그의 병통에 적중하였다.
— 『여헌선생속집』 권9, 「경원록景遠錄」(金慶長)

여문 10현 중 한 사람인 김경장이 술회한 이 일화는 제자나 손님을 대하는 여헌의 태도를 확인할 수 있게 한다. 여헌은 학문에 대한 진지한 자세와 학자적인 재질을 갖출 가능성이 보이지 않는 경우에는 문하로의 입문을 정중하게 거절하였던 것이다. 이렇게 여헌 문하에 입문하는 영남 지역 이외의 문인들은 그 수가 30여 명에 이를 정도로 적지 않았다. 그리고 이들은 여헌 생전은 물론 여헌 사후에도 학문에 대한 열정을 불태우며 학자의 길을 걸었고, 때로는 관로官路에 나아가 충실한 관료로 현달하였다.

엄격하면서도 따뜻한 스승의 모습을 보이다

20대 초반부터 시작된 여헌의 강학은 부지암정사의 낙성과 더불어 새로운 도약의 계기를 마련하였고, 이후 노년에까지 이어진 강학을 통해 배출된 문인은 「급문록及門錄」에 등재된 인물만 해도 3백여 명을 상회할 정도로 거대한 문인집단으로 성장하였다. 여헌의 강학은 선산의 원회당, 영양의 입암정사, 인동향교, 성주의 암포, 선산의 금오서원 등 여러 지역에서 펼쳐졌지만 그 중심은 부지암정사였다.

여헌은 강학할 때 무엇보다 실천궁행을 강조하고, 그 실천이 정도正道를 벗어나지 않도록 하기 위한 궁리의 중요성을 누누이 역설하였다. 그래서 문인들에게 "제군들은 학문하는 방법을 아는가? 학문은 많이 듣는 것을 귀중하게 여기지만 한갓 듣기만 하는 것은 실천하는 것만 못하며, 배움은 실천을 귀중하게 여기지만 그 실제는 반드시 궁리窮理에서 말미암는다. 이 때문에 군자가 거경居敬을 위대하게 여기고 궁리를 귀중하게 여기는 것이니, 이는 배우는 자가 알지 않으면 안 된다"라고 하였던 것이다.

또한 여헌은 자포자기自暴自棄하는 사람은 굳이 말할 것도 없지만, 뜻이 있는 선비라도 언제나 입지가 견고하지 못하면 배움에 일정함이 없어 진전을 보지 못할 것이라고 생각하여 문인들에게 무엇보다 입지立志를 강조하였다. 그래서 여헌은 '입지'야말로 배우는 자가 깊이 두려워해야 할 것이라 하였던 것이다.

아울러 여헌은 문인들을 가르치면서 중단 없는 공부를 주문하였다. "배우는 자는 절대로 세월을 그대로 보내서는 안 된다. 세월은 흐르는 물과 같아서 때가 두 번 다시 오지 않으니, 이와 같이 한가롭게 지내고 이와 같이 하루하루 날짜를 보낸다면 필경 어떤 사람이 되겠는가?"라고 그는 간단없는 배움을 역설하였다.

여헌이 생각하는 배움은 그저 사환仕宦을 위한 공부는 아니었다. 그는 "말세에는 과거공부를 큰 사업으로 여겨서 이것 이외에는 다시 다른 사업이 없는 것으로 여긴다"라고 당시 세태를 비판하고, 과거공부를 배움의 전부로 생각하는 것이 고질병이 되어 감을 깊이 우려하였다. 그래서 여헌은 "비록 뜻이 있는 선비가 있더라도 유속流俗의 가운데에 스스로 서는 이가 드물다. 선비들의 추향趨向의 낮음과 세도世道의 더러움이 참으로 한탄할 만하다"라고 하면서 문인들이 유속에 휩쓸리지 않도록 경계하였다.

여헌의 가르침은 가깝고 쉬운 것부터 시작하는 것이었다. 그는 『소학』에 따라 물 뿌리고 청소함으로부터 배움을 시작하여야 한다고 강조하였고, 이치를 연구함에 이르러서는 가정으로부터 나아가 나라에 이르러야 하는데 그 요점은 다만 지知와 행行 두 글자에 있음을 역설하였다. 그래서 그는 "우리 인간은 자연 참다운 사업이 있으니, 집 안에 들어가면 반드시 부모에게 효도하고 집 밖에 나가면 반드시 어른을 공경하며, 말을 반드시 충신忠信하게 하고 행동을 반드시 돈독히 하고 공경하며, 어려서 익히고 장성하여 행하는 것이 이것이다'라고 하여 문인들을 가르칠 때마다 항상 일상에서의 도덕 실천을 강조하였다. 특히 여헌은 반드시 경敬을 위주로 하여 한 걸음을 걸을 때에도 함부로 하지 않도록 문인들을 타일렀다.

여헌은 경과 더불어 성誠 또한 강조하였다. 한 문인이 "진학進學하는 공부 가운데 어느 것이 가장 몸에 절실합니까?"라고 질문하자 다음과 같이 말하였다.

> 아래로 사람의 일을 배우는 것으로부터 위로 천리를 통달함에 이르기까지 모두 '성'이란 글자에서 벗어나지 않으니, 성실하게 한다면 어찌 힘이 부족함을 걱정하겠는가? "천리 끝까지 바라보고자 다시 한 층을 올라가노라"(無窮千里目, 更上一層樓)라고 한 말이 도를 아는 말인 듯하니, 깊이 음미해야 할 것이다.
>
> — 『여헌선생속집』 권9, 「경원록景遠錄」(崔轔)

제자 장학이 『대학』을 읽다가 '성의誠意'장에 이르렀을 때 여헌은 "지극하다, 성誠의 뜻이여!"라고 감탄하며 말하였고, 장학이 "오직 성인만이 다만 자연스럽게 성실하여 천리가 온전해서 털끝 하나만한 사사로움과 한순간의 멈춤도 없으니, 배우는 자에 이르러서는 스스로 속이지 말라는 '무자기毋自欺' 세 글자로써 공부하는 방도를 삼아야 하지 않겠습니까?"라고 대답하자 여헌이 "성誠을 안다"고 칭찬하였다. 또 문인 권봉이 『중용』을 배우다가 '불성무물不誠無物'에 이르자, 여헌은 "성실하지 않으면 천지도 오히려 사물을 이룰 수 없는데 하물며 사람에 있어서랴"라는 말을 세 번이나 반복하였다.

이렇듯 경을 위주로 성에 이를 것을 강조한 여헌은 문인들 가운데 한 가지라도 선행善行을 하면 기뻐하는 기색이 완연하였지만, 선하지 않은 행실을 한 문인을 보면 눈을 감고 입을 다물었다. 비록 폄하거나 사제의 인연을 끊지는 않았지만, 그들을 대할 때는 말소리와 얼굴빛을 풀지 않았다. 이러한 여헌의 문인 대하는 태도는 문인들을 어진 방향으로 이끌었고, 불초한 문인은 스스로 문하에서 나가게 되었다.

또한 여헌은 강학할 때 문인들이 보다 이해하기 쉬운 방법을 택하여, 알아듣기 쉽도록 속담을 곁들여 자세히 타이르거나 풀어 주는 방식으로 가르쳤다. 그래서 힘들여 말하지 않더라도 문인들은 쉽게 의심을 풀고 이해할 수 있었다.

이와 같이 제자들에게 준엄한 모습을 보이면서도 친근한 방법으로 훈도하는 여헌의 가르침은 문인들에게 깊은 감동으로 다가왔고, 이는 여헌의 가르침을 잊지 않으려는 문인들의 노력으로 이어졌다. 문인 김휴는 훗날 "선생의 가르침을 받든 이후로 만 가지 일을 깨끗이 쓸어버리고 한마음으로 나아가 모셔서, 훌륭한 의논을 얻어 들어 평생의 지극한 소원을 마칠 것을 계획하였다. 그리하여 한 생각이 잊히지 않고 항상 가슴속에 있었으나, 게으름이 습관을 이루고 우환이 뜻을 무너뜨려 시끄럽게 달리고 하루하루 세월을 허비하는 채로 이제나 저제나 장차 기다리는 듯하고 말았다"라고 술회하기도 하였다.

제자들에게 비친 여헌의 모습은 참스승의 모습 그 자체였다. 제자들은 여헌이 말을 빨리 하거나 얼굴빛을 갑자기 변하며 성내는 용모를 보지 못하였고, 한 술을 마시기 전이나 술을 마신 뒤에라도 말과 모습이 변하는 것을 보지 못하였으며, 또한 술로 인하여 더 술을 마시는 것을 보지 못하였다. 여헌은 약간 취하면 다소의 호기豪氣가 외모에 나타나 옛날이야기와 지금의 이야기를 말하고 의리를 이끌어 비유하였는데, 이를 듣고 문인들이 모두 즐거워하였다. 그러나 여헌은 곧바로 다시 몸을 거두고 정돈하여 엄숙하고 조용하게 눈을 감고 손을 모아 단정히 앉았다. 이러한 여헌의 모습은 마음을 안정시키는 공부가 일정함이 있음을 확인시켜 주는 것이었다. 이렇듯 여헌은 제자들에게 도덕의 모범을 보여 주었고, 제자들은 스승을 본받아 도를 실천하고 학문을 강마하는 기풍을 조성하고자 한층 더 노력하였다.

한편, 여헌은 문인들의 가정사와 같은 세세한 일에도 배려를 잊지 않았다. 신열도가 부모상을 연이어 당하자 편지를 보내어 위문하였으며, 장례와 소상에 대한 질문에 자세히 답해 주는 등 제자들의 일상사에 관심을 기울였다. 문인 김경장이 3년상을 치르고 상복을 벗었지만 슬픔을 이기지 못해 여막을 철거하지 않자, 손수 편지를 보내어 "내 들으니 그대가 삼년상이 지난 뒤에도 아직 여막을 철거하지 않았다 하니, 이는 진실로 효자가 종신토록 부모를 사모하는 것인바 사모하는 마음에 자연 그러하지 않을 수 없는 것이다"라고 위로하면서도, "그대의 행동이 중도中道에는 부족한 듯하니, 이른바 정情은 다함이 없으나 분수는 한계가 있다는 것이다"라고 충고하면서 편지와 함께 『근사록近思錄』을 보내어 학문을 권면하였다. 이러한 제자에 대한 배려는 특정한 문인들에게 한정된 것이 아니었다.

아끼는 제자 중 한 사람인 김휴가 아들을 얻자 몸소 그의 집을 방문하여 아이를 돌아보고, 아이의 어머니에게 "이 아이는 골격이 깨끗하고 준걸스러우며 신채神彩가 사람을 놀라게 하니, 축하할 만하고 축하할 만하다. 그러나 부디 너무 지나치게 보호하여 기르지 말라. 너무 지나치게 보호하면 후일 질병의 빌미가 될까 두렵다"라고 당부의 말을 남기기도 하였다. 이 아이가 자라 어엿한 동자童子가 되기 전에 그림을 잘 그리자 아이를 불러 칭찬한 뒤 여덟 가지 조목을 주며 그림을 그리게 하였다. 이때 제시한 여덟 가지 조목은 성대한 덕과 지극한 이치가 담겨 있는 것이었다. 그만큼 여헌은 제자의 어린 자식이 보이는 기예도 반드시 성현의 사업, 즉 도덕을 실천하는 방향으로 인도하였던 것이다.

문인을 가르치고 강학에 열중하면서도 여헌은 자신의 학설과 특정한 주제에 대한 입장을 강요하지 않았다. 자상한 대화를 통해 성리학의 주요 주제에 대한 이해를 돕고자 하였으며, 특정한 입장을 고수하는 태도를 지양하였다. 사단칠정四端七情이나 인심도심人心道心에 대한 제자의 질문이 있을 때면 자신의 학문적 입장을 제시하기보다는 성리학의 본령을 제시하고자 하였으며, 자신이 이룩한 학문의 결실도 채 끝마치지 못하였다고 에둘러 말하면서 여간해서는 자신의 저술에 대한 열람을 허락하지 않았다. 항상 신중한 자세로 교육에 임하였던 이러한 여헌의 가르침은 제자들로 하여금 자기 학파 중심의 학문적 입장을 고수하거나 다른 문인들에 대한 배타적인 태도로 이어지는 부정적인 모습으로 이어지지 않도록 하였으며, 항상 지역의 학문을 일으키고 지역 사회의 도덕적 기풍을 진작시키는 방향으로 나아가게 하였다.

소탈한 인품을 갖춘 대학자

여헌은 평소 생활에서도 소탈한 면모를 유감없이 보여 주었다. 그는 검소하게 생활하는 것을 편안하게 여겨 사치함을 멀리 하였다.

여헌은 평소 옷을 입을 때에 비단이나 명주와 같이 비싸고 화려한 옷을 멀리하고 거칠고 굵은 무명과 삼베를 즐겨 입었다. 겨울이면 입고 있던 솜옷이 해진 것을 싫어하지 않을 정도로 담박하게 입고 생활하였다. 화려하고 아름다운 장식을 몸에 달지 않았음은 물론이다.

여헌은 평소에 먹는 것도 일정 분량 이상은 넘지 않도록 음식을 절제하였다. 제자가 식사하는 양이 얼마나 되는 지를 물었을 때에 여헌은 "젊었을 때에도 반 되를 넘지 않았고, 노쇠한 나이에도 또한 반 되에서 줄지 않는다"라고 답할 정도로 꾸준하게 식생활을 유지하였다. 제자가 "반 되 이외에는 한 수저도 더 자실 수 없습니까?"라고 묻자 여헌은 "더 먹고 싶으면 못 먹을 것은 없지만, 반 되 이외에는 더하거나 줄이지 않는다"라고 대답하였다고 전한다. 이렇듯 음식을 섭취하는 데에도 절도가 있는 여헌이었다.

여헌은 고기를 가까이 하지 않을 정도로 음식을 소탈하게 섭취하였다. 다음은 제자가 남긴 여헌과의 식사 일화이다. 이를 통해 평소 여헌이 음식을 대하는 태도를 확인해 보자.

> 선생은 음식을 드실 적에 채소와 담박한 물건을 취하시어, 비록 혹 좋은 음식이 소반에 있더라도 즐기지 않으셨다. 내가 일찍이 여러 달 동안 냉산冷山에서 선생을 모시고 있었는데, 절의 승려들이 산나물을 얻어 공양하면 반드시 흔쾌히 젓가락을 드셨다. 그리고 항상 승려들로 하여금 입에 맞는 산나물을 뜯어 오게 하시며 말씀하셨다.
> "이 물건이 바로 나의 창자와 위胃에 알맞다. 고량진미는 비록 맛이 좋으나 먹은 뒤에는 시원하고 깨끗한 기운이 전혀 없으니, 내가 바라는 바가 아니다."
> ─ 『여헌선생속집』 권9, 「경모록敬慕錄」(金烋)

거처하는 집에는 편액이나 그림이 없었고, 집 뜰에는 그 흔한 꽃나무나 관상수도 기르지 않았다. 방 안의 책상 위에는 책 몇 권이 놓여 있었고, 집 뜰에는 그의 인품을 상징하듯 매화나무 두서너 그루가 담박하게 서로 마주하고 있을 뿐이었다.

여헌은 보통사람보다 키와 몸이 크고 힘이 뛰어났지만 항상 몸가짐이 공손하였다. 문인들이 그의 몸가짐에 대해 "옷을 이기지 못하는 듯하였다"라고 기록할 정도로 그는 항상 공손한 자세를 유지하였다. 특히 학문이 출중하였지만 그의 입에서 고담준론이 나오는 경우는 없었다. 주변 사람들이 칭찬하면 사양하며 그 자리를 피하기 일쑤였고, 작은 선행이라도 하게 되면 내세우지 않는 것이 평소 모습이었다. 그래서 문인들은 입을 모아 "선생은 타고난 자품이 매우 높아 기질에 조그만 하자가 없었다. 말씀하고 침묵하고 움직이고 고요하게 게시는 것이 자연히 도리에 맞았으며, 은둔하고 나타나며 행하고 감춤을 오직 의리에 맞게 하실 뿐이었다. 부귀와 작록 보기를 뜬구름이 공중을 지나가는 듯이 여기시어 덕량의 끝을 엿볼 수가 없었다"라고 평하였다.

이러한 소탈하고 검약한 평소 모습은 문인 김휴가 남긴 언행록에서도 유감없이 확인된다.

세속의 이른바 귀가리개라는 것은 모두 털을 사용하지만, 선생은 홀로 검정색의 솜을 사용하여 만드셨다. 하루는 내가 다음과 같이 여쭈었다.
"선생께서 반드시 검정색의 솜을 가지고 귀를 막으시는 것은 어째서입니까?"
선생이 대답하셨다.
"나는 안질眼疾이 있어서 평소 털을 사용할 수 없었다. 솜은 가볍고 따뜻한 데다 당장 마련하기 쉬운 물건이니, 또한 간략하고 검소함을 취한 것이다."
이 말을 듣고 내가 말씀드렸다.
"경박한 무리 가운데 이것을 가지고 선생을 비난하는 자가 있습니다."
선생은 웃으며 말씀하셨다.
"외모를 가지고 사람을 취하는 것은 참으로 옳지 않은데, 하물며 밖의 꾸밈이겠는가? 밖의 꾸밈을 가지고 사람을 논하는 것은 진실로 옳지 않은데, 하물며 이런 하찮은 꾸밈이겠는가? 이를 가지고 사람을 평가하고자 한다면 잘못이 아니겠는가?"
비록 하찮은 일이기는 하나, 여기에서 답하신 것을 보면 또한 대인大人의 덕량德量을 볼 수 있을 것이다.
— 『여헌선생속집』 권9, 「경모록敬慕錄」(金烋)

특히 여헌은 자기에게는 엄격하고 다른 사람에게는 너그러웠다. 사람을 대할 때에는 그 사람에게서 본받을 만한 실제가 있는지 살핀 뒤에라야 인연을 맺었고, 주변 사람들이 훼방하고 꾸짖는 말을 들으면 못 들은 체하며 웃음으로 답할 뿐이었다. 손님을 맞이할 때는 신분의 귀천을 따지지 않았으며, 자신의 형편에 맞추어 손님을 대접하고 억지로 허례허식을 보이지 않았다.

사람을 대할 때 인자하고 자상하였기 때문에 노소와 상하를 불문하고 모두 여헌의 정을 느끼며 생활하였다. 이러한 여헌의 평소 소탈하면서도 다정다감한 모습은 다음과 같은 이야기를 남기게 되었다.

여헌 장현광은 인동에 살았다. 일찍이 마당에서 보리를 타작하고 잇는데, 갑자기 큰비가 쏟아져서 마루 위에 그것을 거두어 두었다. 공은 연로한 데다 얼굴빛이 검고 의관도 몹시 거칠어서 자못 촌로 같았다. 이때 본도 관찰사의 아들이 비를 피하러 들어와 마루 가운데 앉더니 예도 갖추지 않고 갑작스레 물었다.
"타작한 보리가 적지 않으니, 당신도 밥 좀 먹는 것 같군."
"힘써 농사지으며 간신히 주리는 것은 면할 수 있지요."
슬쩍 금권金圈을 붙인 것을 보더니 다시 물었다.
"납속納粟한 게 아닌가?"
"근래에 당상관 품계를 주는 일이 매우 많았던 까닭에 이 시골사람 역시 붙이고 있지요."
또 묻기를, "아들이 있는가?"
"양자가 있지요."
"집에 있는가?"
"직무가 있어 지금은 한양에 올라갔지요."
"무슨 직무인가?"
"바야흐로 부학副學의 직무를 맡고 잇지요."
그때에 공의 아들이 부학이 되었는데, 이름은 응일應一이었다.
또 묻기를, "여헌 장선생께서 이 읍에 계신데, 혹 알고 있소?"

"근처 소년들이 무지하여 나를 여헌이라고 부르더군요."

관찰사의 아들이 이 말을 듣고 놀라고 당황함을 이기지 못하여 마당으로 내려가서서, "소생이 어리석어 선생께 죄를 지었습니다" 하고 벌 받기를 청하였다. 공은 그를 마루에 오르도록 권하고서 꾸짖었다.

"선비는 말을 삼가지 않을 수 없네. 이후로 다시는 그러지 말게나."

그 후에 관찰사가 아들을 데리고 와서 아들을 가르치지 못한 죄를 사죄하며 아들을 매질하려고 하였다. 공이 애써 말리자 이에 그만두었다.

— 이희준李羲準, 『계서야담溪西野談』 권5

평소 검약함을 강조하고 실천한 여헌은 이처럼 젊은 선비의 실수를 너그럽게 용서할 줄 아는 관대함으로 전설 속에 그려졌다. 이 전설은 『계서야담溪西野談』을 비롯하여 『기문총화記聞叢話』, 『아동기문我東奇聞』, 『청야담수靑野談藪』 등 조선 후기의 여러 야담집에 수록되었으며, 지금도 인구에 회자되고 있다.

3. 서원과 향교의 재건, 그리고 선현추숭사업

서원을 통해 지역 선현의 추숭사업에 관심을 기울이다

50대 후반에 접어든 여헌은 10대 후반 이후 매진해 온 학문의 온축된 성과를 『역학도설』이라는 저술로 구체화하는 한편, 부지암정사의 낙성을 계기로 강학 활동에 더욱 전념하였다. 그리고 인동과 선산 지역의 선현들을 위한 여러 행사를 주관하며 지역 선현에 대한 추숭사업을 주도하였다.

그는 어려서부터 인동장씨의 가학을 계승하는 한편, 영남 유학의 본산인 선산과 인동의 선현들에 대한 깊은 존경심을 가지고 여러 유적을 찾아 그들의 발자취를 확인하였다. 배움의 길에 접어들어 처음으로 가르침을 받았던 노수함을 통해 선산에 뿌리 내린 송당 박영 학맥의 학풍과 기풍을 확인하고 전수받았으며, 당시 가학의 중심에 섰던 장순을 통해 송당 학맥 이외에 이언적을 비롯한 영남 사림들의 학문을 확인하였다. 그리고 가장 절친한 벗이었던 박수일과의 만남과 동행을 거치면서 선산 지역 유현儒賢들의 발자취를 확인하고 그 풍모를 전해들을 수 있었다. 이렇듯 어린 시절부터 계속된 지역 유현에 대한 관심이 50대 후반에 접어들어 선현들의 추숭 작업으로 이어졌던 것이다.

여헌은 "사람들이 우리 고을을 추로鄒魯의 고장으로 칭한다"라고 자부할 정도로 선산을 위시한 영남 지역에 대한 자부심이 컸다. 그리고 이러한 자부심의 원천이 지역의 선배 유현들로부터 비롯되었다고 생각하였다. 오래 전부터 이러한 생각을 해 오던 여헌은 광해군 3년(1611)에 이르러 선산 지역 선현에 대한 묘전의식墓奠儀式을 정하고, 직접 이 의식을 거행하였다.

당시 선산에는 여러 선현들의 묘가 산재해 있었다. 후손이 남아 있는 경우에는 집안에서 묘전의식을 행하였지만, 전란을 거치면서 후손이 죽거나 지역을 떠난 선현의 묘는 버려진 채 황폐해진 경우도 없지 않았다. 이러한 전후 사정을 알고 있던 여헌은 이미 선산 지역에 소재한 여러 서원의 원임들에게 매년 초여름에는 신위神位 앞에 간단한 음식을 마련하여 애도의 뜻을 표하는 전례奠禮를 거행하도록 한 바 있었고, 이해에는 직접 나서서 축문을 지어 지역과 선현에 대한 자신의 생각을 표현한 것이었다.

> 훌륭한 가르침 고을에 남아 있어 　　　　　餘敎在邦
> 우리 후학들을 인도해 주었습니다. 　　　迪我後學
> 이 언덕의 묘소에 　　　　　　　　　　　遺丘所宅
> 예에 따라 때로 참배하여야 할 것입니다. 　禮宜時伸
> － 『여헌선생문집』 권11, 「일선一善 여러 명현의 묘소에 올린 축문」

지역 선현의 묘를 가꾸고 참배하는 것에서 더 나아가, 여헌은 지역의 서원을 정비하고 서원에서 준행되는 여러 제의를 가다듬는 데에도 앞장섰다. 학문 연구 외에 강학에도 주목한 여헌이었던 만큼 서원의 기본적인 기능과 역할은 그의 관심에서 벗어날 수 없었던 것이다.

여헌은 지역의 선현에 대해 존숭의 뜻을 어려서부터 품고 있었다.

그런 만큼 그는 서원 내에 마련된 사당祠堂은 마땅히 지역에서 숭상하는 선현을 제향祭享하는 공간이어야 한다는 점을 누차 확인하고자 하였다. 아울러 여러 지역에서 제자를 받아들여 강학 활동에 몰두하였던 만큼 그는 서원 내의 당재堂齋 역시 도에 뜻을 두고 학문을 향해 나아가는 어린 재목들을 받아들여 교육하기 위한 공간임을 거듭 강조하였다. 이렇듯 여헌은 교육과 제향이라는 서원의 고유한 기능과 역할 모두 중시되어야 하고, 어느 것 하나라도 결핍되어서는 안 된다는 입장을 가지고 있었다. 그래서 누차 "진실로 후학들이 모범을 만들려면 반드시 선철先哲들의 남겨진 모범을 필요로 하며, 이 때문에 안의 도성都城과 바깥 고을에 모두 학궁學宮이 있으며 또 다시 크고 작은 고을에 각각 서원書院이 설치되었다"라고 명시하여, 선현들의 학문적 유산을 전제로 한 교육 기능의 강화를 서원의 올바른 모습이라고 보았다.

여헌이 바라보는 서원은 기본적으로 '후현의 사사로운 의리'(後賢之私義)에서 비롯된 공간이었다. 여헌이 제시한 '후현의 사사로운 의리'에서 비롯되었다는 것은, 서원이 단순히 개인적인 정리情理를 앞세워 만들어졌다는 것이 아니라 국가 기관이나 법적인 기관이 아니라는 의미였다. 그리고 그것의 진정한 의미는 서원은 국가가 아니라 지역 내의 공론으로부터 비롯되었다는 것이었다.

옛날에 그 지방에 공덕功德이 있어 그 지방에서 잊을 수 없는 자이면 반드시 사社에 제사하는 일이 있었으니, 지금 서원에서 제향함도 또한 그러한 의의일 것이다. 도리로 헤아려 봄에 해로운 바가 없고 사기士氣를 진작함에 많은 보탬이 있기 때문에 선유先儒들이 모두 한 종류의 좋아할 만한 일이라고 여겼다. 그리하여 이것을 나쁘다고 여기지 않았을 뿐만 아니라, 또한 더불어 협조하여 그 규모가 더욱 번창하고 또 넓어진 것이다.

— 『여헌선생문집』 권7, 「서원설書院說」

여헌은 서원의 제향 대상은 무엇보다 지역의 공의公儀에서 나와야 하며, 학문에 공로가 있어야 하고, 세상의 가르침에 보탬이 되어야 한다고 보았다. 그래서 서원의 배향 인물은 후현들이 제향함에 부끄러움이 없어야 하고, 후세에 전하는 데 스승으로서 모범이 될 수 있어야 한다고 강조하였다.

하지만 당시의 현실은 여헌의 생각과는 달랐다. 서원의 건립이 서원에 봉안될 특정한 인물의 후손들에 의해 주도되거나 그 문인들에 의해 제창提唱되는 것이 당시의 현실이었다. 여헌은 지역의 공론이 무시되고 서원 건립이 사사롭게 가문에 의해 주도됨을 우려한다는 사실 자체가 부끄러운 일이라고 여겼다. 또한 특정 문인 집단에서 사사롭게 서원에 제향하고자 나서는 것에 대해 "마땅히 다해야 할 도리를 스스로 다하지 않고 반드시 바깥 사당에 제향을 바치는 것에만 힘쓴다면, 어찌 스승을 높이는 도리를 다하는 것이라고 하겠는가?"라고 경계하였다.

여헌의 서원에 대한 관심은 지역 공론을 통해 지역 선현을 선양하고자 하는 데에서 비롯된 것이었다. 그렇기 때문에 여헌은 서원의 제향이 특정 학맥이나 가문의 구심점 역할에 치중된 현실을 비판하였던 것이다. 그래서 여헌은 서원의 제향에 대한 자신의 입장을 다음과 같이 총괄적으로 제시하였다.

서원은 애당초 국가의 법전法典에 의거해서 세운 것도 아니고 국학인 성균관과 같은 떳떳한 준례가 아니니, 바로 후세에 과외로 별도로 설치한 것이다. 그렇다면 규획規劃하는 요점과 받아 지키는 방도는 반드시 번거로움을 버리고 간략함을 힘쓰며 문文을 버리고 질質을 숭상하며 풍부함을 버리고 담박함을 취한 뒤에야 비로소 사리에 온당하고 후세에 오래도록 계승하여 선현들이 창설한 본의를 저버리지 않게 된다.
— 『여헌선생문집』 권7, 「서원설書院說」

이처럼 여헌은 당시 서원의 행태를 비판하며 서원의 본래적인 기능과 역할에 주목하였다. 점점 약화되어 가는 서원의 교육적 기능, 본래의 취지에서 이탈해 가는 서원의 제향 등이 본래의 모습을 되찾을 때 비로소 서원이 가지는 본래의 기능과 역할이 되살아날 것이라고 본 것이다. 그리고 이러한 여헌의 서원에 대한 생각과 신념의 밑바탕에는 공론을 통한 지역 선현에 대한 존숭과 이를 통한 지역에 대한 자부심 고취가 깔려 있었던 것이다.

무너진 서원을 일으키고 지역 선현을 현양하다

서원에 대한 자신의 입장을 구체화한 여헌은 왜란 이후 인동과 선산 지역 내의 무너진 서원을 복구하고 제사의식을 정비하는 데 온 정성을 다하였다. 이 과정에서 자신이 가졌던 서원에 대한 의식을 투영하여 존현의식을 구현하고자 하였으며, 지역 유림의 공론을 모아 제향의 대상에 대한 의미 부여에도 관심을 기울였다.

그는 먼저 임진왜란 때 왜적에 의해 소실된 금오서원의 중수를 위해 유림의 중론을 모으고 정성을 기울였다. 금오서원은 당초 명종 대에 박영의 문인이었던 최응룡과 김취문이 길재의 학문과 충절을 기리기 위해 서원을 건립해야 한다고 주창하여 건립된 것이었다. 이들은 유림의 중론을 모아 당시 선산부사였던 송기충宋期忠에게 서원 건립을 건의하였고, 선산부사가 이들의 건의를 수용하고 그 뜻을 경상감사를 거쳐 조정에까지 알려 마침내 선조의 재가를 얻어 선조 3년(1570)에 금오산 밑에 서원이 건립되었다. 그리고 얼마 지나지 않은 선조 8년(1575)에 사액서원이 되었다. 하지만 금오서원은 전란의 참화를 피하지 못하였고, 이후 몇 년간 방치된 채 폐허로 남아 있었다.

전란이 끝난 후 피해가 어느 정도 수습되자 선산의 유림들이 금오서원 복원의 필요성을 제기하자 선산부사 운천雲川 김용金涌(1557~1620)은 지역 유림과 협력하여 서원의 복원에 나서게 되었다. 여헌도 금오서원 복원을 위한 부사의 노력에 적극 협력하였고, 선조 35년에 길재의 탄생지인 선산의 봉계鳳溪를 향한 남산 기슭으로 옮겨 복원을 마쳤다. 원래의 서원 자리는 외진 데다가 비좁아서 관리가 불편하다는 의견이 대두되어 앞쪽으로 감천甘川과 낙동강이 만나는 물길이 보이는 곳에 새 서원을 복원하게 된 것이다.

서원의 복원을 거쳐 광해군 1년(1609)에 조정으로부터 사액이 이루어져 중수가 완료되자 여헌은 「금오서원중건봉안문金烏書院重建奉安文」을 손수 작성하였다. 그는 이 봉안문을 통해 당초의 위치가 아닌 다른 곳에 서원을 중수한 연유와 경과를 밝히고, 길재의 가르침이 영원할 것을 축원하였다.

금오서원에 대한 여헌의 관심은 각별하였다. 그는 시간이 날 때마다 서원을 찾아 배움의 길에 있는 선비들을 격려하였을 뿐만 아니라 향례에 도 참석하여 길재에 대한 존경의 뜻을 표하였다. 66세 때인 광해군 11년(1619)에 이르러서는 금오서원을 방문하여 여러 건물의 이름을 정하기도 하였다. 그는 묘당의 이름을 상현尚賢이라 명명하였으며, 강당의 이름을 정학正學, 협실夾室의 이름을 일건日乾과 시민時敏이라 각각 정하였다. 그리고 재실의 이름을 각각 보인輔仁과 강의講義, 동몽재童蒙齋를 순구順求, 문門을 문회文會라고 정한 뒤 여러 선비들에게 제향과 학문 강마에 힘쓸 것을 주문하였다.

한편, 금오서원이 중수되는 것과 궤를 같이하여 여헌은 인동 지역의 서원 중수에도 관심을 기울였다. 그는 20대 초반에 이미 인동 지역에 산재한 길재의 유적을 단장하고 복원하는 데 힘을 보탠 바가 있었다. 선조 7년(1574) 인동현감으로 부임한 유운룡이 지역 유림의 공의를 모아 길재 묘소를 수리하고 비석 및 묘표墓標를 건립하는 사업을 추진할 때 적극 협력하였던 것이다. 그리고 중종 대 건립을 추진하다가 중단된 오산서원吳山書院의 건립을 유운룡이 다시 추진하자 지역 유림들과 함께 서원의 건립에 정성을 보태기도 하였다.

하지만 오산서원도 전란을 거치면서 왜적의 참화를 비켜 가지 못하였다. 오산서원은 왜적의 병화兵火에 폐허가 되었는데, 이 모습을 확인한 여헌이 "내외의 학궁學宮이 모두 불타 잿더미가 되고, 크고 작은 서원과 사당이 또한 오랫동안 폐허가 되어 쑥대가 자라고 있을 뿐이었다"라고 묘사할 정도로 그저 풀숲을 이룬 평지에 불과한 상태였다. 불타고 무너져 폐허가 된 상태로 몇 년이 흐른 후, 인동의 유림들이 분발하여 먼저 서원의 학궁을 건립하고 이를 기화로 인동현감에게 서원의 재건을 요청하는 한편, 공론을 모아 사우의 중건에 나섰다.

공론이 모아지고 현감의 도움이 보태어지자 얼마 지나지 않아 사우의 중건이 본격화되었다. 이윽고 사우의 상량上樑이 이루어지자, 여헌은 손수 「오산서원중건사우상량문吳山書院重建祠宇上樑文」을 지어 사기士氣가 진작되고 문풍文風이 다시 일어나길 기원하였다. 그리고 사우가 중건되자 다시 「오산서원중건봉안문吳山書院重建奉安文」을 지어 바쳤다.

선생의 도는	先生之道
높은 하늘처럼 높고	天尊而尊
선생의 가르침은	先生之敎
인간이 있을 때까지 보존되옵니다.	人存而存
세상은 혹 망하고 혼란하나	世或喪亂

이치야 어찌 없어지겠습니까?	理豈泯沒
하늘은 아직 옛날 하늘이고	天猶古天
사람들은 멸하여 없어지지 않을 것이니	人不滅絶
그 높이고 그 보존함은	其尊其存
바로 이 도와 이 가르침입니다.	此道此教
지금 우리 서원은	今也吾院
다시 사당의 모습이 엄연하오니	復儼廟貌
새 위판을 봉안함에	奉安新版
옛 칭호와 옛 신위 그대로입니다.	舊號舊位
절의가 더욱 빛나고	節義彌光
강상이 실추되지 않을 것입니다.	綱常不墜
금오산은 아득히 높고	烏嶺崇崇
낙동강은 유유히 흐르니	洛水悠悠
도가 마땅히 함께 높고	道宜共隆
가르침이 마땅히 함께 흐를 것입니다.	教宜同流

여헌의 이러한 노력에 힘입어서인지 광해군 1년(1609)에 이르러 오산서원에 대한 사액이 이루어졌다. 여헌은 이후로도 지속적으로 선현 제향과 더불어 지역 유림의 교육에 관여하며 서원의 운영에 일정한 역할을 담당하였다. 그리고 60세가 되던 광해군 5년(1613)에는 봉안의식奉安儀式을 손수 정하고 향례享禮에 참석할 정도로 오산서원에 대해 각별한 애정을 보였다.

서원에 대한 여헌의 관심은 비단 인동과 선산 지역에 한정되지 않았다. 학문적 명망이 높아지고 영남 전역에서 여헌의 학자적 비중이 높아짐에 따라 영남 지역에 산재한 여러 서원으로부터 서원의 운영과 관련한 자문 요청이 쇄도하였는데, 여헌은 이러한 질의에 성실히 응하면서 이들 서원의 재건에도 적지 않은 관심을 기울였다. 특히 여헌은 평소 자신이 존숭하던 선현을 모신 서원의 재건에 앞장섰다.

여헌은 입암의 친구들을 통해 영양의 임고서원을 방문한 적이 있었다. 사림의 연원이자 충절로 그 이름이 드높았던 정몽주를 모신 이 서원도 전란의 참화 속에 소실되고 말았다. 첫 방문 때부터 임고서원의 소실을 안타깝게 여겼던 여헌은 전란 직후 진행된 서원의 복원 사업에 깊이 관여하였다. 임고서원의 묘우廟宇를 상량할 때 직접 상량문上樑文을 지었고, 흥문당興文堂을 상량할 때에도 상량문을 지어 보냈다. 이렇게 임고서원의 중건에 깊이 관여하던 여헌은 선조 36년(1603)에 서원이 중건되고 정몽주의 위판을 봉안하게 되자 「임고서원이묘봉안제문臨皐書院移廟奉安祭文」을 지어 정몽주의 거룩한 뜻을 되새겼다.

정몽주에 대한 여헌의 존숭은 상당하였다. 어려서부터 그의 절의와 명성을 들었던 여헌은 임고서원과 첫 인연을 맺을 때부터 그에 대한 존경의 뜻을 숨기지 않았다. 소실된 서원에는 위판은 사라졌지만 정몽주의 화상畫像은 남아 있어, 여헌은 그 화상을 보고 깊은 존경심을 확인하였다. 이때 그는 「알포은선생화상사謁圃隱先生畫像詞」를 지어 정몽주를 추모하며 자신의 존경심을 드러내었다.

얼마나 다행인가, 선생이 돌아가신 지 2백여 년에
오늘날 선생의 모습을 배알하게 되었으니,
아! 도덕과 절의가 우리나라에 제일인 분이 아니라면
사람들이 유상을 보고 이처럼 지극하게 감격하며 기뻐할까?
하늘이 선생을 말세에 낳으신 것은 아마도 뜻이 있어서일 것이니
옛날 단군과 기자 이후에 일찍이 베풀어지지 못한 학문과 가르침이
선생의 탄생으로 말미암아 떨쳐 일어나게 되었고
그 후 우리나라 만만세에 변할 수 없는 윤리강상이
선생의 죽음으로 말미암아 붙들어 유지되었네.
이는 간직하고 있는 도덕과

성취한 사업이
일월을 빛나게 하고 산하를 안정시켰기 때문이네.
이것은 화려한 문장과 지엽적인 재주가 있어 유자儒者라 이르고
한 세대에 공로가 있어 충신이라 이르는 자가
만분의 일도 따라갈 수 있는 것이 아니라오.

何幸後先生二百有餘載 獲拜儀形於今日
噫噫非道德節義之其一人於吾東者 令人觀遺像而感激欣幸乃至此極
天之生先生於叔季之時蓋亦有意夫
前乎檀箕以下未曾宣擧之文敎 其生也而振起
後乎東方萬萬世不可易之綱常 其歿也而扶植
是其所抱負之道德 所成就之事業 有以光日月而奠山河
固非蔕漢末藝而謂之儒 勳勞一世而謂之忠者 所可得擬其萬一

여헌은 이렇게 정몽주에 대한 존경을 가슴에 담고 임고서원의 중건에
정성을 다하였고, 서원이 중건된 뒤에도 임고서원의 일이라면 발 벗고
나서서 문제의 해결에 일익을 담당하였다. 임고서원에 비석을 세우는
일이나 제향하는 의식 등에 대한 질정이 오면 정성을 다해 답을 보냈으며,
영양을 방문할 때마다 서원에 들러 정몽주에 대한 자신의 존경심과
이곳 선비들에 대한 애정을 가감 없이 드러내었다.

여헌은 선산과 인동, 영양 이외의 여러 지역에 있던 서원의 중건과
운영에도 깊이 관여하며 영남 지역의 유풍을 다시 세우고 선비의 기풍을
진작하는 데 정성을 기울였다. 정몽주의 학문과 덕행을 추념하기 위해
세운 포항의 오천서원烏川書院, 김굉필의 학문과 덕행을 추모하기 위해
건립한 성주의 천곡서원川谷書院, 이언적을 배향하고 있어 여헌이 직접
방문하여 존경심을 드러내기도 하였던 경주의 옥산서원玉山書院과 인근
의 서악서원西岳書院, 김종직의 학문과 덕행을 기리기 위해 건립된 밀양의

예림서원禮林書院, 이황의 학행을 기리기 위해 건립된 안동의 여강서원廬江書院 등 영남 일대의 서원에서 보내오는 질정에 대해 자신의 입장을 정리하여 보내는 등 아낌없는 정성을 보내었다. 특히 전란으로 소실된 서원을 복원하는 데 격려를 아끼지 않았고, 직접 축문과 제문을 지어 보내기도 하였다.

여헌이 인동과 선산을 넘어 영남 일원의 서원 중건과 운영에 깊숙이 관여한 것은 결코 자신의 학문적 명망에 기대어 명성을 쌓으려는 것이 아니었다. 이들 서원에 배향된 선현들이 모두 사림의 중추를 이룬 유현들이었고, 더구나 김종직과 김굉필처럼 자신의 학문적 기반이 된 인동과 선산 출신의 선현들이었기 때문에, 여헌은 이들에 대한 존숭을 통해 자신의 학문적인 방향을 다시 한 번 확인하고 이를 계기로 영남 일대의 기풍을 재건하고자 하였던 것이었다. 특히 여헌은 전란을 거치면서 피폐해진 인심과 무너진 선비의 기풍을 바로세우는 것이야말로 가장 중요한 당면한 과제라고 생각하였던 것이다.

지역 선현을 추모하는 일련의 글을 짓다

여헌의 지역 선현 존숭은 비단 서원의 중건과 운영에 대한 관심에만 한정되지 않았다. 여헌은 인동과 선산 지역을 중심으로 한 선현들의 학문과 기풍의 확인과 더불어 이의 계승을 통해 지역 선비들의 기풍을 진작하고, 나아가 민심을 안정시킬 생각을 가지고 있었다. 그리고 그러한 성과가 지역에 대한 자부심으로 승화되어 인동과 선산 지역이 조선의 추로鄒魯로 더욱 성장하길 희망하였다.

여헌은 일찍부터 지역 내 여러 가문의 자제들과 교유 관계를 맺고 있었으며, 그 자제 가운데에는 그의 문하에 입문한 자가 적지 않았다. 지역 내 유력 가문의 인사들과의 교유, 그리고 문하의 젊은 자제들과의 학문 연마 과정에서 여헌은 자연스럽게 지역 내 선현들에 대한 존숭 의식을 보다 굳건하게 하고 그것을 구체화할 기회를 가지게 되었다. 여헌의 학문이 해를 거듭할수록 더욱 성숙되어 가고 그 명성이 지역을 넘어 전국으로 확산되자, 여헌의 교유 인사들과 문인들은 여헌을 가문에서 진행하는 선현 추숭 작업에 동참시키고자 하였다. 여헌의 평소 생각과 교유 인사들의 바람이 합하여져 지역 선현에 대한 추숭사업은 현실로 구체화되었고, 여헌은 이 사업에 적극 동참하게 되었다.

지역 인사와의 교류를 통한 선현에 추숭 작업은 여헌이 60대에 이르렀을 때 구체화되었다. 63세가 되던 광해군 8년(1616)에 문인 김곤金崑의 부탁을 받고 사육신 하위지의 묘갈명(「河先生墓碣銘」)을 작성하게 된 것이다. 선산의 영봉리迎鳳里에서 생장한 하위지는 세종 대에 문과에 장원급제하여 집현전에서 세종을 보필하며 우뚝한 성취를 이루었으나, 세조가 단종을 폐위시키고 임금 자리에 오르자 하강지河綱地, 하기지河紀地, 하소지河紹地, 그리고 그의 아들 하련河璉, 하박河珀 등과 함께 단종의 복위를 계획했다는 혐의를 받아 참사를 당한 충절과 기개를 갖춘 선산의 인물이었다. 하위지가 참사를 당하면서 집안의 피해 또한 작지 않았지만, 하위지의 딸이 시집간 집안을 통해 하위지에 대한 추념의 정성이 명맥을 이어 오고 있었다. 여헌에게 묘갈명을 부탁한 김곤은 바로 하위지의 딸이 시집간 집안의 자손으로 외5대손이었다.

하위지의 묘소는 선산의 서쪽 고방산古方山의 언덕에 부인 김씨의 유택幽宅과 함께 자리하고 있었다. 묘소가 조성될 당시에 작은 비갈碑碣이 있었지만 왜란을 거치면서 왜구에 의해 파손되었고, 이에 김곤이 옛

비갈을 다시 세우려고 하였으나 새긴 글을 확인할 수 없어 여헌에게 글을 받아 다시 비석을 세우려고 한 것이었다. 묘갈명을 부탁받고 여헌은 "선생의 사업은 해와 달과 같아 광채가 스스로 빛나니, 어찌 말로 할 필요가 있겠는가? 천지가 알고 있으니, 어찌 문장으로 사람들에게 보일 것이 있겠는가?"라며 처음에는 사양하였지만, 김곤이 거듭 요청하자 비로소 묘갈명을 작성하였다. 그리고 "군자가 변變에 처하는 사업이 있으니, 이 또한 하나의 의를 성취하는 것이네. 하고자 하는 바가 사는 것보다 심함이 있으면 사는 것도 버리며, 싫어하는 바가 죽는 것보다 심함이 있으면 죽는 것도 회피하지 않네. 몸은 도끼에 기름칠이 되었으나 공로가 강상에 남아 있네"라며 그의 충절을 기렸다.

하위지의 묘갈명 작성을 기화로 지역 선현에 대한 여헌의 존현의식의 표현은 평생 동안 지속적으로 이루어졌다. 그의 문하에 입문한 선현의 자손들이 선조에 대한 현양사업을 추진하는 과정에서 여헌의 도움을 요청하였고, 여헌은 기꺼이 그 일에 동참하면서 지역 선현에 대한 자신의 생각을 드러냈다.

또한 지역 선현에 대한 여헌의 존숭의식은 송당학파松堂學派의 여러 학자에 대한 추숭 작업을 통해 구체화되었다. 자신의 배움을 처음 이끌어 준 노수함, 말 한 필을 보내어 자신을 알아 봐 준 정붕의 아들이자 박영의 사위인 정각, 그리고 박운의 아들이자 오랜 벗인 박수일 등을 통해 여헌은 일찍이 송당 학맥의 여러 학자들의 학문적 성취와 기풍을 접하고 있었고, 명시적으로 드러내지는 않았지만 송당 학맥에 대한 연원의식을 가지게 되었던 것이다.

더구나 송당학파의 주요 인물을 배출한 선산과 인동 지역의 주요한 가문은 직간접적으로 여헌과 연결되어 있었다. 여헌이 활동할 당시 선산과 인동 지역의 주요 가문으로는 김취성과 김취문 형제를 배출한 선산김씨, 박운을 배출한 밀양박씨, 노수함의 가문인 안강노씨, 최응룡과 최심을 배출한 전주최씨 등을 손꼽을 수 있는데, 이들 가문은 직간접적으로 여헌과 인맥으로 얽혀 있었다. 안강노씨 가문은 여헌의 자형 노수함에 이어 그의 자손들이 여헌과 혈연으로 연결되었으며, 여헌의 조카들과 그 자제들이 여헌의 문하에 입문하여 학연으로 얽혀 있었다. 밀양박씨 가문은 여헌의 오랜 벗인 박수일의 자제 박진경이 여헌의 사위가 됨으로써 혼맥으로 연결되었고, 박수일의 자제들 또한 대부분 여헌의 문하에 입문하여 학연으로도 깊은 관계를 이루고 있었다. 선산김씨는 김녕金寧(1567~1650), 김공金珙(1581~1641), 김양金瀁(1574~1644), 김수金㒻 등이 일찍 여헌 문하에 입문하였는데, 김공은 여헌의 조카 노형필盧亨弼의 사위였던 만큼 혼맥으로도 연결된 가문이었다. 전주최씨 가문은 오랫동안 여헌을 종유한 최현의 부친 최심이 박영에게 입문하기 전에 노수함에게 수학하였기 때문에 여러 면에서 여헌과 깊은 관계를 유지하고 있었다.

이렇듯 여헌과 학맥과 혼맥, 혈연으로 이어진 선산과 인동의 주요 가문 자제들은 가문의 선조들을 추숭하면서 여헌의 동참을 요청하였고, 여헌 또한 그 사업에 동참하면서 지역 선현에 대한 자신의 존숭의식을 피력하였다.

여헌과 어려서부터 오랜 교유 관계를 유지하고 있던 최현은 선조 39년(1606)에 문과에 급제하여 검열檢閱을 거쳐서 광해군 5년(1613) 7월에 이르러 정언正言으로 있다가 견책을 당하였고, 이에 고향 선산으로 내려와 선대 조상의 추숭 작업을 진행하였다. 이때 그는 송당의 문인인 선친 최심의 묘소를 단장하면서 묘갈명을 여헌에게 부탁하였고, 여헌은 최심의 학덕을 기리며 "세상의 분잡하고 화려함에 뜻을 두지 않고 한결같이 담박함에 뜻을 두었네. 사람들과 다투지 않아 치욕을 멀리하였으니, 편안히 한 것은 분수였고 터전으로 쌓은 것은 복 받는 일이었네"라며 칭송하였다.

여헌의 송당 문인에 대한 추숭의 뜻은 계속 이어졌다. 광해군 7년(1615)에 문인 김수가 전란 중에 사망한 부친 김석지金錫祉(1556~1592)의 묘소를 이장하고 비석을 마련하여 여헌에게 명문銘文을 부탁하자, 여헌은 김수의 선조인 진락당 김취성의 학맥과 학덕을 거론하며 존숭의 뜻을 피력하는 한편 선산김씨 가문에 깃든 학문적 풍모를 기렸다.

이와 같이 여헌은 지역의 교유 인사와 문하의 제자들과 연결되어 선산을 중심으로 한 지역의 선현에 대한 추숭사업에 적극 동참하였고, 이를 통해 지역 선현의 유업을 확인하였다. 이러한 지역 선현에 대한 추숭사업은 그 자체로서도 의미가 있었을 뿐만 아니라 그것과 매개된 지역의 유력 가문 및 문인들과 관계를 더욱 긴밀하게 해 주는 촉매제가 되기도 하였다.

한편, 여헌은 선산 지역의 선현과 더불어 자신의 가학이 형성되어 뿌리를 내린 인동 지역의 선현에 대한 추숭에도 관심을 기울였다. 인동은 여헌의 가문이 일찍부터 뿌리를 내린 곳이었던 만큼, 여헌은 가문 선조의 추숭사업에 보다 많은 정성을 쏟았다.

60대의 말년이었던 광해군 14년(1622)에 이르러 여헌은 죽정 장잠의 묘갈명을 작성하였는데, 족제이자 장잠의 손자인 장경한과 장봉한張鳳翰을 비롯하여 여헌의 문하에서 수업을 받던 장내정張乃貞, 장내량張乃亮 등의 요청에 따른 것이었다. 장잠은 여헌 자신이 기반하고 있던 인동장씨 가학의 중추인물이었고, 더구나 선친과 함께 족계를 만들어 가문의 화합과 발전을 도모한 족조였던 만큼 여헌은 주저함 없이 그에 대한 존경의 뜻을 담아 묘갈명을 작성하였다. 이때 여헌은 장잠을 "덕은 강剛과 유柔를 구비하고 행실은 효도와 우애가 온전하니, 성분性分을 벗어나지 않고서 훌륭한 일을 하고 지킴이 있었네"라고 칭송한 뒤, "선을 쌓아 남은 경사 있으니 마땅히 그 후손이 있으리라. 돌을 다듬어 비문을 새겨 전하니 공의 이름 영원히 전하리라"라고 당초 세우지 못했던 비갈을 세우며 가학의 전승을 기원하였다.

장잠의 묘갈명을 작성한 데 이어서 여헌은 그의 아들 장곤張崑(1525~1581)의 묘갈명도 작성하였다. 이렇듯 여헌은 인동장씨 가문의 선조에 대한 여러 비문을 작성하여 그가 기반하고 있는 가문의 전통을 확인하였다. 그러나 이러한 일련의 작업은 단순히 가학의 전통을 확인하고 그것의 계승을 천명하는 데 그치는 것이 아니었다. 여헌은 가학의 전통을 확인하는 한편 종족들이 더욱 학문에 힘쓸 것을 기대했고, 이러한 가학의 기풍이 인동을 중심으로 한 지역에 건전한 사풍士風으로 이어지길 희망하였던 것이다.

인동향교의 재건에 힘쓰다

지역 선현에 대한 일련의 추숭사업에 관심을 기울였던 여헌의 의도는 단순히 지역 선현에 대한 자부심을 높이는 데에만 머문 것이 아니었다. 선현이 이룩한 업적과 성취를 확인하여 그 선현을 선양하면서 지역의 유학적 기풍을 강화하고 보다 높은 성취를 이루고자 하는 목표가 개재되어 있었다. 그래서 그는 지역 내 서원의 중건과 운영에 깊이 관여하는 한편, 관학이었던 향교鄕校도 재건하여 지역의 유학적 기풍을 진작하고 무너져 가는 윤리강상을 다시 세우고자 하였다.

무너진 서원의 중건에 관여한 것과 마찬가지로 여헌은 인동 지역의 향교를 다시 중건하는 데에도 힘을 보탰다. 인동향교仁同鄉校는 고려 말 공양왕 때 인동의 황상동 어운산御雲山 아래에 창건된 이래로 유교적 기풍을 조성하고 수많은 인재를 배출하는 역할을 해 오고 있었지만 인진왜란 때 왜적의 병화로 소실되고 말았다. 전란이 끝난 후 바로 조정에서 내려진 명에 따라 보수가 이루어졌으나, 필요한 자재가 부족하여 보수한 건물이 견고하지 못하였다. 비바람이 불면 향교의 기왓장이 날아가고, 섬돌이 갈라지고 기울어져서 곧 무너질 형편이었다. 이러한 상황이 계속되자 인동의 유림들은 인동부에 진정하여 조정에 이러한 사실을 알려 달라고 요구하였고, 결국 조정에서 특별히 옮겨서 새로 창건하도록 허락해 주었던 것이다.

이렇게 시작된 인동향교의 중수 사업은 새로운 향교 터를 잡는 것에서 부터 시작되었다. 여러 논의 끝에 새로 정해진 향교 터는 남방의 풍기風氣가 모인 옥산의 앞이었다. 중수 사업은 선조 33년(1600) 늦가을에 이르러 재목을 베어 기둥을 세우는 것부터 착실하게 진행되었다. 그리하여 이듬해 여름 어제御製의 글을 받들어 공자의 위패를 비롯하여 안자顔子・증자曾子・자사子思・맹자孟子의 사성四聖 및 십철十哲(閔子騫・冉伯牛・仲弓・宰我・子貢・冉有・季路・子游・子夏・子張)의 위패, 그리고 송대의 여러 선현과 우리나라의 여러 현인들의 위패를 차례로 봉안하였다. 이렇게 중수가 완성된 후 여헌은 "우리 향교에 들어오는 자들은 성조盛朝의 문교를 숭상하는 교화를 체득하고 선성先聖이 가르침을 세운 덕을 유념하여, 모두 진작하고 분발하는 마음을 가져야 할 것"이라고 강조하고, 인동향교의 중수와 관련된 설(「本校重修說」)을 지어 여러 선비들에게 보였다.

지역 사림의 기풍을 진작하는 중심이었던 향교를 중수하고 이를 통해 사풍을 진작하고자 했던 여헌의 노력은, 전란 이후 인동을 위시하여 조선 전역이 안고 있던 윤리강상의 추락을 극복하고 유학의 도의를 실현하여 건전한 윤리의식을 저변화하려는 의도가 반영된 결과였다. 그래서 여헌은 전란의 와중에 피폐해진 향교를 다시 중건하는 데 깊이 관여하고, 향교를 통해 지역 교화에 앞장섰던 것이다.

하지만 전란 이후 중건된 인동향교는 얼마 지나지 않아서 지반이 무너져 내려 붕괴 위기에 처해 있었다. 그리고 인조 12년(1634)에 이르러 향교는 기울어져서 무너지고 말았다. 향교가 이러한 지경에 처하자 여헌을 비롯한 인동의 유림들은 경상감사 이기조李基祚(1595~1653)에게 건의하여 향교의 이전 신축을 요청하였고, 조정에서는 요청한 대로 옮겨 세울 것을 허락하였다. 이에 따라 이해 늦가을부터 향교의 이전 신축 작업이 시작되었다.

이때 여헌은 80대의 노령이었지만 고을의 노인과 젊은이들을 만날 때마다 이 일에 정성을 다할 것을 권유하였다. 그러자 여헌이 향교 재건에 앞장 서는 것에 대해 불만을 품은 어떤 사람이 여헌에게 불만을 토로하는 사건이 빚어졌다.

"공은 스스로 늙고 병들었다 하여 모든 일을 폐하고 끊어 버렸는데, 이제 오히려 이 일에 연연해함은 무슨 뜻이 있어서입니까?"
"그대는 부자父子를 아는가?"
"네, 압니다."
"군신君臣을 아는가?"
"압니다."
"부부夫婦를 아는가?"
"네, 압니다."
"장유長幼를 아는가?"
"네."
"붕우朋友를 아는가?"
"네. 압니다."

"그대가 어떻게 하여 이것을 모두 아는가?"

"이 사람이 된 자는 이 사람들 가운데에 살면서 누구나 모두 부자가 있고 군신이 있고 부부가 있고 장유가 있고 붕우가 있으니, 어찌 이 오륜을 모른 채 사람이 될 수 있습니까? 나만이 홀로 아는 것이 아니라 사람들이 모두 알고 있습니다."

"그대가 과연 이 오륜이 반드시 사람에게 있다는 것을 모두 안다면 과연 인류이 된 도리를 아는가? 이 이치를 하늘에게서 받아 나의 본성이 되었으니, 그대 또한 사람으로 이 이치를 받아 본성을 간직하였으므로 이것을 알 수 있는 것이다. 그러나 아는 까닭은 인류을 밝히는 가르침이 예로부터 지금에 이르기까지 단 하루도 사람이 있는 세상과 사람이 된 몸에 행해지지 않음이 없어서이다. 그러므로 우리 인간들이 아버지는 아버지 노릇을 하고 자식은 자식 노릇을 하고 군주는 군주 노릇을 하고 신하는 신하 노릇을 하고 남편은 남편 노릇을 하고 부인은 부인 노릇을 하고 어른은 어른 노릇을 하고 어린이는 어린이 노릇을 하고 붕우간은 붕우의 도리를 다하여, 이 사람이 되어 이 세상에 살아가는 것이다. 그렇다면 이 가르침을 누가 폐해지지 않게 하였는가?"

"……"

"이것은 모두 공자께서 남겨 놓으신 가르침이 유행하기 때문이다. 사람이 된 자가 어찌 이것을 잊을 수 있겠는가? 만약 공자께서 남기신 가르침이 천지 사이에 유행하지 않았더라면 비록 부자·군신·부부·장유·붕우의 떳떳한 인류이 있더라도 사람이 어찌 부자간에 친함이 있고 군신간에 의로움이 있고 부부간에 분별이 있고 장유간에 차례가 있고 붕우간에 신의가 있는 도리를 얻을 수 있었겠는가? 이 때문에 중국으로부터 외국에 이르기까지 대성大聖의 도와 덕을 알아 높이고 숭상하지 않을 수 없는 것이다."

이렇게 여헌은 오륜의 가르침을 끊어지지 않게 이어 준 분이 다름 아닌 공자이며, 공자의 교화가 유행한 덕분에 사람이 오륜이라는 도리를 얻을 수 있었다고 설명한 후, 다음과 같이 자신의 생각을 이어갔다.

"본부(인동)는 비록 작은 고을이나 또한 다섯 가지 인류이 있지 않은 데가 없다. 그러므로 또한 고을마다 학교가 있는 것이니, 학교는 공자의 도와 덕을 높이고 숭상하는 곳이다. 내 비록 늙고 병들어 죽게 되었으나 어찌 단 하루인들 이 인류을 버리고 이 사람이 되어 이 세상에 살겠는가? 내 어찌 마음과 생각을 이 일에 다하지 않을 수 있겠는가?"

이 대화에서 드러나듯 여헌은 인동향교의 강학을 통해 인동이 인륜이 꽃피는 고을로 거듭 태어나길 기원하였고, 유학이 다시 흥성하길 기대하였던 것이다. 임란 이후 피폐해진 민심을 수습하고 단절된 유학 기풍을 잇는 데 전념한 여헌의 다양한 활동은, 지역의 사풍士風을 진작하는 데 그치는 것이 아니라 그가 어려서부터 꿈꾸었던 담대한 이상과 목표, 그리고 그것을 실현하기 위한 방대한 이론체계가 현실에서 구현되는 통로였던 것이었다.

벗과 제자, 그리고 정구鄭逑를 연이어 잃다

전란이 끝난 후 여헌은 학문 연구와 강학, 그리고 지역 선현에 대한 추숭 작업을 주도하면서도 항상 가슴 한 구석이 허전함을 느꼈다. 정유년(선조30년, 1597)에 왜구가 다시 침략해 왔을 때 미처 피란을 하지 못한 오랜 벗 박수일이 끝내 목숨을 잃어, 언제나 곁을 지켜 주던 그의 빈자리가 허전함으로 다가왔기 때문이었다.

친구에 대한 그리움으로 여헌은 훗날 그의 사위이자 문인이 된 박수일의 넷째 아들 박진경이 "저희들이 선친을 위하여 돌을 다듬어 비문을 새기게 되었으니, 감히 비석의 후면後面에 기록해 줄 것을 청합니다"라고 묘갈명을 청했을 때 "나와는 평소 서로 대하는 정분이 진실로 심상尋常하지 않을 뿐만 아니라 지금 연척連戚의 의리가 깊고 또 중하니, 어찌 감히 사양하겠는가?"라고 하면서 묘갈명을 지었다. 이 묘갈명에서 여헌은 박수일의 조부인 박운의 학덕을 기렸으며, 선산을 방문할 때 들렀던 박운의 효자비를 거론하며 밀양박씨 가문에 깃든 학문과 효행을 높이 평가하였다. 그리고 "예로부터 여러 대에 걸쳐 쌓아 온 선행과 도리를 숭상하는 유풍이 가정에 남아 있는 것이 깊고 또 후하였으며 전하여 이어온 것이 유래가 있었으니, 어찌 다만 자품이 아름다웠을 뿐이겠는가?"라며 박수일뿐만 아니라 가문의 유덕을 기렸다.

이렇게 절친한 벗을 잃은 여헌은 광해군 8년(1616)에 이르러 가장 아꼈던 제자 정사진을 잃는 슬픔과 마주하게 되었다. 불과 한 해 전에 인동의 부지암정사를 방문한 정사진과 더불어 부지암 아래에 배를 띄우고 뱃놀이를 하기도 했던 터라 여헌의 비통함은 이루 형언할 수 없을 정도로 컸다.

여헌이 자형 채응곤의 집 마당에서 손을 공손히 모으고 인사하는 정사진을 처음 만났을 때, 13살 앳된 나이의 정사진은 막 채응곤의 양자가 된 참이었다. 이후 자형 집을 오가면서 여헌은 그에게 배움의 길을 열어 주었으며, 전란을 겪을 때는 그의 따뜻한 도움을 받았다. 임압과의 인연을 주선한 이도 그였고, 그곳에 입암정사를 세워 자신에게 거처와 강학처를 마련해 준 이도 그였다. 사랑스러운 조카이자 문인인 그와의 지난 일들이 주마등처럼 스쳐 갔다.

그의 죽음에 앞서, 그가 위중하다는 연락을 받고 지체 없이 영양을 찾은 여헌은 병세가 완연한 그의 손을 잡았다. 그리고 그렇게 여헌의 손을 잡은 채 정사진은 영면永眠하였다. 여헌은 그의 주검 앞에서 비통함을 감출 수 없었고, 그의 빈소를 지킨 후 장례를 치렀다. 이때 여헌은 비통한 마음과 어린 제자를 먼저 보낸 아쉬움을 담아 다음과 같은 제문을 지었다.

아! 鳴呼
군섭이 이미 고인이 되었으니 君燮已作故

우리들은 더욱 쓸쓸하게 되었다.	而吾徒益索然矣
나와 같이 늙고 병든 자는	如我老病者
정력이 소모하여	精力耗矣
어둡고 쇠함이 심하다.	昏衰甚矣
부지하고 수습하는 도움을	扶持收拾之助
군섭에게 기대한 것이	其有望於君燮者
바야흐로 원대하였는데	方且遠矣
이제 모두 끝났구나.	今焉已矣
오늘의 애통함이	今日之痛
어찌 다만 벗을 위해 통곡하는 떳떳한 정일 뿐이겠는가?	亦豈但哭友之常情而已哉
군은 평소 항상 함께 거처하지 못함을 한으로 여겨	君常以同處之不能常爲恨
영구히 서로 따를 계책을 하려고 하였다.	欲以爲永久相從之計
그리하여 낙동강 가에 땅을 사고	則買地於洛江之濱
떳집 몇 칸을 건축하여	構一茅齋數間
마침내 나의 부지암에 있는 서재와 서로 마주보게 하고	必與吾不知巖齋相對
조그만 배로 왕래하여	片舟往來
멀리 떨어지지 않으려 한 것이	不相離遠者
그 뜻이었는데,	其志也
하늘이 수명을 빌려 주지 않아	而天不假年
이제 또한 끝났으니	今亦已矣
이 어찌 유명에 모두 유감이 되지 않겠는가.	此豈不爲幽明之俱憾者乎

여헌의 비감은 이루 형언할 수 없었지만, 장례를 마치고 여헌은 무거운 발걸음을 다시 인동으로 돌렸다. 그리고 안타까움을 가슴에 안은 채 하루하루를 보냈다. 하지만 가까운 벗과 소중한 문인을 잃은 후 얼마 지나지 않은 광해군 12년(1620) 정월에 여헌은 또 다른 슬픔과 마주하게 되었다. 일찍이 조식 문하에 나아가 학문을 익히고 이황의 문하를 넘나들며 학문의 깊이를 더해 가며 관직에도 나아가 국정을 살피던 정구가 정인홍과의 불화 이후 성주에 은거하며 강학에 몰두하고

있었는데, 급기야 이해 정월 5일, 제자들을 교육하던 회연초당檜淵草堂의 지경재持敬齋에서 사망한 것이다. 70대 이후 중풍에 걸려 고생하면서도 병 조리를 잘해 영남의 여러 서원을 방문하기도 했던 그였기에 여헌의 안타까움은 작지 않았다.

정구의 사망 소식을 접하자 여헌은 성주의 지경재로 한걸음에 달려갔다. 조카사위와 처삼촌의 사이를 넘어 함께 학문을 심도 있게 토론하고 심성의 함양을 서로 권면한 동지였던 그의 빈소 앞에서 곡哭을 하고, 성주의 회연초당에서 며칠을 보낸 후 다시 인동으로 돌아왔다. 그리고 4월에 다시 성주를 찾았다. 정구의 장례가 이때 진행되어 다시 찾은 것이다. 성주 창평산蒼坪山의 묘소에 있는 부인 묘에 합장되는 것을 지켜보면서 여헌은 다음과 같은 제문을 지어 바쳤다.

진유의 사업이	通知眞儒事業
박학과 독행에 있다는 것을 아시고	在博學與篤行
종사하여 부지런히 힘쓴 것이	所從事而孜孜者
의리를 궁구하고	義理之窮
덕행을 실천하는 것이었습니다.	踐履之實
선비들은 나아감에 올바른 길을 잃어	士趨失正
많이 과거에 응시하였으나	多由於應科
선생은 과거공부를 버리고 뜻이 더욱 전일하였으니	遂捐擧業而志益專壹
이는 진실로 기질이 특이하고 빼어나서이나	固惟氣質之秀異
또한 어찌 학술로부터 말미암은 것이 아니겠습니까?	豈亦無自其學術
……	
돌아보건대 이 어리석고 용렬한 몸이	顧惟愚庸
일찍이 딸을 부탁하는 의리를 받자왔기에	早承贄托之義
실로 친자식과 조카처럼 똑같이 여기셨습니다.	視實幷於子姪
질병으로 쓰러져 누워	疾患頹靡
비록 함장에게 경전을 잡고 배우지는 못했사오나	縱不得執經於函丈

적셔 주고 보태 주신 은혜를   涵濡滋益之恩
어찌 양과 무게로 잴 수 있겠습니까?   何可量以斛斤鎰
                          - 『여헌선생문집』 권11, 「한강 정선생에 대한 제문」

정구의 장례를 치른 후 여헌은 정구의 제사에 자주 참석하여 그에
대한 추념의 뜻을 드러냈다. 광해군 14년(1622)에 성주 지역의 유림들이
공의를 모아 정구의 학문과 덕행을 추모하기 위해 회연초당을 회연서원
으로 개칭하여 위패를 모시자, 여헌은 「한강선생을 회연서원에 봉안하
는 글」을 지어 올렸다. 그리고 기회가 될 때마다 그곳의 사당을 찾아
고유문을 지어 바치며 정구에 대한 존경의 뜻을 표현하였다.

여헌의 정구에 대한 추념의 뜻은 계속 이어졌다. 생전에 정구는
김굉필의 학덕을 추모하기 위해 건립된 연봉서원延鳳書院을 천곡서원川谷
書院으로 개명하고, 김굉필 이외에 정자程子(정이)와 주자를 배향하였다.
김굉필의 외증손으로서 김굉필의 학문적 연원이 정주程朱로부터 비롯된
것임을 확정하기 위해 이러한 조치를 취한 것이었는데, 정구가 사망하자
천곡서원에서는 정구를 추가로 배향하고자 하였다. 그리고 이러한
뜻이 지역 유림의 공의로 결정되자, 여헌은 「한강을 천곡서원에 종향從享
할 때에 정자와 주자 두 선생에게 고유하는 글」을 지어 바쳤다.

아울러 당초 이황의 위패를 모셨던 대구의 연경서원硏經書院에 정구를
추가 배향하는 절차가 결정되어 광해군 14년(1622)에 정구의 위패가
봉안되었는데, 이때에도 여헌은 「한강을 연경서원에 봉안할 때에 퇴계
선생에게 고유하는 글」을 지어 올렸다. 그리고 인조 2년(1624)에는 정구
문인들의 부탁을 받고 정구의 행장을 찬술하기도 하였다.

제4부 산림으로 추대되고 학문의 체계를 완성하다

1. 인조반정과 산림으로의 징소

인조반정, 도덕정치를 지향하다

여헌은 부지암정사 건립 이후 인동에 주로 머물며 학문 연구와 제자 양성에 몰두하는 가운데 선산, 영양, 성주 등 영남 일대를 오가며 뜻 있는 선비들과 학문적 교유를 지속하였다. 그러던 중 계해년癸亥年(1623) 3월에 광해군이 물러나고 인조仁祖가 등극하였다는 소식을 접하였다. 김류金瑬(1571~1648)・이귀李貴・이괄李适 등 서인세력들이 마침내 광해군 을 왕위에서 몰아내고 능양군綾陽君 이종李倧을 왕으로 옹립한 '인조반정 仁祖反正'에 성공한 것이었다.

광해군 대에 정권 밖으로 몰렸던 서인세력들은 능양군綾陽君을 앞세워 광해군의 폐모살제廢母殺弟(어머니를 버리고 동생을 살해함) 등 성리학적 윤리강 상을 저버린 처사와 명나라의 은혜를 저버린 외교정책 등을 반정의 명분으로 내세워, 계해년 3월에 1천여 명을 상회하는 군사를 이끌고 창의문彰義門을 돌파하여 창덕궁昌德宮으로 들어가서 당시 연회 중이던 광해군을 추포하고자 하였다. 이때 광해군은 피신하였고, 능양군이 보새寶璽를 거두어 유폐 중이던 대비 김씨에게 바치자 대비는 광해군을 폐하고 능양군을 즉위시켰다. 이로써 반정은 성공을 거두게 되었다.

광해군의 여러 정치적 조치들이 비도덕적이라고 판단하여 모든 조정의 일에 관심을 두지 않고 오로지 학문에만 전념하고 있던 여헌은 인조반정이 성공을 거두자 서서히 중앙 정치에 관심을 두기 시작하였다. 하지만 그의 관심은 도덕정치의 회복에 대한 염원이었지, 결코 출사를 목적으로 하는 것이 아니었다.

여헌은 광해군 대의 정치 상황을 매우 부정적으로 파악하고 있었다. 그는 광해군이 즉위하자마자 감행하였던 일련의 정치적 조치, 특히 왕권을 위협한다고 판단하여 친형인 임해군臨海君과 유일한 적통嫡統이었던 영창대군永昌大君을 죽음으로 몰아간 처사에 대해 극히 비판적인 인식을 가지고 있었다. 이에 더하여 재위 말년 무렵에 인목대비仁穆大妃를 서궁으로 유폐하는 조치가 더해지자 여헌은 광해군을 폐모살제한 군주로 인식하던 당시 사람들과 뜻을 함께하였다.

특히 여헌이 광해군 대의 정치적 조치에 대해 비판적인 입장을 견지했던 것은, 명나라와 일정한 거리를 두고 후금 곧 청과 지속적인 외교관계를 가졌던 것이었다. 오늘날에는 광해군이 명청교체기라는 어지러운 국제현실 속에서 균형 있는 중립외교를 펼쳐 조선의 안보를 유지하려 했다고 파악하기도 하지만, 여헌의 눈에 비친 광해군의 외교정책은 은혜를 망각한 비도덕적인 처사 그 자체였다. 여헌은 광해군 12년(1620) 명나라 신종神宗(재위 1572~1620)의 부음을 접하고는 부지암에서 애도의 뜻을 표하면서 주위 제자들에게 "우리나라 백성이 아비는 아비답고 자식은 자식다운 인륜을 잃지 않고 오늘처럼 살 수 있게 된 것은 성천자聖天子(명나라 신종)가 임진왜란 때에 우리를 도와 나라를 다시 세워 준 은혜가 있기 때문이니, 부모상처럼 슬퍼하는 것은 혈기를 가진 사람이면 똑같은 것이다"라고 하면서 함께 신종의 신위神位 앞에 나아가 곡을 한 바 있기도 하였다. 이렇듯 명나라에 대해 재조지은再造之恩의 뜻을 간직하고 있던 여헌이었던 만큼 광해군 대의 외교정책에 대해서는 극히 부정적일 수밖에 없었다.

반정의 성공으로 왕위에 등극한 인조는 경운궁慶運宮에 유폐되어 있던 인목대비의 존호를 회복시켰다. 인목대비는 숨어 있다가 체포된 광해군을 처형하려 했지만, 인조는 그를 서인庶人으로 내리고 강화도로 귀양을 보내는 선에서 마무리하였다. 또 광해군 때 희생된 영창대군과 임해군을 비롯하여 선조의 장인인 연흥부원군延興府院君 김제남金悌男(1562~1613) 등의 관직을 복관시키는 조치를 단행하였다. 또한 정권을 휘두르던 대북파大北派의 주요 인물들인 이이첨, 정인홍 등을 참형에 처하였으며, 2백여 명에 이르는 북인세력들에게 유배형을 내렸다.

인조는 반정을 주도한 서인세력에 대해서는 등급을 나누어 공신功臣의 훈호勳號를 내리고 등위에 따라 관직에 등용하는 등 논공행상을 단행하였다. 인조가 시행한 논공행상은 서인 세력 간에 그 형평성을 두고 논란을 일으키게 하였고, 얼마 지나지 않아 발생한 정변政變의 불씨가 되기도 하였다. 이밖에도 일찍이 유성룡으로부터 높은 평가를 받았던 이원익李元翼(1547~1634) 등이 다시 등용됨에 따라 영남 사림을 위시한 남인세력도 새 정권의 주요 세력으로 부상하게 되었다.

반정이 성공한 후 인조의 여러 정치적 조치가 이루어지면서 정권은 안정을 향해 나가고 있었지만, 인조와 인조를 떠받치고 반정세력, 그리고 새롭게 정권에 참여한 사람들에게는 선조 대에 벌어진 전란과 광해군 대의 혼란이 낳은 후유증을 떨쳐 버려야 하는 책임이 있었다. 타락한 윤리와 추락할 대로 추락한 기강을 바로잡고, 도덕적인 국가질서를 수립해야 하는 책무가 눈앞에 놓여 있었던 것이다. 더구나 중국 대륙을 장악해 가고 있던 후금 세력이 청淸으로 그 이름을 바꾸고 호시탐탐 조선을 노리고 있었던 만큼 대외적인 정세의 변화에도 기민하게 대처해야 할 책임이 부과되어 있었다.

반정을 통해 정권을 장악한 인조와 반정 세력의 앞에는 위와 같은 시대적 책무 외에 성리학이 추구하는 도덕국가의 건설이라는 원대한 목표도 부과되어 있었다. 반정의 명분으로 내세운 여러 조치를 상쇄하고도 남을 만한 도덕적 성취가 전제되지 않는다면 정권의 기반이 뿌리째 흔들릴 수 있었기 때문이다. 하지만 논공행상에 불만을 품은 반정공신 간의 갈등과 반목이 언제라도 폭발할 개연성이 정권 앞에 잠재되어 있었고, 해결해야 할 시대적 책무와 성리학이 꿈꾸는 이상을 실현할 참신하고 유능한 인재의 발탁 등 산적한 과제 또한 엄중하였다.

산림山林으로 지목되다

인조반정 직후 정치 현실을 그리 순탄하지 않았다. 반정의 명분으로 내세웠던, 폐모살제 등 인륜을 저버린 광해군의 행태와 친명사대親明事大에서 벗어난 외교정책은 일반 백성들과 사림 전체의 지지를 온전히 얻어 내기에는 취약한 면이 없지 않았다. 따라서 임금에 등극한 인조는 정권 기반이 처음부터 확고하지 못하였기 때문에 새로운 돌파구를 필요로 했다. 반정 직후의 정치적 상황을 돌파하기 위해 인조가 주목한 것 중 하나는 재야 사림들에게 절대적인 영향력을 가진 명망 높은 학자들을 징소徵召하는 것이었다. 이른바 '산림학자山林學者'로 불리는 재야의 명망 높은 학자들을 조정에 등용하여 그들의 고견高見을 듣고 정치에 반영함은 물론, 그들을 따르는 재야 사림들을 정권의 우호세력으로 확보하고자 하였던 것이다.

산림학자의 등용은 반정이 성공한 후 얼마 지나지 않아 추진되었다. 인조 즉위년(1623) 3월 26일 조강朝講이 끝난 후 인조는 참석한 대신들과 다음과 같은 대화를 나누었다.

신흠申欽이 상上(임금을 가리킴. 곧 인조)께 다음과 같이 아뢰었다.

"옛날에 명주明主를 염려하고 치세를 걱정한다는 말이 있으니, 이 말이 참으로 좋습니다. 성인은 천하의 이치에 통달하였기 때문에 천하의 일을 아는 것입니다. 상께서 성심으로 학문을 하시어 현사賢邪를 분별하신다면 지치至治를 이룰 수 있을 것입니다. 선조 대왕께서는 즉위하신 처음에 하루 세 차례씩 경연을 열어 부지런히 강학하며 어진 인재를 초치함으로써 초야에 유일遺逸이 없었습니다. 이황李滉이 대유大儒로 등용되자 비록 오랫동안 조정에 머물지는 않았어도 사람들이 모두 흠모하여 본받아 10년 사이에 풍속이 크게 달라졌었습니다. 지금 모름지기 이를 본받아 선조의 초년으로 본보기를 삼는 것이 옳을 것입니다."

이어 이원익이 아뢰었다.

"임금이 인재를 등용하는 방법에 있어 붕당에 구애되지 않으면 사정邪正과 시비가 자연히 판별되어 어진 자는 저절로 어진 무리를 따라 진출하고 불초한 자는 물러가게 될 것입니다."

이에 상께서 다음과 같이 말하였다.

"붕당의 폐단은 짐 역시 몹시 미워합니다. 의당 사사로운 정을 따르지 말고 동서남북을 논하지 말며 오직 어진 인재만을 취할 것이니, 조정도 짐의 뜻을 본받아 인물을 취사하는 즈음에 지극히 공정함을 힘써 따르기 바랍니다."

이에 신흠이 아뢰었다.

"『서경』에 '사람을 알아보면 명철하다' 하였습니다. 평소에는 사람이 모두 스스로 착한 사람이라 하나 큰 화복에 임하게 되면 흔들리지 않는 자가 드뭅니다. 이 경연에 임하여 신료들이 각자 진언하고 있거니와, 그 중 귀에 거슬리는 말을 피하지 않고 하는 자는 훗날의 하는 일을 상상할 수 있습니다. 상께서는 의당 자세히 살필 일입니다."

그러자 상이 말하였다.

"나 역시 귀에 거슬리는 말은 사람마다 쉽게 할 수 없는 것이라 생각합니다. 어제 윤지경尹知敬의 폐주를 잘 대우하라는 말은 실로 남들이 말하기 어려운 것입니다. 그러므로 내가 몹시 가상히 여깁니다."

신흠이 다시 아뢰었다.

"중국에서는 관직을 제수함에 있어 이부吏部에만 전담시키지 않습니다. 지금도 그와 같이 2품 이상으로 하여금 각각 수령을 감당할 만한 인재를 추천하게 하면 관직을 제수할 때 인재가 부족하다는 탄식은 없을 듯합니다. 박지계朴知誡는 학행이 있어 선비들이 앙모하는 존재이니, 만약 그로 하여금 미관말직에 처하게 하면 필시 오려고 하지 않을 것입니다. 그러므로 서차를 따지지 말고 발탁함이 마땅하겠습니다."

이 말을 듣고 상이 이르렀다.

"또 이와 같은 사람이 있습니까?"

그러자 신흠이 아뢰었다.

"신이 들은 바로는 영남에 장현광이 있는데, 초야에서 글을 읽은 사람으로 당세의 고사高士라고 합니다. 또 김집金集·김원량金元亮이 있는데, 김집은 곧 신의 5촌 조카이지만 여러 선비들이 모두 칭송하기 때문에 혐의를 무릅쓰고 아룁니다. 이와 같은 사람들이 조정에서 벼슬한다면 사람들이 모두 감동할 것입니다."

이 말을 모두 들은 후, 상이 일렀다.

"이와 같은 사람은 자격에 구애될 필요 없이 6품으로 발탁하는 것이 좋겠습니다."

─ 『인조실록』 1권, 인조 1년 3월 26일

선조 때부터 영남의 대표적인 학자로 명성이 높았던 여헌은 광해군 대에 접어들어 본격적인 강학 활동을 전개하며 학문적 영향력을 확대하였고, 저술 활동을 비롯하여 영남 일대를 포괄하는 선현추숭사업을 주도하는 과정에서 학문적 명망이 더욱 높아지고 있었다. 이러한 그의 학문적 명망이 이미 조정에까지 알려져서, 반정이 성공한 지 불과 열흘 만에 열린 조강에서 서인에 속하였던 상촌象村 신흠申欽(1566~1628)에 의해 여헌을 징소해야 한다는 논의가 제기되었던 것이다.

여헌에 대한 징소 논의는 이때에만 한정되지 않았다. 징소 대상으로 처음 거명된 조강이 열린 지 열흘이 채 되지 않은 4월 3일의 석강夕講에서도 특진관特進官 권반權盼(1564~1631)은 "임하林下의 인물로 현재 남아 있는 자는 단지 장현광 한 사람뿐입니다. 그의 학행과 언론이 선비들의 사표師表가 되기에 충분하니, 그를 먼저 발탁하여 등용하면 사람들이 추향趨向을 알게 되어 충분히 고무될 것입니다"라고 인조에게 아뢰었고, 인조는 여헌의 이름을 익히 알고 있으며 흠모한 지 오래라고 답하였다. 그리고 8일이 지난 4월 11일 조강에서도 특진관을 맡았던 묵재默齋 이귀李貴(1557~1633)가 "김장생과 장현광은 모두 초야에서 독서하던 인물이므로 다시 징소하여 고문顧問에 대비케 하면 반드시 성덕에 도움이 될 것입니다"라고 인조에게 아뢰었으며, 다음날에도 시강관을 맡은 창주滄洲 윤지경尹知敬(1584~1634)이 "듣건대 영남에서 장현광이 학도를 많이 모아 경전을 강론한다 합니다. 정경세가 올라온 뒤에 하문하시면 알 수 있을 것입니다"라고 인조에게 아뢰었다. 이때 인조는 여헌의 나이를 묻는 등 여헌의 신상身上에 관심을 표명하였다.

이렇듯 반정 직후부터 여헌의 징소에 대한 조정의 논의가 거듭되자 인조는 마침내 4월 13일에 이르러 다음과 같이 하교하였다.

국가가 만약 유도儒道를 숭신하지 않는다면 어떻게 나라를 다스리겠는가? 내가 여염에 있을 때부터 장현광과 박지계가 모두 노성한 숙유宿儒로서 오랫동안 초야에 머물러 있다는 말을 듣고 경모하는 생각이 마음속에서 조금도 사라진 적이 없었다. 지금은 어디에 있는가? 내가 그들과 함께 나라 일을 의논하고 싶으니 가교駕轎를 보내어 불러오도록 하라. 그리고 이 밖의 초야에 숙덕宿德이 있는 선비를 널리 찾아 아뢰라.

— 『인조실록』 1권, 인조 1년 4월 13일

여헌이 영남 유림을 대표하는 학자로 부각됨에 따라 가장 먼저 징소할 대상으로 선정된 것이다. 이날 여헌에게는 사헌부지평司憲府持平이 제수되었고, 인조는 여헌에게 별도의 소지召旨를 내려 "내가 듣건대 그대의 학행과 언론이 선비들의 사범師範이 될 만하다 하니 교자轎子를 타고 올라오라"라고 하명하였다.

이 무렵 우복愚伏 정경세鄭經世(1563~1633)는 인조가 임석한 자리에서 "인재에 대해서는 신이 본도(경상도)에 있었으면서도 견문이 넓지 못해 갑자기 하나하나 꼽아 말씀드릴 수 없습니다만, 현저하게 드러난 자로는 장현광을 첫손에 꼽을 수 있는데 이미 거두어 기용하셨습니다.…… 그 다음으로는 유진柳袗이 재주와 덕행이 있는 아름다운 선비인데 어제 정사에서 수령으로 임명되었습니다. 유진은 바로 고故 정승 유성룡의 아들입니다"라고 말하였다. 이미 영남을 대표하는 학자는 여헌이고 그의 문하에서 배출된 유진 또한 영남의 손꼽히는 인재임을 거론하여, 여헌을 영남을 대표하는 산림으로 지목하여 징소한 것이 타당함을 확인하였던 것이다.

반정 이후 처음으로 내려진 교지敎旨와 소지를 받은 여헌은 경상감사에게 늙고 병들어 나아갈 수 없다는 뜻을 인조에게 아뢰어 줄 것을 청하였다. 그리고 5월에 접어들어 사헌부지평을 사직하며 올린 소疏에서는 반정에 대해 '천지가 다시 자리를 잡고 일월이 거듭 밝아진 것'이라 평가하고 "명령이 제대로 거행되고 조목이 잘 베풀어지며 온갖 교화가 새로워져서 한 정사와 한 명령, 한 사람을 등용하고 한 사람을 버리는 것이 모두 이치에 마땅하고 도에 합하게 된 뒤에야 중中과 극極이 세워져서 사람들의 마음이 흡족해지고 귀신이 복을 내리며 오랑캐들이 두려워하고 복종할 것"이라며 인조의 정치적 앞날을 축원한 뒤, 자신이 70세의 고령인 점과 오래 전부터 앓아 온 병환을 거론하면서 관직에 나아갈 수 없다는 뜻을 밝혔다. 여헌이 관직에 나아갈 수 없다는 뜻을 밝히자 인조는 "그대가 학문에 힘쓰고 행실을 닦으면서 산야에 숨어 지낸다는 것은 내가 잠저潛邸

에 있을 때부터 이미 들은 바이다. 그러므로 이에 사헌부지평에 제수하였던 것이다. 지금 경상감사의 장계狀啓에 그대가 병 때문에 올라올 수 없다 하니, 마음이 매우 허전하다. 병을 조리하고 올라와서 곁에 두고 싶은 나의 바람에 부응하도록 하라"라는 비답을 내렸다.

여헌이 사헌부지평을 고사했다는 소식이 전해지자 조정에서는 여헌을 다시 징소해야 한다는 의견이 거듭 제기되었다. 이해 5월에 조정에서는 성균관에 산림의 명망 높은 학자를 징소하고자 하는 의론이 진행되었다. 이때 이귀는 인조에게 "김장생·장현광·박지계는 모두 학문이 깊고 태도가 의젓하여 명성이 있는 인물들입니다만, 풍헌風憲(풍속과 도덕에 대한 규범)의 바쁜 직무는 절대로 감당할 수 없습니다. 성균관에 보임하여 선비들을 가르치게 하소서"라고 아뢰었고, 김류 또한 "이 세 사람을 관학館學에 배치하는 것이 참으로 합당하기는 합니다마는, 성균관의 관원은 모두 문관을 임용하고 있으니 따로 변통해서 관직을 설치한 다음에 제수하는 것이 마땅할 듯싶습니다"라고 제안하였다.

이렇게 산림학자의 징소 논의가 거듭되자 인조는 "이들은 초야에 묻혀 독서하며 학문과 덕행을 겸비했으니, 만약 학관學官에 배치하여 교도하는 임무를 맡긴다면 선비들이 크게 감화되는 효과가 있을 것이다. 계미년 간에 고故 찬성 이이李珥가 경연에서 성혼을 대사성에 임명할 것을 청하자 그때 의견을 아뢰라는 명이 있었는데, 모두들 그렇게 하는 계획에 동의했으나 심수경沈守慶과 유홍兪泓이 조정의 규칙에 어긋난다고 아뢰어 끝내 그 일이 행해지지 못했다. 그러나 지금 만약 따로 하나의 관직을 설치하여 임명한다면 전부터 있었던 규칙을 변경했다는 혐의도 없을 듯하다"라고 의견을 제시하였다. 이에 이조에서 성균관의 관직을 사업司業으로 정하였고, 인조는 여헌을 비롯하여 사계 김장생, 잠야潛冶 박지계朴知誡(1573~1635)를 그 직으로 징소하라는 명을 내렸다.

하지만 여헌은 산림직으로 징소하고자 하는 교지에 응하지 않았다. 인조 즉위년에만 사헌부지평을 위시하여 성균관사업, 사헌부장령 등의 관직에 네 차례에 걸쳐 징소하는 교지가 내려졌으나, 그때마다 여헌은 고사의 뜻을 밝히고 관직에 나아가지 않았다. 거듭되는 징소에도 불구하고 관직에 취임할 뜻이 없었던 것이다. 비록 그해 8월에 사헌부 지평에 거듭 제수되자 채비를 갖추어 서울로 향하기도 하였지만, 여헌은 선산에 이르러 발병發病하였음을 핑계로 지평을 사퇴하는 소를 올리고 나아가지 않았다. 이때 여헌이 서울로 향해 발걸음을 떼었던 것은 실제로 관직에 취임하고자 한 것이었다기보다는 질병으로 인해 관직에 나아갈 수 없음을 구체적으로 보여 주기 위함으로, 징소에 응하지 않으려는 자신의 뜻을 보다 명확하게 드러낸 것이었다.

이괄의 난, 드디어 조정에 나아가다

해가 바뀌어도 여헌에 대한 조정의 징소 논의는 계속되었다. 인조 2년(1624) 1월 5일의 주강晝講에서 승지 낙서洛西 김자점金自點(1588~1651)은 "지금 아직 원자元子가 책봉되지는 못하였으나 미리 보양하지 않을 수 없습니다. 반드시 김장생 · 장현광 · 박지계 같은 자들로 하여금 늘 보도輔導하게 해야 하겠습니다"라는 의견을 개진하였다. 하지만 얼마 지나지 않아 나라에는 큰 변고가 발생하였다. 반정에 가담하여 적지 않은 공을 세우고 2등공신으로 책봉되어 평안도 병마절도사 겸 부원수로 재직하던 이괄李适(1587~1624)이 난을 일으킨 것이었다.

반정 이후 정권을 주도하던 공신들은 모반에 대해 상당한 경계심을 가지고 반대 세력들을 주시하고 있었다. 이러한 경계심은 반역 혐의로 이어져서 여러 인사들을 체포 또는 구금되기에 이르렀다. 이괄의 아들 이전李梅 또한 여러 신하들과 함께 모반을 획책했다는 혐의를 받았다. 그는 당시 공신들의 횡포로 인해 시정이 문란해진 것을 개탄하였는데, 이로 인해 모반의 혐의가 있다는 고변이 제기되었던 것이다. 조정에서 엄중한 조사를 진행한 결과 무고임이 밝혀졌지만, 공신들은 이 사건을 계기로 이괄을 국문하자는 건의를 하였다. 인조는 이 건의를 무시하고 대신 그의 아들이 모반을 꾀했는지 여부를 조사하라고 명하였다. 이에 따라 당시 평안도 영변寧邊에 있는 이괄의 군중軍中에 머물고 있던 이전을 한양으로 압송하기 위해 금부도사와 선전관이 파견되었다.

이때 이괄은 아들이 모반죄로 죽게 되면 본인도 죽음을 면하기 어렵다고 판단하여 금부도사 일행을 죽이고 반란을 일으켰다. 그는 당시 모반 혐의로 한양으로 압송 중이던 한명련韓明璉(?~1624)을 구출하여 반란군에 가담시킨 후 1월 22일에 휘하의 병력 1만여 명을 이끌고 서울로 진군하였다. 도원수 장만張晚(1566~1629)이 주둔하고 있던 평양을 피해 서울로 진군한 이괄의 반란군은 황해도 황주黃州에서 관군을 대파하였고, 이후 여세를 몰아 2월 11일 마침내 한양으로 입성하여 경복궁의 옛터에 주둔하였다. 지방에서 반란을 일으켜 한양을 점령한 최초의 사례였다. 이미 인조는 이괄이 난을 일으켜 한양으로 진군하고 있다는 소식을 접하고는 여러 대신들과 함께 공주로 피란한 상태였다. 한양을 점령한 이괄은 선조의 아들 흥안군興安君을 새로운 임금으로 추대하고, 새로운 체계를 갖추고자 하였다.

이괄의 난에 대한 소문은 전국 각지로 퍼져나갔고, 여헌 또한 이 소식을 접하게 되었다. 대가大駕 행렬이 공주로 이동하여 그곳에서 행재소를 차렸다는 소식을 듣자 여헌은 지체 없이 공주로 향하였다. 71세의 노구를 이끌고, 게다가 병환이 채 낫지도 않은 상태에서 인동을 출발한 여헌은 충청도 경계에 다다랐다. 이때 여헌은 도원수 장만의 군사가 관군과 연합하여 이괄의 군대를 무너뜨렸고, 이괄은 휘하의 장수가 배반하여 목이 잘려나갔다는 소식을 접하였다. 그렇게 이괄의 난이 평정되어 인조가 다시 한양의 궁으로 돌아갔다는 소식을 접한 여헌은 인동으로 돌아가지 않고 인조를 친견하기 위해 한양으로 발걸음을 재촉하였다. 그리고 한양 입구인 양재역良才驛에 이르러 사헌부장령에 배수拜受되었다는 소식을 듣게 되었다.

한양에 도착한 여헌은 평소 관계를 맺고 있던 여러 인사들을 만났다. 그리고 3월 5일에 경희궁慶熙宮 자정전資政殿에 나아가 인조를 배알하였다. 반정과 연이은 변란을 겪었지만 안정된 나라를 갈망하며 그토록 기다리던 여헌을 만난 인조, 비록 관직을 거듭 고사하였지만 인조의 시대가 희망을 현실로 바꾸는 시대가 되길 기대하고 있던 여헌, 이 두 사람이 첫 대면을 하게 된 것이다. 두 사람 모두 가슴에 담아 둔 이야기가 어찌 적을 수 있었겠는가?

『인조실록』은 인조에게나 여헌에게나 모두 기념비적이었던 첫 대면에서의 대화를 자세히 기록하고 있다. 그 기록을 간단히 정리하면 다음과 같다.

인조 : 이름을 들은 지 오래입니다. 한번 만나서 함께 국사를 논하고 싶어 여러 번 불렀으나 오지 않으니, 아마도 내가 과실이 많아서 어진 이를 오게 할 수 없는 것인가 하고 자신을 반성하며 자책할 뿐이었습니다. 이제 만났으니 매우 반갑습니다.

여헌 : 신은 늙고 병들어서 산야에 물러가 있었는데, 변란이 일어났다는 말을 듣고 곧바로 행재소에 가려고 하였으나 병이 깊어서 조금씩 전진하여 이제야 대궐에 왔습니다. 그런데 더구나 은명을 내려 풍헌의 직임에 발탁해 주시니 황송하기 그지없습니다.

인조 : 내가 만나고 싶어 한 마음은 정경세가 알고 있습니다.

여헌 : 신이 정경세를 보지 못한 지 오래인데 서울에 와서 만나고서야 그의 말을 들었습니다.

인조 : 평소에 영남에는 충의로운 선비가 많다는 것을 들었는데, 이제 나라를 위하여 소모召募하고 병량兵糧을 많이 모았으니 매우 가상합니다.

여헌 : 오늘날뿐만 아니라 임진란 때에도 의병의 힘이 많았습니다.

인조 : 적용適用할 방책을 듣고 싶으니 부복하지 말고 일어나 앉아서 말하도록 하시오.

여헌 : 공경公卿이나 여러 집사執事들 중에 반드시 말할 사람이 있을 것인데, 신이 어찌 감히 말하겠습니까?

인조 : 공경의 말은 늘 하는 말에 불과한 듯합니다.

여헌 : 여러 사람이 늘 하는 말이 선한 말입니다.

인조 : 당국자當局者의 미혹한 것을 국외局外 사람이 분명히 아는 것이 있을 것이니, 들려주기를 바랍니다.

여헌 : 우선 대강령을 세워야 합니다.

인조 : 대강령이란 무엇입니까?

여헌 : 조심하고 힘쓰고 분발하여 늘 새로운 마음을 일으켜야 합니다.

인조 : 시무時務를 아는 것은 준걸俊傑에게 있는 것인데, 지금의 시무는 어느 일에 있다 하겠습니까?

여헌 : 오늘날의 일은 오직 민심을 진정시키는 데에 있습니다. 무사하여 백성의 힘이 조금 넉넉해진 뒤에야 규모를 의논하여 세울 수 있을 것입니다.

인조 : 그 말이 매우 옳습니다. 그러나 국가에 일이 많아서 서북에서는 적과 대치하여 있고 모毛 도독都督이 현재 섬 안에 있으니, 계책을 통해서 서로 돕고 필요한 물건을 차려서 살아 나갈 방도를 세우는 것이 어찌 백성을 번거롭게 하지 않을 수 있겠습니까?

여헌 : 폐조 때에 명목을 교묘히 만들어 백성에게서 징수하였는데, 이제 성세聖世에 이르러서도 명목이 아직 있으므로 백성이 간혹 원망하여 "과거의 명목이 어찌하여 지금도 없어지지 않는가?" 하고 모속관募粟官(군량을 모집하기 위하여 지방에 파견하는 관리)의 폐단에 대해서도 말합니다.

인조 : 이번의 몇 마디 말은 모두가 시무에 절실한 것이니, 유념하여 시행하겠습니다.

일단 언직言職에 있게 되었으니, 일에 따라 논집論執해야 할 것입니다. 조정에 무슨 잘못한 것이 있는지 모르겠습니다.

여헌: 신은 초야에 엎드려 있었으니, 조정의 일을 어떻게 들어서 알겠습니까? 사은謝恩하러 왔을 뿐입니다.

인조: (여헌이 나간 뒤에 상이 승지를 불렀다.) 이 사람은 멀리서 새로 왔으니, 입을 것과 먹을 양식을 내리시오.

— 『인조실록』 5권, 인조 2년 3월 5일

여헌에게서 많은 정치적 조언을 기대한 인조는 여헌의 이야기를 경청하였으나, 여헌은 평소 징소를 사양했던 태도를 유지하면서 국정 운영에 대한 자세한 제언보다는 "조심하고 힘쓰고 분발하여 늘 새로운 마음을 일으켜야 한다"는 원론적인 대답과 인정仁政의 가장 근본이 되는 '백성들의 어려움을 구해야 한다'는 것을 간단히 이야기할 뿐이었다. 그토록 기다리던 여헌을 만난 인조, 길지 않은 첫 대면에서 여헌에게서 만족할 만한 조언을 듣지 못한 인조는 많은 조언을 듣기 위해 여헌이 계속 한양에 머물기를 기대했다. 그리고 그 일환으로 여헌에게 음식과 의복을 내렸다.

하지만 여헌의 생각은 달랐다. 인조를 만난 다음날 그는 "신이 이번에 온 것은 곧 국가에 전고前古에 없던 변고가 성명聖明의 시대에 나와서 종묘사직이 옮겨지고 대가大駕가 파천播遷하는 지경에 이르렀기 때문"이라고 전제한 뒤, "노쇠하고 어두우며 근력이 다하여 결코 봉직하여 일할 수가 없사옵고, 또 병들고 추악하여 조정 반열에 낄 수가 없으니, 지금은 도성의 크고 작은 사람들이 모두 신의 쓸모없음을 보아 알고 있습니다"라고 사직소를 올렸다. 그러자 인조는 "나는 지금 어진 이를 얻은 것을 다행으로 여겼는데, 그대가 이토록 사직하니 마음이 몹시 서운합니다. 그대의 재덕才德이 아니면 이처럼 어렵고 위태한 것을 구제하기 어려우니, 사직하지 말고 직무를 수행하여 나의 지극한 소망에 부응하기 바랍니다"라는 비답을 내리고는, 다음날인 3월 7일에 여헌을 사헌부집의司憲府執義에 제수하고 의복과 양식, 그리고 찬물饌物(반찬거리)을 하사하였다.

반정 이후의 정치적 잘못을 비판하다

한양에 올라와 인조를 배알한 뒤 고향으로 돌아갈 생각이었던 여헌은 사헌부집의에 제수되자 사은숙배謝恩肅拜하기로 결심하였다. 그리고 사은숙배에 앞서 적의 제거와 도둑의 금지에 관한 상소를 올렸다. 직접 대면하여 자신의 생각을 말하기보다는 먼저 상소문을 통해 자신의 소견을 밝히는 것이 바람직하다고 판단한 여헌은 3일을 숙고한 끝에 3월 10일에 자신의 정치적 견해를 담은 상소문을 올렸다.

여헌은 인조반정 이후의 정치적 상황을 매우 우려스러운 눈으로 바라보고 있었다. 앞서 장령을 사직하는 상소에서는 인조반정에 대해 "나라를 바로잡고 난亂을 바로잡아 반정反正하시어 천지를 되돌리는 큰 공을 세우시고, 윤리강상을 붙들어서 전인前人들을 빛내고 후인後人들을 열어 주는 큰 공업이 있으십니다"라고 극찬하였지만, 반정 이후 빚어진 일련의 정치적 혼란과 이에 따른 민생의 어려움은 극히 우려스러운 것이었다. 그도 그럴 것이, 임진왜란이라는 미증유의 전란으로 인한 사회경제적 혼란과 반정 이후에도 지속되었던 지배세력 간의 갈등은 정치적 파국을 초래하여 결국 변란으로 이어졌으며, 반정공신에 의한 변란 이외에도 민생을 도탄으로 몰고 가는 사회적 폐단은 계속 누적되고 있었다. 인조반정 이후 새로운 변화를 기대했던 여헌은 그처럼 사회 전반에 걸쳐 모순과 혼란이 거듭되는 상황을 지켜보다가, 일이 원만하게 진행되지 않자 마침내 자신의 정치적 입장을 드러내기 시작하였던 것이다.

여헌이 먼저 주목한 것은 나라의 기반을 흔드는 적과 민생을 좀먹는 도둑이 횡행하는 당시의 현실이었다. 인조가 등극한 이후 1~2년 사이에 생겨난 계속되는 고변과 이로 인한 변란 즉 이괄의 난이 표면적인 문제였지만, 여헌은 그 원인을 '잘못된 정치'에서 찾았다. 그래서 상소문을 통해 "조정이 태산처럼 무겁고 국가가 반석처럼 안정되었다면, 도적이 어떻게 감히 그 아래에서 도둑질을 하겠습니까?"라고 반문하고, "정치가 잘못되면 인심이 따르지 않고, 인심이 따르지 않으면 천심도 감응하지 않습니다"라고 단정하였다.

정치사회적 혼란의 원인을 정치의 잘못에서 찾은 여헌은 그 해결책으로 '구습舊習을 고쳐 새로워질 수 있는 도리'를 제시하였다. 그리고 그 방법에 대해 "적을 제거하는 근본은 덕을 닦는 데 있고, 도둑을 막는 요체는 백성을 편안하게 하는 데 있다"(去賊之本, 在於修德, 止寇之要, 在於安民)라고 강조하였다. '덕을 닦고 백성을 편안하게 하는'(修德安民) 것이 비록 평범한 것처럼 보이지만 이것 외에 별다른 방법이 없으며, 이 방법은 높고 먼 데에 있는 것이 아니라 평이하고 간략한 데에 있을 뿐이라는 것을 지적하고, 필요한 정치의 요체가 "공검恭儉(공손하고 검소함)을 숭상하여 부화浮華(겉만 화려하고 실속이 없음)를 절제하고, 덕화德化를 두텁게 하여 형살刑殺을 줄이며, 간정簡靜(간결하고 깨끗함)을 힘써서 번요煩擾(번거롭고 요란스러움)를 그치게 하는 것"임을 제안하였다. 여헌이 이러한 방법을 제안하게 된 이면에는 다음과 같은 문제의식이 자리 잡고 있었다.

부화한 폐습은 교화와 풍속에 해로울 뿐만 아니라 실로 천지가 돕지 않고 귀신이 매우 미워하는 것입니다. 백성이 곤궁해지고 화를 일으키는 빌미가 모두 여기에서 나오는데, 이에 대해 매우 경계하지 않을 수 없습니다. 형살刑殺을 줄인다는 것은 전혀 하는 일이 없다는 것이 아니라, 해야 할 일을 하고 할 만한 것을 할 뿐이라는 것입니다. 오직 숭상하는 것이 공검恭儉에 있으면 부화浮華는 절로 그쳐질 것이고, 두터이 하는 것이 덕화德化에 있으면 형살이 절로 알맞게 될 것이며, 힘쓰는 것이 간정簡靜에 있으면 일삼아 하는 것이 절로 간략하지 않은 것이 없을 것인데, 이것은 모두 독실하게 행하기에 달려 있습니다.

— 『인조실록』 5권, 인조 2년 3월 10일

정치개혁을 위한 방안을 제안한 여헌은 정치 주체의 분발을 촉구하며, "이제부터 상하대소가 각자 분발하고 힘써 한마음으로 정성을 다하여 사의私意를 없애고 공도公道를 넓혀서 의리로 일을 절제하고 덕으로 정치해 나가기를 바랍니다. 그렇게 하면 기강이 서고 조정이 무거워질 것이니, 인심이 기쁜 마음으로 복종하지 않고 천심이 감응하지 않음을 어찌 걱정하겠습니까?"라고 당당하게 자신의 소신을 밝혔다.

여헌의 정치적 견해를 처음 접한 인조는 "마음속에 간직하여 힘써 행하겠다"고 자신의 뜻을 전하고, 여헌이 물러가지 말고 자신의 곁을 지켜 줄 것과 하사한 양곡과 반찬을 사양하지 말 것을 명하였다.

상소문을 올리고 인조의 비답을 받은 여헌은 3월 13일에 이르러 대궐에 나아가 사은숙배하였다. 이 자리에서 인조는 여헌과 짧지 않은 대화를 나누었다.

임금께서 자정전資政殿에 친히 오셔서 여헌을 만났다.
"지난날 경의 상소上疏는 내 이미 잘 보았습니다. 상소문 가운데에 말한 것은 모두 긴요하고 간절한 말이니, 내 마땅히 힘써 행하겠습니다."
"신은 늙고 병듦이 날로 심하여 할 수 있는 일이 없는 까닭에 감히 천근淺近한 말씀을 여쭈었사온데, 성상께서 우대하여 용납해 주시니 감격함을 못내 이기지 못하겠습니다."

"인심人心과 세도世道가 이미 이 지경에 이르러 태평성세는 바랄 수 없으나 만약 어진 선비들이 서로 구제해 준다면 거의 다스려짐을 기약할 수 있는데, 경이 마침내 기미幾微를 보고 떠나가고자 하니 짐은 매우 걱정입니다."

"인심과 세도를 어찌 바로잡을 수 있는 도리가 없겠습니까? 성스러운 군주와 어진 재상이 훌륭한 일을 하는 데 달려 있을 뿐입니다. 신과 같이 늙고 병들어서 물러가는 자는 기미를 보고 떠나는 자가 아니옵니다. 신은 스스로 돌아보건대 정신과 근력이 이미 쇠하고 다함에 이르렀기 때문에 부득이 떠나고자 하는 것이오니, 어찌 억지로 떠날 계책을 하고자 하는 것이겠습니까? 군주가 지극한 정성으로 세상을 다스리면 미련한 지아비와 미련한 지어미도 모두 신묘한 교화에 감동되어 실로 조처하기 어려운 일이 없을 것이옵니다."

"도성都城의 인심이 남부지방에 비해 어떠합니까?"

"도성 백성들의 마음은 신이 실로 알지 못합니다. 다만 듣자오니 도성 백성들이 모두 스스로 의심하고 두려워해서 진정되지 못한다 하오니, 이는 반드시 변란을 막 겪었기 때문일 것입니다."

옆에 있던 승지承旨가 국가의 저축을 훔쳐가는 자와 불안해하여 스스로 편안하지 못한 자들을 가지고 말하였다. 그러자 여헌이 임금에게 아뢰었다.

"일반 백성들은 지식이 없으니, 의리義理가 어디에 있는지를 어찌 알겠습니까? 성상께서 이것을 깨끗이 씻어 주시어 불안해하는 자들로 하여금 스스로 편안하게 하신다면 진정시킬 수 있을 것입니다. 도성은 사방의 근본이오니, 도성 백성들이 안정되면 사방이 또한 안정될 것입니다."

그러자 임금이 말하였다.

"역적을 맞이하고 역적에게 붙은 무리들을 절대로 다시 문죄問罪하지 말 것을 누차 전교傳教하였습니다."

"거듭 전교하시어 도성 백성들의 마음을 안정시키도록 힘쓰시는 것이 좋겠습니다."

"남부 지방의 어진 선비 중에 누구누구가 쓸 만한 사람입니까? 나는 간절히 이것을 알고자 합니다. 사람의 재주는 크고 작음이 각기 다르니, 이것을 알지 못하고 잘못 쓰면 또한 흠이 되는 일일 것입니다."

"성상의 마음에 인재를 구하시기를 목마를 때에 물을 찾듯이 하신다면 스스로 들으실 수 있는 길이 있을 것이며, 사람의 그릇에 맞추어 공정公正하게 부리신다면 마땅히 재주에 맞게 등용하는 실상을 보실 수 있을 것입니다. 다만 난리를 겪은 뒤라서 학문에 힘쓰는 선비가 적고 비록 지조를 아끼는 사람이라도 또한 쉽게 얻을 수 없으니, 오직 그 가운데서 나은 자를 뽑아 등용하시어 재주를 다하게 할 뿐입니다. 사람의 재주는 진실로 쉽게 얻을 수 없사오나 성상께서 인재를 작성하는 방도를 다하신다면 비록 평상한 보통사람들이라도 반드시 쓸 만한 인재가 될 것이오니, 이는 어떻게 인재를 작성하느냐에 달려 있을 뿐입니다."

"인재를 작성함은 성스러운 군주와 현명한 제왕들이 하는 일이니, 나처럼 덕이 적고 몽매한 자는 반드시 대현大賢이 있어야 비로소 이러한 일을 기대할 수 있을 것입니다."

"성상께서 한 세상을 임하여 다스리시니, 옛사람에게 사양하시는 것은 마땅하지 않습니다. 소신은 옛날 명왕明王의 사업을 오늘날 전하께 깊이 기대하오니, 명왕의 사업에서 큰 근본은 오직 스스로 자신의 덕을 닦는 것이옵니다."

"나는 역적인 이괄李适에 대하여 단지 그가 재주가 있다는 것만 알고 다른 마음이 있다는 것은 알지 못하였습니다. 사람을 등용함이 이와 같으니, 어찌 사람을 안다고 말할 수 있겠습니까? 만약 인물을 잘 알아서 제어함에 방법이 있게 한다면, 반역하는 일을 반드시 감히 생각하지 못할 것입니다. 지난번 변란이 일어나게 된 것은 모두 나의 죄이니, 내 오히려 누구를 원망하겠습니까?"

"옛사람이 말하기를 '소인이 소인 노릇하는 것을 어렵게 만들어야 한다' 하였으니, 만일 이괄로 하여금 흉악한 계책을 부리지 못하게 하였다면 마땅히 오늘의 변고가 없었을 것입니다. 성상께서 스스로 반성하시는 뜻이 이와 같이 거룩하시니, 조정에 있는 신하들도 모두 스스로 반성함을 일삼는다면 혼란을 바꾸어 다스림으로 만드는 것이 또한 어찌 어렵겠습니까. 신과 같이 늙고 병든 하찮은 자는 어찌 있다 하고 없다 할 것이 있겠습니까. 물러가 전원田園에 엎드려 있게 하는 것도 하나의 훌륭한 정사이십니다."

"남부지방의 인재는 조정과의 거리가 멀어서 들어 알지 못하니, 남부지방의 제일가는 인물을 천거할 수 있겠습니까?"

"이러한 때에 어찌 제일가는 인물을 얻겠습니까? 만약 그 다음가는 인물을 취하여 등용하시되 성심誠心으로 구하신다면 어진 선비가 스스로 올 것입니다. 그러나 또한 모름지기 조정의 백관들이 똑같이 이러한 마음을 체념體念한 뒤에야 거의 반드시 인재를 얻어서 등용할 수 있을 것입니다."

"조정에 사사로움을 따르고 게으르며 나태한 습관을 막는다면 혹 나라가 다스려지기를 기대할 수 있을 것입니다."

"성상의 말씀이 참으로 합당하옵니다. 정사가 다스려지지 않음은 모두 나태함과 사사로움에서 연유하오니, 과연 이러한 폐습弊習을 막는다면 어찌 나라가 다스려지지 못함을 걱정하겠습니까? 한 정령政令과 한 조처措處를 내리는 사이에 사람들의 마음을 진작시켜 일으킬 수 있을 것입니다. 성상께서 이미 정성스러운 마음이 있다면 아래에 있는 사람들이 누가 정성을 다하고자 하지 않겠습니까?"

— 『여헌선생속집』 권8, 「갑자년에 조정에 나아간 기록」(甲子趨朝錄)

이렇게 대화를 나눈 후 여헌은 다시 한 번 사직의 뜻을 표명하고 자정전을 나섰는데, 그만 섬돌 앞에서 넘어지고 말았다. 인조는 의원을 보내어 약을 하사하였다. 얼마 지나지 않아 여헌은 안질眼疾에 걸렸고, 이때에도 인조는 내의內醫를 보내어 간병하게 하였다. 이렇게 병이 거듭되자 조정에서는 세 차례에 걸쳐 휴가를 주었으나 여헌은 3월 20일에 다시 상소하여 사직하였다. 인조는 "그대가 이토록 사직하니 어찌 내 정성이 부족한 탓이 아니겠습니까? 나는 매우 부끄럽습니다. 그대는 나의 지극한 뜻을 본받아 조리하고서 출사出仕하기 바랍니다"라고 거듭 명을 내린 뒤 이튿날 여헌에게 공조참의工曹參議를 제수하였지만, 이때에도 여헌은 소장을 올리고 사직을 청하였다.

이렇게 관직의 제수와 사직이 그해 3월부터 계속 이어졌고, 급기야 대궐에 입조한 여헌은 병세가 여전함을 거론하며 "의약이 있기는 하나 시골에 내려가 치료하는 것만 못합니다. 더구나 신은 눈병이 매우 심하여 책을 펴고도 글자를 보지 못합니다. 이러한데 어찌 경연에 출입할 수 있겠습니까?"라며 거듭 사직의 뜻을 피력하였다.

마침내 4월 13일에 이르러 여헌은 사직을 상소하는 글을 남겨 두고 인동으로 발걸음을 재촉하여 한강을 넘었다. 여헌의 상소를 손에 든 인조는 "소를 보고 마음이 매우 서운하였습니다. 이것은 모두가 과인의 정성이 부족한 탓이기에 스스로 뉘우치고 책망할 뿐"이라고 답하고 다시 출사할 것을 명하였지만, 이미 여헌은 떠난 뒤였다. 그러자 인조는 서운함을 뒤로하고 고향으로 내려가는 여헌에게 말을 보내어 주었다. 다음날 인조의 비답을 받은 여헌이 승정원에 명하여 패를 써서 입궐하게 하라는 뜻에 따르지 못한 죄를 아뢰며 다시 상소문을 보내니, 역시 인조는 비답을 내려 다시 출사할 것을 기대하였다.

이괄의 난이 일어났다는 소식을 접하고 공주로 향했다가 발길을 돌려 한양으로 올라간, 3월부터 시작된 여헌의 입조入朝는 한 달 남짓 이어졌다가 4월 상순경에 다시 고향으로 돌아옴으로써 일단락되었다. 그리고 고향으로 돌아온 여헌은 여름의 무더위가 한창이던 7월에 다시 한 번 상소문을 보내어 인조가 자신에게 베풀어 준 배려에 감사의 뜻을 표하였다.

산림으로의 징소는 비단 여헌에게만 한정된 것은 아니었다. 앞서 밝힌 대로 여헌이 징소될 때 인조는 호서 유림을 대표하는 김장생과 박지계도 함께 징소하였다. 하지만 산림학자 세 사람은 모두 징소에 응하지 않거나 잠시 조정에 머물다 다시 고향으로 돌아가고 말았다. 이러한 산림학자들의 출사 거부에 대해 당시 특진관特進官이었던 이귀는 "김장생은 일을 맡기기에는 우활한 듯해도 서울 안에 머물러 있으면 후학들이 모범으로 삼을 수 있었을 것인데, 뜻을 결단하고서 시골로 돌아갔습니다. 장현광도 벼슬살이에 뜻이 없어서 물러가 버리고 오지 않습니다. 이는 진실로 국가의 큰 손실입니다. 박지계는 경학을 궁리한 선비로서 조금도 조정에 죄를 얻은 일이 없는데도 한 번 배척하고는 다시 부르지 않으니, 유자를 대우하는 도리가 아닌 듯싶습니다"라고 말한 후, "대개 초야의 선비들이 처음에 반열에 들어오면 으레 기롱과 모욕을 자초하고, 세속의 선비들은 과거에 급제하여 명사가 되는 수가 많습니다. 폐조(광해군)가 기강을 어지럽힌 나머지 전하께서 즉위하셨으니, 이는 곧 한 번 크게 다스려지는 시기입니다. 학문하는 사람들을 불러들여 흥기하는 터전이 되게 하소서"라고 인조에게 산림학자들을 징소할 것을 거듭 요청하였다.

이렇듯 인조 즉위 이후부터 조정에서 지속적으로 산림학자의 등용이 논의되었던 것은 초기의 정권 안정과 관련된 것이었다. 광범위한 지지 세력을 확보할 필요성을 절감한 집권 서인들은 왕위계승의 정당성 획득과 지지 세력의 확대를 통해 초기의 혼란을 수습하고자 하였던 것이다. 이때 영남의 유림을 상징하는 산림학자로 여헌이 지목된 것은 여헌이 학덕과 명망을 갖춘 학자이자 그의 정치적 비중이 영남을 중심으로 상당하였음을 확인시켜 준다. 광해군 대에 본격화한 여헌의 강학 활동을 통해 인조반정 직후에 이미 영남 지역에는 그의 문인이 기백 명에 달했고 그의 학문적 영향력 아래에 있던 문인 이외의 사림 또한 상당수에 이르고 있었다는 것은, 여헌이 산림으로 지목되어 징소되기에 충분하였음을 증거하는 것이라 하겠다.

경세론의 핵심, 건극론建極論을 제시하다

한 달 남짓한 한양에서의 생활을 마감하고 인동으로 돌아온 여헌에 대한 징소 논의는 거듭되어, 해가 바뀐 인조 3년(1625) 8월에 다시 여헌에게 동부승지同副承旨가 제수되었다. 이때에도 여헌은 병으로 관직에 나설 수 없음을 내세워 사양하였으나 거듭 교지가 내려졌다.

여헌은 할 수 없이 한양으로 올라갈 채비를 하고 말을 몰아 상경 길에 올랐다. 하지만 길에 오른 다음날, 여헌이 타고 가던 말이 진흙길에 넘어지면서 여헌도 함께 떨어져 허리와 등을 다치게 되었다. 아픔을 견디며 다시 말을 타고 길을 재촉하였지만, 선산에 이르러 통증이 더욱 악화되고 어지럼증도 발작하여 도저히 상경할 수 없는 지경에 이르게 되었다. 그러자 여헌은 거간의 사정을 밝히는 상소를 작성하여 올리고 발길을 고향으로 돌렸다. 여헌의 상소를 접한 인조가 "사직하지 말고 조리하고 올라와서 나의 지극한 소망에 부응하도록 하라"는 뜻을 전하였지만, 여헌은 다시 소장을 올려 사직을 청하였다. 이때에도 인조 는 "봄날 따뜻할 때가 되거든 올라와서 나의 지극한 기대에 부응하도록 하라"는 뜻을 전하였다.

이렇게 거듭 징소와 고사가 이어지는 가운데, 조정에서는 여헌과 김장생에 대한 징소 논의가 계속되었다. 여헌이 동부승지를 사직하고 고향에 머물며 저술 작업과 강학에 전념하고 있던 인조 3년(1625) 9월에는 동지사同知事 지봉芝峯 이수광李睟光이 "『근사록近思錄』은 사서四書를 이해 하는 사다리와 같고, 『심경心經』은 더욱 존심存心하는 방도에 절실한 책입니다. 그러니 항상 살펴보고 몸소 행하시면 매우 다행이겠습니다. 장현광·김장생 등을 불러오게 해서 때때로 자문하신다면 반드시 도움 이 있을 것입니다"라며 여헌의 학문적 탁월성을 거론하며 징소 의견을 제시하였다. 그리고 한 달 뒤 여헌은 용양위龍驤衛 부호군副護軍으로 체직 되었다.

해가 바뀌어 인조 4년(1627) 3월에 이르러 인조는 여헌을 형조참판刑曹參 判에 제수하고 그에게 한양으로 올라올 것을 명하였다. 이해 1월에 인조의 어머니인 인헌왕후仁獻王后가 계운궁啓運宮에서 사망하였기 때문 에 당시 여헌은 신하의 심정에 스스로 태연하게 밥을 먹고 잠을 잘 수가 없어서 "한번 몸을 움직여 기어서라도 도성都城에 나아가 성상의 몸이 정상적인 상태를 유지하시고 잘못됨이 없음을 살펴서 안 뒤에 물러나와 돌아온다면, 다소나마 마음 속에 품었던 정성을 펼쳐서 스스로 마음에 편안할 것"이라 생각하고는, 말과 식량을 마련하여 상경하려고 했으나 병세가 호전되지 않아 길을 떠나지 못하고 있던 참이었다. 이때에 마침 형조참판이 제수되고 상경하라는 명령이 거듭되자, 여헌은 사세事勢가 피할 수 없다고 판단하고 병을 무릅쓰고 길을 떠났다. 상경하여 인조에게 사례도 하고 인헌왕후의 장례에도 참석할 생각이었던 것이다. 이렇게 길을 떠나 4월 19일에 인조에게 사은숙배하고 창동倉洞에 있는 심집沈諿의 빈집에서 유숙하였다. 그러자 인조는 "장현광이 먼 곳에서 와 필시 행장이 비었을 것이니, 담당 부서에서는 쌀과 찬을 넉넉히 주어 나의 뜻을 표하게 하고 또 여름에 주어야 하는 녹봉도 시기에 맞추어 주라"라고 하명하였다.

분에 넘치는 관직으로 승차하고 남다른 배려가 이어지자 여헌은 4월 21일 형조참판을 사직하는 상소를 올리면서 직명과 녹봉을 사양하였다. 그러자 인조는 "벼슬과 녹봉은 현자에게 농사를 대신하도록 대접하는 뜻으로 주는 것입니다. 숙덕정인宿德正人을 놓아 두고 누구와 함께하겠습니까?"라고 답하고, "내가 지금 슬픔에 젖어 경황이 없는 가운데에서도 천리 밖에 생각이 미쳤다는 것이 어찌 우연히 그렇게 된 것이겠습니까? 실로 현자를 사모하고 백성을 사랑하는 성심의 발로인 것입니다. 경은 한갓 고고하게 행동하려고만 들지 말고 도탄에 빠져 있는 창생들을 생각하여 굳이 사양하지 말기 바랍니다"라고 명을 내렸다.

여헌의 사직소를 받아든 인조는 이번에는 여헌을 대사헌大司憲에 제수하였지만, 여느 때와 마찬가지로 여헌은 다음날 대사헌을 사양하는 소장을 올렸다. 이렇게 대사헌을 사양하는 상소는 4월 22일부터 5월 7일까지 다섯 번이나 이어졌다. 그리고 5월 13일에 이르러 비로소 체직되어 부호군에 제수되었다. 하지만 병으로 숙배하지 못하였다.

5월 17일에 인헌왕후의 장례가 치러졌는데, 여헌은 숙배하지 않은 관원이었기 때문에 호종屬從하지 못한 채 성문 밖에서 대가 행렬을 지켜보며 예를 다하였다. 그리고 열흘간의 장례 절차를 마친 인조가 궁궐로 돌아오자 고향으로 돌아감을 알리는 상소를 올렸는데, 이 상소문을 통해 그는 자신이 지닌 경세론의 일단을 제시하였다. 이전의 상소가 그저 사직을 청하는 것이 대체적인 내용이었던 반면, 이 상소는 당시의 정치적 현실을 비판적으로 바라보는 자신의 입장과 그것을 해결하기 위한 대책을 가감 없이 드러낸 것이었다. 그래서 여헌은 "신은 일생 동안 병을 안고 사는 사람이며, 지금 우리 국가 역시 병이 많다고 이를 수 있습니다. 이에 신은 사람 몸 안의 병을 제거하고 병을 이루는 근본이 모두 사람의 한 마음에 있다는 것을 가지고 비유하여 말씀드리겠습니다"라며 평소 소신을 밝혔다.

여헌은 도덕적인 이상사회를 현실에 실현하기 위해서는 무엇보다 군주의 도덕적 자기수양이 전제되어야 한다고 생각하였다. 그는 일찍이 주자가 "천하의 모든 일은 그 근본이 한 사람에게 있고, 한 사람의 몸은 그 중심이 한 마음에 있습니다. 그러므로 군주의 마음이 올바르면 천하의 모든 일은 바르지 않음이 없을 것입니다"라고 강조하였던 것에 적극 공감하고 있었다. 이러한 생각에서 여헌은 올바른 정치를 위해서는 국정운영의 정점에 있는 군주의 도덕적 수양과 완성이 전제되어야 한다고 생각하였던 것이다. 이러한 생각에 기초하여 여헌은 이 상소문의 앞부분에서 다음과 같은 주장을 펼친다.

마음은 몸의 군주君主이며, 군주는 극極을 세우는 것을 말합니다. 한 몸의 내외 기관과 크고 작은 운용은 모두 심군心君, 즉 마음의 군주에 달려 있습니다. 그러므로 마음의 극이 세워지면 아래에서 자신의 도를 받들지 않음이 없고, 극이 세워지지

못하면 아래에서 자신의 직무를 어그러뜨리지 않음이 없습니다. 여기에서 몸의
질병과 건강이 결정됩니다.

         — 『여헌선생문집』 권2, 「돌아감을 아뢰면서 진언한 소」(告歸進言疏)

   '극을 세우는 것'(建極)이란 무엇을 의미하는 것일까? '극'은 중국의
성인 우왕禹王이 남긴 정치이념인 '홍범구주洪範九疇'의 핵심 사상이 되는
'황극皇極', 즉 국가를 다스리기 위해 정한 대도大道로서, 한쪽에 치우치지
않는 중정中正의 도를 의미한다. 황극은 도덕정치를 실현하는 최고의
표준 혹은 모범을 가리키는 것이다. 여헌이 마음을 몸의 군주에 비유하여
극을 거론한 것은, 바로 유학에서 전통적으로 왕도정치의 모범으로
제시된 황극을 통해 군주의 역할을 도덕정치의 표준으로 제안하고자
한 것이었다. 도덕정치를 염두에 둔 여헌이었기에 군주인 마음이 표준을
제대로 세우는가의 여부에 따라 몸에 병의 유무와 편안함의 여부가
결정되듯이, 국가에서도 군주가 극을 올바로 세우는가의 여부에 따라
국가의 치란이 결정된다는 점을 은연중에 제시한 것이다.

   여헌은 '마음의 극을 세운다'는 것을 어떻게 규정하였을까? 그는
마음 속에 항상 공경하고 두려워하는 마음을 보존하여 스스로 태만하지
않으며, 물욕에 구애되지 않고 부정한 말에 현혹되지 않아서 안으로는
스스로를 속이지 않고 밖으로는 사람을 속이지 않으며, 어지러운 생각과
쓸데없는 생각이 없고 동분서주하지 않아서 기운과 넋이 안정되며,
정신이 안을 지켜서 청명淸明하고 광대光大하여 스스로 주재主宰하는
것이라 규정한다. 이렇게 마음이 극을 세우게 되면 모든 감정과 몸의
상태가 순조로워져서 심지어 도깨비와 귀신들도 침범하지 못하게 된다
는 것이다.

   이렇게 몸의 군주로서의 마음이 극을 세우는 것처럼 이상정치를

구현하기 위해서는 먼저 국가의 군주인 임금이 극을 세워야 한다는 것이 여헌의 기본 입장이다. 마음이 몸을 주재하는 것과 마찬가지로 하나의 국가에서 군주도 그러한 역할을 해야 한다는 것이다. 이러한 입장에서 출발하여 여헌은 "인군人君은 온 나라 신민의 마음이 되고, 온 나라의 신민은 바로 인군의 모든 신체가 된다"라고 전제한 뒤, "신하와 백성에게 도가 있고 훌륭한 행실이 있고 지킴이 있는가를 살펴보면 임금이 극을 세웠느냐 세우지 못했느냐를 알 수 있다"고 지적함으로써 당시 혼란한 정치 현실의 근원에 인조가 있음을 은근히 드러내어 비판적인 자신의 생각의 일단을 제시하였다.

여헌이 제안하는 인조의 향후 모습은 어떤 것이었을까? 단지 여헌은 인조에게 모범으로서 군주의 극을 세우라는 공허한 말만 제시하고 말았을까? 여헌은 자신이 제시한 '인군의 극을 세움'의 방법에 대해 다음과 같이 단언한다.

'인군의 극을 세운다'는 것은 또한 별도의 딴 방법이 있는 것이 아니요, 오직 자기의 본성本性을 다하여 사람들에게 표준이 되게 할 뿐입니다.
—『여헌선생문집』 권2, 「돌아감을 아뢰면서 진언한 소」(告歸進言疏)

자기의 본성을 다한다는 것은 결국 인조에게 도덕적 자기완성을 촉구하는 것에 다름 아니다. 만백성의 어버이로서 군주가 도덕적 자기완성을 이루고, 이것이 만백성의 표준이 되어야 한다는 것이다. 여헌은 도덕정치의 출발점이자 완성은 군주의 도덕적 완성으로부터 비롯된다고 여겼던 것이다.

이렇게 인조에게 도덕적 자기완성을 촉구하면서, 동시에 여헌은 자기의 본성을 다하는 조목을 순서대로 네 가지를 제시하였다. 여헌이 제안한 조목은 첫째, 학문을 성취하는 것, 둘째, 행실을 닦는 것, 셋째, 도를 완성하는 것, 넷째, 덕을 순수하게 하는 것이었다. 이 네 조목을 순서대로 이루어야 함을 역설한 여헌은 "덕은 도가 이루어짐에 따라 순수해지고, 도는 행실이 닦여짐에 따라 이루어지며, 행실은 학문이 성취됨에 따라 닦여지는 것"이라고 확인하였다. 그리고 "학문은 곧 대학大學의 법입니다. 이 학문 밖에 다른 학문이 없으니, 이 학문을 배우면 온갖 행실이 그 가운데에 들어 있습니다. 그리고 그 도는 곧 중용中庸의 도입니다. 이 도 밖에 다른 도가 없으니, 이 도를 행하면 지극한 덕이 그 가운데에 다 들어 있습니다"라고 하여 멀리 고원한 도를 따로 찾지 말고 오직 『대학』과 『중용』의 가르침을 체행體行할 것을 주문하였다.

이러한 여헌의 주장은 당시 사림들이 강조한 '성학聖學' 교육의 강화'와 맥이 닿아 있는 것으로, 군주에게 도덕적 자기완성을 위한 학문을 강화하여 학문과 일체를 이루는 정치를 온전하게 이루어 나갈 것을 기대하는 사림의 여망이 담긴 것이었다. 그래서 여헌은 군주의 학문적 성취는 군주 개인의 도덕적 자기완성에 머무는 것이 아니라 국가의 안정으로까지 이어지는 것이라고 보고 인조에게 학문적 성취를 이룰 것을 요청하였던 것이다.

하지만 여헌은 군주의 학문적 성취만을 제안하는 데 머물지 않았다. 그는 극을 세우는 도리, 즉 건극建極의 도리를 체體와 용用으로 나누어, "그 체는 진실로 (군주의) 마음과 몸에서 벗어나지 않으며, 그 용은 인재를 등용하고 정사를 내는 두 가지에 달려 있을 뿐"이라고 강조하였다. 건극을 이루는 근본(체)인 군주의 도덕적 자기완성과 더불어 건극의 현실적 적용(용)으로서 인재 등용과 정사의 베풂이 중요함을 제시한 것인데, 여기에서 특히 여헌은 선악善惡과 시비是非의 분별이 무엇보다 중요하다고 역설하였다.

인재를 등용할 때에 분별하지 않을 수 없는 것은 선과 악이며, 정사를 펼 때에 분명히 하지 않을 수 없는 것은 옳고 그름입니다. 반드시 선한 자를 등용하고 선하지 않은 자를 제거하는 것은 인재를 등용하는 참된 도리이며, 반드시 옳은 것을 시행하고 그른 것을 시행하지 않는 것은 정사를 펴는 참된 도리입니다.
— 『여헌선생문집』 권2, 「돌아감을 아뢰면서 진언한 소」(告歸進言疏)

신하와 백성의 복종 여부가 선악과 시비의 분별에 달렸다고 본 여헌은 "인군이 능히 극의 체(體)를 세우면 두 가지의 용(用)이 자연 바로잡히지 않을 수 없다"라고 하여 무엇보다 군주의 도덕적 자기완성이 필요함을 역설하였다. 군주가 도덕적 모범이자 표준으로 우뚝 서기만 하면 여러 신하와 만백성들이 모두 군주의 아래로 돌아와서 군주의 마음을 자신의 마음으로 삼을 것이며 오직 국가의 일에 종사하게 될 것이라는 것이 여헌의 생각이었던 것이다.

'건극론'으로 요약되는 여헌의 정치적 입장에는 기본적으로 당시 현실에 대한 비판적 인식이 자리하고 있었다. 여헌에 따르면, 인조가 비록 훌륭한 정치를 하려는 뜻을 품고 보위에 올랐지만 초기 3년간의 정치는 조야의 기대에 부응하지 못하고 있었다. 그래서 여헌은 사람들로부터 전해들은 세간의 평가, 즉 "지금 당장 남쪽과 북쪽의 급박한 경보(警報)가 없음에도 오직 국가의 크고 작은 공사간(公私間)의 일이 점점 폐조(廢朝)(광해군 대)의 나쁜 습관과 서로 비슷한 것이 날로 드러나고 있기 때문에 여염의 사람들은 즐거운 마음이 없다"는 것을 인조에게 전하며, "이것은 사람들의 마음에 원망을 살 만한 잘못된 정사와 나쁜 명령이 혹시라도 있기 때문이 아니겠습니까?"라고 질책성 언급을 서슴지 않았다. 그리고 인조의 분발을 촉구하며 다음과 같이 제언하였다.

지금 전하께서 정치에 임하신 지 겨우 3년이 지났으니, 진실로 정치가 안정되고 성과가 나올 때가 아닙니다. 다만 신은 그때 보고 들은 것이 위에서 아뢴 바와 같기에 오늘날을 위하여 지나치게 염려하는 것입니다. 전하께서는 춘추가 젊고 힘이 강대하시니, 진실로 힘써서 훌륭한 일을 할 수 있는 시기입니다.…… 만약 이때에 다시 분발하고 힘써서 남이 한 번을 할 때에 백 번을 하고 남이 열 번을 할 때에 천 번을 하는 노력을 하지 않은 채 단지 시간만 끌어서 점점 쇠퇴하고 쓰러져 어찌할 수 없는 지경에 이른다면, 이는 비단 폐조(廢朝, 광해군 때)의 정치와 비슷할 뿐만이 아니니 그 우려됨을 어찌 다 말할 수 있겠습니까? 천하의 일은 날마다 나아가지 못하면 반드시 날마다 퇴보하게 마련인데, 날마다 나아가기는 어렵고 날마다 물러서기는 쉽습니다. 엎드려 바라건대 전하께서는 이를 깊이 살피십시오.

－『여헌선생문집』권2, 「돌아감을 아뢰면서 진언한 소」(告歸進言疏)

인조에게 애정 어린 충고와 조언을 올린 여헌은 "말할 만한 것이 있으면 반드시 말하는 것이 언관의 도리이며, 언관이 말하는 것이 있으면 반드시 들어 주는 것이 인군의 도리"임을 내세워 언관의 중요성을 역설한 후, 인조에게 자신의 조언과 충고를 겸허히 받아들이고 기꺼이 듣는 정성을 다해 줄 것을 완곡하게 요청하였다. 그리고 "신은 외딴 산골에서 와서 겨우 열흘을 지내고 돌아가오니, 어떻게 다 얻어들어 알 수가 있겠습니까? 그러므로 오직 극을 세우라는 말씀으로써 전하께서 그 근본의 자리를 다하도록 권면하는 것이옵니다"라고 다시 한 번 인조에게 도덕적 자기완성을 촉구하였다.

5천 1백여 자에 달하는 장문의 상소를 통해 여헌은 인조반정 이후의 정치 현실을 비판적으로 성찰하면서 인조에게 도덕적 자기완성으로서의 군주의 수신을 역설하였다. 그가 제시한 건극의 극은 지극히 진실하고 착하며 바르고 중절(中節)한 도리를 의미한다. 이것은 결국 인간에게 부여된 도덕적 본성이자 우주자연을 관통하고 있는 원리이다. 따라서 인조에게 요구한 건극은 우주자연의 보편적인 법칙이자 원리로서 인간의 도덕성을 실현해야 한다는 의미이고, 여헌이 젊어서 기약한 천하에서 제일가는 사업인 우주사업을 인조에게 제안한 것이다.

향약의 전국적인 시행을 건의하다

여헌의 상소를 받아든 인조는 "경은 내가 변변치 못하다 하지 않고 내가 상을 당하자 고생을 무릅쓰고 멀리서 달려와 정성스레 진달하고 순순히 교훈하였습니다. 뛰어난 논설은 사람으로 하여금 눈을 씻고 보게 합니다. 내가 비록 불민하지만 감히 이 교훈을 가슴에 새겨 경의 지극한 뜻에 부응하지 않겠습니까?"라고 말하고, 돌아갈 뜻을 늦추고 조금 더 도성에 머물며 자신의 여망에 부응하라는 명을 내렸다. 하지만 여헌은 다시 돌아갈 뜻을 담은 소장을 올렸다. 결국 인조는 "경의 뜻이 이미 결정되었고 더위가 점차 혹심해지니, 내가 감히 강청하지 못하겠습니다"라고 말하며 다음날 상견하고자 하는 뜻을 전하였다.

상의 명에 따라 입궐한 장현광이 자신의 생각을 털어놓았다.
"상께서 즉위하신 후 모든 일이 다 정비되었으나 교화 한 가지만은 크게 실시되지 않았으니, 사람들이 흥기하여 선을 향하는 마음이 없는 것은 이 때문입니다. 신의 생각으로는, 옛날 향약鄕約은 갑자기 행하기가 어렵지만 우선 교화의 큰 둑으로 삼아서 선을 권하고 악을 금하면 반드시 풍속에 도움이 있을 것입니다."
상께서 이 말을 듣고 "향약의 법이 아름답지 않은 것은 아니나 인심이 순후하지 못하여 행하기 어려울 듯합니다"라고 하자, 장현광이 재차 말하였다.
"옛날의 절목을 죄다 시행할 수는 없겠지만 상께서 권려하는 조치가 있으면 반드시 백성이 분발하는 효과가 있어서, 아들은 부모에게 효도하는 도리를 알게 되고 신하는 임금을 섬기는 의리를 알게 되어 사람마다 각기 사람 된 도리를 다하게 될 것입니다."
장현광이 거듭 향약의 시행에 대해 건의하자 상은 마침내 "경의 말이 옳습니다.
마땅히 의논하여 처리하겠습니다"라고 수용하였다.

— 『인조실록』 13권, 인조 4년 6월 2일

왜란이 끝난 후 여헌이 일찍부터 주목한 것은 향촌사회의 질서가
무너지고 있다는 현실이었다. 그래서 왜란 중 보은현감으로 재직할
때에도 무엇보다 먼저 향약의 시행을 통해 민심을 수습하고 향촌사회의
질서를 안정시키며, 이를 통해 국가사회 전체의 안정을 도모하고자
하였다. 피로 얼룩진 전란 속에서 윤리강상의 추락은 물론 사회체제의
이완은 급격하게 진행되고 있었다. 왜적의 침탈 앞에서 굶주림에 지친
백성들에게 도덕은 한낱 겉치레에 불과하였고, 죽지 않기 위해서는
인륜을 저버리는 것이 어렵지 않은 일이었다. 기나긴 피란생활 속에서
백성들의 처참한 현실과 그 속에서 드러난 폐해를 직접 목도했던 여헌에
게는 윤리강상의 회복과 사회질서의 복원이 가장 절실한 문제로 다가왔
던 것이다.

하지만 전란이 끝나고 광해군 대를 거치면서 사회질서의 회복은
원만하게 이루어지지 않았다는 것이 여헌의 판단이었다. "난리를 겪은
뒤에 사람들이 떳떳한 성품을 잃어 고을에 옛 풍속이 사라졌다"고
진단한 여헌은, 자신의 주요 거주지였던 인동과 선산을 중심으로 향교와
서원, 그리고 지역 내의 유사들에게 유교의 덕목을 강조하는 글을
보내어 향촌교화에 역점을 두었고, 일련의 선현추숭사업을 통해 사회적
기강을 회복하고자 하였던 것이다.

여헌이 향촌교화에 앞장선 까닭은 전란 이후 약화된 자신의 재지적
기반을 재건하기 위해서가 아니었다. 그는 무너진 사회질서를 회복하기

위해서는 인륜과 기강을 다시 세우는 것이 무엇보다 시급하고 절실하다고 판단하였던 것이다. 그리고 그는 이를 위해서는 향약이 가장 효과적인 방법이 될 것이라고 보았다.

향약은 유학의 이상정치를 실현시켜 줄 현실적 이념인 덕업德業과 예교禮敎를 향민에게 자율적으로 실천하게 하는 자치기구이다. 향민의 교화적 성격이 강한 자치규약이자 도덕정치의 기본인 덕치德治와 예치禮治의 보조적 구현 수단이 바로 향약인 셈이다. 이러한 점에서 향약은 향촌사회에서 구체적으로 인륜도덕을 뿌리내릴 수 있는 정책적 수단이자 국가정책에 대한 백성들의 자발적인 호응을 이끌어낼 수 있는 현실적 시책이었다.

여헌은 향약이 가지고 있는 효과에 주목하여 이미 고을의 수령으로 재임하면서 향약의 시행을 몸소 실천한 바 있었는데, 이때에 이르러 다시 향약의 시행을 강조한 것이었다. 이때 여헌이 주목한 것은 향약이 가지고 있는 교화의 측면이었고, 이것을 통한 안정적 국정 운영이었다. 그래서 자신의 경험을 염두에 두면서 인조에게 향약의 전국적인 시행을 건의한 것이었다.

인조에게 향약의 시행을 건의하면서 여헌은 "전하께서 반정하신 뒤에 전후의 정령政令과 크고 작은 조목들을 거행하지 않음이 없으신 듯하오나 오직 교화의 정사에 있어서는 한 번도 미침이 없으시니, 이는 지금에 크게 흠이 되고 부족한 바입니다"라고 지적하였다. 이어 "지금 호패號牌의 명령이 이미 나라 안에 반포되어 크고 작은 사람의 명목名目이 모두 호적戶籍에 기재되었습니다. 만일 이러한 때에 오로지 군정軍丁을 급히 찾아내고 부역賦役을 철저히 시행하는 것만을 첫 번째 사업으로 삼으신다면, 이는 절대로 백성의 마음을 위로하고 기쁘게 하는 것이 아니며 또한 정사가 올바른 근본을 얻는 것이 아닐 것입니다"

라고 당시 정책 집행의 우선순위에 대한 비판적인 의견을 피력하면서 무엇보다 먼저 향약의 시행을 통한 민심의 안정을 제안하였다.

우선 다른 일은 늦추어 두시고 먼저 향약을 시행하시어 백성들로 하여금 덕의德義를 숭상하지 않을 수 없고 염치廉恥를 힘쓰지 않을 수 없다는 것을 알게 하시며, 어버이를 사랑하고 어른을 공경하며 군주에게 충성하고 나라에 보답하며 선을 좋아하고 악을 미워하는 마음을 흥기하게 하소서. 그리하여 백성들의 마음이 다소 진정되고 생업生業이 차츰 이루어지기를 기다린 뒤에 편성하여 군대軍隊를 만들고 권면하여 부역을 하게 하신다면, 사람들이 모두 몸이 있으면 부역이 없을 수 없고 백성이 되어서는 한가로이 놀 수 없다는 것을 알아서 의리의 당연함과 직분의 정해짐에 스스로 편안하여 끝내 윗사람을 원망하는 뜻이 없을 것입니다.
— 『여헌선생속집』 권8, 「병인년에 조정에 나아간 기록」(丙寅趨朝錄)

여헌은 민생의 안정을 위해서는 무엇보다 풍속의 교화를 통한 민심의 안정이 전제되어야 하며 만약 민심이 안정되지 않으면 크고 작은 국가의 정책이 제대로 집행되지 않을 것이요 이것은 결국 국가의 불안정으로 이어질 것이라는 것이라 판단하여, 민생의 안정에 앞서 민심의 안정을 기하고 이를 통해 민생의 안정을 기한 후 국가의 정책을 추진해야 백성들의 자발적인 정책 협조가 이루어질 것이라는 것이라고 주장하고 있다. 그래서 그는 민심 안정을 위한 교화를 전제하고, 이를 바탕으로 민생의 안정을 이룬 후 국가의 구체적인 정책, 즉 부역과 군정을 집행하라고 제안한 것이다. 이런 생각이었던 만큼 여헌은 "교화가 이미 행해지는데도 천하와 국가가 다스려지지 않고 편안하지 않은 자가 있겠습니까? 이것이 신이 오늘날 향약을 시행하고자 하는 이유입니다"라고 향약의 시행을 거듭 강조하였다.

여헌은 향약 시행에 대한 신념을 인조와의 면담에서만 일회적으로 제시한 것이 아니었다. 그는 지속적으로 향약의 시행을 강조하였으며, 특히 향약이 가지는 교화의 측면에 주목하였다. 인조 12년(1634)에 포산苞山 즉 현풍玄風의 현감縣監으로 재임하던 김세렴金世濂(1593~1646)이 향약을 주도하면서 과거에 시행되었던 향약의 조목들을 찾아 정리하고 이것을 책으로 만들자 여헌은 「제포산향약책후題苞山鄕約冊後」를 지어 치하하였다. 이 글을 통해 여헌은 학규學規를 향약의 첫머리에 두어 교화를 강조한 것에 의미를 부여하였고, 몇 달이 지나지 않았음에도 불구하고 교화의 효험이 드러나고 있음에 공감하였다. 그리고 "포산 사람들이 과연 시종이 약속과 같이 한다면 한 고을이 어찌 집집마다 봉작封爵을 받을 만한 아름다움이 있지 않겠는가?"라며 향약의 효과에 대해 크게 기대하였다.

교화에 중점을 둔 여헌의 향약 시행에 대한 생각은 문인제자들에게로 이어지기도 하였다. 그의 대표적인 제자인 신달도는 인조 2년(1624) 전주 판윤으로 재임하면서 학교 조직을 기초로 향약을 실시하는 「전주부향약全州府鄕約」을 시행하였다. 그리고 인조 11년(1633)에 김응조가 선산부사로 부임하여 향약에 대한 관심을 표하자 여헌은 그에게 편지를 보내어 "향약은 이러한 때를 당하여 이러한 일을 거행하여야 비로소 귀한 일이 될 수 있는 것"이라고 하여 향약의 절목은 옛 법과 모두 똑같이 할 필요는 없으며, 여건과 필요에 따라 새롭게 정해도 무방하다는 의견을 피력했지만, 그러면서도 포산의 조약 가운데 학규가 맨 앞에 있는 것을 거론하면서 "학문하는 조목에 비중을 크게 둔 것으로 여러 선비들의 법이 될 것"이라며 교화를 강조할 것을 권유하였다. 이것은 결국 여헌이 평소 가지고 있었던 교화를 바탕으로 한 향약의 시행을 문인들이 계승한 대표적인 사례였던 셈이다.

이와 같이 여헌은 17세기 이후 향촌사회 내에 수령권의 확보가 두드러지는 현실을 고려하여, 수령권을 견제하면서 자치적인 기반을 확보하려던 이전의 향약보다는 교화를 통한 민심의 안정을 꾀하고자 하였다. 향약을 통한 교화에 기초하여 민심의 안정을 꾀하고, 이에 기초하여 민생의 안정과 수령에 의해 집행되는 여러 정책적 조치에 대한 백성들의 자발적인 협조를 담보해 내려고 하였던 것이다. 이것은 결국 전란 이후 무너진 사회질서를 회복하고 지배질서의 재구축을 위한 기본 방안 중 하나로 향약을 통한 향촌지배질서의 재건을 주장한 것이라 하겠다.

동궁과의 만남, 그리고 정묘호란의 발발

인조에게 향약의 전국적인 시행을 건의한 후 여헌은 자리에서 물러나려고 하였다. 이때 인조는 여헌에게 "경이 이제 나갈 때에는 모름지기 동궁東宮을 만나보고 가르쳐 주도록 하십시오"라는 명을 내렸다. 세자를 만나 보라는 인조의 하명은 이때뿐만 아니라 여헌이 한양으로 들어올 때부터 계속 이어진 것이었다. 거듭 세자와의 만남을 요청하는 인조의 하명에 따라 여헌은 세자시강원世子侍講院으로 발길을 돌렸다.

당시 세자는 훗날 병자호란丙子胡亂 이후 중국 심양瀋陽에 가서 단순한 인질이 아니라 훌륭한 외교관의 소임을 다하고, 귀국 후 인조와의 갈등 끝에 급서하고 말았던 소현세자昭顯世子(1612~1645)였다. 여헌과 처음 만날 때의 소현세자는 세자로 책봉된 지 불과 1년이 지난 상태였고, 한창 학문에 정진하고 있을 때였다.

세자와 처음 대면한 여헌은 "저하邸下께서 지난해에 관례冠禮를 행하고 입학례入學禮를 행하셨다 하오니, 경사스러움이 큽니다"라고 축하의 뜻을 전하였다. 이어 세자에게 마음을 비우고 뜻을 전일專—하게 하여 학문에 열중할 것을 당부하고, 세자시강원에서의 배움에 대한 자신의 생각을 전하였다.

세자가 여헌에게 말하였다.
"내 들으니 돌아갈 계획이 있다 하는데 과연 그러합니까??"
"늙고 병들어 봉직奉職할 수 없으므로 물러가 돌아가고자 하는 것입니다."
"부디 돌아가지 마십시오."
"늙어서 정신이 혼몽昏懞하고 고질병이 들었사오니 돌아가지 않을 수 없습니다."
이렇게 대답한 후 여헌은 다음과 같이 자신의 말을 이어나갔다.
"저는 이름이 관료의 끝에 올라 있사오나 늙고 병들어 봉직할 수 없으므로, 또한 일찍이 강청講廳에 나와 강석講席에서 저하를 모실 수 없었사옵니다. 그런데 마침내 뜻밖에 외람되이 저하의 하문을 받자오니, 부끄럽고 두려움이 이미 깊사옵니다. 오늘 또다시 불러 봄을 입사오니, 황송하고 감격함을 어찌 이길 수 있겠습니까. 늙고 병들어 정신이 혼몽해서 비록 옥모玉貌를 우러러 살필 수 없사오나, 오히려 보옵건대 저하의 행동거지가 온화하며 신체가 밝고 빼어나시니 진실로 우리 동방에 덕화德化가 흡족할 것을 후일 크게 기대할 수 있습니다. 이 어찌 국가에 무궁한 아름다운 경사를 쌓아 놓은 것이 아니겠습니까? 엎드려 듣자오니 강학청에서 현재 강講하고 계신 책이 곧 주문공朱文公이 편집한 『소학』이라 하오니, 이 책은 경전과 자子·사史 중에 격언格言과 아름다운 말씀, 지극한 덕과 선행을 모은 것으로, 실로 윤리의 모범이요 사람을 만드는 틀이 되는 글이옵니다. 성현의 도덕과 제왕의 사업이 모두 이 책에 근거하오니, 엎드려 바라옵건대 익숙히 읽으시고 체행體行하신다면 국가의 다행스러움이 어떠하겠습니까."
  － 『여헌선생속집』 권8, 「갑자년에 조정에 나아간 기록」(甲子趨朝錄)

이 자리에서 여헌은 세자의 나이가 공자가 이야기한 지학志學의 나이임을 지적하고 원대한 뜻을 기약해야 함을 강조하였다. 그는 "스스로 기약하고 반드시 항상 요순堯舜 같은 사람이 되지 않으면 감히 그만두지 않겠다는 뜻을 가져야 합니다"라고 하면서, 학문에의 뜻을 오롯이 세우는 것이 중요함을 역설하였다. 이어 여헌은 "우리 성상께서는 반정反正하여 비상한 공을 세우셨고 하려던 뜻을 끊지 아니하고 이어서 무궁한 사업을 높이시어 순임금이나 문왕文王과 같은 큰 효도를 하고 계십니다. 우리 저하께서 성상의 마음을 깊이 생각하시어 성상의 사업을 잇는 것은 그 기지基址와 근본根本이 실로 이때에 달려 있사오니, 온 나라의 신민들이 저하에게 우러러 기대함이 어떻겠습니까? 원하옵건대 저하께서는 힘써 노력하소서"라고 인조와 더불어 도덕적인 군주로 태어나길 기대하였다.

세자와의 짧지 않은 만남의 시간을 가진 후 여헌이 궁을 나오려고 하자, 세자는 여헌에게 채색 비단을 하사하였고 인조는 말을 주어 여헌을 호송하라고 명하였다. 이러한 극진한 대접 속에 여헌은 한 달 정도의 한양 생활을 접고 인동으로 돌아왔다.

이듬해(인조 5년, 1627) 정월이 되자 인조는 74세가 된 노령의 여헌에게 물품을 지급하도록 명을 내렸다. 경상감사에게 물품을 지급하도록 하교하면서 인조는 "앞으로 크게 등용하고자 하였으나 장현광 자신이 나이 많아 병이 많음을 들어 벼슬을 하려 하지 않으므로, 나는 그의 뜻을 가상히 여겨 고향으로 돌아갈 것을 허락하였다"라고 말하고, "금년의 흉년에 가정의 식생활이 필시 곤란할 것이다. 그가 있는 고을에서 미두米豆와 찬물饌物을 하사하도록 하여 그를 추천하고 장려하는 나의 뜻을 표하도록 하라"라고 여헌에 대한 배려를 아끼지 않았다. 인조의 은전恩典을 입은 여헌은 소장을 올려 감사의 뜻을 전하려고 하였다. 하지만 이때에 이르러 나라에 큰 변란 곧 정묘호란丁卯胡亂이 발발하였고, 여헌이 작성한 소장은 조정에 닿지 않았다.

정묘호란은 이괄의 난 당시에 후금으로 달아났던 잔당들이 즉위

전부터 조선에 대해 주전론을 주장했던 후금後金 태종에게 '광해군은 부당하게 폐위되었고, 조선의 군세는 이미 강하지 않다'고 거듭 종용하자, 태종이 이해 1월 청의 장수 아민阿敏에게 3만의 병력을 주어 조선을 침략할 것을 명령함에 따라 발발하였다. 압록강을 건너 의주를 점령한 후금군은 '전왕 광해군을 위하여 원수를 갚는다'는 명분을 내세우고 진군하였고, 파죽지세로 평양을 점령하고 황해도 지역까지 장악하고 있었다. 조선에서는 장만張晩을 도원수都元帥로 삼아 적을 막고자 하였지만, 후퇴를 거듭하여 본진이 개성으로 후퇴한 상태였다.

사태가 긴박하게 돌아가자 인조를 비롯한 여러 신하들은 강화도로 몸을 피하고 소현세자는 전주로 피란하였으며, 조정에서는 김상용金尙容을 유도대장留都大將으로 임명하여 한양을 지키게 하였다. 각지에서 의병이 일어나 후금군의 배후를 공격하거나 군량을 조달하는 등 분전하였지만, 당시 조선은 이미 전쟁을 계속할 여력이 없었다.

전황이 불리하게 돌아가는 가운데 조정에서는 여헌과 정경세를 경상좌우도 호소사號召使로, 김장생金長生을 양호兩湖 호소사로 각각 임명하여 의병을 모집하고 군량을 조달하도록 하였다. 이것은 자발적인 의병들의 활약이 전세에 영향을 주고 있다고 판단한 비변사에서 보다 체계적으로 의병을 규합하고자 영향력이 높은 각 지역의 산림학자들에게 호소사의 직책을 부여할 것을 인조에게 요청하였고, 이에 인조가 여헌을 비롯한 주요 인사들을 호소사에 임명한 것이었다.

호소사에 임명되자 여헌은 인동부에 나아가 경상우도의 각 고을에 공문을 보내어 경상우도 지역의 능력 있는 인사들을 의병장에 임명하는 한편, 의병 모집과 군량미 수집 등 호소사의 역할에 만전을 기하였다. 어느 정도 의병이 모여서 강화도에 꾸려진 행재소로 막 출발하려 할 즈음에 조정에서는 후금과의 강화조약을 맺고 전쟁을 끝냈다. 황해도 평산까지 진출했던 후금군이 후방 위협을 염려하여 더 이상 진출하지 않고 있는 상태에서, 더 이상 전쟁을 치를 형편이 되지 못한다고 판단한 조정에서 후금과 화의조약을 맺고 전쟁을 끝낸 것이다. 이때 조약의 내용에는 후금군의 즉시 철병과 이후 다시 압록강을 넘지 말 것, 양국이 형제국으로서 화의조약을 맺지만 조선은 명나라와 적대하지 않을 것 등이 담겼다. 그리고 조약이 체결된 후 왕자 대신 종실인 원창군原昌君을 인질로 보내는 선에서 전쟁이 마무리되었다.

이른바 정묘조약丁卯條約이 맺어지고 후금군이 철수함에 따라 여헌의 의병 규합은 물거품이 되었다. 이때 여헌은 자신이 호소사의 임무를 제대로 수행하지 못하였다고 자책하고 이에 대한 사죄와 더불어 호란에 대한 평가와 향후 대책을 담아 장문의 소장을 작성하였다.

여헌이 생각한 호란의 원인은 전쟁에 대한 경계가 사전에 없었기 때문이었다. 안으로 나라를 안정적으로 운영하지 못하였기 때문에 외적의 침략에 대한 계책을 준비할 수 없었다는 것이다. 이러한 준비가 없었기 때문에 "적의 예봉銳鋒을 막아 내야 할 자들은 싸우기도 전에 저절로 무너지고, 험한 요새를 점거하고 있던 자들은 적을 보기도 전에 먼저 흩어지고 달아났다"는 것이 여헌의 판단이었다. 그리고 여헌은 화친에 대해서도 '국가의 패전敗戰이자 군부君父의 치욕'이라고 비판적인 입장을 제시하였다.

여헌은 화의를 통해 후금군들이 잠시 물러갔지만 그들과의 화약和約은 믿을 수 없다고 보았다. 특히 변방에 남아 있는 후금군이 농사를 짓는다는 명목을 내세워 농사를 짓고 군량을 비축하는 것에 주목하여 대비책을 강구해야 함을 역설하였다. 이때 여헌이 생각한 대비책은 구체적인 군사행동이라기보다는 국가정책의 기본적인 방향이었다.

사사로움(私)은 인仁의 적이고 이익(利)은 의義의 적이며 편벽됨(偏)은 중中의 적이고 간사함(邪)은 올바름(正)의 적이니, 이것을 '네 가지 흉한 것'(四凶)이라 합니다. 사사로움으로써 인을 해치면 마음의 덕이 없어지고, 이익으로써 의를 해치면 일의 기강이 끊어지며, 편벽됨으로써 중을 해치면 사람의 표준(極)이 서지 못하고, 간사함으로써 올바름을 해치면 하늘의 떳떳한 도가 거행되지 못하니, '네 가지 해치는 것'(四賊)이 이미 마음과 가슴속을 빼앗아 점거하고 있으면 온몸이 모두 네 가지에게 부림을 당하여 생각을 헤아리고 경영하는 것이 모두가 이치를 거스르고 상도常道를 어지럽히는 일이 되며, 말과 행동을 발용發用하는 것이 모두가 사람을 상하게 하고 물건을 해치는 일이 되고 맙니다.

— 『여헌선생문집』 권2, 「진죄소陳罪疏」

즉 사람의 마음에서 일어나는 사사로움과 이익, 편벽됨과 간사함의 '네 가지 흉한 것'(四凶)이 사람의 마음에 간직된 인의중정仁義中正을 해치는 '네 가지 적'(四賊)이 되는데, 이 사흉의 결과는 개인뿐만 아니라 국가사회는 물론 천지자연에까지 악영향을 미치게 된다는 것이다. 결국 나라의 존망은 개인이 가지는 사흉으로부터 말미암는 것이며, 따라서 '외적을 물리치는 중요한 방도'는 '사람의 마음에 있는 네 가지 적을 제거하는 것'이 근본이 된다는 의미이다. 그래서 여헌은 인조에게 "이러한 때를 당하여 병기를 수선하고 군량을 비축하며 장수를 뽑고 병사들을 훈련하는 것이 진실로 급선무이겠습니다만, 신은 이것 또한 지엽적인 일이라 여기옵니다. 혹시라도 화근禍根이 일어난 이유를 규명하여 통렬히 개혁하고 제거하지 않는다면 이후의 화를 실로 측량할 수 없으며 적이 쳐들어오는 길을 끝내 끊지 못할 것입니다"라며 신하와 백성들의 분발 이외에 인조 자신의 도덕적 수신을 강조하였다.

이러한 여헌의 대책은 앞서 자신이 제시한 건극론의 연장선상에서 이루어진 것으로, 도덕적 기강이 무너질 때 현실사회는 무질서로 이어지고 결국 외적의 침략을 불러일으키게 된다고 본 것이다. 따라서 여헌은 첫 번째 호란을 거치면서 다시 한 번 인조에게 군주로서 도덕적으로 새무장할 것을 요청하였으니, 이것이 외적을 막는 근본적인 대책임을 역설하였던 것이다.

세 가지 잊지 말아야 할 것과 잊어야 할 것을 주문하다

후금의 첫 침략전쟁이 마무리되어 고향 인동에 머물던 여헌에 대해 조정의 관심은 계속되었다. 그리고 인조 6년(1628) 3월에 여헌에게 이조참판이 제수되었다. 하지만 이때에도 여헌은 사양하는 상소를 올리고 나아가지 않았다. 6월에 이르러 조정에서는 여헌을 비롯하여 김장생, 박지계 등 산림학자에 대한 징소 논의가 있었지만, 더 이상 구체적인 조치로 이어지지는 않았다.

해가 바뀌어 인조 7년(1629) 4월이 되자 인조는 여헌과 김장생에게 교자轎子를 타고 한양 도성으로 올라올 것을 명하였다. 인조는 3년 전 여헌이 상경하여 조정에 머물며 자신에게 조언을 아끼지 않았던 것을 떠올리며, "김장생 · 장현광은 모두 숙덕宿德의 사람들로서 저번에 올라왔으나 금방 되돌아가 버렸다. 어떻게 하면 그들을 서울에 머물러 있게 할 수 있겠는가?"라고 신하들에게 하문하였고, 이때 우의정 이정구 李廷龜(1564~1635)는 "상께서 지극한 정성으로 대하신다면 오게 할 수도 있습니다"라고 대답하자 이와 같은 명을 내린 것이었다.

인조의 소명을 받은 여헌은 병으로 인해 나아갈 수 없다는 뜻을 밝히고 후금 세력의 발호와 왜적의 준동을 경계해야 함을 지적하면서, "전하께서는 이러한 때에 굳게 결심하고 뜻을 가다듬어 위로 나아가셔서 제왕의 마음을 품고 제왕의 도를 행하여 원로元老에게 자문하고 여러 현자賢者들과 강론하여 옛 폐습을 고치고 새로운 정치를 도모하십시오. 그리하여 기강을 크게 떨쳐서 만 가지 일이 모두 제대로 거행되게 하신다면 무슨 일인들 이루어지지 않겠으며 무슨 사업인들 성취하지 못하겠습니까?"라고 거듭 올바른 정사를 주문하였다. 그리고 인조에게 정치의 근본으로서 '경敬에 거하고 성誠을 세울 것'을 간청하였다. 여전히 건극론의 입장에서 군왕이 군왕으로서 도덕적 모범을 세워야 함을 역설하였으며, 그 근본으로서 경과 성을 제시하여 "경은 도리를 응집하고 모든 선을 모아서 온갖 복을 잉태하는 지극한 덕이며, 성은 천지를 통하고 귀신을 감동하여 변화를 움직이는 지극한 도"라고 강조하였던 것이다.

이러한 여헌의 뜻을 전달받은 인조는 여헌에게 한양으로 올라올 것을 거듭 명하였고, 여헌은 여전히 사양의 뜻을 담은 소장을 작성하여 조정에 올렸다. 당시 여헌은 노령인 데다 병환도 만만치 않아 영양의 초정에서 목욕을 하는 등 치병에 몰두하고 있었다. 이러한 상황에서 여헌은 소장을 통해 자신이 76세의 노령으로 거동이 불편할 뿐만 아니라 마비 증세가 거듭되고 있음을 구체적으로 밝히고 거듭 징소에 응할 수 없는 뜻을 알렸다.

두 달여 동안 치병에 전념하였지만 여전히 병세가 호전되지 않아 여헌은 당초 이해 겨울이 되기 전에 병세를 떨치고 대궐에 나아가 인조의 은혜에 사례하고자 했던 자신의 계획을 실행에 옮길 수 없게 되었다. 이에 따라 여헌은 병환 중임에도 불구하고 이해 9월에 당시 정국에 대한 생각을 담은 「진언소進言疏」를 작성하여 인조에게 올렸다. 이 글에서 여헌은 왜란과 한 차례 호란을 겪은 당시 현실을 비판적으로 성찰하며 존망의 기로에 선 나라를 온전히 지키기 위해 군주로서 인조가

해야 할 일을 구체적으로 명시하였다.

군주와 신하의 역할에 주목한 여헌은 「진언소」를 통해 "군주를 으뜸 머리, 즉 원수元首라고 하고, 신하를 눈귀와 팔다리라 합니다"라고 군주와 신하의 불가역적인 일체성을 강조한 뒤, "신하가 이미 군주의 눈귀와 팔다리가 되니, 진실로 자기 몸을 몸으로 여기고 자기 집을 집으로 여기는 것과 같은, 자기의 사사로움을 사사롭게 여길 겨를이 없습니다. 만약 신하가 자기 몸을 잊지 못한다면 반드시 군주를 섬기는 데 마음을 다할 수 없고, 자기 집을 잊지 못한다면 반드시 나라를 돕는 데 마음을 다할 수 없습니다. 자기 몸을 잊지 못하고 자기 집을 잊지 못하여 마음이 사사로움에 매여 있으면 군주를 섬기고 나라를 돕는 것이 한갓 껍데기일 뿐이고 허수아비일 뿐이니, 반드시 진실한 마음에서 나올 수 없습니다. 이와 같으면서 내수외양內修外攘의 사업을 이룰 수 있겠습니까?"라고 하여 거듭 군주와 신하의 일체성을 바탕으로 신하의 역할이 작지 않음을 역설하였다.

여헌은 호란이 끝난 지 얼마 지나지 않은 당시의 대외적 위기상황을 안이하게 인식하고 있던 조정 관료들에 대해 적지 않게 실망하고 있었다. 물론 인조에 대한 여헌의 생각도 다르지 않았다. 여헌의 당시 대외 현실에 대한 인식은 다음과 같았다.

불행히 임진왜란 때 나라 전체가 유린되자 비로소 섬 오랑캐들이 우리를 능멸하는 마음을 품게 되었고, 정묘호란 때 평안도와 황해도 지방에서 속수무책으로 패퇴하자 오랑캐들이 또 우리를 업신여기는 마음을 갖게 되었습니다. 이미 두 번 패전을 겪은 뒤에는 자립할 힘이 없어서 기미羈縻의 정책(상대를 정복할 만한 힘이 없을 때 적절한 조건으로 평화관계를 유지하는 정책)에 따라 구차하게 상황에 따른 편법을 쓰자, 명나라에서도 점차 불만스러워 하고 귀하게 여기지 않는 뜻을 갖게 되었습니다.
― 『여헌선생문집』 권3, 「진언소進言疏」

여헌은 남과 북 모두 오랑캐들이 호시탐탐 우리를 노리고 있고 재조지은의 은전을 베푼 명나라도 우리에 대해 불만을 가진 이때에, 조정의 신하들은 모두 태연자약한 채 깊이 근심하거나 멀리 생각하지 않고 또 위태롭게 여기거나 두려워하여 진작하고 분발하지 않고 있다고 꼬집었다. 그들은 다만 "서쪽의 적이 이미 물러가 숨었고 남쪽의 요망한 기운이 이미 안정되었으며, 명나라가 마침 견책하지 않는다"는 식의 안이한 현실인식에 안주하여 태평성대처럼 하루하루 그럭저럭 세월만 보낼 뿐이라고 지적하면서, 여헌은 애써 힘쓰지 않으면 측량할 수 없는 화란禍亂이 싹터서 급기야 전란이 다시 재연될 것이라고 비판적인 현실인식을 제시하였다.

이러한 현실인식 하에서 여헌은 군주에게는 '세 가지 잊지 말아야 할 것'(三不忘)을, 그리고 조정의 신하들에게는 '세 가지 잊어야 할 것'(三忘)을 주문하였다.

신이 전하에게 바라는 것은, 위태로움을 잊지 않고(不忘危) 혼란을 잊지 않으며(不忘亂) 멸망을 잊지 않는(不忘亡) 것입니다. 조정의 신하들에게 바라는 것은, 자기 몸을 잊고(忘身) 자기 집을 잊어서(忘家) 사사로움을 잊는 것(忘私)입니다.
군주는 이 세 가지 잊지 않음을 실천한 연후에 군주의 도리를 다할 수 있습니다. 따라서 어찌 마음을 진실하게 하지 않을 수 있고 몸을 경건하게 하지 않을 수 있겠으며, 일을 바르게 하지 않을 수 있겠으며, 정치를 공정하게 하지 않을 수 있겠습니까?
신하는 이 세 가지 잊음을 실천한 연후에 신하의 도리를 다할 수 있습니다. 따라서 어찌 임금을 사랑하는 데 불충할 수 있으며, 나라를 돕는 데 직분을 다하지 않을 수 있으며, 공무를 수행하는 데 최선을 다하지 않을 수 있겠습니까?
— 『여헌선생문집』 권3, 「진언소進言疏」

국가의 근본으로서 혼연일체를 이루는 군주와 신하가 각자의 위치에서 자신의 본분을 다할 것을 주문한 여헌은 "국가의 형세가 날로 쇠퇴해지고 세상의 도가 날로 나빠짐이 이 지경에 이르렀으니, 신은 전하께서 세 가지 잊지 말아야 할 것에 혹 잊음이 있으시거나 여러 신하들이 세 가지 잊어야 할 것에 혹 잊지 않음이 있는가 염려스럽습니다"라는 말로써 위기의 현실을 타개하기 위한 적극적인 노력을 주문하였다. 그리고 삼불망과 삼망은 모두가 올바른 성정에서 비롯되는 것임을 거듭 제시하여 도덕적 자기수양을 강조하였다.

이렇게 군주와 신하 모두가 마땅히 가져야 할 근본태도를 제시하면서도 여헌은 신하의 책무보다 군주의 역할이 더 근본적이고 중요한 것이라고 여겼다. 그래서 군주의 사업보다 더 큰 것이 없다고 강조하면서 "항상 존양存養과 성찰省察의 공부를 하셔야 합니다. 정情이 아직 발동하기 전에는 반드시 경계하고 두려워하여 생각하기를 '이 마음이 치우치고 기울어지지 않았을까?'라고 하여 하나라도 치우치거나 가울어짐이 있으면 경건함(敬)으로 그 마음을 곧게 해야 합니다. 정情이 막 발동할 즈음에는 반드시 잘 살피고 삼가며 생각하기를 '이 정이 지나치거나 미치지 못함이 있지 않을까?'라고 하여 하나라도 지나치거나 미치지 못함이 있으면 옳음(義)으로써 그 정을 규율해야 합니다"라고 군주의 수신이 필요함을 거듭 역설하고, 군주가 반드시 본성本性을 돌아보아 보존하고 생각할 때마다 더욱 살펴서 천하의 대본大本을 세우고 천하의 달도達道를 이루어 낸다면 아무리 넓은 천하라도 손바닥 위에 놓고 운용할 수가 있다고 강조하여 인조에게 건극론에서 제시한 것처럼 지속적인 도덕적 수양을 요구하였다.

여헌의 상소를 받아 본 당시 조정의 신하들과 인조는 별다른 반응을 보이지 않았다. 여헌의 연보에는 인조가 비답을 내려 "상소를 살펴보니 경의 군주를 사랑하는 충성이 가상하다. 진술한 '세 가지를 잊지 말라'는 등의 말은 격언지론格言至論이 아님이 없으니, 내가 비록 불민하나 마땅히 신하들과 더불어 가슴에 새겨 힘써 노력하겠다'라고 기록되어 있지만, 『인조실록』의 관련 기사에는 상소에 대한 신하의 의견이 없다. 실록의 해당 기사에는 당시 여헌의 상소에 대해 다음과 같이 간단한 내용만 실려 있을 뿐이다.

전 참판 장현광이 쇠약하고 병들었다는 이유로 사양하며 소명에 응하지 않고 상소하여, 격려시키고 진작시켜 기필코 원수에게 복수할 것과 정성된 마음으로 도를 극진히 하여 더욱 성학聖學에 매진할 것을 상에게 권하니, 상이 포상하며 답하였다.

─ 『인조실록』 21권, 인조 7년 9월 26일

비록 여헌에게 상을 내렸다는 내용은 적시되었지만 인조의 구체적인 언급은 생략된 것이 해당 일자의 실록의 기사이다. 그만큼 여헌의 제언은 인조와 조정 신하들에게 따갑게 다가왔고, 구체적인 언급을 기록하기에는 너무나 폐부를 찌르는 절실한 주문이었던 것이었다. 위기의 시대를 맞아 조정의 화합과 통일을 전제하면서 군주와 신하 모두에게 도덕적인 정치 실천을 주문한 이면에 자리 잡은, 당시 정치 현실 및 주체들에 대한 통렬한 비판과 정치 주체에 대한 요구 사항은 조정에서 뭐라고 왈가왈부하기에는 너무나 담대했던 것이었다.

아들 응일의 출사에 예를 다하다

징소와 사양이 거듭되는 가운데 기사년己巳年(인조 7년, 1629) 10월에 이르러 여헌은 아들 응일이 별시문과에 급제하는 경사를 맞이하게 되었다.

사촌동생 현도顯道와 청주정씨 부인 사이의 2남으로 태어난 응일은 7살 때 여헌에게 입양되어 착실히 학문 연구에 몰두하다가 이때 드디어 출사의 길에 접어들게 된 것이었다.

응일은 여헌의 슬하로 들어온 후 어머니 야로송씨와 손윗누이, 여러 고모들의 따뜻한 보살핌 속에서 가문의 전통을 익히며 학문에 정진하였다. 여헌은 자주 응일을 찾아 따뜻한 격려의 말을 하고, "배우는 자는 경전을 토론하고 의리를 강구하는 것이 진실로 자신의 직분에 해당되는 일이다. 저 시정時政의 잘잘못과 외인外人들의 선악을 어찌 입에 내어 말하겠는가?"라며 항상 근신할 것을 주문하였다. 그리고 자신이 걸어 온 학문의 역정을 수시로 알려 주면서 "닭이 울면 일어나서 세수하고 빗질함은 하루 일과의 첫 번째 큰 절목이니, 어버이가 계신 자는 더욱 뜻을 삼가 행하지 않으면 안 된다"라며 학문에 정진할 것을 주문하기도 하였다. 그때마다 응일은 여헌의 말씀을 가슴속에 새겼으며, 여헌의 주요한 조언은 글로 옮겨 자신의 배움에 길잡이로 삼았다.

이렇게 학문을 갈고 닦으며 가학을 잇던 응일은 서른이 넘어 가는 나이에 문과에 급제하여 사환의 길에 본격적으로 나서게 되었다. 문과에 급제한 응일을 처음 맞이할 때 여헌은 보통 옷차림새가 아닌 공복公服을 입고 그를 맞이하였다. 그리고 다음과 같이 훈계하였다.

이 이후로 너는 조정에서 군주를 섬기는 사람이다. 내가 너를 위해 염려하는 것은 이전에 비추어 보아 스스로 달라져야 한다는 것이니, 너는 그것에 힘써야 할 것이다.

이어 여헌은 응일에게 "신하가 이미 나라에 몸을 허락하였으면 자연 분수와 의리가 있는 것이니, 지금 내가 비록 늙고 병들었으나 너는 다만 왕래하여 서로 보면 될 뿐이다. 나 때문에 한결같이 물러나려고

할 것이 없다"라고 충고하였다. 급제한 것에 대한 축하보다 관리로서의
태도를 주문한 것이었다.

응일은 급제를 통보받은 이후 몇 년간 관직에 나가지 못하였다.
그러다가 인조 10년(1832)에 이르러 승문원부정자承文院副正字의 소임을
받고 한양으로 길을 떠나게 되었다. 그러자 여헌은 그에게 다음과
같은 시를 지어 주었다.

이제 너의 걸음은	今汝此一行
만리 붕정鵬程에 오르는 초기,	萬里登程初
남자가 우주에 할 일	男子宇內事
모두 흉중에 쌓아 두고 있네.	都自胸中儲
동서남북으로 떠도는 이 사람은	東西南北人
너의 전망을 보는 듯하구나.	如見汝庭除
공恭과 약約 이 두 글자는	恭約此二字
네가 힘써야 할 것이니,	卽汝所蕳畬
전송에 임하여 간곡히 당부하노니	臨遣贈丁寧
네 마땅히 띠에 쓰고 명심하라.	汝宜紳書諸

— 『여헌선생문집』 권1, 「송응일입경送應一入京」

여헌은 출사하는 아들에게 관리로서 몸가짐과 언행을 조심할 것과
더불어 검소하게 지낼 것을 훈계한 것이다. 그는 이 시를 아들 응일에게
전하고 난 후 술을 한 잔 권하며, "관리가 되어 지켜야 할 것은 충의忠義와
공약恭約일 뿐이다. 너는 마땅히 가슴속에 새겨 두라"라고 당부하였다.
이후 응일은 평생 관직에 나아가 여헌이 당부한 '충의공약忠義恭約'을
마음속에 새겨 잊지 않으려고 하였다.

승문원부정자를 시작으로 관리의 길에 들어선 응일은 승문원저작으
로 승차하였다가 여러 관직을 거쳐 우부승지右副承旨에 이르렀고, 외직인

삼척부사三陟府使로 나갔다가 다시 예조참의禮曹參議로 기용되었다. 이후 숙종 조에 이르러 우승지右承旨, 부제학副提學, 대사간大司諫 등을 거쳐 가선대부嘉善大夫에까지 오르는 등 관료로 크게 현달하였다.

항상 청렴결백하였던 응일은 인조 24년(1646) 헌납으로 재직할 때에 사사賜死의 명이 내려진 소현세자빈 강씨를 위해 9일간 연속으로 구명소救命疏를 올렸고, 이로 인해 조야에서 '청천백일靑天白日 장헌납張獻納'이라는 별칭을 얻기도 하였다. 그리고 자신의 충언이 받아들여지지 않자 관직을 버리고 고향으로 돌아가는 기백을 보여 주었다.

인조 27년(1649)에는 당시 실세였던 김자점金自點의 탐욕을 논박하는 상소를 올리기도 하였다. 당시 최고 권력으로 영의정의 자리에 있던 김자점이 사치스럽고 방자한 태도로 일관하자, 응일은 그의 횡포를 거침없이 탄핵하여 결국 귀양 가게 만들었다. 현종 14년(1673)에는 효종의 능인 영릉寧陵의 석물이 갈라져 물이 새는 변고가 생기자 끝까지 진상을 밝히고 장례를 부실하게 감독한 대신들의 죄를 청하였다가 무고를 당해 귀양길에 오르기도 하였다.

응일은 출사할 처음에 내려 준 여헌의 가르침을 가슴속에 항상 새겨 두고서도 훗날 "내 이제 선군의 분명한 가르침을 추억하면 아직도 쟁쟁하게 귀에 가득한데, 돌아보건대 스스로 어질지 못하여 단 하루도 준수하지 못하였으니, 하늘에 이르는 애통함을 다시 어찌 말하겠는가?"라고 자책하기도 하였다.

원종 추숭에 반대하다

인조는 반정을 통해 왕위에 오른 직후에 자신의 생부生父인 정원군定遠

君(1580~1619)의 사당에 자신의 왕위계승을 고하는 축문을 지어 올렸다. 이때 인조는 자신과 생부인 정원군의 호칭을 어떻게 할 것인가를 두고 고민하였다. 본격적으로 정원군의 호칭을 두고 논란이 빚어지지는 않았지만, 왕위에 오르지 않은 정원군을 어떻게 추존하고 추숭할 것인가 하는 문제는 언제라도 논쟁이 될 사안으로 부각되기 시작하였다.

인조의 생부인 정원군은 선조의 다섯째 아들이자 광해군의 배다른 아우였다. 선조와 인빈김씨仁嬪金氏의 소생으로, 선조 20년(1587) 정원군에 봉해졌고 선조 37년(1604) 임진왜란 중 대가를 호종하였던 공로를 인정받아 호성공신扈聖功臣 2등에 책록되기도 하였다. 인조의 생모인 인헌왕후仁獻王后와의 사이에 인조와 더불어 능원대군綾原大君과 능창대군綾昌大君을 두었다.

인조는 반정이 성공한 후 얼마 지나지 않아 정원군을 대원군으로 추존하여 본격적인 추숭사업을 시작하였다. 인조 5년(1627) 정월에 인헌 왕후가 사망하자 상복에 대한 논란이 있었는데, 이듬해인 인조 6년(1628)에 이르러 인헌왕후의 부묘祔廟와 관련한 예를 앞두고 본격적인 논쟁이 벌어졌다. 이때까지만 해도 정원군은 대원군으로 위치 지워져 있어서, 왕으로 추존되지는 않은 상태였다. 하지만 인조가 자신의 생부인 정원군을 왕으로 추존하고자 하는 뜻을 가지고 있었기에, 인조 9년(1631)에 접어들어 정원군을 왕으로 추존하는 논의가 본격화되었다.

이때 여헌은 「추숭追崇을 중지할 것을 아뢰는 소」를 통해 인조의 시책에 대한 반대의 입장을 뚜렷이 하였다. 그는 대원군으로 추존한 정원군을 왕으로 추숭할 것을 의론하라는 인조의 명령에 대해 양시양비론兩是兩非論적 입장을 전제하면서도 불가하다는 뜻을 제시하고, 이에 따라 중국에 추숭을 주문하지 말 것을 청하였다.

여헌은 추숭을 찬성하는 입장에 대해 "아마도 주상께서 지극히 정성스러운 대효大孝가 계시기 때문에 추숭하는 성전盛典으로 그 효를 이룰 것을 생각하며, 또 주상께서 전에 없던 큰 공로가 계시므로 비상한 예로 그 공을 높일 것을 생각해서일 것이니, 그렇다면 그 의도는 또한 충성을 바치려는 마음에서 나온 것입니다"라고 전제하면서도, "비록 효를 지극히 한다 하더라도 정리定理에 위배됨이 있으면 효를 지극히 하는 것이 아니며, 비록 공을 높인다 하더라도 떳떳한 분수에 넘침이 있으면 공을 높이는 것이 아닙니다. 추존해서는 안 되는데 추존한다면 어버이를 추존한다는 것이 도리어 어버이를 해치는 것이며, 높여서는 안 되는데 높인다면 군주를 사랑한다는 것이 도리어 군주를 해치는 것이니, 두려워하지 않을 수 있으며 삼가지 않을 수 있겠습니까?"라고 비판적인 입장을 제시하였다. 그러면서 추숭을 반대하는 입장에 대해 여헌은 "추숭하는 한 가지 일이 떳떳한 법과 통행되는 의리에 위배됨이 있어서 성상의 광명정대한 덕을 손상하고 천하만세의 비판을 받을까 우려한 것"이니 "실로 군주를 사랑하기를 덕으로써 하는 것"이라고 평가하였다.

이렇게 추숭 불가의 입장을 개진한 여헌은 "살아서 제왕이라는 큰 이름을 누리지 못했으면서 이미 죽은 뒤에 제왕의 이름을 추가하고, 몸소 제왕의 큰 지위를 밟지 않았으면서 끝내 열성列聖의 사당에 들어가는 것이 어찌 도리이겠습니까? 이는 자식이 어버이에게 사사로이 할 수가 없고, 신하가 군주에게 사사로이 할 수가 없는 것"이라고 하여 추숭 문제는 용납할 수 없는 사안임을 분명히 하였다.

이러한 여헌의 입장은 인조의 생부인 정원군을 원종元宗으로 추숭하여 그 신위를 역대 제왕의 위패를 모신 사당인 태묘太廟(종묘)에 합사하는 것을 정당화하고자 했던 반정공신들과는 다른 입장이었다. 당시 박지계와 최명길은 추숭에 대해 찬성의 입장을 천명하였으며, 이들의 입장은 대체적으로 반정공신들의 입장과 궤를 같이하는 것이었다. 하지만 여헌을 비롯하여 정경세 등 영남 사림들은 추숭에 대한 반대 입장을 분명히 하였고, 호서의 산림학자 김장생을 비롯하여 이정구, 조익, 장유 등도 반대 입장을 지속적으로 견지하고 있었다.

이렇듯 추숭논쟁은 이 시기 이후 가장 첨예한 논쟁으로 부각하였다. 그리고 정원군의 칭호에 대한 문제, 즉 인조가 생부인 정원군을 아버지로 불러야 할지 아니면 왕위계승과 연관하여 숙부叔父로 불러야 할지를 두고 논란이 일어났으며, 이는 다시 태묘에 합사할지 아니면 별도로 위패를 모셔야 할지 등의 여러 논란으로 연결되었다.

하지만 이러한 논란은 인조 10년(1632)에 접어들어 인조가 추숭도감追崇都監을 설치하여 정원대원군을 원종대왕元宗大王으로, 계운궁의 구씨를 인헌왕후로 추존하고 별도의 사당을 설치하는 조치를 단행함으로써 일단락되었다. 이러한 조치가 취해지자 김장생이 정원군을 숙부로 불러야 한다는 입장을 주장했던 것과 달리 여헌은 아버지로 호칭해도 무방하다는 입장을 취하였다. 그리고 당초에는 정원군의 위패를 별도로 모시는 것도 역시 불가하다는 입장이었지만, 인조가 사사로운 정에 이끌려 이미 여러 대신들과 사림들의 의논을 배척하고 스스로 결단하여 존호를 올리고 별도의 사당을 개설하였으며 더구나 중국 명나라에 주청하여 허락을 받은 상황에까지 이르게 된 점을 감안하여 별도의 사당을 설치하여 태묘 가까이 두는 것에 대해서도 적극적으로 반대하는 입장을 취하지는 않았다.

이 당시 벌어졌던 추숭논쟁은 군주의 종통宗統에 대한 이념과 현실적인 혈연관계에 대한 이념 사이에 놓인 복잡미묘한 관계를 어떻게 조율할 것인가의 문제였다. 왕위를 계승한 종통, 다시 말해 사회신분적인 요소와 피로 연결된 가족혈연적인 관계 중 어느 것을 중시할 것인가를 두고 빚어진 논란이었던 것이다. 이러한 논란은 비단 이 당시에만 불거진 문제는 아니었다. 중국에서도 방계傍系로 대통을 이은 군주의 경우에 예외 없이 논란이 되었고, 조선에서도 인조 대 이후에 이러한 문제가 불거져 예송禮訟으로 비화되기도 하였다.

성리학에서 혈연과 신분이 대립할 때 무엇을 우선시할 것인가에 대해 엄격한 정의는 없었다. 사적인 인정보다 공적인 의리를 중시했던 송나라 때만 해도 일부 학자들은 의리와 명분을 강조하며 추숭과 부묘를 반대하는 입장을 취하기도 하였고, 공적인 의리와 사적인 인정의 조화를 꾀하며 추숭과 부묘를 반대하면서도 호칭에 대해서는 완화된 입장을 보이는 절충적인 입장을 제시하기도 하였으며, 군주의 지위에 오른 일부 인사들은 혈연이라는 현실적 상황에 주목하여 추숭과 부묘를 적극 수용하려는 입장을 보여 주기도 하였다.

이러한 다양한 전시대의 논의를 참고한 가운데 결국 여헌은 대의大義와 은정恩情, 곧 명분과 현실이라는 두 마리 토끼를 모두 잡으려는 절충론적 입장으로 기울어 추숭을 수용하고 별묘 설치를 인정하는 입장으로 선회하였다. 그는 제자 신열도에게 보낸 편지에서 "이미 정한 별묘의 의식은 이제 그 예禮가 아님을 다시 논할 수 없고, 오늘날 기대하는 것은 단지 주상의 잘못이 십분 지극한 데에 돌아가지 않게 하는 것이라고 여겼다"라고 하면서, "태묘 부근으로 가까이 모시자는 말에 가탁하여 성상의 지극한 정을 풀어 드리려 한 것"이라고 자신의 입장 변화에 대한 심경을 밝혔다. 이러한 의견 표시는 결국 인조의 부묘 강행이라는 현실적 상황 변화에 따라 정원대원군을 원종으로 추숭하는 것과 별도의 사당을 만들어 받드는 것은 수용 가능하다는 방향으로 입장을 선회하였음을 의미하는 것이었다.

하지만 끝내 인조가 원종의 위패를 종묘에 봉안하려 하자 여헌은 인조 12년(1634) 8월에 「부묘祔廟를 정지할 것을 청하는 소」를 작성하여 태묘에 위패를 봉안하는 것은 불가하다는 입장을 제시하였다. 여헌의 이러한 입장 표명에도 불구하고 태묘에의 위패 봉안이 결국 이루어졌고, 여헌은 다음과 같이 자신의 뜻을 재차 밝혔다.

주상께서 비록 방손의 열列에 있다 하더라도 한때의 변을 만나 대위에 올랐다. 그렇다면 낳아 준 생부모는 그대로 선조의 지자支子일 뿐이요 주상의 사친私親이 됨에 불과하니, 별묘에 추존하는 것도 오히려 너무 과하다. 어찌 태묘에 들어가서 정위正位에 거할 수 있겠는가? 이제 비록 황제의 은혜로운 책봉이 있었으나 역시 별묘에서 제향을 올리는 것이 옳을 것이다. 또한 별묘에 편안히 있는 것이 어찌 들어가지 않아야 할 정위에 들어가 불안한 것과 같겠는가? 또한 비록 별묘에 제향한다고 하더라도 저절로 주상을 낳아 준 어버이가 되니, 어찌 아버지 대가 없다고 이를 수 있겠는가?
— 『여헌선생속집』 권4, 「부묘祔廟의 상소에 대한 비지批旨의 뒤에 쓰다」(書祔廟上疏下批後)

당초 추숭을 반대하던 입장에서 절충적인 입장으로 태도를 선회하였음에도 불구하고 여헌은 예의명분과 의리라는 대원칙마저 저버릴 수는 없었던 것이다. 비록 인조에게 전달되지는 않았지만, 이것은 예에 대한 그의 기본적인 원칙이었다. 인조의 부모에 대한 효성이라는 현실적인 조건과 이에 따른 예의 적용이라는 상황의 변화에 유의하여 절충적인 예의 준행을 수용하면서도, 예가 가지는 명분과 의리, 공적인 질서의 확립이라는 원칙마저 허물지 않으려는 것이 여헌의 입장이었던 것이다. 그래서 여헌은 인조의 비지를 받고 위와 같이 자신의 견해를 정리한 뒤 다음과 같이 자신의 최종 입장을 표명하였다.

우리나라는 이미 추숭을 하였으니, 추숭한 사당을 어찌 딴 곳에 멀리 있게 할 수 있겠는가? 다만 추숭은 하였으나 실제로는 대위大位에 오른 적이 없고 대통大統을 잇지 않았으니, 추숭한 사당을 태묘에 들여 예실禰室에 거하게 할 수 없다. 이미 추追라고 말했으면 정통이 아닌 것이 여기에 있으며 이미 숭崇이라고 말했으면 또 멀리할 수 없는 것이 여기에 있으니, '추숭'이라는 두 글자에서 받드는 의리를 구별하지 않을 수 없음을 볼 수 있다.

- 『여헌선생속집』 권4, 「부묘의 상소에 대한 비지의 뒤에 쓰다」

짧지 않은 동안 원종추숭과 관련한 논쟁이 벌어져 부묘를 반대하는 인사들이 귀양까지 가는 상황 속에서 여헌은 결국 현실과 명분의 조화를 꾀하면서 절충적인 입장을 자신의 최종 입장으로 정리하여 제시하였던 것이다. 그의 주장이 인조에 의해 받아들여지지는 않았지만, 여헌은 지배세력의 통합을 기하려는 자신의 정치적 입장과 그것이 기반해야 하는 도덕원칙을 상호 매개하려는 고민 끝에 절충적인 입장을 채택하였고, 비록 인조가 그의 건의를 수용하지는 않았지만 자신의 입장을 최종 정리함으로써 예의 원칙을 무너뜨리지 않으려는 자신의 목표를 분명히 하였던 것이다.

벼락이 떨어지자 국왕의 파사현정破邪顯正을 요청하다

원종추숭 문제와 관련하여 인조와 대척점에 서 있었지만 인조의 여헌에 대한 관심은 수그러들지 않았다. 인조 10년(1632) 3월에 이르러 인조는 여헌에게 대사헌을 제수하였다. 그러나 이때에도 여헌은 노령과 병을 내세워 취임할 수 없다는 상소를 올렸다.

석 달이 지난 그해 6월 선조의 계비이자 영창대군의 생모인 인목왕후가 사망하였다는 소식이 인동에도 전해졌다. 이 소식을 접한 여헌은 문인들을 대동하고 금오서원으로 가서 애도의 뜻을 표하고 복제服制에

따라 6일 만에 성복成服을 하였다. 그리고 10월에 이르러 국장國葬에
참석하러 한양으로 가려고 하였지만, 병으로 인해 실행하지 못하였다.
대신 여헌은 국장에 달려가지 못하는 연유와 사죄의 뜻을 담은 소장을
지어 인조에게 보냈다.

인조 11년(1633) 7월 17일 밤에 갑자기 밤에 벼락이 인정전仁政殿에
떨어지는 변고變故가 발생하였다. 이전에 없었던 변고가 발생하자 인조
는 놀라고 두려운 마음을 가질 수밖에 없었다. 그래서 "법궁法宮의 정전正
殿은 바로 인군이 정치를 내는 곳이다. 전고前古에 없던 변이 갑자기
이곳에 내렸으니, 하늘의 깊은 뜻이 반드시 있어서일 것이다"라고 하면
서 전국 각지에 구언求言의 교지를 내렸다.

80세의 노령에 이른 여헌도 국가의 원로로서 인조의 구언에 응하려는
뜻을 가졌다. 여헌도 벼락이 국왕이 조회를 하는 정전에 내린 것은
어쩌다 한 번 생기는 자연재해가 아니라 반드시 하늘의 깊은 뜻이
있을 것이라 생각한 것이었다. 그래서 여헌은 오랜 생각 끝에 그해
10월에 「성지聖旨에 응하여 진언한 소」를 작성하여 인조에게 보냈다.

역학에 조예가 깊었던 여헌은 우선 『주역』 팔괘八卦 중 하나인 진괘震卦
에 주목하였다. 그는 우레를 상징하는 진괘의 괘사卦辭와 효사爻辭 등
여러 설명을 제시하면서 우레가 하늘과 땅이 만물을 움직이게 하는
떳떳한 도라는 뜻을 밝힌 후, "우레가 봄에 행해지는 것은 만물의 낳는
뜻을 북돋우려는 것이요, 여름에 행해지는 것은 자라나는 뜻을 북돋우려
는 것이요, 가을에 행해지는 것은 이루는 뜻을 북돋우려는 것입니다.
이 어찌 조화의 신묘한 공功이 아니며 만물을 생성하는 묘한 기틀이
아니겠습니까? 반드시 이 우레가 있은 뒤에야 답답하게 막혀 통하지
않던 것이 열리고 침체되었던 것이 진작되며 막혔던 것이 통하고 게으른
것이 진작되며 무너진 것이 분발되니, 이는 작동하는 도리가 아님이

없습니다"라고 하여 우레를 단순히 자연현상으로만 파악하지 않고 우레가 가지는 공효를 밝혔다. 이어서 대궐에 우레가 친 것에 대해 다음과 같이 자신의 생각을 제시하였다.

> 금년에 대궐 가운데에 우레가 친 것은 어떤 응어리를 푸는 것이며, 어떤 정체를 움직이는 것이며, 어떤 막힘을 통하게 하는 것이며, 어떤 게으름을 진작하는 것이며, 어떤 쇠퇴한 것을 분발하도록 하는 것입니다. 벼락이 대궐 밖의 뜰이나 산이 아니라 궁궐 안에 쳤고, 바깥의 나무나 돌이 아니라 정전의 기둥과 문에 쳤으니, 오늘날 하늘과 땅의 깊은 뜻이 과연 오로지 전하에게 있는 듯합니다.
> ― 『여헌선생문집』권3, 「성지聖旨에 응하여 진언한 소」(應旨進言疏)

이어 여헌은 천인감응天人感應의 천견天譴을 내세워 "옛사람들은 '하늘이 임금을 사랑하여 반드시 변고를 내려 경계하도록 한다'고 말하였으니, 오늘날 우레의 변고가 일어난 것도 어찌 하늘이 전하를 사랑하여 그러한 것이 아니겠습니까?"라며 인조를 위무하였다. 그러면서도 여헌은 인간사에서 빚어지는 여러 병폐를 열거하면서 인조에게 "오늘날 여러 병폐가 전혀 없다고 여기십니까?"라며 정치적 시책에 대한 반성을 촉구하였다. 여헌은 바로 인조의 정치적 조치가 마땅하지 않아 여러 병폐가 쌓였고, 이렇게 쌓인 병폐가 막히고 침체를 불러 일으켜 마침내 벼락이 대궐에 내렸다고 말한 것이다.

그렇다면 여헌이 지적한 당시의 병폐는 무엇이었을까? 그는 구체적인 잘못을 열거하기보다는 먼저 인간사라는 큰 범주에서 빚어지는 병폐를 적시하고, 당시 정국에 이러한 병폐가 없는지 반성할 것을 촉구하였다.

> 사람의 일에는 마땅히 해야 할 것을 하지 않고, 마땅히 실행해야 할 것을 실행하지 않고, 마땅히 등용해야 할 사람을 등용하지 않는 경우가 있습니다. 또 마땅히 고쳐야 할 것을 고치지 않고, 마땅히 멈추어야 할 것을 멈추지 않고, 마땅히

제거해야 할 것을 제거하지 않는 경우가 있습니다. 이것들은 모두 응어리지고 막히고 치우치고 정체되고 게을러지고 쇠퇴하는 병폐가 아닌 것이 없습니다. 전하께서는 오늘날 이러한 병폐가 전혀 없다고 여기십니까? 만약 교서에 열거한 열 가지 조항으로써 말한다면 또한 어찌 오늘날 전혀 없는 것이겠습니까?
  ─ 『여헌선생문집』 권3, 「성지聖旨에 응하여 진언한 소」(應旨進言疏)

인간사라는 범주에서 병폐를 적시하고 정치에 대한 반성을 촉구한 여헌은 이어 구체적으로 인조의 태도를 문제 삼아 당시 정치에 대해 비판적인 입장을 제시하였다. 신하들이 올린 계책과 제언에 대해 가슴 속 깊이 간직하여 몸소 실천한 것이 과연 있는지, 올라오는 간언을 물 흐르는 듯 받아 주는 진실한 덕이 있었는지 직설적으로 인조에게 요구하였던 것이다. 그리고 다음과 같이 인조를 준엄하게 꾸짖었다.

옛사람들은 하루에는 하루의 공부가 있고 한 해에는 한 해의 공부가 있었습니다. 전하께서는 지난 10년 동안 성취하고 이룩한 것을 돌아보실 때 과연 새로 등극하시던 날 가졌던 초심에 부합하고 평소에 뜻한 일을 거의 다 이루었다고 여기십니까? 심법心法 즉 마음의 법은 요순堯舜을 본받지 않으면 모두 비루하고, 정치의 도는 삼대三代를 본받지 않으면 모두 구차합니다.
  ─ 『여헌선생문집』 권3, 「성지聖旨에 응하여 진언한 소」(應旨進言疏)

이처럼 냉정하게 인조의 반성을 촉구한 여헌은 궁궐에 내린 우레의 의미를 되새겨 더욱 정진할 것을 요청하고, 더 이상 병폐를 쌓지 않기 위해서는 인조 스스로가 모든 일에 대해 삼가고 두려워하며 자신을 갈고 닦으며 반성하는 마음을 가져야 한다고 역설하였다. 그리고 이를 통해 천리를 따르는 파사현정破邪顯正의 길로 나설 것을 촉구하였다.

오늘날 두려워하고 반성하는 것 이외에 달리 무슨 방법이 있겠습니까? 다만 마음에

서 욕망을 제거하여 한결같이 천리를 따르며, 일을 할 때는 그릇된 것을 제거하고
한결같이 옳은 것을 따르며, 사무에 대해서는 사악한 것을 버리고 한결같이 바른
것을 따를 뿐입니다. 천리와 인욕은 진실로 마음이 스스로 살펴야 하는 것이고,
옳고 그름은 온 조정이 함께 인식해야 하는 것이며, 사악함과 올바름은 온 나라가
함께 판단해야 하는 것입니다. 이 세 가지가 이미 환하게 밝은 도를 얻는다면
어찌 하늘의 마음을 되돌리지 못할까 근심하며, 어찌 훗날의 화를 막지 못할까
근심하겠습니까?

— 『여헌선생문집』 권3, 「성지聖旨에 응하여 진언한 소」(應旨進言疏)

천리와 인욕, 옳음과 그름, 올바름과 사악함을 제대로 분별하여 도가
환하게 드러난다면 더 이상 우레와 같은 재앙은 없을 것이라는 것이
여헌의 판단이었다. 인조를 향한 담대하고 준엄한 여헌의 일갈은 그의
일관된 정치적인 입장, 즉 건극론에 기초한 것이었다. 높은 지위에
있는 군주가 반드시 먼저 몸소 반성하고 닦아야 비로소 아랫사람들이
분발하고 진작될 것이기 때문에, 언제나 군주는 모범이자 표준으로
굳게 서야 한다는 것이다. 그래서 여헌은 예전부터 거듭 인조의 도덕적
반성과 실천을 촉구하여 왔고, 이때에 이르러서도 "오늘날에 만약 분발
하고 진작하는 마음을 두지 않으신다면 비록 날마다 큰 천둥소리를
듣는다 하더라도 무슨 유익함이 있겠습니까?"라며 군주의 솔선수범을
요구했던 것이다.

이렇듯 80세에 이른 여헌은 오랜 경륜과 포부를 담아 권력의 눈치를
보지 않고 인조의 정치적 반성을 촉구하였으며, 당시 적폐를 해소하기
위한 파사현정의 길에 인조 스스로가 적극 나설 것을 기대하였다.
하늘이 내린 경계를 거울삼아 다시 한 번 인조의 정치적 결단을 촉구한
그 이면에는 여헌이 소망한 도덕정치의 꿈이 담겨 있다고 해도 과언이
아닐 것이다.

여헌의 상소를 읽어 본 인조는 "내가 즉위한 이래로 스스로 채찍질해 가며 무언가 잘해 보려고 하였지만, 재주와 학식이 미치지 못한 탓에 일이 마음대로 되지 않아 밤이 깊도록 잠 못 이룬 채 탄식했을 뿐이다. 경이 말한 교훈적인 말은 하나도 격언과 지론이 아닌 것이 없으니, 감히 자리의 바른 편에 두고 조석으로 보면서 반성하지 않을 수 있겠는가?"라며 수용적 입장을 보였다. 그리고 몇 달이 지난 이해 12월에 이르러 경상감사에게 명하여 여헌의 안부를 묻게 하고, 또 음식물을 하사하였다. 이때에는 여헌 외에 박지계에게도 같은 명이 내려졌는데, 이 일을 기록한 사관은 여헌과 박지계를 비교하여 다음과 같이 논하였다.

> 사신史臣은 논한다. 장현광은 한 시대의 어진 유학자로 산림에서 은거생활하는, 나이와 덕망이 함께 높은 사람이다. 상이 왕위에 오른 초기부터 특별한 총애로 대우하여 높였으니 어진 이를 좋아하는 정성이 지극하다고 하겠다. 그러나 박지계 같은 사람은 학술이 정미롭지 못하여 일찍이 추숭追崇하던 날에 남의 뜻에 영합迎合하는 논의를 폈다. 장현광에게 비할 적에 하늘과 땅의 차이뿐만이 아닌데도 지금 그와 나란히 칭하고 있으니, 이름과 실상을 조사하여 밝히지 않을 수 없는 것이 이와 같다.
>
> ─ 『인조실록』 28권, 인조 11년 12월 13일

원종추숭 논의 때 박지계가 반정공신과 뜻을 합하여 추숭에 찬성하면서 야합했음을 지적하여 여헌의 인품 및 학술과 대조한 사관의 논의는 주목할 만하다. 이 실록의 논의는 인조 사후에 정리된 것인데, 누구인지 특정 인물을 지목할 수는 없지만 미루어 짐작건대 서인 측 인사임이 분명함에도 불구하고 서인으로 분류되는 박지계에 대해 혹평한 반면, 남인으로 분류되는 여헌의 인품과 학식을 높이 평가하였던 것이다. 이러한 여헌에 대한 사관의 평가는 인조의 총애에 영합하지 않고 담대하

면서도 준엄한 비판을 서슴지 않았던 그의 정치적 논의와 제안에 주목한 결과라 할 수 있을 것이다.

마지막 상소를 통해 조정의 화합과 사론의 통일을 주문하다

이해 12월에 인조가 경상감사를 통해 위문하고 음식물을 하사하자 여헌은 이듬해(인조 12년, 1634) 1월에 새해 첫날을 기념하여 사례謝禮의 소장을 올렸다. 이때에도 여헌은 소장을 통해 은의 탕왕과 주의 문왕을 거론하며 인조에게 일신우일신日新又日新할 것을 촉구하였으며, 마땅히 힘써야 할 것은 반드시 힘쓰고 마땅히 고쳐야 할 것은 반드시 고치며 선을 본받고 정도를 지키는 도리를 극진히 하여 국가를 반석에 올려놓을 것을 주문하였다.

이 상소를 접한 인조는 그해 1월 17일에 "부호군 장현광은 학문을 쌓고 덕을 지닌 사람으로서 나이도 80세가 지났으니, 해당 관청으로 하여금 품계를 올려 주도록 하여 노인을 우대하는 은전을 보이도록 하라"라고 명하고 여헌의 품계를 부호군에서 자헌대부로 올려 주었다. 이때에도 여헌은 품계를 올린 것을 사양하는 상소를 올려 인조의 배려에 감사의 뜻을 전하였다.

이해 5월에 이르러 여헌에게 다시 벼슬이 제수되었다. 이번에는 공조판서工曹判書였다. 이때 인조는 여헌을 위해 가교駕轎를 타고 올라오도록 배려하였고, 각 도에는 말을 지급하도록 명을 내렸다. 하지만 여느 때와 마찬가지로 여헌은 상소를 올려 제수한 공조판서를 사양하였다. 이때는 인목왕후의 삼년상이 끝날 무렵이었고, 소현세자도 명나라로부터 세자로 책봉하는 의식을 거행해도 좋다는 답이 도착한 때였다. 이러한 국가의 경사를 알고 있었던 여헌은 이에 대한 축하의 뜻을 전하며 인조에게 "이치를 궁구하지 않음이 없고 난 뒤에 선을 봄이 분명하고, 마음이 진실하지 않음이 없고 난 뒤에 선을 함이 돈독하니, 선을 보기를 분명히 하고 선을 행하기를 돈독히 하고서도 하늘이 돕지 않고 사람이 따르지 않으며 도리가 극진하지 못하고 사업이 확립되지 못하는 경우는 있지 않습니다"라며 백성의 모범이 될 것을 거듭 요구하였다.

이렇듯 관직 제수와 사양이 거듭되고 인조에게 정치적 모범으로서 도덕적 수양을 강조하는 여헌의 요구가 지속되는 가운데 조정에서는 여헌에 대한 여러 평가들이 제시되었다. 이해 10월 16일에 열린 경연에서 인조는 "지난번에 보니, 장현광의 용모와 관복冠服이 옛사람의 모습과 흡사하여 지금까지 사람으로 하여금 존경심을 일으키게 하고 있다"라고 평가하였다. 그러자 최명길은 "지금 사람들은 훌륭한 스승이 없어 오직 술을 거나하게 마시고 장난과 농담을 일삼고 있는데, 이 때문에 풍속이 날이 갈수록 더 투박해지고 있습니다"라며 여헌의 인품과 학식에 대한 평가에 동의하였다.

여헌의 관직 사양은 해가 바뀌어도 거듭되었다. 인조 13년(1635) 5월에 여헌에게 의정부우참찬議政府右參贊이 제수되자, 여헌은 소장마저 작성하지 않은 채 병을 핑계로 관직을 사양하였던 것이다. 그러자 인조는 8월 11일에 열린 경연에서 특진관 정온鄭蘊(1569~1641)에게 "영남은 예로부터 어진 인재가 많은데, 정경세·이준李埈은 이미 다 병으로 죽었다. 장현광은 와서 나를 보려고 하지 않는가? 내 마음에 잊지를 못하겠다"라고 말하였다. 그러자 정온은 "장현광은 나이가 이미 80이니, 어떻게 멀리 올 수 있겠습니까?"라며 인조에게 여헌이 긴 여정을 감당하기 어려운 노령임을 다시 한 번 환기시켰다.

해가 바뀌고 여름에 접어들 무렵인 인조 14년(1636) 6월 23일에 이르러 인조는 여헌에게 지중추부사知中樞府事를 제수하였다. 여헌은 인조의 소명을 받자 노구를 이끌고 서울로 향하였다. 이미 83세에 이르러 이번이 아니면 더 이상 인조를 배알할 수 없다고 판단한 여헌은 서둘러 짐을 챙겨서 길을 떠났다. 하지만 상주를 지나 함창咸昌(경상북도 상주 지역의 옛 지명)에 이르렀을 때 평소 앓고 있던 병이 더욱 심해져 더 이상 갈 수가 없었다. 이에 여헌은 다시 소장을 작성하여 아들 응일에게 직접 진달할 것을 명하고 배를 타고 인동으로 돌아왔다. 인동으로 돌아온 뒤에도 여헌의 병세는 큰 차도가 보이지 않았다. 주위의 문인들이 모두 걱정하자 여헌은 "내가 비록 위독하여 괴로운 가운데 있지만, 오직 지극히 중정中正한 도道만을 생각하니 죽고 사는 것을 어찌 근심하겠는가?"라고 초연한 태도를 보였다.

한편, 여헌의 상소를 가지고 궁궐에 간 응일은 인조를 친견하였고, 그 자리에서 인조는 응일에게 여헌의 병세를 하문한 뒤 호초胡椒(후추나무 열매의 껍질)와 납약臘藥(해마다 납일에 임금이 가까운 신하들에게 나누어 주던 환약. 대체로 淸心丸·安神丸·蘇神丸 등이었다고 함)을 하사하였다. 그리고 "나는 경이 올라오기를 날마다 바라고 있었는데 지금 경의 상소를 보니 마음이 매우 허전하다. 기력이 비록 쇠약해졌더라도 안교鞍橋를 타고 천천히 올라오면 도달할 수 있을 것이니, 경은 모름지기 힘써 올라와 나의 간절한 소망에 부응하라"라는 비답을 내렸다.

응일이 비답과 함께 약물을 가지고 오자, 여헌은 다시 소장을 작성하여 올렸다. 83세의 고령에다 병세마저 위중해지고 있는 가운데 인조의 배려를 받은 여헌은 인조의 은혜에 감사한 뜻을 절절하게 담아 소장을 작성하였다. 그리고 언제나 그랬듯이 인조에 대한 자신의 애정 어린 충언도 담았다.

인조반정 이후 10여 년이 지난 당시까지 여헌이 바라본 정국은 아직 정돈되지 않은 혼란기였다. 일찍이 여헌은 "조정이 분열되어 서로 사양하는 도리가 없고, 사림이 대치하여 하나로 돌아가는 의가 없다"라고 당시 정치세력들 간의 관계를 비판적으로 파악한 바 있었는데, 이때에 이르러서도 그러한 생각에는 변함이 없었다. 그래서 여헌은 이 마지막 상소에서도 "고금과 천하에 조정이 화합하지 못하고서 국가가 국가답거나 사론士論이 통일되지 못하고서 교화가 교화다운 적은 있지 않았습니다"라는 입장을 견지하고 있었다. 이러한 현실인식 아래 여헌은 반정 이후부터 무엇보다 조정의 화합이 필요하다고 보았으며, "조정에 아름답고 서로 사양하는 미덕이 있은 뒤에야 함께 공경하고 서로 공손히 하는 교화가 사방에 도달되고, 사림이 화합하여 하나로 돌아가는 도가 있은 뒤라야 정대하고 공공한 의로 국맥을 유지할 수 있을 것"이라고 강조하였다.

인조 대에 접어들어 조정은 서인세력이 주축을 이루면서 남인세력이 일부 동참하는 형세를 이루고 있었다. 아직 서인과 남인 간의 이질성이 부각되기보다는 사림이라는 큰 범주에서 동질성이 자리 잡고 있었다. 하지만 집권세력 간의 갈등은 언제라도 돌출할 수 있는 위기상황이었다. 이러한 상황 속에서 여헌은 조정 내부의 보합과 조정을 통해 화합을 역설함으로써 국가의 위기를 극복하고자 하였던 것이다.

여헌이 생각하는 조정의 화합과 사림의 통일은 어떠한 원칙도 없이 단순히 봉합하는 차원에서 이루어지는 것이 아니었다. 그는 유학적 가치의 실현이라는 대원칙을 통해 선악, 시비, 사정邪正을 철저히 구별해야 하며, 이를 통해 정치의 상도常道와 정리定理를 확립하여야 한다는 것을 전제로 삼았다. 그래서 그는 마지막 소장에서 "이 도와 이치가 있은 이래로 사람에게 있어서는 선과 악이 각기 한 부류가 되고, 물건에 있어서는 사邪와 정正이 각기 한 부류가 되며, 일에 있어서는 시是와 비非가 각기 한 부류가 되었습니다. 두 선善이 나란히 서고 두 정正이 나란히 일어나고 두 옳음이 나란히 행해지고서 이 도와 이 이치가 그 본연을 얻었다는 말은 듣지 못하였습니다"라고 하여 조정 세력에 대한 양시론兩是論의 견해를 경계하였다. 가치의 철저한 구분을 통해 도덕원리 즉 상도常道와 정리定理의 구체적인 실현이 필요함을 역설한 것이다. 그가 제시한 상도와 정리는 다름이 아니라 사람에게 고유한 본성, 곧 우주자연을 관통하는 순선무악純善無惡한 원리이자 법칙이었다. 따라서 보편적인 도덕원리에 따라 조정의 화합과 통일이 이루어져야 하고, 정치도 이러한 원칙에 따라야 한다고 보았다.

그리고 마지막 상소에서도 국가의 존망과 더불어 조정의 화합과 사론의 통일의 중심에 군주가 위치하고 있음을 역설하여 "조정과 사림의 근본은 모두 전하의 한 몸에 달려 있고, 전하의 몸은 실로 전하의 마음에 달려 있사오니, 이는 전하께서 스스로 반성하심에 달려 있을 뿐입니다"라고 하여 인조의 수신을 촉구하고, 또 "오직 인군이 생각마다 살피고 일마다 살핀다면 조정에 있는 선비들의 기습氣習이 황극皇極으로 돌아가지 않음이 없을 것"이라며 군주로서의 인조의 역할을 강조하면서, 서로 다른 의견을 가진 조정의 화합과 사림의 통일은 모두 인조의 노력 여하에 달려 있음을 거듭 천명하였다.

이처럼 여헌은 인조반정 이후 산림으로 지목되어 징소가 거듭되는 가운데에서도 지속적으로 도덕정치의 실현을 기약하였다. 그가 마지막까지 인조에게 도덕적 완성을 요구하고 이것에 기초하여 조정의 화합과 사림의 통일을 이루어 낼 것을 요청하였던 것도, 군주가 백성과 신하에 대해 도덕적 엄격성을 가지고 표준과 모범으로 자리 잡아야 통합의 정치, 나아가 국가의 안정을 기할 수 있다고 보았기 때문이었다. 왜란과 호란을 거치면서 초래된 국가적 위기를 군주의 도덕성에 기초해서 정치 세력의 건전한 정치 운영으로 탈바꿈하여 대처하고, 나아가 백성들의 심성을 회복시킴으로써 군민일체君民一體의 단결을 통해 극복하고자 하였던 것이다.

아울러 그가 지속적으로 건극론에 입각한 군주의 심성수양을 강조한 것은 광해군 대를 거치면서 드러난 왕권의 자의적 행사를 막고자 한 의도가 반영된 것이기도 하였다. 여헌의 눈에 비친 광해군의 정치적 행위, 특히 폐모살제는 도덕적 수양의 결핍에서 비롯된 것이었다. 따라서 군주의 도덕적 완성을 요구하는 그의 간단없는 요구는 체제의 안정을 기하려는 의도된 요구라 할 수 있을 것이다.

반정 초기부터 83세의 노령에 이르기까지 지속적으로 제시된 여헌의 경세적 입장은 결국 유학적 질서의 재구축을 위한 도덕론적 처방이었다. 도덕성 회복과 실천에 기초한 정치의 운영과 이것의 기초로 제시된 군주의 역할과 책임은 결국 치자治者의 도덕성 여부가 정치의 성패, 나아가 국가의 존망을 가름한다는 것이었음에 틀림없다고 하겠다.

병자호란의 발발, 의병을 일으키다

여헌의 마지막 상소에 해당하는 소장을 받고 인조는 "경의 말은 진실로 훌륭하고 지극히 옳은 논의이다. 어찌 내가 가슴에 깊이 새겨 스스로 힘쓰지 않을 수 있겠는가?"라는 비답을 내렸다. 이것이 인조가 여헌에게 내린 마지막 비답이었다.

마지막 상소를 올린 이후에도 여전히 병세가 큰 차도를 보이지 않는 가운데 여헌은 저술 작업과 강학에 관심을 기울이며 일상을 보내고 있었다. 그러다가 병자년(인조14년, 1636) 12월에 접어들어 훗날 청나라로 국호를 바꾼 후금 세력이 정묘년에 이어 2차 침략을 감행하여 이른바 '병자호란丙子胡亂'이 발발하게 되었다.

전쟁이 발발했다는 소식을 접한 여헌은 놀라고 마음이 아파 먹고 자는 것조차 할 수 없었다. 그러나 다시 정신을 가다듬고 "일이 경황이 없으니, 조정에서 비록 명령이 없으나 남쪽지방 사람들은 의리에 분발하지 않을 수 없다"고 말한 뒤 인동 지역의 여러 문인들과 선비들을 불러 모았다. 그리고 그 자리에서 그들에게 의병을 일으킬 것을 주문하고, 경상도 각 지역에 통문을 보내어 의병 규합에 나섰다. 80대의 노구에다 병환 중이었음에도 불구하고 여헌은 자신의 집안 재물을 먼저 내어놓았고, 관아에 나아가 의병을 독려하며 항전을 기약하였다. 이때 여헌의 모습은 걱정에 휩싸여 파리함 그 자체였다.

병자호란은 후금의 태종이 몸소 전쟁에 나설 것을 결심하고 후금 군사 7만, 몽골 군사 3만, 중국 군사 2만 등 12만 대군을 이끌고 12월 9일 압록강을 건너면서 시작되었다. 당시 조선 조정에서는 정묘호란 이후 후금의 요구에 대해 무역을 통해서 예물과 필수품을 공급하고 있었는데, 당초의 맹약을 위반하고 식량과 병선兵船을 요구하는 그들의 압박에 고심을 거듭하고 있었다. 국경지역에 대한 약탈과 방화 등 이루 형언할 수 없는 후금의 만행도 문제였거니와, 만주의 대부분을 석권하고 만리장성을 넘어 북경 부근까지 공격한 후금은 정묘호란 때 맺은 '형제의 맹약'을 '군신君臣의 의義'로 개약改約하자고 요구하고 있었다. 이러한 상황 하에서 조정에서는 후금과의 화의를 반대하고 군사를 일으켜 후금을 치자는 논의가 비등하였고, 인조도 이에 동조해 사신의 접견을 거절하고 국서國書를 받지 않았으며 후금 사신을 감시하게 했다. 이에 후금은 재차 침입을 결심하게 되었고, 압록강이 얼어 군사들이 건너기 쉬운 한 겨울을 택해 전쟁을 일으킨 것이었다.

압록강을 넘은 후금연합군은 임경업林慶業이 지키고 있던 의주의 백마산성白馬山城을 피해 10일 만에 한양을 육박하였고, 후금연합군의 빠른 진격을 예상하지 못한 조정에서는 당황할 수밖에 없었다. 급하게 인조와 조정 대신들은 한양을 빠져 나와 강화도로 행하였지만, 후금군이 이미 강화도로 가는 길목을 막고 있다는 전언을 듣고 수차례 논의를 한 끝에 세자와 신하들을 대동하고 남한산성으로 들어가게 되었다. 이렇게 남한산성에서의 항전이 시작된 것이었다.

후금의 태종은 이듬해(인조15년, 1637) 1월 1일 남한산성 아래에 20만 군사를 포진하고 서서히 군사적 압박을 가해 왔다. 성 안의 우리 군사와 후금 군사 간의 이렇다 할 큰 전투는 없었지만, 시간이 갈수록 성 안의 참상은 심각해졌다. 각 지역의 관찰사가 병사들을 거느리고 남한산성으로 집결하고자 했으나 도착하기도 전에 후금 군대에 밀려 물러나고 말았다. 경기와 호남, 경상도 등지에서 의병이 규합되어 후금 군대를 격퇴하는 등 전과를 올리기도 했지만 효과는 미미하였다.

남한산성으로 향하는 관군과 의병이 붕괴되고 남한산성 내의 상황도 어려운 지경에 이르게 되자 서서히 후금과의 강화를 진행하자는 강화론講和論이 고개를 들기 시작하였고, 급기야 전쟁을 이어 가자는 주전파主戰派와의 논쟁이 이어졌다. 난국을 타개할 뾰족한 방책이 없었던 주전파의 논의가 약화되어 가면서 대세는 강화를 지지하는 방향으로 기울어 갔다. 그리고 여러 신하들이 적진을 왕복하며 항복의 조건을 제시하고 후금군 진영에서도 사신을 보내어 조건을 제시하는 협의 과정을 진행한 끝에 조약에 합의하게 되었고, 1월 30일에 인조는 세자와 함께 울부짖는 소리가 성 안을 가득 메운 남한산성을 뒤로하고 한강 동쪽의 삼전도三田渡에서 예를 행한 뒤 한양의 도성으로 돌아왔다.

채 한 달 정도밖에 되지 않는 짧은 전쟁이었지만 그 피해는 상상 이상이었고, 조선으로서는 일찍이 경험해 보지 못한 일대 굴욕이자 치욕이었다. 여헌은 남한산성을 벗어난 대가 행렬이 삼전도로 향한다는 소식을 접하자 눈물을 흘리며 애통해하였고, 여러 날에 걸쳐 밤새도록 잠을 이루지 못하였다.

2월에 이르러 여헌은 선조의 묘소를 찾아 작별 인사를 고하였다. 후금에게 치욕적인 굴복을 한 당시 조선의 항복을 용납하기 어려웠던 여헌은 제문을 지어 선조에게 슬픔을 고하고 물러나왔다. 이때 제문의 내용 중 한 부분은 "하늘이 없고 해가 없으니, 간들 어디로 가겠습니까?"(無天無日, 有往奚適)였다. 그만큼 병자호란의 치욕은 여헌에게 망국에 버금가는 슬픔이었던 것이었다.

조상 묘소에서의 고유를 마치고 내려오다가 여헌은 산기슭에서 쉬면서 오랫동안 자리에 앉아 있었다. 여헌을 수행하던 문인들이 날이 저물었다고 말하자, 여헌은 "옛사람이 '느리구나, 나의 발걸음이여!'라고 하였으니, 나의 오늘이 바로 그러하다"라고 말하였다. 공자가 제나라를 떠나갈 때에는 밥을 지으려고 담근 쌀까지 건져서 즉시 떠났지만, 자신의 고국故國인 노나라를 떠나갈 때에는 차마 발길을 떼지 못하고 걸음을 늦추곤 했던 일을 자신에 비유하여 선대 묘소에서 발걸음을 떼기 싫은 마음을 은연중 드러내었던 것이다.

병자호란의 치욕이 있은 후 얼마 지나지 않아 제자 신열도가 안부를 묻자 여헌은 한숨을 쉬고 탄식하며 다음과 같이 말하였다.

고금과 천하에 어찌 이러한 일이 있단 말인가? 내 사방을 두루 돌아다니며 전전하다가 죽어서 시신이 구렁에 버려지고자 하노니, 자손들에게 유명遺命하여 후장厚葬하지 말고 다만 까마귀와 솔개의 먹이가 되지 않게 할 뿐이다.

선조 대부터 인조 대에 이르기까지, 나이 38세 때 전옥서참봉에 제수된 것을 시작으로 83세에 지중추부사에 제수된 것에 이르기까지 근 50여 년 가까이 관직과 인연을 맺었던 여헌. 비록 관직에 나아가 재임한 것은 외직인 보은현감과 의성현령뿐이었고, 인조 대에 거듭 제수 받은 관직도 직접 종사한 것은 거의 없고 석 달이 채 안 되는 기간 동안 한양에 머문 것이 전부였지만, 언제나 국가의 존망을 걱정하고 안정된 나라를 희구하였던 여헌의 소망은 이렇게 병자호란을 거치면서 서서히 사그라지고 말았다.

날은 저물었지만 발걸음을 떼기 싫었던 것처럼 여헌은 조선의 명운이 오래도록 유지되고 안정과 번영이 함께하길 기원하였지만, 그 간절한 소망도 끝내 여헌을 비켜 갔다. 그렇게 여헌은 산기슭을 내려오면서 깊은 회한에 잠길 수밖에 없었다. "아 ! 앞날을 예측할 수 없는 조선의 명운이여!"

2. 학문의 결실을 맺으며 광대한 학문체계를 집성하다

『역학도설』을 완성하여 역학의 발전을 이끌다

여헌은 일찍부터 『주역』에 침잠하여 역학 공부를 게을리하지 않았다. 왜란이 발발하여 피란살이를 하는 중에도 『주역』을 가지고 다니면서 읽었고, 『주역』에 관한 주자와 정자의 서적 등 여러 책을 구해 전사傳寫하기도 했다. 그가 배움의 단계에서 크게 감명 받았던 책도 역학과 관련한 『성리대전』의 「황극경세」편이었을 정도로 여헌은 어려서부터 역학에 몰두하였고, 역학을 자신이 구축한 학문의 결정체라고 생각하였다.

청장년기를 지나면서 역학에 대한 학문적 관심과 깊이 있는 연구, 끊임없는 사색을 거듭하던 여헌은 56세가 되던 선조 41년(1608)에 이르러 자신의 역학적 입장이 망라된 『역학도설』의 저술 작업에 착수하였다. 본격적인 저술 작업에 앞서 그는 역학과 관련한 여러 책들을 찾아 모으고, 그 책들에 실린 주요한 도상圖象을 종류에 따라 분류하는 작업을 진행하였다. 하도河圖(伏羲가 黃河에서 얻은 그림. 이것에 의해 복희가 역의 팔괘를 만들었다고 함)에 대해 여러 선현들이 정리한 논설을 찾아 하도의 아래에 편집하고 낙서洛書(夏나라 禹王이 홍수를 다스렸을 때 洛水에서 나온, 신귀神龜의 등에 쓰여 있었다는 글. 『書經』의 洪範九疇가 이 낙서에 의하여 만들어진 것이라 함)에 대한 여러 논설을 모아 낙서 아래에 정리하는 방식으로 여러 도상에 대해 체계를 잡았다. 그리고 이렇게 편집한 다음에 각각의 해당 도상에 대한 자신의 생각을 제시하는 방식으로 『역학도설』의 저술을 계획하였다.

여헌은 『역학도설』의 저술 준비를 진행하면서 하도와 낙서뿐만 아니라 송대 선현이 그린 태극도太極圖, 경재잠도敬齋箴圖, 숙흥야매잠도夙興夜寐箴圖 등 다양한 도상을 수집하여 편집하였다. 그리고 천문天文과 지리地理, 음양陰陽, 복서卜筮, 의학醫學, 병법兵法 등 여러 술가術家에서 제시한 상象과 취할 만한 뜻이 있는 논설도 편집 정리하였다. 여러 술가에서 제시한 도상까지 수집하고 정리한 이유는, 역易의 도道가 광대하기 때문에 있지 않은 곳이 없다고 판단했기 때문이었다.

이렇게 『역학도설』의 찬술 준비를 진행하면서 여헌은 모아 놓은 여러 내용을 정리하여 하나의 목록을 만든 후, 수시로 그것을 수정 보완하였다. 그러던 중 제자 김휴金烋가 인동의 모원당으로 찾아오자 그동안 만들었던 목록을 보여 주면서 다음과 같이 말하였다.

『주역』의 도는 미묘하여 그 뜻을 가장 알기 어려운데 제현諸賢들이 밝혀 설명한 도상圖象이 여러 책에 흩어져 있어서 나는 언제나 쉽게 참고할 수 없음을 안타깝게 여겼다. 이에 감히 널리 수집하고 두루 채집하여 각기 종류에 따라 편집하였으니, 이것은 보기에 편리하게 하여 우리 동지들과 함께 하려는 것이요 본래 옛사람에게 과시하려고 한 것이 아니다.…… 그대가 만약 몸에 질병이 없어 여러 달 동안 함께 거처할 수 있으면 거듭 고증을 더할 수 있을 것이니, 이렇게 하면 또한 서로 질문하여 깨닫는 유익함이 없지 않을 것이다. 그러나 한번 모여 만나면 번번이 급하고 바빠서 수십 일 동안 머물러 있는 여가를 얻지 못하니, 이것이 지극히 한스럽다.

이렇게 사전준비 작업을 거쳐 본격적인 저술 작업에 들어갔지만

『역학도설』은 그리 쉽게 완성되지 못하였다. 한 해가 지나고 두 해가 지나도 저술 작업은 여전히 진행형이었으며, 마무리될 시점은 쉽게 확인할 수 없는 상태였다.

저술은 그저 예전에 있던 책의 내용을 편집하는 수준이 아니었다. 『주역』에 대한 깊이 있는 이해와 연구가 전제되어야 가능한 저술이었기 때문에 여헌은 『주역』에 대한 이해가 충분히 갖추어졌음에도 불구하고 계속 연구를 거듭했고, 간혹 저술할 내용에 대한 생각이 정리가 되지 않으면 밤새워 『주역』을 읽고 외우며 생각을 가다듬었다.

광해군 16년(1616) 봄에 이르러 제자 김휴가 선산의 원당에 기거하고 있던 여헌을 찾았다. 김휴는 여헌선생과 이런저런 이야기를 나눈 후 원회당 인근 여지정余池亭에서 하루를 묵게 되었다.

먼 길을 온 탓에 피곤했지만 선잠이 들었던 김휴는 늦은 밤 모두가 잠들어 고요할 때 어디선가 들려오는 글 읽는 소리에 이끌려 소리가 나는 곳으로 가게 되었다. 그때 그의 시야에 들어온 것은 여헌의 『주역』을 외우는 모습이었다.

옷깃을 여미고 무릎을 꿇고 앉아서 여헌은 큰 소리로 맑고 웅장하게 글을 외우고 있었다. 문장을 따라 뜻을 음미하였고, 효爻를 따라 읊으며 한 글자도 지나치는 것이 없었다.

이 모습을 본 김휴는 "잔설과 달이 서로 여헌선생을 비추고 있었고, 매화 그림자가 창문에 반쯤 걸려 있었다. 그래서 비록 곁에 있는 사람이라고 하더라도 마음과 생각이 깨끗해져서 마치 몸이 복희씨伏羲氏의 건곤乾坤 속으로 들어온 듯하다"라고 그 느낌을 적었다.

― 『여헌선생속집』 권9, 「경모록敬慕錄」(金烋)

이렇듯 저술에 매달린 지 10여 년이 가까워졌음에도 여전히 여헌은 『주역』에 침잠하였고, 역학에 대한 자신의 학문적 입장을 성숙시키는 데 매달렸다. 그리하여 『역학도설』 저술 작업은 그의 나이 80대에 접어들어서까지 계속되었다.

책의 저술 작업이 진행되면서 여헌이 이 책을 저술한다는 소문이 문인들을 중심으로 경향 각지의 주요 학인들에게까지 알려졌지만, 이 책을 온전히 본 사람은 아무도 없었다. 여헌은 자신을 찾아오는 제자들에게 가끔 책의 표지와 일부 내용을 보여 주었을 뿐 책의 내용을 전부 보여 주지는 않았다. 그나마 책의 표지만이라도 본 제자도 손에 꼽을 정도였을 만큼 여헌은 이 책을 감추고 숨겼다. 그래서 문인들은 그저 스승인 여헌이 위로는 복희伏羲와 문왕文王의 오묘한 이치를 풀이하고 있으며, 정자와 주자의 훈석을 통달하여 옛사람들이 미처 발명하지 못한 내용을 발명하고 있다는 정도의 내용만 알 뿐이었다.

하루는 부지암정사를 찾은 문인 장경우가 "선생께서 평소 말씀하시고 저술한 글을 한결같이 깊이 감추시어 비록 문인소자門人小子라 하더라도 그 내용을 얻어 듣지 못하게 하심은 어째서입니까?"라고 물었다. 그러자 여헌은 "깊이 감추는 까닭은 어찌 다른 뜻이 있어서이겠는가? 현재 노쇠한 나이지만 오히려 자신할 수 없기 때문이다"라고 대답하였다. 평소에도 완전하게 마무리 짓지 않은 저술을 쉽게 내보이지 않았던 여헌은 자신의 평생 역작인 『역학도설』을 마무리되지 않은 채 섣불리 공개해서는 안 될 것이라 판단하고 있었던 것이다. 문인제자들의 열람 요청이 쇄도하자 여헌은 문인들에게 "후세에 이 글을 알아볼 사람을 기다린다"라고만 할 뿐 더 이상 내용에 대해 언급하지 않았다. 그래서 문인들은 "선생은 언제나 책을 지으시면 문장이 너르고 두루 통하였는데, 이 글에 이르러서는 깊은 뜻을 설명하고 오묘한 이치를 찾아서 한 글자도 함부로 놓지 않으셨으니, 일생의 정력이 모두 이 책에 있다 할 것이다"라고 말할 정도였다.

그러던 중 여헌의 나이 84세 때인 인조 15년(1637) 중추仲秋가 있던

8월에 여헌은 자신이 거처하는 입암의 만욱재晩勖齋로 찾아온 문인 김경장에게 『역학도설』을 꺼내어 보여 주었다. 그리고 다음과 같이 자신의 생각을 말하였다.

이 책은 나의 평생 정력이 모여 있는 것이나 끝마치지 못하였다. 옛날 이천伊川은 일찍이 『역전易傳』을 저술하시고 70세가 되어서야 비로소 내놓았는데 지금 나는 80세인데도 오히려 완수하지 못했으니, 이는 내가 옛사람에게 미치지 못하는 부분이다.

저술이 거의 마무리되었음에도 불구하고 84세의 완숙한 경지에 이른 여헌은 자신의 저술에 대한 학문적 미련이 아직도 남아 있었고, 아끼는 제자에게 책을 보이면서도 부족함을 토로했던 것이다. 그렇지만 여헌은 "나는 『주역』을 읽을 때에 대부분 정자의 『역전』과 주자의 『주역본의周易本義』를 따르지 않고 별도로 의견을 내었는데, 또한 의리義理에 위배되지 않을 듯하다"라며 자신의 저술에 대한 자신감도 피력하였다. 그의 저술이 단지 선현들의 역에 대한 논설을 정리하고 편집한 것에 그치지 않고 나름의 연구와 사색을 통해 보다 진전된 논의로 전화되었음을 은연중에 내비친 것이었다.

그렇다고 여헌이 정자와 주자의 역학적 입장을 부정한 것은 아니었다. 그는 일찍이 상수학象數學에 경도되어 상수학적인 방법에 따라 역에 대한 이해를 심화하였지만, 학문이 성숙되어 감에 따라 상수학적인 관점에서 벗어나 성리학적인 역학의 관점으로 전환하였다. 이렇듯 역학에서의 입장 변화에 대해 여헌은 문인 이주李綢에게 "나는 젊었을 때에 자못 상수학象數學에 뜻을 두어 헛되이 마음과 힘을 허비하였다. 근래에 생각해 보니, 유익함이 없는데도 돌아올 줄 몰랐다는 후회가 있었다. 그리하여 다시 사서四書와 정자·주자 등의 책을 취하여 읽어 보니, 다시 그 내용의 친절함을 느껴서 정신이 절로 배가하였다"라고 고백하며 성리학적 정통성을 견지하였음을 확인하였다. 이러한 입장 변화는 그대로 『역학도설』에 반영되었고, 여헌은 서문을 통해 자신이 이 책을 저술한 이유를 설명하였다.

반드시 선유先儒들의 학설에 근본하고 본래의 이치에 부합하게 한 것이지, 전연 나의 억측으로 헤아린 것이 아니요 또 억지로 천착穿鑿한 것이 아니다. 처음에는 어둡고 둔한 나 자신이 보기에 편리한 자료로 삼으려고 했었는데, 다시 한 집안의 몽매한 자들을 열어 보이고자 하였으므로, 마침내 이 책을 편찬하게 된 이유를 말하여 책머리에 쓰는 바이다.

이렇듯 여헌은 성리학의 역학적 관점, 즉 의리역의 입장을 바탕으로 오랫동안 자신이 진행한 깊이 있는 독서와 사색을 통해 이룩한 역학적 성취를 『역학도설』에 반영하였던 것이다. 그리고 조급함을 보이지 않고 30여 년 동안 지속적으로 이 저술에 몰두하였다. 거의 죽음에 임박해서까지 저술에 매달린 『역학도설』은 인조 23년(1645)에 당시 경상감사였던 임담林墰이 간행하였다. 간행은 여헌 사후에 이루어졌지만, 여헌은 생전에 이미 서문을 작성하는 등 이 책의 체제를 완비하였다.

『역학도설』은 총 9권으로 편집되었다. 송나라 학자들의 설까지 인용하여 역의 원리와 대체를 밝히고 역의 문제점 등을 해설한 권1의 「총괄總括」을 필두로, 태극·천지·일월·성신星辰 등에 대해 그림과 논설을 붙인 권2의 「본원本原」, 하도와 낙서에 대한 여러 가지 그림과 해설을 정리한 권3의 「교저巧著」, 괘획卦劃에 대한 도식 66개와 시책蓍策, 변효變爻에 대한 그림 등을 제시하고 설명을 첨가한 권4의 「체용상體用上」과 권5의 「체용하體用下」 등이 차례로 실려 있다. 권6의 「유구類究」에는 서계書

契·교학敎學·예의禮義·율려律呂·역기曆紀·병진兵陣·산수算數 등을 그림으로 표시하고 해설을 붙였으며, 권7의 「조술祖述」에는 태극설太極說·황극경세皇極經世·황극내편皇極內篇으로 나누어 여러 장의 그림과 주자 및 여러 학자들의 학설을 제시하고 상세한 해설을 붙였다. 권8의 「방행旁行」에는 여러 술가에서 제시된 그림과 해설은 물론, 연산連山·귀장歸藏 등의 역에 관한 다양한 해설을 첨가하였다. 권9의 「말규末窺」에는 도서여의圖書餘義와 반길편의反吉篇義 등의 그림과 해설을 정리하였다.

여헌의 『역학도설』은 수록된 그림의 수가 358건에 이를 정도로 방대할 뿐만 아니라 내용적인 면에서도 역학의 규모가 크다. 역학을 대체大體로 보는 관점 아래 역을 통하여 다른 경전의 학문을 융합하는 구조를 갖추고 있어, 여헌이 얼마나 이 책의 저술에 심혈을 기울었는지가 분명히 드러난다.

특히 여헌의 역학체계는 그 속에 『소학』과 사서오경 등 유학의 경전, 그리고 성학聖學과 도통 등 핵심적인 성리학적 주제를 포함하고 융합하고 있다. 이러한 점에서 여헌은 역학을 궁극적으로 교학敎學의 근본으로 삼고자 했음이 드러난다. 그래서인지 여헌은 「역학도설서」를 통해 "인문人文이 역을 얻어 밝게 드러나고, 사물의 법칙이 역을 얻어 빠짐없이 갖추어지며, 이륜彝倫이 역을 얻어 펴지는 것이니, 이에 이르면 이 역의 공용功用을 어찌 다 측량할 수 있겠는가?"라고 전제하고, "마땅히 천지가 존재하면 이 책도 천지와 더불어 보존되어 천지와 더불어 그 시작과 끝을 함께할 것"이라고 자신의 입장을 제시하였다.

이렇듯 방대하면서도 규모를 갖춘 여헌의 『역학도설』은 여헌 역학이 가지는 독자성과 창의성을 드러낸 결과이자 성리학의 우주론과 역학을 결합하여 세계관과 인생관, 나아가 학문체계를 구성하려고 한 여헌 학문의 결정판이라고 해도 과언이 아닐 것이다.

날줄과 씨줄의 체계를 통해 기존의 논의를 뛰어넘다

인조 대에 접어들면서 여헌은 산림으로 지목되어 조정의 지속적인 관심과 징소를 받았지만 학문 연구와 저술 활동을 잠시도 그치지 않았다. 이미 10대 후반에 『우주요괄첩』을 통해 자신이 지향하는 학문의 목표와 체계를 구축하였던 여헌은 노년에 이르렀음에도 불구하고 지속적인 독서와 사색을 통해 자신의 학문을 하나씩 구체화해 갔다.

전란의 참화를 피해 이곳저곳을 떠도는 와중에도 독서와 사색을 게을리하지 않았던 여헌은 40대 초반에 저술한 『평설』을 통해 이황과 이이를 비롯한 여러 선배 학자들과 구분되는 리기론理氣論 체계를 예비하였다. 그는 대소大小, 장단長短, 무한無限과 유한有限, 무진無盡과 유진有盡 등으로 리와 기를 대비시키면서도 "리를 알려고 한다면 기가 아니고는 알 수가 없으며, 기를 알려고 한다면 리가 아니고는 알 수가 없다. 리를 기의 밖에서 구하는 것은 리를 알 수 있는 방법이 아니다. 어찌 리가 기의 밖에 있겠는가?"라고 하여 우주자연의 보편 원리이자 도덕규범의 근거로서 리의 실재성을 확인하면서, 동시에 기의 역할을 방기하지 않는 리기관계를 제시하였다. 통체統體로서의 태극太極, 본연本然으로서의 리, 작용으로서의 기, 유행流行하는 도道, 하늘이 부여하는 명命, 병이秉彝이자 오상五常인 성性 등 주요 개념에 대한 이해를 도모하였으며, 근원적 실체인 태극으로부터 일상에서의 도덕 실천에 이르기까지 성리학적 주제에 대한 자신의 입장을 하나씩 열거하고 제시하였던 것이다. 아울러 선배학자들이 논쟁을 벌였던 사단과 칠정, 인심과 도심의 문제에 대해서도 자신의 입장을 구체화하면서 자신만의 학문적 체계를 갖추어 나가기 시작하였다.

50대 후반에 이르러 부지암정사가 낙성되고 본격적인 강학 활동에 들어섰음에도 그의 학문 연구는 멈추지 않았다. 그리고 60대에 접어들어 성리학의 여러 주제와 쟁점에 대한 그의 입장이 하나씩 성숙되고 구체화되기 시작하였다.

여헌의 나이 66세 때인 광해군 11년(1619) 여름, 문인 신열도가 그의 둘째 형 신달도와 함께 선산 원당의 원회당에 머물고 있던 여헌을 찾아왔을 때의 대화이다.

여헌은 신열도 형제에게 이렇게 말하였다.
"지금 사람들은 입만 열면 곧 리와 기를 말하는데, 그대들은 리와 기가 나뉘고 합하는 뜻을 아는가?"
이때 여헌이 제자들에게 이렇게 질문한 이유는 이황과 기대승의 사단칠정논쟁을 거치면서 리와 기의 관계에 대한 논의가 학자들의 최대 쟁점으로 부각되어 논란이 분분하였던 것을 염두에 두었기 때문이었다.
여헌의 질문을 받자 신달도가 대답하였다.
"리는 별다른 물건이 아니라, 기의 소이연所以然이 되면서 이 기의 가운데에 있어 자연 서로 섞이지 않고 또한 서로 떨어지지 않습니다. 그러므로 이미 서로 떨어지지 않는다는 것을 알고 서로 섞일 수 없는 것을 안다면 저 리와 기가 나뉘고 합하는 뜻에 어그러지지 않을 것입니다."
그러자 여헌은 다음과 같이 리와 기에 대한 자신의 입장을 제시하였다.
"옛날 성인이 리와 기를 말씀한 것이 이미 드물었고, 또 리와 기를 나누어 말씀한 경우가 없었다. 리와 기를 나누어서 둘로 만든 것은 명목名目을 설정한 것이요, 합하여 일체로 만든 것은 리와 기의 떳떳함이다. 만약 명목이 나누어진다 하여 마침내 한계 짓고 구별 지어 상대하는 물건이라고 여긴다면, 리와 기가 곧 각자 본령本領이 되어서 우주의 사이에 양립하고 아울러 각각 행할 것이다. 리가 어찌 기의 리가 될 수 있으며, 기가 어찌 리의 기가 될 수 있겠는가?"
여헌의 설명을 잠자코 듣고 있던 신열도가 말하였다.
"진실로 하교하신 바와 같다면, 천하에는 기 없는 리가 없고 리 없는 기 또한 없을 것입니다. 참으로 이른바 둘이면서 하나이고 하나이면서 둘이겠습니다."

자신의 생각을 명확히 제시한 신열도의 말을 듣고, 여헌은 "옳다"고 대답해 주었다.

— 『여헌선생속집』 권9, 「배문록拜門錄」(申悅道)

이와 같이 여헌은 자신이 구축한 리기론적 입장을 문인들에게 차분히 설명하였고, 평소 자신이 가졌던 생각을 저술로 구체화하기 시작하였다. 그리고 마침내 68세 때인 광해군 13년(1621)에 이르러 그의 대표적인 저작 중의 하나로 손꼽히는 『경위설經緯說』을 저술하여 리기를 비롯한 여러 핵심적인 주제에 대한 보다 차원 높은 논의를 전개하였다.

여헌은 이 저작에서 '사람과 말(人馬)'의 비유를 통해 리와 기의 관계를 설명하던 기존의 방식에서 벗어나 리와 기를 각각 '날줄과 씨줄' 즉 경經과 위緯에 비유하여 우주자연과 인간사의 모든 존재와 현상을 설명하였다. '경'이란 베틀에서 바디 축에 걸려 있는 날줄, 즉 고정되어 처음부터 끝까지 불변하는 것을 가리키고, '위'란 북에 걸려 있는 씨줄, 즉 좌우로 왕복하면서 베를 짜는 것을 의미한다. 날줄은 불변하지만 씨줄이 움직일 때 기준이 되고, 씨줄은 구체적으로 움직이면서 베를 완성시키는 것이다. 이러한 날줄과 씨줄의 역할과 기능에 주목한 여헌은 우주자연의 절대적이고 보편적인 원리이자 기준인 리의 불변성을 날줄(경)에, 현상세계에서 구체적으로 운동 변화하면서 리를 실현하는 주체인 기를 씨줄(위)에 각각 비유하여 리와 기의 결합에 의해 이루어지는 삼라만상의 모든 존재와 그 존재가 이루는 현상을 설명하였던 것이다.

이황을 비롯한 선배 학자들은 사람과 말을 각각 리와 기에 비유하여 리와 기의 역할과 의미를 설명하였다. 하지만 리와 기는 구체적으로 존재하는 사물이 아니라 현상 이전의 형이상학적 개념이다. 따라서 리와 기를 구체적인 사물로 비유하는 것은 일정한 한계를 가질 수밖에 없다. 사람과 말을 통한 비유는 리와 기를 하나의 사물로 혼동할 가능성이 높고, 또 각각의 사물이나 현상이 합쳐져 또 다른 사물이나 현상을 이루어 낸다고 오해하기 쉽다. 그래서 여헌은 현실에서의 구체적인 존재 방식이기는 하지만 구체적인 존재는 아닌 베틀의 날줄과 씨줄을 이용하여, 근원이자 표준이 되는 경과 그것을 기본으로 운동 변화하는 위를 통해 구체적으로 드러나는 존재와 현상을 설명하고자 하였던 것이다.

리와 기의 관계를 경위의 관점을 통해 설명하는 여헌의 논의는 '패러다임의 전환' 그 자체였다. 리와 기를 사람과 말로 구분하려는, 세계를 이원적으로 나누어 설명하는 방식을 뛰어넘는 것이자 리와 기를 하나의 존재로 보려는 일원적 방식이 갖는 문제점도 극복한 것이었다. 세계에 대한 기존의 이해 방식이 갖는 문제점을 철저히 극복한 여헌의 '경위의 관점'은 사유의 일대 전환이자 조선 성리학의 새로운 면모를 보여 주는 것이었다. 그래서 그는 경위라는 설명 방식을 리와 기의 관계에만 적용하지 않았다. "이제 지금까지 경위를 빌려 설명한 것은 리기뿐이지만 우주 사이의 도리에 경위가 있지 않음이 없음을 본다"라고 하여 그는 세계 전체를 경위의 관점에서 이해할 수 있다고 보았다.

『경위설』에서 제시된 경위의 관점에 따라 여헌은 공간으로서의 우宇는 경이고 시간으로서의 주宙는 위라고 파악하였다. 공간이라는 불변하는 세계 내에서 시간의 흐름이 빚어 내는 다양한 현상이 곧 우주라는 의미이다. 이렇게 우주를 경위로 설명한 여헌은 천지, 음양, 인사 등 모든 존재와 현상을 경위의 관점으로 설명하였다. 언제나 변치 않고 항상된 것을 경으로 파악하고, 그 가운데에서 변화를 이루는 것을 위로 파악하였던 것이다.

특히 여헌은 경위의 관점을 통해 도덕성의 근거를 확보하고 나아가 수양의 기준과 방법을 제시하는 데 주력하였다. 그는 비록 현실에서 선악, 시비, 사정邪正 등이 함께 드러나지만 결국은 선이 근본이 되며, 변화하는 기에 의해 현실에서 사악邪惡이 드러나지만 불변하는 리로서의 정선正善을 이길 수 없다는 것을 경위를 통해 설명하였다. 그리고 이에 기초하여 리를 주로 하여 기를 다스림으로써 잘못을 바로잡는다는 이른바 '주경치위主經治緯'의 수양론을 제시함으로써 사람에게 내재된 본연의 선의 근거인 리를 근거로 현실에서 드러나는 잘못과 사악을 바로잡아야 하고, 또 바로잡을 수 있다는 것을 강조하였던 것이다.

이와 같이 여헌은 40대부터 리기론에 침착해서 지속적인 연구와 사색을 통해 '경위'라는 획기적인 관점을 제시하였으며, 이를 통해 우주자연을 구성하는 리와 기의 관계는 물론, 변화하는 자연현상을 설명하였던 것이다. 그리고 이러한 특징적인 관점의 제시에는 일찍이 자신이 가졌던 웅혼한 목표인 천하제일의 사업을 실현하려는, 즉 개인의 도덕적 수양과 이에 기초한 사회적 실천을 통해 도덕적인 세상을 완성하려는 실질적이고 핵심적인 목표가 자리 잡고 있었다.

전대 성리 논쟁에 대한 입장을 구체화하다

68세 때에 이르러 리기를 비롯하여 우주자연의 변화 현상에 대한 특징적인 논의인 경위설을 제시한 여헌은 이를 바탕으로 주요 성리학적 주제에 대한 자신의 입장을 하나씩 구체화해 나갔다. 40대 초반에 이미 성리학의 여러 주제에 대해 어느 정도 입장을 갖추기 시작했던 여헌은 지속적인 학문 연구를 통해 노년에 이르러 선배 학자들의 논의와 구별되는 특징적인 관점을 제시하고 이를 통해 여러 성리학적 주제에 대한 입장을 체계화하였던 것이다.

여헌은 그의 만년정론으로 이해할 수 있는 경위체계가 정립되자 이를 바탕으로 성리학의 여러 주제에 대해 자신만의 관점이 드러나는 이론체계를 구체화하였다. 그리고 여러 문인들에게 자신의 이러한 입장을 설명하는 기회를 갖기도 하였다. 물론 여헌이 먼저 나서서 여러 성리학적 주제에 대한 강론을 펼쳤다기보다는, 문인들의 질정에 답하는 과정을 통해 하나씩 자신의 생각을 제시한 것이었다. 그리고 여헌과 문인들과의 진지한 학문 연찬은 여헌에게 보다 체계화된 저술로 이어지는 기회로 작용하였다.

여헌이 69세 때인 광해군 14년(1622) 겨울에 문인 신달도와 신열도 형제가 부지암정사를 찾아 여헌과 성리학의 여러 주제에 대해 문답을 나누었다. 이때 신열도는 사단칠정에 대한 리기론적 이해와 관련하여 여헌에게 의견을 구하였다.

"주자가 사단을 리가 발發한 것이라 하고 칠정七情을 기가 발한 것이라 하여 그 말씀한 것이 각기 지두地頭가 있으니, 이것을 합쳐서 하나로 만들고 나란히 하여 합할 수 없습니까?"

사단칠정에 대한 리기론적 이해는 주자의 논의를 바탕으로 이황과 기대승이 8년여에 걸쳐 깊이 있는 논쟁을 진행하였고, 이후 이이가 이 논쟁에 대해 자신의 입장을 개진하면서 당시 학자들 사이에 최대의 논쟁으로 부각된 논의였다. 이러한 사정을 익히 알고 있던 신열도가 여헌에게 주자의 논의를 제시하며 여헌의 입장을 물었던 것이다. 그러자 여헌은 주저 없이 다음과 같이 대답하였다.

"사단은 자연 본성本性이 사물을 감촉하면 곧 감응感應되는 것이어서 사사로움과 거짓을 범하지 않기 때문에 리로써 발하는 주체를 삼고, 칠정은 혹 사사로움과 거짓에 관계되어서 순선純善하지 못하기 때문에 기로써 발하는 주체를 삼은 것이다. 그러나 칠정은 진실로 사덕四德의 용用이 아님이 없으며, 사단 또한 칠정을 벗어나서 별도로 단서가 되는 것은 아니다. 사단을 가지고 말하면, 측은惻隱은 곧 칠정 중의 사랑하고 슬퍼함이고, 수오羞惡는 곧 칠정 중의 노하고 미워함이며, 사양辭讓은 기뻐하고 노여워하고 슬퍼하고 즐거워하고 사랑하고 미워하는 즈음에 베풀어지고, 시비是非는 순順·역逆과 경輕·중重의 자리에 구별되는 것이다. 그렇다면 어찌 칠정의 밖에 별도로 사단이 있겠는가? 그리고 칠정을 가지고 말하면, 사랑하고 슬퍼함은 이 인仁이 발한 것이요, 노여워하고 미워함은 이 의義가 발한 것이요, 기뻐하고 즐거워함은 이 예禮가 발한 것이며, 일곱 가지가 일을 따르고 물건을 따라 감응함이 각기 마땅한 것은 지智가 발한 것이다. 어찌 사단의 밖에 별도로 칠정이 있겠는가?"

인간의 순선한 감정인 사단은 모든 감정을 가리키는 칠정을 벗어나는 것이 아니기 때문에 사단과 칠정을 나누는 것은 불가하다는 입장을 천명한 것이었다. 이렇게 여헌이 주자의 논의와도 구분되고 더구나 이황의 주장과도 배치되는 입장을 제시하자, 이를 듣고 있던 신달도는 재차 여헌에게 물었다.

"사단이 발함은 기에 의뢰하지 않는 것은 아니나 리가 주장함이 있고 칠정의 발함은 리에 관여됨이 없지 않으나 기가 용사用事하기 때문에, 마침내 그 중한 바에 나아가서 분별하여 말하는 것입니다. 사단과 칠정은 그 소종래所從來가 각기 싹과 맥이 있습니다. 그러므로 주자의 말씀에 '칠정을 나누어 사덕에 짝할 수 없다'고 하였습니다. 선생님처럼 굳이 억지로 끌어다 배합하여 한 말을 만들 필요가 없을 듯하옵니다."

주자의 의론에 따라 사단과 칠정을 구분해야 하고, 순선한 사단과 선과 악이 섞여 있는 칠정은 그 드러나는 과정이 다르다는 것을 주장함으로써 주자의 논의와 다른 여헌의 의론을 수용할 수 없다는 뜻을 넌지시 밝힌 것이다. 그러자 여헌은 거듭 자신의 입장을 제시하였다.

"주자의 '나누어 짝할 수 없다'는 말씀은, 사단은 감응되어 나옴이 순선純善하고 칠정은 혹 거짓과 사사로움에 관계됨을 가지고 말씀한 것이다. 그러나 중中과 화和의 뜻을 해석하기를 '기뻐하고 노여워하고 슬퍼하고 즐거워함은 정情이요, 이것이 아직 발하지 않음은 곧 성性이다'라고 하였다. 성이 발하여 정이 된다면 맹자가 어찌 칠정을 벗어나 사단을 말씀하였겠는가? 다만 칠정 가운데에 나아가 곧바로 본연지성本然之性을 따라서 순선하고 악함이 없는 것을 들어 이름하기를 사단이라 하신 것이다. 그대가 만일 정밀하게 연구하고 익숙히 살펴본다면, 이른바 사단이라는 것이 과연 칠정 가운데서 벗어나지 않음을 확인하게 될 것이다."

— 『여헌선생속집』 권9, 「배문록拜門錄」(申悅道)

여헌은 오래 전부터 선현의 학설이라고 하더라도 그저 받아들이지 않으려는 태도를 가지고 있었고, 더구나 사단과 칠정에 대한 관심을 이미 40대부터 구체적으로 표명하였는데, 이 당시는 거듭된 연구와 사색을 통해 그 체계가 가시화된 상태였다. 따라서 주자의 논의를 그저 수용하려는 제자의 주장에 대해 자신의 입장을 뚜렷이 하며 보다 깊이 있는 연구를 주문하였던 것이다.

여헌은 40대 초반에 『평설』을 통해 사단과 칠정에 대한 자신의 논의를 전개한 바 있었다. 이때 그는 이미 영남의 선배 학자인 이황의 주장과 달리, 사단은 칠정에 포함된다는 방향으로 논의를 전개하였다. 이러한 논의는 자칫 이황을 비판하며 제시된 이이의 주장과 동일한 것으로 비칠 수 있다. 하지만 여헌은 이이가 사단을 칠정 가운데 순선한 감정으로 규정한 것과 다른 입장을 취하였을 뿐만 아니라, 사단과 칠정은 발동하는 단계에서 구분된다는 취지의 논의도 전개하여 이황은 물론 이이와도 구별되는 논의를 제시하였다. 이렇듯 선배 학자들이 사단칠정 논쟁 과정에서 제시한 여러 주장과 구별되는 특징적인 여헌의 입장은 이미 40대 초반부터 드러나기 시작하였다.

제자와의 문답 이후 여헌은 여러 성리학적 주제 가운데 사단칠정에 대한 자신의 정론을 저술로 이어 갔다. 여헌은 사단과 칠정의 관계를 '분합分合' 즉 나누고 합하는 관점을 통해 정립하고자 하였으며, 앞서 구체화한 '경위'의 관점을 통해 사단칠정에 대한 리기론적 해석도 보다 체계화된 논의로 이끌고자 하였다. 분합의 관점을 동원하여 사단과 칠정을 합하여 파악하기도 하고 사단과 칠정이 구별되는 점도 밝히는 등 규모 있고 체계적인 논의를 이끌었고, "사단과 칠정이 각각 사四와 칠七이 되는 것은 기에 속하지만, 단端이 되고 정情이 되는 것은 모두 리가 발한 것"이라고 하여 사단과 칠정을 합하여 볼 수 있는 점과 분별되는 점을 명확히 하였다. 나아가 그는 경위의 관점을 통해 이황의 리기호발설理氣互發說은 물론 이이의 기발리승일도설氣發理乘一途說과 구별되는 특징적인 리기론적 입장을 제시하였다. 그는 사단과 칠정 모두 리발이라는 입장을 제시하여 이이와 구별되는 측면을 부각시켰고, 동시에 사단과 칠정이 근본으로 삼는 것은 모두 리라는 논의를 통해 사단의 고유성을 강조한 이황과도 구별되는 독창적인 사단칠정설을 수립하였던 것이다.

이렇듯 사단칠정에 대한 자신의 만년정론을 체계화한 여헌은 조선 성리학의 또 다른 쟁점이었던 인심도심人心道心에 대해서도 자신의 입장을 체계화하였다. 사단칠정과 마찬가지로 여헌은 40대 초반에 이미 인심도심에 대한 자신의 이해를 드러내었다. 여헌은 천리天理로부터 말미암아 발현된 것은 도심이고 개인의 사사로움이 원인이 되어 행하는 것은 인심이라고 구별하면서, 동시에 인심과 도심의 실체는 한 마음(一心)임을 강조하였다.

40대에 그 논의가 구체화되기 시작한 인심도심에 대한 여헌의 입장은 만년에 이르러 '경위'의 관점을 통해 보다 명확해지고 체계화되었다. 여헌은 인심과 도심을 각각 씨줄과 날줄, 즉 위와 경에 대입하여 도심은 도의 경이고 인심은 도의 위라고 정의하고, 도심은 인심 가운데 있으며 인심도 도심 가운데 있어 별개로 분리된 것이 아님을 확인하였다. 그러면서도 도심은 사람의 성이고 인심은 그 본성이 드러난 정이라고 하여 구별되는 측면도 부각하는 등 체계적으로 도심과 인심을 규정하였다. 이러한 그의 인심도심설은 도심과 인심을 서로 다른 근원으로 파악하는 이황이나 인심과 도심이 처음과 끝이 되어 서로 변화 가능하다고 보는 이이와도 차별화되는 논의였던 것이다. 그래서 총괄적으로 여헌은 다음과 같이 자신의 입장을 정리하였다.

근본으로써 말하면 도심 또한 인심이며 인심 또한 도심이다. 사람은 도를 떠나지 않고 도는 항상 사람에게 있으니, 과연 이것을 둘이라고 할 수 있겠는가? 사람이 도를 떠나서 도가 사람에게 있지 않음에 이른 뒤에야 이것을 나누어, 사私로 지목하여 인심이라 하고 정리正理로 지목하여 도심이라 한 것이다. 인심은 사람 가운데 사람이고 도심은 사람 가운데 하늘이니, 곧 사와 정리를 말한다. 마음이 어찌 한 방촌方寸에 두 가지가 있을 수 있겠는가?

　　　　　　　　　　　　　　－ 『여헌선생문집』 권6, 「인심도심설人心道心說」

　하지만 여헌은 인심도심에 대한 논의를 선배 학자들의 논쟁점에만 유의하여 전개하지 않았다. 그는 인심도심을 올바른 정치의 실현과 연관하여 이해하고, 성학聖學의 큰 요점으로 파악하였다. 그는 백성에게 이치를 내리고 따르게 하여 떳떳한 본성을 가지는 것이 도심이고, 군주가 없으면 백성의 욕망이 혼란하게 드러난다는 것을 인심으로 각각 이해하여, 인심의 위태로움과 도심의 미미함에 대한 올바른 현실인식과 오로지 집중하여 한결같이 하는 군주의 실천을 통해 도덕적 이상세계를 구현하는 것을 목표로 삼았다. 여헌은 결국 인심도심을 현실과 이상의 통합을 통한 논의 구조로 규정함으로써 성학 실현의 지표를 제시했던 것이다.

　이와 같이 여헌은 만년에 접어들어 오랜 독서와 사색을 통해 수립한 경위론의 체계를 바탕으로 조선 성리학의 여러 쟁점에 대해 구체적인 입장을 정립하였다. 경위라는 일관된 논의 틀을 바탕으로 분합과 같이 다양한 논리를 적용하여 구체적이면서도 체계적인 이론을 수립하였으며, 이것을 구체적인 저술을 통해 확립해 갔던 것이다. 이러한 일련의 저작은 단순히 성리학적 주제에 대한 이론적 모색과 결과로서 그 의미를 찾으려는 시도에 그친 것이 아니라, 개인의 수양과 사회적 실천을 통해 도덕적 이상세계를 구현하려는 일관된 목표 아래에서 전개된 실천적 지향이 담긴 논의였던 것이다.

방대한 성리설의 체계를 정립하다

여헌은 노년기에 접어들면서부터 오랫동안 진행해 온 학문 연구가 집적되어 자신의 학문적 입장이 어느 정도 구체화되었으며, 자신의 정론을 수립하기에 적절한 시기가 도래하였다고 생각하였다. 비록 조정에서의 징소가 거듭되고 노령에 병세까지 완연해지고 있었지만, 체계적인 저술을 통해 후학들을 위해 여러 성리학적 주제에 대한 이해를 도모하고 나아가 자신의 학문적 입장을 집성해야겠다는 생각을 갖게 되었다. 더구나 여러 성리학적 주제에 대한 자신의 설명에도 불구하고 여전히 의구심을 떨쳐 버리지 못하는 제자들의 모습을 접한 데다 계속 자신의 저술에 대해 관심을 기울이는 문인들도 늘어가자 여헌은 본격적인 저술의 필요성을 절감하게 되었다.

여헌은 50대 후반에 시작하여 끝맺지 못하고 있는 『역학도설』도 자기의 손길을 여전히 기다리고 있었지만, 70대에 접어든 자신의 나이를 생각하여 그동안 온축된 자신의 학문적 성취를 하나씩 저술로 옮기는 작업을 진행하고자 하였다. 더구나 68세에 이르러 어느 정도 결실을 맺은 '경위'의 관점이 보다 성숙되어 있었고, 사단칠정과 인심도심 등 여러 주제에 대한 공부와 사색을 통해 '체용體用', '분합分合' 등의 여러 관점들에 대한 자신의 입장도 성숙되었다고 판단했기 때문에 여헌은 70대 초반부터 본격적으로 구체적인 저술 작업에 착수하였다.

70세를 넘은 여헌은 성리학의 여러 주제에 대한 입장을 『만학요회晩學要會』, 즉 '나이가 들어 뒤늦게 공부하면서 요점이 되는 것을 모았다'라고 명명하고 하나씩 그 내용을 작성하기 시작하였다. 성性·도道·덕德·심心·학學을 다섯 마디의 종지宗旨로 설정하여 그 의미를 서두에 밝히고,

이 다섯 가지 종지와 관련된 여러 경전의 내용을 제시한 뒤 그 의미를 상세히 풀이하는 한편으로 핵심 의미에 대한 자신의 생각을 덧붙이면서 초고를 작성하였다. 의심나는 대목에 이르러서는 문답식 설명을 부가하여 이해를 돕기도 하였으며, 선현의 언명도 첨가하여 상세한 설명을 제시하였다.

하지만 여헌은 이 저술에 만족하지 않았다. 나이 들어 뒤늦게 공부하면서 요점이 되는 것이 이것에 한정되지 않는다고 생각한 것이었다. 그래서 여헌은 같은 제목으로 글을 다시 작성하기 시작하였다. 앞서 작성한 글과는 별도로 동일한 제목으로 새로운 주제와 방식으로 글을 작성하기 시작한 것이다. 그리고 마침내 75세가 되던 인조 6년(1628)에 이 글을 마무리하였다.

이때 완성한 『만학요회』는 앞서 초고 형태로 작성한 글과 동일한 제목이었지만, 여헌은 그 체제를 달리하여 「이간易簡」·「근사近思」·「분합分合」 등 3편으로 구성하였다. 「이간」편에서는 『주역』 대전大傳의 글을 제시하고 이에 대한 정자와 주자의 언명을 덧붙인 후 자신의 의견을 밝히는 방식으로 이지易知·간능簡能 등의 내용과 의의를 설명하였다. 「근사」편에서는 '신유칙身惟則', '심유성心惟誠', '성유선性惟善', '정유정情惟正', '도유중道惟中', '덕유경德惟敬', '학유성學惟成' 등 7개 항목으로 내용을 나누어 그 의미를 설명하였다. 그리고 「분합」편에서는 본격적으로 분합의 논리를 적용하여 성리학의 주요 주제에 대한 설명을 제시하였다. 이 편에서 검토된 주제는 리기理氣, 천지天地, 음양陰陽, 음양과 오행五行, 사덕四德과 오행, 삼도三道, 삼재三才, 성명性命, 오상五常, 성정性情, 본연지성本然之性과 기질지성氣質之性, 정의情意, 사단칠정四端七情, 인심도심人心道心, 칠정, 정신精神과 혼백魂魄, 도리道理, 도덕道德, 의리義理, 체용體用, 지행知行, 예의禮義와 예법禮法, 도기道器, 귀신鬼神, 성경誠敬, 경권經權, 중용中庸, 오학五

學, 도덕사업道德事業, 허실虛實, 경의敬義, 리수理數, 동이同異 등 33개로, 여헌은 이들 여러 개념에 대해 분합의 관점을 적용하여 그 의미와 관계를 풀이하였다.

『만학요회』는 제자들과의 문답을 통해 그 단초를 열었던 분합의 논리를 본격적으로 적용한 구체적인 저술로서 그 의미를 갖는다. 특히 앞서 『경위설』을 통해 제시된 그의 독창적인 논리 구조 이외에 분합이라는 관점도 여헌 학문을 이루는 주요한 관점 중 하나라는 것이 구체적으로 드러나는 저작이라는 점에서도 의의가 있다.

한편, 여헌은 진작부터 착수한 『역학도설』의 수정과 찬술을 거듭하면서 다른 방식으로 역에 대한 저술을 계획하였다. 그리하여 77세(인조 8년, 1630)에 이르러 『주역』의 괘설을 하나씩 논변한 『역괘총설易卦總說』을 지었다. 이 저술을 통해 여헌은 태극으로부터 양의兩儀, 사상四象, 팔괘八卦, 육십사괘六十四卦까지의 성립 이치와 역의 의미를 차분하게 설명해 내었다. 그리고 이어서 리와 기의 근원을 모두 꿰뚫어서 미루어 밝히기 위해 『구설究說』을 지었다. 여헌은 『구설』을 통해 리기론을 전개한 것이 아니라 리기의 근원이 되는 역의 원리로써 우주자연의 이치를 밝혔으며, 특히 천지자연의 원리인 원회운세元會運世에 대한 자세한 설명을 곁들였다. 여기에 자신이 체계화한 경위의 관점을 적용하는 한편, 자신이 이전에 저술하였던 '무궁설無窮說'과 '상고설上古說' 등도 제시하여 그 내용적 깊이와 폭을 확장하기도 하였다.

이렇게 천지자연의 근원적 원리에 천착하여 자신의 학문적 성과를 구체화한 여헌은 여세를 몰아 이듬해(인조 9년, 1631)에는 『우주설宇宙說』을 저술하였다. 크게 세 단락으로 구성된 이 저술에서 여헌은 첫 단락에 '리기의 체용이 무궁한 묘리를 논한 것'이라는 제목을 붙인 후, 우주의 시간적 변화는 천지의 대수인 일원一元의 음양이 변화한 것이라는 것과 만물생성의 구체적인 법칙, 천지와 우주의 관계 등을 26절로 나누어 논하였다. 둘째 단락은 '온갖 만물이 서로 갖추어진 이리를 논한 것'이라는 제하에 질의 구분 없이 무극태극의 리로부터 기화氣化와 형화形化를 통해 온갖 만물이 갖추어지는 이치를 논하였다. 셋째 단락은 별도의 제목을 붙이지 않고 6절로 구성하여 역의 이치와 인간의 당위, 그리고 인간의 성정과 윤리를 논하였다. 이러한 세 단락의 짧지 않은 글을 통해 여헌은 우주설의 핵심을 현세 속에서 인간의 당위를 밝히는 것으로 설정하였으며, 이를 통해 인간이 마땅히 실천해야 할 법칙을 실현하는 의의를 드러내고자 하였다. 우주의 기원과 구조, 우주의 구성 요소 등을 객관적으로 파악하려는 서양의 우주설과는 근본적으로 달리 여헌은 인간이라면 누구나 우주 사이에 존재하는 사물의 이치를 파악해야 하고, 그것을 바탕으로 윤리적인 실천을 이끌어야 하다는 소명을 담아내었던 것이다.

여헌은 같은 해에 어린 아이가 묻고 자신이 대답하는 형식을 차용하여 저술한 『답동문答童問』을 통해 『우주설』에서 미처 밝히지 못한 여러 내용을 보완하였다. 총 3장으로 구성된 『답동문』은 1장의 5개 문답을 위시하여 총 11개의 문답이 순서대로 제시되어 있으며, 마지막에는 문답이 아니라 여헌이 동자에게 해 주는 말로 짜여 있다. 이러한 문답과 설명을 통해 여헌은 무궁한 우주에 대해 깊이 연구하는 이유가 다름이 아니라 인간을 정확히 알기 위함이며, 이것을 통해 인간의 올바른 당위로서의 윤리를 실천하게 하려는 것임을 밝혔다.

이렇듯 성리학의 주요 주제와 우주에 대한 이치를 체계적으로 설명하고 자신의 특징적인 입장을 제시한 여헌은 79세에 이른 인조 10년(1632)에 『태극설』을 저술하였다. 그는 총 58장으로 구성된 이 저술을 통해 공자와 주돈이, 그리고 주희의 태극설을 구체적으로 정리하고 제시하였으며,

태극은 '도덕의 두로頭顱' 즉 도덕의 근본이라는 말을 앞부분에 제시함으로써 태극이 단순히 천지만물의 원리나 법칙에 그치는 것이 아니라 인간이 행하는 도덕의 근원임을 분명히 하였다. 그리고 『태극설』의 뒷부분에서는 「제설회통諸說會通」이라는 제목 하에 태극에 관한 여러 학설을 통론하였으며, 「무극태극설無極太極說」, 「태극설부록太極說附錄」을 덧붙임으로써 태극에 대한 자세한 이해를 도모하였다.

『태극설』을 통해 여헌이 태극을 무엇보다 도덕의 측면에서 규정한 것은, 인간이 행하는 도의 큰 원천이 곧 태극이고, 태극을 바르게 이해하는 것이 곧 인간의 당위를 올바로 파악하는 것이라는 문제의식을 가졌기 때문이었다. 그는 이러한 내용을 체계적으로 제시함으로써 유학의 도덕 가치를 재정립하기 위한 이론적 근거를 확립할 수 있다고 보았던 것이다. 이러한 점에서 『태극설』은 그의 특징적인 성리학적인 관점이 제시된 『경위설』과 더불어 여헌 성리학의 핵심을 이룬다는 평가를 받기도 한다.

80세에 가까운 노령임에도 불구하고 성리학의 주요 주제와 쟁점에 대해 자신의 학문체계와 입장을 여러 저술에서 구체적으로 증거한 여헌은 81세가 되던 인조 12년(1634)에 이르러 자신의 학문적 입장이 체계적으로 정리된 마지막 저서 『도서발휘圖書發揮』를 저술하였다. 그는 『도서발휘』의 앞부분에 「도서발휘편제圖書發揮篇題」를 배치하여 하도河圖와 낙서洛書에 대한 해설과 더불어 그 의의를 설명하였으며, 뒤이어 「신증申增」을 통해 하도와 낙서의 수와 위치를 비교 설명하였다. 그리고 마지막으로 「도서총수설圖書總數說」을 저술하여 하도와 낙서의 수를 총론總論하였다.

이와 같이 70세를 전후한 시기부터 80대 초반에 이르기까지 10여 년에 걸쳐 여헌은 자신의 성리설에 대한 체계적이고 방대한 저술 작업을 진행하였다. 60대 후반에 구체화된 '경위'의 관점을 비롯하여 일련의 저술 작업을 통해 구체화된 '분합', '체용' 등 특징적인 논리체계와 관점을 동원하여 입체적으로 성리학의 주요 주제와 쟁점에 대한 자신의 학문적 입장을 구체화한 것이다. 사망하기 직전까지 진행된 그의 방대한 저술 작업은 불변하는 표준으로서의 '경'과 변화하는 현실의 작용 양상인 '위'를 축으로 사사로운 욕망을 극복하고 도덕의 원리이자 근거인 천리를 온전히 실현하고자 하는 목표가 개재되어 있는 것이었다. 그가 태극이나 우주에 관심을 기울인 것도 사람이라면 누구나 천리를 알고 천리에 순응하여 천리를 온전히 실현해야 한다는 데 있었다.

일련의 저술 작업을 마친 여헌은 자신의 저술을 문인들이나 교유하던 학자들에게 보이지 않았다. 다만 여헌이 이러한 저술을 하였다는 사실만 알려져 있을 뿐이었다. 그래서 문인들은 여헌의 저술을 열람하고 싶어 했고, 여헌에게 지속적으로 이 저술의 열람을 요청하였다. 이는 다음과 같은 일화에서 확인할 수 있다.

여헌의 나이 83세 때인 인조 14년(1636) 겨울에 조임도가 여헌선생을 인동仁同의 학교(향교)에서 모시고 있었다. 이때 함께 있던 장태래張泰來가 다음과 같이 선생에게 말하였다.
"선생께서는 저술한 『우주설』, 『답동문』, 『경위설』, 『태극설』 등을 한결같이 깊이 감추시어 외인外人들이 엿볼 수 없고 문인소자들도 실마리를 얻어들은 자가 없사오니, 어찌하여 이리도 굳게 감추고 은폐하십니까?"
그러자 여헌은 다음과 같이 대답하였다.
"내가 깊이 감추어 두는 것이 어찌 다른 뜻이 있겠는가? 노년이 된 지금 오히려 자신할 수 없어 오직 생각하기를, 소견이 혹 자라나고 터득한 바가 혹 새로워지면 고치고 싶은 마음이 들 터이니, 이 때문에 가벼이 내놓지 않는 것이다."
선생의 말씀이 끝나자 장태래가 말하였다.
"저는 오늘에야 비로소 선생의 깊은 뜻을 알았습니다. 옛날 이천선생은 『역전』을 이미 완성하고도 오래도록 내놓지 않고 말씀하시기를 '아직도 다소 진전이 있기를 기대한다' 하였으니, 선생이 저술한 글을 내놓지 않는 것도 이러한 뜻입니다."
듣고 있던 여헌은 별다른 말 없이 그저 빙그레 웃을 뿐이었다.

─ 『여헌선생속집』 권9, 「취정록就正錄」(趙任道)

자신이 저술한 것을 내보이지 않으면서 끝가지 수정 작업을 진행했던 여헌의 방대한 성리설 관련 저작은 그의 사후에 문인들에 의해 『여헌선생성리설旅軒先生性理說』(보통 '성리설'이라고 함)로 편집 간행되었다. 대부분의 학자들이 저술한 성리학 관련 저술들은 별도의 책으로 간행되지 않고 문집에 포함되어 간행되는 것이 일반적인 관행이었지만, 여헌의 성리설 관련 저술은 하나의 책으로 편집되어 간행되었다. 그 이유에 대해서는 『성리설』의 서문이나 발문이 수록되지 않아 명확히 확인할 수 없지만, 성리설 관련 저술이 워낙 방대하고 체계적이어서 별도의 저서로 묶어 간행해도 손색이 없기 때문에 별도의 책으로 간행한 것이 아니었나 추측된다. 그도 그럴 것이 별도의 책으로 묶었음에도 불구하고 그 양이 웬만한 학자들의 문집에 버금가는 8권 6책에 달하고, 그 체계도 사전에 기획하고 편차를 구성한 것으로 이해해도 무방할 정도로 규모를 갖추고 있기 때문이다.

대체적으로 『성리설』은 저작 연대순이 아니라 내용의 중요도에 따라 편집되었다. 하지만 언제 누구에 의해서 간행되었는지는 확인할 방도가 현재로서는 없다. 다만 여헌이 50대 중반부터 저술을 시작하여 사망할 때까지 저술과 수정을 반복하였던 『역학도설』과 더불어 여헌의 학문과 사상을 대표하는 저서라는 사실에는 틀림이 없다. 그래서 여헌 사후에 여헌의 학문을 거론할 때는 이 두 책이 반드시 거명되었으며, 이러한 이해는 현재에도 이어지고 있다.

독서를 통해 경학에 대한 입장을 구체화하다

여헌은 학문체계가 구체화되기 이전부터 유학의 주요 경전에 대한 독서를 지속적으로 진행하였다. 그리하여 만년에 이르러 주위 문인들이 "선생은 읽지 않은 서책이 없다"고 말할 정도로 다양한 서책을 읽었다. 청장년기를 지나면서 여헌은 특히 성리학과 관련한 서책에 주안점을 두고 독서를 지속적으로 진행하였다.

문인들의 기록에 남아 있는 여헌의 독서 목록을 살피면, 『주역』, 『중용』, 『대학』 같은 사서육경四書六經 등 유학의 주요 경전을 비롯하여 한유의 「원도原道」, 주돈이周敦頤의 『통서通書』와 「태극도설太極圖說」, 정이의 『역전』, 「호학론好學論」과 정호의 『정성서定性書』, 장재張載의 「동명東銘」과 「서명西銘」, 소옹邵雍의 『황극경세서』 중 「무명공전無名公傳」, 그리고 『심경心經』 등 송나라 제현들의 책과 저술이 망라되어 있으며, 특히 『주역본의』, 『근사록近思錄』을 비롯한 주자의 저작들 대부분이 확인된다. 여헌은 많은 서책을 매일 반드시 읽을 수 있도록 미리 계획을 짜 두고 있었으며, 읽을 때에는 그저 눈이나 입으로 읽는 것이 아니라 깊이 음미하고 되뇌었다. 그리고 한밤중에도 홀로 묵묵히 암송하여 그치지 않았다.

어려서부터 간단없이 계속된 독서를 통해 여헌은 자신의 경학적 입장을 구체화하고, 이를 기초로 문인들의 질정에 착실하게 자신의 입장을 제시하였다. 여헌은 무엇보다 경전에 대한 독서를 강조하였다. 그는 "성현의 책 속에는 무궁한 의리와 무한한 의미가 담겨 있다. 오랫동안 마음을 가라앉혀 연구하면 마음과 뜻이 쾌활해질 뿐만 아니라 용모와 몸이 편안해짐을 느끼게 된다"하고 하여 독서의 효용성을 거론하며 지속적인 독서를 권장하였다.

여헌은 서책을 읽을 때에는 보다 주의를 기울여 자세하게 읽을 것을 권하였다. 설렁설렁 대충 읽기보다는 서책에 담긴 모든 내용을 자세히 읽을 것을 주문하였던 것이다. 문인 박길웅과 함께 『논어』를 읽으며 나누었던 대화를 통해 여헌의 독서 방법을 확인해 보자.

> 여헌선생이 일찍이 홀로 앉아 계셨다. 이때 문인 박길웅朴吉應이 선생의 앞에서 『논어』를 읽었다. 선생이 소주小註를 읽게 하자, 길웅이 다음과 같이 말하였다. "대주大註도 오히려 많다고 싫어하는데 소주를 어느 겨를에 읽겠습니까?" 여헌선생은 빙긋이 웃으시며 다음과 같이 말하였다. "소주를 이미 책에 기록해 둔 것은, 옛사람들이 후인들로 하여금 읽게 하고자 한 것이다."
>
> — 『여헌선생속집』 권9, 「기문록記聞錄」(朴吉應)

이렇게 자세한 독서를 권유하면서 여헌은 "유가儒家의 책을 읽을 때에는 단지 입으로 말하고 귀로 듣는 자료로 삼으려고 해서는 안 된다"라고 강조하였다. 독서가 단순히 입으로 읽고 귀로 듣는 것에 그쳐서는 안 되며, 단순히 자구에 대한 이해에 머물러서도 안 된다는 것이 여헌의 독서에 대한 지론이었다. 그래서 여헌은 문인들과 『중용』을 읽을 때 "불성무물不誠無物"이라는 글귀에 이르러서는 그저 뜻풀이에 머물지 않고 문인들에게 "성실하지 않으면 하늘과 땅도 오히려 물건을 이루지 못하는데, 하물며 사람에 있어서이겠는가?! 하물며 배우는 자에 있어서이겠는가?"라고 말하였고, 『대학』의 '평천하平天下'장을 읽을 때에는 서글퍼하는 기색을 띠고, "학문하는 법은 지知와 행行 두 글자뿐이다"라고 힘주어 강조하였다.

여헌은 독서하는 책이 시속에 이끌리거나 고원한 것에 치중하는 것에 대해서도 경계하는 뜻을 감추지 않았다. 배움의 초입에 들어선 어린 학동들이 읽기 쉽지 않은 데도 불구하고 시속時俗을 좇아 고원한 것만 좋아해서 『심경』과 『근사록』이 아니면 읽지 않는 세태를 비판하였으며, 한 문인이 「태극도설」을 읽을 것을 청할 때에는 "이것이 바로 근세에 배우는 자들의 큰 병통이다. 배우는 자는 모름지기 『소학』과 사서와 정자·주자 등이 지은 책을 읽어야 할 것이니, 하필 「태극도설」을 배울 것이 있겠는가?"라고 꾸짖고 "『소학』은 사람을 만드는 틀이요, 『대학』은 덕에 들어가는 문이자 길이다. 익숙히 읽지 않으면 안 된다"며 인륜의 실천과 연관한 독서를 주문하기도 하였다.

독서를 통한 도덕의 실천과 행동의 변화를 강조하는 여헌의 입장은 문인 교육에 지속적으로 반영되었다. 그는 "우리가 옛사람의 책을 읽는 것은 장차 몸소 실행하고 마음으로 터득하여 옛사람과 함께 돌아가고자 해서이니, 책을 다 읽고 나서도 오히려 옛날 그대로의 사람이라면 어찌 군이 책을 읽을 필요가 있겠는가?"라며 독서 전후의 변화가 분명하여야 함을 강조하고 독서가 도덕 실천과 연관되어야 함을 역설하였다. 그래서 하학이상달下學而上達하는 독서의 순서를 무엇보다 강조하였고, "배우는 자는 모름지기 아래로 인간의 일을 배워야 하니, 아래로 인간의 일을 배우는 것이 끝나면 자연 위로 천리天理를 통달하게 된다"며 체계를 갖춘 독서를 문인들에게 주문하였다.

여헌은 문인들에게 체계적인 독서와 함께 실천궁행을 강조하는 한편, 자기 스스로도 지속적인 독서를 진행하면서 경전에 대한 자신의 입장을 구체화하였다. 그리고 70대를 넘어선 만년에 이르러 주요 경전에 대한 자신의 입장을 제시한 경학적 결실을 체계화하였다. 어려서부터 경전을 읽고 이해하면서 의문이 나거나 기존의 해석과 다른 부분을 메모해 두었던 것을 정리하여 『녹의사질錄疑俟質』이라 명명한 것이다. 여헌은

'녹의사질'이라 명명한 이유에 대해 "의疑는 감히 스스로 결정하지 못하는 말이다. 이미 어리석은 소견이 있으므로 우선 한 가지 설說을 구비하여 기록해 두어 후세의 군자가 취사선택하기를 기다리는 바이다. 내 어찌 스스로 자신의 견해를 옳다 하여 반드시 참람하고 망령된 죄를 범하겠는가? 이것을 보는 자들은 부디 나의 이러한 심정을 용서해 준다면 다행이겠다"라며 자신의 경전 해석을 오로지 주장하지 않고 겸손한 태도를 드러내었다.

『녹의사질』을 통해 자신의 경전적 입장을 구체화한 여헌이 주목한 경전은 『대학』과 『중용』이었다. 따라서 여헌의 경학적 입장은 이 두 경전에 대한 입장을 통해 확인된다.

만년 저작인 『녹의사질』을 통해 여헌은 먼저 『대학』에 주목하였다. 어려서부터 『대학』을 열심히 읽었던 여헌은 처음 『대학장구』를 접할 때부터 "전문傳文 가운데 격물치지장의 전문全文이 빠진 것이 한스러울 뿐만 아니라, 경문의 첫머리 삼강령三綱領 세 구절의 한 절 아래에 갑자기 '지지知止'와 '물유物有' 두 절을 이은 것은 적당한 차례가 아니어서 위아래의 글 뜻이 견강부회함에 가깝고 합당하지 못함이 있는 듯하였다"라고 하여 주자의 『대학장구』를 비판적으로 파악하였다. 그래서 여헌은 어릴 때부터 『고본대학』에 관심을 가졌고, 청장년기를 거치면서 『대학장구』에 대한 의구심을 해소하기 위해 송나라와 명나라의 경학가들이 개정한 『대학』의 여러 판본들과 우리나라에서 이루어진 『대학』 개정본을 두루 살피게 되었다. 그 결과 여헌은 이언적의 『대학』 개정본을 높이 평가하였고, 이와 유사한 논의를 전개한 채청蔡淸(1453~1508)의 『대학』 개정본에 대해서도 높은 평가를 내렸다.

여헌은 주자학일변도였던 당시 학계 분위기 속에서도 경전에 대한 자신의 뚜렷한 입장을 가지고 주자의 판본을 비판적으로 평가하였으며,

자신이 파악한 내용을 기초로 여러 판본을 분석 정리하였다. 그리고 마침내 스스로 개정본을 구성하여 『대학』에 대한 자신의 경학적 입장을 구체화한 것이다. 하지만 자신의 개정에 대해 여헌은 스스로 만족해하면서도 두려운 생각이 있어 자신이 개정한 『대학』에 대해 다음과 같은 입장을 피력하였다.

> 『대학』을 외우고 읽을 적에 개정한 순서에 따라 반복하여 생각하기를 마지않으니, 진실로 상쾌하고 흡족함을 깨달을 수 있었다. 다만 두려운 것은 정자와 주자가 정해 놓은 차서에 부합되지 않는 점이었다. 그러나 어리석은 나의 소견으로는 또한 의심스러워 마땅히 질정하여야 할 것이 있을 듯하다.

여헌은 『대학』을 개정하면서 채청과 이언적의 입장을 따르기도 하고 때로는 자신의 생각대로 재구성하는 등 기존의 개정본과는 차별화되는 체제를 구성하였다. 아울러 기존의 『대학장구』와 다른 체제에 대해 문답 형식을 통해 자신의 입장을 밝히고, "책을 보는 방법은 옛날의 학설에 구애되지 말고 사사로운 생각을 일으키지 말며, 오직 천연天然의 지각知覺에 스스로 흡족하게 하여야 옳은 것을 보게 된다"는 평소 자신의 독서 방법을 강조하였다.

한편, 여헌은 『중용』에 대해서는 '성의誠意'장과 '비은費隱'장의 주요 내용에 대한 주자의 해석을 비판적으로 검토하는 것을 중심으로 자신의 경학적 입장을 제시하였다. 당시 여러 학자들이나 심지어 이전 선배 학자들까지도 대체로 주자의 주석을 절대적으로 수용하였던 것에 반해 여헌은 『중용』의 경문經文에 오자가 있다고 문제를 제기할 정도로 비판적인 입장을 고수하였으며, 자신이 옳다고 믿는 내용에 대해서는 주자의 글이라고 해도 예외를 두지 않는 굳건한 태도를 보였다. 이러한 태도는 성誠에 대한 이해뿐만 아니라 비은費隱에 대한 해석에서도 일관되어, 그는 주자의 해석을 곧이곧대로 받아들이지 않고 비판적으로 접근하였다. 이러한 해석은 이황의 그것과도 차별되는 것이었다.

이렇듯 주자는 물론 이황과도 구별되는 경학적 입장을 가지게 된 데에는 만년에 체계화한 '경위'의 관점이 개재되어 있었다. 경위를 통해 도의 실현을 제시했던 논리구조를 바탕으로 비은에 대한 주자와 이황의 이해를 비판적으로 검토하고, 결국 자신만의 특징적인 해석을 제시하기에 이르렀던 것이다.

여헌은 『대학』과 『중용』에 대해 주자의 이해를 받아들이는 수용적 태도에서 벗어나 자신만의 특징적인 이해를 제시한 데에는 그가 파악한 정주의 경학적 입장이 깔려 있었다. 그는 『대학』과 『중용』에 대한 경학사를 검토하면서 "『대학』과 『중용』 두 책은 진실로 정자와 주자의 눈과 손을 거쳤는데, 명도明道(정호)가 수정한 것을 이천伊川(정이)이 이미 다 따르지 않았고, 명도와 이천 두 정자가 수정한 것을 회암晦菴이 또한 다 따르지 않았다"라고 파악하였다. 그러면서 여헌은 "다 따르지 않은 까닭을 스스로 혐의하지 않은 것은 공공公共의 의리에 있어 각각 자신의 견해를 설명하는 것이 또한 자신의 분수 안의 일이기 때문이다. 그런 까닭에 내가 감히 스스로 다하지 않을 수 없었으니, 후세의 군자를 기다리는 것이 어찌 선현에게 죄를 얻는 것이겠는가? 이 또한 선현들이 인정할 것이 분명하다"라고 하여 자신의 경학적 입장이 불순하지 않음을 역설하였다.

여헌이 활동하던 시대는 주자학이 절대적으로 받아들여지고 교조화되어 주자의 경전 해석에 대해 조금이라도 비판적인 해석을 가하면 사문난적斯文亂賊으로 몰려 책이 불태워지고 심지어 목숨까지 잃는 상황이 연출될 가능성이 농후하던 때였다. 하지만 여헌은 주자학에 매몰되지 않고 진리를 향한 신념으로 공공의 의리를 밝히는 데 주저하지 않았다. 그리고 기존의 해석을 뛰어넘어 독창적으로 경전을 해석하고 이해하여 새로운 경학의 좌표를 제시했던 것이다.

의례와 예학의 체계와 규모를 갖추다

만년에 이르러 다양한 모색을 거듭하며 여러 성리학적 주제에 대한 자신의 입장을 체계화하였지만, 여헌이 주목한 것은 일상에서의 도덕 실천과 이와 연관된 예의 실천이었다. 여헌은 어려서부터 고례古禮에 따라 여러 의식을 준행하는 등 예에 대해 남다른 관심을 보였고, 주요한 의식이 있을 때마다 예제에 따라 의식을 치를 것을 주문하였다.

예에 대한 여헌의 관심은 청장년기를 지나면서 더욱 강화되었다. 여헌은 모친상을 당했을 때 상례를 치른 내용을 『상제수록』으로 정리하였으며, 왜란 중 피란살이를 하면서 선조들의 제사를 지내면서 「피란하여 숨어 있는 가운데 제사를 간략히 행하는 의식」을 지었고, 딸을 시집보낼 때에는 여러 예서를 참고하여 「혼의」를 저술하는 등 의례에 대한 관심을 구체적인 저술로 이어 나갔다.

여헌이 활동하던 시기는 중종 대 이후 여러 학자들에 의해 향촌사회 내에 유교적 공동체의 생활양식을 뿌리내리려는 시도가 활성화되던 시기였다. 향교에서의 교육이 구체화되면서 석전례釋奠禮와 향사례鄕射禮 등을 시행하는 것이 일반화되어 갔으며, 가례家禮의 표준을 수립하기 위해 『주자가례』의 시행도 어느 정도 진척을 보고 있었다. 특히 왜란을 거치면서 무너졌던 사회질서를 재수립하고 사회질서의 안정을 위해 여러 학자들은 주자의 예서를 넘어 다양한 예서에 대한 관심을 폭넓게 펼쳐지며 예학의 흥성을 예비하고 있었다.

전란을 전후한 시대적 상황에 따라 예에 대한 관심이 고조되는 가운데 학자적 명망이 점점 높아져 가면서 여헌은 여러 문인들은 물론이고 주변 지역 여러 인사들로부터도 의례에 대한 다양한 질문을 받고 있었다. 학문적 성취가 구체화되어 가고, 이에 따라 학문적 명망이 높아 가던 장년기에 이르러 여헌에게 애매하고 의심나는 예에 대한 질정이 이어졌던 것이다. 이때 여헌은 문인들이나 가까운 지인들의 질문에 대해서는 『주자가례』를 중심으로 시속의 예를 반영하여 어느 정도 내용이 담긴 답변을 하였지만, 외부 인사들의 질문에 대해서는 가타부타 대답하는 경우가 드물 정도로 신중한 태도를 보였다.

하지만 여헌은 왜란 이후 서원과 향교를 복원하는 과정에서 이루어진 향사享祀 등 여러 의례에 참석하여 선현추숭작업을 진행하는 등 활발한 활동을 전개하였고, 이에 따라 의례에 대한 학문적 관심과 이해를 증대시켜 나갔다. 58세가 되던 광해군 3년(1611)에는 선산 지역 선현에 대한 묘전墓奠의식을 정하여 매년 초여름에 전례奠禮를 행하도록 하였으며, 광해군 5년(1613)에는 인동의 오산서원의 봉안奉安의식을 정하고 직접 향례享禮에 참석하기도 하였다. 그의 의례서 중 하나인 「관의冠儀」도 이 무렵 저술되었는데, 이 저술은 아들 응일의 관례를 치르면서 그 의식 절차를 담은 것이었다. 이렇듯 여헌은 60세를 전후하여 본격적으로 예를 행하는 의절儀節을 강구하여 향교나 서원의 의식을 제정하고 몸소 실천하는 등 예에 대한 구체적인 활동을 전개하였으며, 만년에 이르러서는 예학에 대한 보다 진전된 입장을 갖추게 되었다.

만년에 이르러 여헌은 같은 산림으로 징소되어 만남을 가졌던 김장생에게 "비록 학문에 뜻을 두었으나 망령되이 상수象數의 학문을 탐구하고

자 하여, 일용하는 콩과 곡식과 같은 맛에 대해서는 심상하게 여기고 깊이 생각하지 않았습니다. 그러다가 근년에서야 길을 잃었다는 후회가 있어 절실하고 가까운 곳에 머리를 돌리고 다리를 멈추고는, 비로소 『소학』과 『가례』를 깊이 연구하지 않을 수 없다는 것을 알았습니다'라고 예 연구에 깊이 종사하지 못하였음을 밝히기도 하였다. 하지만 여헌은 평생 예에 대한 관심을 배제하지 않았으며, 전체 학문체계 내에서 예를 비중 있게 취급하였다. 사가私家에서 준행되는 의례뿐만 아니라 왕조례王朝禮에 대한 이해도 깊어서, 조정에서 원종추숭 및 부묘에 관한 논의가 전개될 때 어느 누구보다도 명확한 자기 입장을 제시하였다. 그리하여 어떤 사람이 예에 질정을 하여도 선뜻 그 답을 내어 주는 등 예에 대한 명확한 태도를 견지하였다.

77세가 되던 인조 8년(1630) 봄, 갑자기 부인을 잃게 된 신열도가 상례를 치르면서 의심스러운 절목에 대해 질정해 오자 여헌은 답신을 보내어 자세히 일러 주었고, 이후 신열도가 직접 여헌을 방문하여 이후의 절차에 대해 물었을 때에도 주저하지 않고 상세한 답변을 해 주면서 위로의 말을 아끼지 않았다.

여헌은 만년에 관혼상제 등의 의식을 집행할 때에는 『주자가례』를 따랐지만, 『의례』와 그것의 주소註疏도 참고하여 예를 준행하였다. 그리고 고례인 『의례』에 보다 주안점을 두기는 하였지만, 여유로운 마음으로 시속時俗의 예도 허용하는 모습을 보여 주기도 하였다. 시속과 관계없이 완고하게 고례의 원칙을 적용하기보다는, 조금씩 시속을 변화시켜 예의 원형을 현실화시키려는 자세를 가졌던 것이다.

나이 80이 넘어서도 의례의 준행에 대한 여헌의 관심은 식지 않았다. 82세 때인 인조 13년(1635) 가을에는 무너지려는 인동향교를 옮겨 복원하는 향교 이건移建 의식을 직접 고정考定하였으며, 이듬해에는 몸소 향교에 나아가 배알하는 등 예의 모범을 보여 주었다. 뿐만 아니라 집안에서 이루어지는 제사를 비롯한 모든 의례에도 빠짐없이 참석하며 예의 수범자로서의 모습을 여실히 보여 주었다. 그래서 훗날 여헌의 행장을 쓴 귀암歸巖 이원정李元禎(1622~1680)은 여헌의 준례遵禮의 모습을 이렇게 그렸다.

> 제삿날이 되면 기일 전에 치재致齋(제관이 된 사람이 제사를 지내기 전에 사흘 동안 재계하는 일)하여 손님을 사절하는 패자牌子를 문밖에 걸어 놓았으며, 모든 제사 음식은 매우 정결하게 갖추어 몸소 직접 점검하고 집안사람에게 맡기지 않았다. 외가의 기제사에도 또한 반드시 해마다 제물을 보냈다.
>
> 국상을 당하였을 때 장례를 치르기 전에 기제사를 지내게 되면 단지 단작單酌만 올리고 어육魚肉은 차리지 않았으며, 삼년상을 마치기 전에 길제吉祭(죽은 지 27개월 만에 지내는 제사)의 달을 만나게 되면 단지 명절에 제물을 올리는 법도처럼 하고 삼헌三獻과 수조受胙의 예는 행하지 않았다. 매년 늦가을에는 이제禰祭(9월 중의 어느 날을 택일하여 부모에게 올리는 제사)를 지내고, 연말에는 토신土神에게 제사를 지냈다.

노년에도 계속된 일련의 의례 거행 과정에서 여헌은 완고한 태도를 보이기보다는 당초 자신이 견지했던 탄력적인 의례를 적용하였다. 81세 때인 인조 12년(1634) 11월에 여러 종인을 이끌고 시조始祖의 제사를 지내게 되었는데, 이때 여헌은 "이 제사는 정이천이 의리에 따라 시작한 것인데, 주자는 만년에 행하지 않았다"며 시조의 제사에 대한 원론적인 입장을 제시하면서도 "비록 선현들의 정설定說이 이미 있지만, 지금 종가의 자손이 집안의 옛터에 다시 종가를 건립하였으니 추모하는 생각을 스스로 그만둘 수 없다. 우리 남은 후예들이 시조가 어디에 계시는지 알지 못하지만, 시조의 제사를 행하여 멀리 가신 선조를 추모하는 정을 펴는 것이 좋다"라며 선현의 정설에 얽매이지 않고 추모의 정을 온전히 펴는 것이 의례 시행의 기본이라는 뜻을 보였다. 시속례를 비롯한 자연스러운 사람의 감정을 존중하는 방향에서 의례의 거행을 인정하였던 것이다. 그래서 여헌은 예에 대한 제자의 질정에 대해 권도權道를 인정하기도 하는 등, 의례의 시행을 좀 더 후한 방향으로 시행할 것을 주문하는 탄력적인 예의 거행을 제시하였다.

학문적 성숙이 이루어졌던 만년에 이르러서도 여헌은 비록 예학으로 범칭汎稱할 수 있는 별도의 저술을 집필하지는 않았지만, 예의 준행과 예에 합치하는 확고한 생활태도를 견지하였던 것이다. 그렇다고 여헌이 당시 대부분의 학자들이 기울였던 예학이라는 학문 범주에 대해 몰랐거나 소홀히 한 것은 아니었다. 그는 장년기를 거치면서 이미 예학에 대한 충분한 이해를 가지고 있었고, 이러한 이해를 여러 측면에서 구체화하는 작업을 진행하였다.

여헌은 76세가 되던 인조 7년(1629)에 이르러 예학에 대한 충분한 이해를 바탕으로 당시 영남 예학의 대가로 손꼽혔던 정구의 『오선생예설분류五先生禮說分類』의 발문跋文을 작성하였다. 이 발문을 통해 여헌은 정구의 학문 가운데에서도 예학적 성취를 가장 으뜸으로 꼽으면서, 정구의 이 저술을 두고 "이로부터 천리天理의 절문節文과 인사人事의 의칙儀則이 서로 갖추어지고 상호 보완되었으며, 융회融會하고 관통貫通하여 현혹된 것이 밝혀지고 의심스러운 것이 정해지며 다투던 것이 종식되었다. 그 사문斯文에 공이 있음을 어찌 보통으로 말할 수 있겠는가?"라고 찬탄하며 그의 예학적 업적을 기렸다. 그만큼 여헌은 정구의 학문을 꿰뚫고 있었고, 예학에 대한 조예 또한 깊었던 것이다.

그는 자신의 예학적 조예를 그가 평생을 걸쳐 저술한 『역학도설』에서 여실히 드러냈다. 그는 이 저술에 예경禮經에 관한 그림을 다수 삽입하여 역학을 통해 예학을 파악하려는 특징적인 면모를 유감없이 발휘하였다.

역을 포괄적인 궁극적 지위로 삼고, 그 안에 『주례周禮』, 『의례儀禮』, 『예기禮記』 등 삼례三禮를 포함하는 방식을 통해 예경 및 예의 의절儀節의 영역이 중요함을 제시하였던 것이다.

도의 실천을 강조하며 실용적 학풍을 선도하다

여헌은 자신의 학문을 체계적인 저술로 이어 가는 과정에서 우주를 관통하고 천지만물에 깃든 원리이자 인간사회에서 실현해야 할 도의 이론적 체계를 구축하면서도, 무엇보다 인간의 주체적이고 능동적인 도의 실천을 강조하였다. 당시 학자들이 예설에 집중하면서 예학자로 위치 지어지는 것과 달리 여헌이 예에 대해 정통한 견해를 가지고 있으면서도 예설의 분류나 세목화에 관심을 기울이지 않고 구체적인 일상에서 시행되는 의례에 주목했던 것도 일상에서의 도덕 실천을 강조하기 위함이었다. 예에 대한 이론적 모색보다는 실천적 지향이 무엇보다 중요하다고 보았던 것이다.

주체적인 도덕 실천을 강조한 여헌은 "오직 인간만이 천지 사이에 위치하여 만물의 으뜸이 되어, 인의예지仁義禮智의 덕德을 본성으로 삼고 윤리와 강상의 도를 책임짐으로써 천지를 제자리 잡히게 하고 만물을 기르며 옛 성인을 계승하고 후학들을 열어 주는 것을 사업으로 삼는다" 라며 인간이 해야 할 사업의 요체를 제시하였으며, "우리 인간이 인간에 게 있는 사업을 다한 뒤에야 천지의 사업이 그 사업을 이루고 우주가 우주다운 우주가 될 수 있는 것"이라고 강조하였다. 인간에게 잠재된 덕성을 개발하여 주체적인 노력을 통해 그것이 현실에서 실현될 때

비로소 우주의 질서가 올바로 드러난다고 파악한 것이다.

이러한 측면에서 여헌은 "사업 가운데 크고 중한 것은 선행善行을 하는 것보다 더한 것이 없기 때문에 선행을 하는 것을 칭하여 덕업德業이라고 한다"며 의식적으로 행해야 할 사업의 요체가 도덕의 실천임을 강조하고, 여헌 당대에 빚어지는 명리名利 추구의 풍토를 날카롭게 비판하면서 인욕을 제거하고 천리를 밝혀 인간 본래의 도덕적 완전성을 실현해야 함을 역설하였다.

여헌이 도덕 실천을 통해 이루고자 하는 세계는 어떤 모습이었을까? 그는 인간이 선행을 실천하면 인간관계의 친소親疏가 구분되고 상하上下가 밝아지며 내외內外가 구분되고 선후先後의 질서가 정해지는 사회가 이룩될 것이라고 보았다. 인간사회의 도덕적 질서 수립은 단순히 인간사회에만 그 효용이 머무는 것이 아니라 지나친 것을 억제하고 부족한 것을 보충하여 인간이 천지의 운행에 참여하게 됨으로써 천지가 제자리에 위치하여 만물을 길러 주는 궁극적인 도의 실현을 이룩할 수 있게 된다고 함으로써 여헌은 도덕의 실천이 문명의 교화를 통한 천지만물의 조화를 가져올 것이라 파악했던 것이다.

이렇게 방대한 체계 내에서 도덕의 실천을 강조한 여헌은, 그 출발점을 크고 웅대한 것에서 찾지 않고 일상에서의 구체적인 행위로부터 찾았다. 부모를 잘 섬기고 형제를 보호할 수 있으며 남자는 의로운 일에 종사할 수 있고 여자는 죽음으로써 절개를 지킬 수 있으며 배가 고파도 뜻을 지킬 수 있고 부유하면 남을 살릴 수 있는 것은, 그 크기가 천지와 같고 그 밝음이 해와 달과 더불어 함께하며 사시가 변함없이 갈마듦과 같이 항상된 것이라고 하여, 일상에서의 인륜 실천이 가지는 중요성을 역설하였다. 그래서 그는 문인들에게 "도道가 어찌 알기 어렵겠는가? 도는 높고 멀어서 행하기 어려운 일이 아니니, 다만 나의 타고난 본성을 따라 일상생활의 말하고 행하는 일 사이에 시행될 뿐이다. 그 큰 조목을 말하면 효도하고 공경하고 충성하고 성실함이요, 그 공부를 말하면 성의誠意와 정심正心과 수신修身이다. 그러므로 맹자가 말씀하시기를, '요·순의 도는 효도와 공경일 뿐'이라고 한 것이다"라고 일상에서의 효도와 공경의 실천을 주문하였다.

여헌이 제시한 주체적인 도덕의 실천은 자신이 구체화한 학문체계 및 목표와 연관된 것이기도 하였다. 그의 학문 전체를 관통하는 것이 인간이 실현해야 할 도덕원리의 근원적 이해였고 그는 그것을 바탕으로 한 도덕의 실현에 주목하였다는 점에서, 주체적인 도덕 실천의 강조는 여헌 학문의 목표를 현실에서 완성하려는 것이었음을 알 수 있다. 도의 현실적 실현이라는 목표 아래에서 여헌은 현실에서의 여러 양상에 주목하였으며, 천지만물과 인간을 파악하면서 각자 받은 바의 형기形氣에 따라서 도리에 계한界限이 있고 시간에 따라서 계한이 있음을 거론하였다. 이어서 "분수라는 것이 비록 큰 것이 있고 작은 것이 있다고 하지만 도리에 있어서는 실로 모두 똑같아서 큰 것이 없고 작은 것이 없다"라고 하여, 도덕의 실천은 공간적·시간적 상황에 따라 그 양상은 변모할 수 있지만 그 맥락은 동일한 것임을 강조하였다. 구체적인 현실과 만나는 상황에서 도덕의 실천은 각자의 도리에 맞게 실천되어야 함을 지적한 여헌의 이러한 입장은 도덕 실천이 각자의 도리에 맞게 실천하는 방향으로 설계된 것이었고, 구체적인 현실과 만나 도덕의 다양하고 실천적인 지향으로 나감을 의미하는 것이었다.

이렇듯 현실에서의 주체적인 도덕 실천을 강조하는 여헌의 입장은 향촌사회의 도덕질서 수립으로 이어져서 향약의 시행이라는 구체적인 정책의 강조로 구체화되었으며, 향촌사회에 대한 구체적인 관심으로 확장되어 갔다. 그는 일찍이 의성현령으로 재임하면서 무엇보다 백성의 풍속과 선비의 풍습을 변화시키는 데 관심을 기울였고, 백성들이 농사와 누에치기에 힘쓰고 부역에 부지런히 임할 것을 권면하면서 풍속의 변화를 이끌고자 하였다. 이때 그는 향촌사회의 풍속 변화를 이끌어 내기 위해서는 지역사회에 대한 통찰이 필요함을 절감하였고, 이를 위해 읍지邑誌 편찬에 대한 관심을 가졌다. 하지만 사정이 여의치 않아 그 구체적인 결실을 맺지 못하였다.

이렇듯 향촌사회에 대한 전반적인 내용 파악 및 정리의 필요성을 절감하고 있던 여헌은 장년기를 지나 만년에 이르러 읍지 등 일련의 지지 편찬을 구체화하고자 하였다. 비록 노년인 탓에 자신이 직접 그것을 추진할 수는 없더라도 문인들을 통해 읍지 편찬이 가능하다고 판단한 것이었다. 그래서 여러 제자들에게 자신들이 살고 있는 지역의 읍지 편찬을 권장하고 독려하였다. 그 구체적인 사례는 여헌 나이 81세 때인 인조 12년(1634) 2월 남산의 모원당에서 나눈 문인들과의 문답에서 확인할 수 있다. 이때 여헌은 여러 문인들에게 지지地誌의 일에 대해 언급하면서 이렇게 권유하였다. "우리나라는 전적典籍이 구비 되지 못하였으니, 이 고을에 살면서 이 고을의 고사故事를 모른다면 되겠는가? 제군은 각기 지지地誌를 편찬하여 권하고 징계하는 바가 있게 하는 것이 좋다." 이어 이 자리에서 여헌은 신열도에게 『문소현지聞 韶縣誌』를 편찬하도록 권유하였다.

여헌이 신열도에게 특별히 지지 편찬을 주문한 것은 자신이 문소현(의 성)의 현령으로 재임하면서 지지 편찬을 계획했다가 실현시키지 못한 기억이 있었기 때문이었다. 여헌의 권유를 받은 신열도는 동문 이민환李 民寏(1573~1649)과 함께 편찬 작업에 착수하여 짧지 않은 작업을 진행하였 고, 효종 7년(1656)에 이르러 의령현령으로 재임 중인 동문 안응창安應昌 (1593~1673)의 지원을 받아 마침내 간행의 결실을 맺었다.

여헌이 신열도를 비롯한 의성 출신 문인들에게만 읍지 편찬을 주문했던 것은 아니다. 그는 신열도에게 『문소현지』의 편찬을 권유하기에 앞서 인조 1년(1623)에 경주 출신의 문인 권응생權應生(1571~1647)에게 동문 정극후鄭克後(1577~1658)와 함께 경주의 지지인 『동경지東京志』를 편찬하도록 권유한 바 있었고, 그 권유에 따라 그들이 지지 편찬에 착수하자 수시로 독려를 아끼지 않았다. 여헌은 20여 년 이상 지지 편찬에 매달렸던 두 문인들을 격려하는 데 주저하지 않았으며, 자주 독려의 뜻을 편지로 전하였다. 여헌의 편지를 받은 권응생은 "『동경지』를 편찬하는 것을 아직 정서淨書하지 못했다 하오니, 이는 반드시 진천鎭川이 눈을 치료하기에도 겨를이 없어 효익孝翼(정극후)이 혼자 감당하기 어렵기 때문일 것입니다. 또한 병을 조섭하시는 여가에 생각을 지극히 하여 서로 권해서 기필코 이루게 하신다면 어찌 심히 다행스럽지 않겠습니까?"라고 편지로 편찬의 어려움을 알리는 등 편찬에 만전을 기하였고, 인조 25년(1647)에 간행의 기쁨을 맛보게 되었다. 일찍이 여헌과 오랜 교유관계를 맺고 있던 최현이 광해군 10년(1618)에 『일선지一善志』를 편찬한 것도 여헌의 영향에 기인한 것이었다.

이렇듯 여헌이 교유 인사와 문인들에게 지지 편찬을 권유한 것은 구체적인 편찬 작업으로 이어져서 차례로 결실을 맺었다. 유진이 참여한 『오산지鰲山誌』(청도)가 인조 5년(1627)에 편찬된 것을 비롯하여, 신열도가 편찬한 『선사지仙槎誌』(울진)가 인조 18년(1640)에, 박려朴瓈와 조임도가 주축이 된 『밀주지密州誌』(밀양)와 안응창이 중심이 되어 편찬한 『양양지襄陽誌』가 인조 49년(1649)에 각각 편찬 완료되었으며, 정수민鄭秀民이 주도한 『천령지天嶺誌』(함양)가 효종 7년(1656)에, 이원정李元禎・이도장李道長 등 여헌 문인들이 주도한 『경산지京山志』(성주)가 숙종 3년(1677)에 각각 간행되는 등 여헌의 영향을 받은 여러 지지가 차례대로 그 결실을 맺었다.

여헌에 의해 편찬의 계기가 마련되고 문인들에 의해 구체적인 결실을 맺은 여러 지지들은 기본적으로 향촌사회의 질서를 구축하려는 유교적인 윤리의식이 반영된 결과였다. 주체적인 도덕적 실천을 강조한 여헌의 뜻이 지지의 편찬이라는 실용적 학풍으로 연결되어 현실화한 것이었다. 그래서 여헌의 지지 편찬 권유에 담긴 뜻을 충분히 알고 있던 문인들은 일련의 지지를 편찬하면서 여헌의 이러한 뜻을 밝히고 윤리강상의 실천이 무엇보다 중요함을 역설하였다. 그리고 이것을 실현하기 위해 지역사회의 역사적 배경과 여러 일들을 반영하는 한편, 당시 지역사회의 구체적인 상황, 이를테면 토지의 비옥하고 척박함, 수리관개시설의 형편 등 실용적인 내용도 함께 담아 여헌의 학풍이 실용적으로 이어지고 구체화되는 데 기여하였다.

여헌에게서 비롯되어 구체적인 성과로 연결된 지지 편찬은 16세기 말부터 각 지방의 수령을 중심으로 작성되는 사찬읍지私撰邑誌와 궤를 같이하는 것이기도 하였다. 국가 통치의 자료 수집 차원에서 진행되던 관찬읍지官撰邑誌와 달리 사찬읍지는 지방 통치를 보다 원활히 하고자 하거나 재지 사족들의 지위를 현양하고자 하는 의도가 다분했다. 여헌에 의해 계기가 마련된 지지 편찬도 이와 유사성을 가지지 않는 것은 아니었지만, 왜란과 호란 등 전란을 거친 이후 피폐하고 혼란한 지역의 사정을 정리하고 지방의 질서체계를 다잡기 위한 목적이 보다 부각된 것이었다고 할 수 있다.

한편, 지지 편찬에 관심을 가졌던 여헌의 실용적 학풍은 풍수설에 대한 우호적인 입장에서도 드러났다. 여헌은 77세이던 인조 8년(1630) 봄에 신열도가 당시 사람들이 풍수설을 지나치게 믿어 세상의 고질적인 병폐가 되고 있음을 지적하면서 풍수설에 대한 의견을 구하자 다음과 같이 대답하였다.

산천山川의 풍기風氣는 모인 곳이 있고 흩어진 곳이 있고 응집하여 맺힌 곳이 있으니, 기운이 모이면 산세가 뭉치고 기운이 흩어지면 산세가 흩어지는 것이 진실로 당연한 이치이다. 만약 한결같이 풍수설을 믿어서 때를 지나도 장례하지 않음에 이른다면 크게 옳지 않지만, 단지 풍기의 모이고 흩어짐과 산천이 응집되어 맺혀 있는 곳을 살펴서 쓴다면 불가하지 않을 것이다.

여헌은 형세론에 입각한 풍수의 이치와 용도를 수긍하면서, 다만 발복發福을 구하려고 장례를 늦추는 술법적 행태에 대해서는 비판하는 입장을 취하였던 것이다. 이러한 그의 태도는 그가 가장 열의를 가지고 연구했던 역학의 한 부분으로서 기의 모이고 흩어지는 것을 중심으로 한 형세론적 풍수를 수용하면서, 동시에 도덕적 근간을 훼손하는 풍수의 수용을 용납하지 않으려는 것이었다. 그만큼 여헌은 풍수도 도덕 실천과 연관하여 파악하였던 것이다.

나아가 여헌은 풍수를 실용적인 측면에서 수용하려는 태도를 보였다. 그가 살던 옥산의 지형을 살핀 후 고을을 둘러싼 산과 강을 배경으로 현을 설치하는 것이 풍수지리에 맞는다고 파악하였고, 고을 앞에서 5리쯤 되는 곳에 펼쳐진 들이 넓고 멀어 바람을 막을 수 없자 숲을 설치하고 그 이름을 '차遮'라고 한 것에 대해서도 그 의의를 충분히 인정하였다. 그리고 왜란의 와중에 훼손된 이 숲의 복원을 의논할 때 풍수설을 인용하여 적극적으로 숲을 세우는 것을 주장하였다. 비록 풍수의 설을 인용하여 영고성쇠榮枯盛衰를 지운地運과 관계 짓기도 하였지만, 여헌은 풍수의 실용적 측면에 주목하여 지형을 살피고 이에 대한 대책을 마련하고자 한 것이었다.

이렇듯 여헌은 자신의 방대한 학문체계를 정립하는 한편으로 현실과 관계된 실용적인 사안에 대해서도 적극적인 관심을 표명하였고, 이를 현실화하는 데 앞장섰다. 그리고 이러한 실용적 학풍은 여헌뿐만 아니라 그의 문인에게로 이어져 훗날 이른바 '후기실학'으로 지칭되는 학문 경향의 홍성에 일정 정도 기여하였다.

우리 역사와 문화에 대한 애호정신을 발휘하다

여헌의 실용적인 학풍은 한편으로는 도덕의 현실적 실현과 연결되어 지지 편찬 등 구체적인 성과로 이어지기도 하였지만, 다른 한편으로는 우리 국토와 문화, 역사에 대한 관심과 그 결실로 맺어졌다. 여헌은 지지 편찬과 아울러 사적지와 문헌지에 대한 편찬도 문인들에게 권유하여 일정한 성과를 거두었는데, 이러한 성과는 우리 역사와 문화에 대한 애호의식이 반영된 결과였다.

노년으로 접어든 광해군 8년(1616) 겨울, 여헌은 선산의 원당을 찾은 문인 김휴가 자신과 자리를 함께하자 그에게 서책 몇 권을 보여 주며 "이것은『문헌통고文獻通考』중「경적고經籍考」이다. 이 한 책을 살펴보면 고금古今의 문헌文獻이 성쇠盛衰한 자취를 알 수 있다. 나는 그 가운데 경적 부분을 발췌하여 부록으로 가지고 있다"라고 말하였다. 여헌이 보여 준『문헌통고』는 중국의 문물과 제도를 고찰한, 마단림馬端臨(1254?~1323)이 지은 책이었다. 상고시대 때부터 송나라 영종寧宗(1195~1224 재위) 때까지의 문물제도의 연혁을 기술한 책으로, 그 가운데「경적고」는 경사經史·요회會要·전기傳記 등의 자료를 상세히 기술한 것이다. 이러한 책을 제자에게 건네면서 여헌은 "동국 사람이면서 동국의 문헌을 알지 않으면 안 된다. 그대는 박식하고 재량이 있다. 그대가 살고 있는 주변 지역이 병화兵禍를 면한 곳이어서 온전한 서적이 많이 남아 있을 것이니, 조사 수집하여 기록으로 남긴다면 우리나라의 문헌을 밝힐 수 있고 또 고증의 자료로 활용할 수 있을 것이다. 그러면 그 공이 옛사람에 못하지 않을 것이다"라고 문헌의 중요성과 조사 수집의 필요성을 역설하였다. 그러자 김휴는 "선생의 이러한 가르침이 있사온데, 제가 어찌 따르지 않을 수 있겠습니까?"라고 대답하였다.

이 만남이 있은 후, 김휴는 낙동강을 중심으로 좌우 동서에 위치한 안동·의성·군위·선산·문경·예천·영주·봉화·영양·예안 등의 명문대가를 일일이 방문하여 가장家藏된 문헌을 확인하고 해제를 붙이는 작업에 착수하였다. 그리고 20여 년간 지속된 이 작업을 통해 얻은 결과를 가지고 때때로 여헌을 비롯한 주변 인사들의 감수를 받았다. 이때 여헌은 김휴에게 "문헌을 고증하고자 하는 사람은 그 인물의 성쇠와 문장의 고하, 그리고 세도의 승강을 알고자 한다"라고 권면하였고, 김휴 또한 자신의 검토 작업 이외에 여헌의 충고를 받아들여 미진한 부분을 보완하였다. 그리고 책의 서문을 통해 "완전히 탈고하지도 못한 채로 급급하게 여러 선생에게 보여, 지나친 부분은 일러 주시는 대로 이 교정을 진행했다"라고 적어 여헌의 가르침이 책의 완성에 큰 도움이 되었음을 밝혔다.

이렇듯 여헌의 권유와 제자 김휴의 열정적인 노력 끝에 우리나라 최고最古의 도서해제圖書解題 집대성으로 평가받는 『해동문헌총록海東文獻總錄』이 결실을 맺었다. 여헌의 뜻에 따라 김휴가 완성하신 이 『해동문헌총록』에 포함되어 있는 문헌은 670여 종에 달한다. 시기적으로 고려를 포함한 이전 시기의 전적이 3분의 1을 차지할 정도로 서지학적 가치가 높으며, 유가의 전적 이외에 불가나 도가의 전적도 상당수 망라되어 있다는 점에서 객관적인 입장을 취하고 있는 점도 주목받을 만하다.

성리학적 입장에만 매달려 타 학문에 대해 배타적인 입장을 취하지 않았다는 점은 그만큼 포용적인 태도가 전제되어 있음을 의미하는데, 이러한 태도는 여헌으로부터 비롯된 것이었다. 왜냐하면 일찍이 자신을 찾은 김휴에게 『역학도설』의 목록을 건네며 여헌은 "천문·지리·음양·복서·의학·병법 등 여러 술가術家에 이르러서도 혹 상象을 본받아 뜻을 취한 내용이 있으면 모두 채집하여 부록을 만들고 명칭을 '방류旁流'라 하였으니, 이는 역도易道가 광대하여 있지 않은 곳이 없기 때문"이라며 포용적인 학문적 입장을 갖출 것을 권유하였기 때문이었다. 그래서 김휴는 『해동문헌총록』을 편찬하면서 불가의 서적도 객관적으로 기술하고, 그 내용이 훌륭하다고 판단될 경우에는 과감히 높은 찬사를 보내기도 하였다. 정통과 이단의 구별이 엄격하던 당시의 시대적 상황에 비추어 여헌의 영향을 받아 객관적이고 포용적이었던 김휴의 편집 태도는 보다 넓고 완숙한 학문을 습득하는 기초가 되었던 것이다.

김휴의 『해동문헌총록』으로 결실을 맺은 여헌의 우리 문화에 대한 애호의식은 왜란을 거치면서 피폐해진 사회현실 속에서도 우리 문화유산을 정비하고 체계화해야 한다는 소명의식에서 비롯된 것이었다. 여헌의 가슴속에는 우리 문화를 이해하고 보존해야 한다는 자주의식이 깊이 자리하고 있었으며, 이러한 의식이 자연스럽게 김휴에게 이어져 현실화된 것이었다. 하지만 여헌의 문화애호의식은 『해동문헌총록』의 편찬에 한정된 것만은 아니었다.

여헌은 문인 정극후에게 설총薛聰과 김유신金庾信을 제향하는 경주 서악서원의 원지院誌를 편찬하도록 권유하여 『서악지西岳志』의 간행으로 이끌고, 그 편찬 과정에도 깊숙이 관여하여 책의 제목을 명명하고 내용과 편차 등을 교정하는 등 정성을 아끼지 않았다. 아울러 문인 안응창에게도 『정릉지貞陵誌』와 『서원지書院誌』의 편찬을 권유하여 완성을 이끌기도 하였다. 이 밖에도 여헌은 우리 역사에 대한 관심을 표출하여 당시 경상감사가 추진하던 우리 역사 정리 작업에 적극적으로 협조하였다. 반출되지 않는 옥산서원의 삼국시대 관련 역사서의 반출을 요청하는 편지를 작성해서 보낼 정도로 우리 역사의 정리 작업에 관심을 기울였고, 이러한 우리 문화와 역사에 대한 애호의식은 국학정신으로 승화되어 문인들에게 이어지는 계기가 되었다.

이렇듯 여헌이 우리 문화와 역사에 대한 애호의식을 갖고 구체적인 사업을 적극적으로 추진했던 것은 그가 가지고 있던 경전에 대한 이해에서 비롯된 것이었다. 그는 인간과 천지만물의 이치가 고스란히 경전에 담겨 있고, 이 경전으로 인해 사람들이 금수로 돌아가지 않게 되었다고 보았다. 따라서 여헌이 파악하는 문헌의 의미는 단순한 글의 집적이 아니라 언사로 표현된 도덕 실천의 매개였다. 인간의 도는 천지의 도와 달리 세대에 따라 오르내림이 있고 사람에 따라 간사함과 바름의 차이가 있기 때문에, 도의 변화는 역대의 글을 통해 확인해야 한다고 그는 파악하였다. 그래서 그는 경전 이외에 역사적으로 드러난 여러 글들도 나름의 의의를 가지고 있다고 규정하였고, 천 년간 끊겼던 육경의 의미와 성인의 도를 밝힌 송유宋儒의 글이 의의를 가지는 것처럼 우리 문헌도 이에 못지않은 의의를 가진다고 보았던 것이다.

우리 문헌의 의의를 뚜렷하게 인식하고 있었던 여헌은 그것을 우리 역사 속에서 확인하고자 하였다. 그래서 무위無爲의 교화로 나라를 세우고 다스린 단군을 통해 우리나라에 일찍부터 교화가 이루어졌음을 확인하고, 삼국시대 이외에 고려의 왕업이 볼 만하였으며 조선에 이르러 성스러운 다스림이 구비되고 훌륭한 군주가 있음을 밝혔다. 특히 여헌은 도덕을 실천하는 선비가 끊이지 않았음에 유의하면서 유교의 정통을 계승한 학자와 그들의 문장이 뛰어났고 많았음을 강조하였다. 이러한 역사 이해는 곧 우리 문화에 대한 자부심으로 연결되었고, 이것에 대한 계승 의식은 유교의 전통을 계승하는 것으로 이해되었던 것이다. 그래서 여헌은 우리 문헌에 대한 깊은 애착을 가지고 있었고, 그 애착이 일련의 문헌지와 서원지 등으로 결실을 맺었던 것이다.

한편, 우리 문화에 대한 여헌의 애호의식은 우리 국토에 대한 인식에도 깃들어 있었다. 여헌은 보은현감으로 재직하던 때에 당시 청안현감으로 있던 친구 서사원으로부터 「청구도靑邱圖」를 받아 열람하면서 우리 국토에 대한 입장을 구체화하는 계기를 마련하였다. 이후 여헌은 이 지도를 보배처럼 여기며 보관해 오다가 만년에 이르러 이에 대한 글을 지어 국토관을 피력하였다. 이 글을 통해 보여 준 우리 국토에 대한 의식은 "상서로운 구름과 기운이 울창하게 모였으니, 당연히 우리 동방의 흥왕하고 쇠하는 큰 운수가 대략 중국과 같다"라고 하는 자긍심이 바탕을 이루는 것이었고, 그것은 '소중원'이라는 것으로 규정되었다. 또한 그는 국토에 대한 그러한 평가는 위치나 대소에 따라 결정되는 것이 아니라 백성이 이룩한 문화체계를 중심으로 평가되어야 한다고 주장하였는데, 이러한 생각이 만년에 이르러 우리 문화에 대한 애호의식의 바탕을 이루게 되었던 것이다.

이와 같이 여헌은 장년기를 거치면서 우리 국토와 문화, 역사에 대한 애호의식을 구체적으로 갖추었으며, 이는 그의 만년 이후 문인들의 손에 의해 구체적인 결과물로 현실화되었다. 그리고 이러한 결실의 근저에는 우리 역사와 국토, 그리고 문화에 대한 자부심이 자리 잡고 있었다. 그래서 여헌은 이러한 자부심을 드러내면서 왜란 이후 폐해를 극복하는 주체적인 노력의 하나로 우리 문화의 복원과 정리를 추진하였고, 이를 통해 현실에서의 도덕질서의 회복을 기대하였다.

노인사업을 통해 도의 실천을 거듭 다짐하다

여헌은 어려서 부친을 여읜 후 어머니를 홀로 모시면서 학문에 열중하였고, 젊어서는 왜란을 피해 피란생활을 전전하는 가운데서도 독서에 집중하는 등 학문 연구를 게을리하지 않았다. 하지만 피란생활 중에 얻은 병환으로 인해 위태로운 사태를 여러 번 맞이하였고, 이러한 병환은 나이가 들어감에 따라 지속적으로 그를 괴롭혔다. 더구나 만년에 이르러서는 젊어서부터 계속된 한밤중까지의 독서로 인해 눈이 어두워져서 책을 읽는 데 적지 않은 불편을 감수해야만 했다. 그래서 서실書室의 서쪽 창문에 햇빛이 밝게 들어올 때까지 기다렸다가 책을 보기도 하였으며, 때로는 자제들로 하여금 책을 읽게 하고 자신은 그저 듣기만 하기도 했다. 그가 60대 이후 책 보는 것이 어려웠을 정도로 안질眼疾에 시달렸던 정황은 김휴와의 일화에서도 확인된다.

병진년(광해군 8년, 1616) 봄에 원당遠堂에서 선생을 모시고 있었다. 휴는 이때 『공자가어孔子家語』를 보고 있었다. 선생은 밤이면 반드시 앞에서 등을 돌리고 낮에 본 것을 말하게 하였다.
이때 선생은 "나는 안질이 있어서 오랫동안 책 보는 것을 폐지하였다. 그런데 이제 그대의 입을 빌려 나의 귀에 들어오게 하고, 나의 귀에 들어와 나의 마음에 이해하고자 하노라. 독서를 소중히 여기는 까닭은 다만 마음으로 이해하고 몸으로 실천함에 달려 있을 뿐이니, 눈으로 보는 것과 귀로 듣는 것이 어찌 구별되겠는가?"라고 휴에게 말하였다. 이어 선생은 또 웃으시며 휴에게 "그대와 같은 자를 항상 내 곁에 둔다면 나의 눈을 수고롭게 하지 않고도 귀로 얻어듣는 바가 있을 것이다"라고 말씀하였다.
　　　　　　　　　　　　　　　　　　　ㅡ 『여헌선생속집』 권9, 「경모록敬慕錄」(金烋)

안질로 인해 독서에 어려움을 겪던 여헌은 문인들의 입을 통해서라도 독서를 지속하고자 하였고, 이를 통해 노년임에도 불구하고 도덕의 이해와 실천에 주의를 기울였던 것이다. 하지만 한해 두해 시간이 흘러감에 따라 여헌은 자신의 삶이 노령에 접어들었음을 실감하였고, 노인으로서의 자신이 어떠한 삶의 자세를 가져야 하고 또 어려서부터 기약한 사업을 어떻게 실현해야 할지 재정립할 필요성을 절감하기 시작하였다. 자신의 학문적 입장이 보다 성숙해짐에 따라 그것을 구체적인 저술을 통해 정리하고 있었지만, 시간의 흐름 속에 놓인 자신의 인생을 보다 의미 있게 보내고 싶은 마음을 가졌던 것이다. 그래서 여헌은 '노인으로서 자신이 해야 할 노인사업은 어떤 것이어야 할까?'에 대한 구체적인 자기 생각을 「노인사업」이라 글을 통해 제시하였다.

여헌은 노년을 비롯한 인생 전반을 유有와 무無로 풀어내었다. 그는 태어나 처음에 유치幼稚하고 중간에 장성해지는 것은 바로 무로부터 유가 되는 것이며, 장성함이 지극해져서 점점 노쇠함으로 들어가는 것은 바로 유로부터 무로 돌아가는 것이라고 보았다. 그리고 사람이 나이가 들어감에 노쇠해지는 것은 진실로 당연한 이치이므로, 순리에 따른 나이 듦과 이에 따른 노쇠함은 불가피하면서도 자연스러운 현상이라고 받아들였다. 그렇다면 그러한 가운데 여헌이 파악한 노년의 모습은 어떤 것이었을까?

여헌에 따르면, 사람도 혈기를 가진 동물의 종류에 포함되기 때문에 형질의 성쇠는 혈기의 성쇠에 매여 있을 수밖에 없다. 그러므로 혈기가 왕성한 젊은 시절에는 크고 작은 사업에 힘쓰고 공부하는 것이 뜻대로 되지 않음이 없는 것이 당연하지만, 혈기가 이미 쇠해진 노년에 이르면 모발은 희어지고 짧아지며 성글어지고, 살은 빠지고 피부는 메마르고 갈라지며, 뼈가 툭 튀어나오고 몸은 구부러지는 형모의 변화가 나타난다. 치아가 빠져 말소리가 명확하지 못하거나 약하고 느려지는 음성의 변화도 드러나며, 연기나 안개가 자욱한 것처럼 눈은 흐릿하여 상대를 자세히 살필 수 없고 귀는 소리를 제대로 듣지 못하는 이목의 변화도 나타난다. 여기에 그치지 않고 계단을 오르내리면 숨이 가쁘고 넘어지거나 자빠지는 기력의 변화도 나타나고, 옛날에 들은 것을 기억하지 못하고 새로운 지식을 습득하지 못하며 친구의 이름이나 오랫동안 외우던 문자도 다 잊어버리게 되는 정신과 혼백의 변화도 겪는 것이 노인의 모습이다. 천만 명이라도 당해 낼 것 같던 용기와 우리의 도를 짊어지고 당세를 경륜하며 우주를 담당하고 천지를 잡겠다는 마음과 담력을 더 이상 떨쳐 일으킬 수 못하게 되는 지기志氣와 역량의 변화도 맞이한다. 이러한 지경에 이르면 정신은 의리의 은미함을 탐구하기에 부족하고, 사려는 변화의 미묘함을 다하기에 부족하며, 역량은 원대한 사업을 이루기에 부족하고, 시력과 청력은 소리와 색깔을 살피기에 부족하며, 언어는 정의情意를 펼치기에 부족할 수밖에 없다.

하지만 여헌은 이러한 일반적인 노인의 쇠락한 모습에 안주하는 것을 거부하였다. 그래서 그는 도를 행하는 것은 몸이 늙음에 따라 쇠할 수밖에 없지만 도를 보존하는 것은 마음이 늙더라도 또한 떠날 수 없다고 단언하고, 쇠한 것은 다시 성대해질 수 없지만 떠날 수 없는 것 즉 도는 마땅히 그대로 있기 때문에 '도를 보존하는 공부'를 게을리하지 말아야 한다고 강조하였다. 이어서 그는 노령에 접어들어도 그만둘 수 없는 것은 옛날에 읽고 외던 책을 다시 찾고 생각하여 의리를 보고 기뻐하며 성정을 편안히 길러서 심기心氣를 보양하는 것이라고 지적하고, 이것이 지속되면 혼미하던 혼백이 다시 돌아오는 듯하고 흩어졌던 정신이 다시 모이는 듯해서 옛날에 잊었던 것이 혹 기억되고 옛날에 통하여 알지 못하던 것이 혹 깨달음이 있을 것이라고 하였다. 그리고 이것을 미루어 나가 지극히 하면 '도는 천지의 무형 밖을 통하고 생각은 풍운의 변하는 모습 속으로 들어가는 경지에 이르게 될 것'이라고 설명하였다.

이와 같이 노령의 시기에도 그 처지에 맞추어 도의 실천을 게을리하지 않아야 한다고 본 여헌은 거듭 "완전히 무가 되기 전에 잘 기르고 편안히 휴식하여 앞에서 말한 바와 같이 하는 것이 노인의 사업이 아니겠는가? 이것이 곧 일이 없는 가운데의 일(無事之事)이요, 업이 없는 가운데의 업(無業之業)인 것이다"라고 하여, 노인사업의 핵심을 '도를 보존하는 공부'라고 강조하였다. 이처럼 노령에 접어들어 왕성한 활동을 할 수는 없더라도 도를 보존하는 공부는 그칠 수 없다고 보았기 때문에, 여헌은 노령에 접어들어서도 도를 보존하기 위해 지속적인 저술 작업을 진행하고 스스로 노인사업에 매진하였던 것이다.

죽을 때까지 자기완성을 위한 공부를 그만둘 수 없었던 여헌은 「노인사업」에서 제시한 '도를 보존하는 공부'를 위해 다음과 같이 「모령인사老齡人事」 4개조를 써서 앉아 있는 벽에 붙이고 항상 주의를 환기하였다.

○ 언어를 그칠 것 : 마땅히 그칠 것은 외간外間의 일에 간섭함을 이르니, 만약 집안에서의 일상적인 말이라면 어찌 다 그칠 수 있겠는가?
○ 경영을 끊을 것 : 마땅히 끊어야 할 것은 세속에서의 잡된 일을 이르니, 덕을 높이고 업을 넓히는 공부야 어찌 끊을 수 있겠는가?
○ 마음을 크게 비울 것 : 간사한 생각과 잡념을 일으켜서는 안 됨을 말한 것이니, 경敬을 주장하고 성誠을 생각하는 일을 모두 정지하여야 한다는 것은 아니다.
○ 사시四時에 맡길 것 : 모름지기 방관하며 지나쳐서는 안 된다는 뜻을 둘 것이요, 또한 만나는 환경에 따라 편안히 하는 도리가 있는 것이다.

이렇게 노령에 이르러서도 자신을 돌아보며 도를 보존하는 공부를 지속할 것을 기약한 여헌은 그저 집안에만 머물러 있지 않았다. 70세 때부터 조정에 징소되었고, 비록 몇 차례밖에 한양에 올라가지는 않았지만 지속적으로 당시 정국의 동향과 문제점을 파악하여 근본적인 대책을 수립해야 했던 만큼 크고 작은 일에 매번 주의를 기울이면서 여러 인사들과의 교유를 거듭하고 있었다. 그리고 인동의 부지암정사, 선산의 모원당, 입암정사 등지를 오가며 문인제자들과 학문 연찬을 펼치면서 노령의 시간을 한가롭게 보내지 않았다.

지속적인 독서와 학문 연찬, 그리고 저술로 이어진 학문 활동을 거듭하면서도 종종 여헌은 오래 전부터 교유하던 인근 지역의 노령 인사들과 회합을 갖고 담소를 나누는 기회를 갖기도 하였다. 문인의 기록에 따르면 81세 때인 인조 12년(1634) 7월에 상주와 선산의 노령 인사들과 더불어 금오서원에서 회합을 가졌는데, 이 회합은 다음날까지도 계속되었다.

갑술년(인조 12년, 1634) 7월에 금오서원에 나아가 선생을 배알하니, 선생은 이보다 앞서 상주와 선산의 여러 노인들과 이곳에서 모이기로 약속하신 것이었다. 나(신열도)는 지평 유진柳袗이 편지로 이 사실을 통지하였으므로 모임에 달려오니, 선생이 이미 가마를 타고 왕림해 계셨다.

다음날 여러 노인들과 모이기로 약속하여 수로水路를 따라 상산商山(尙州)에 이르니, 모임에 참석한 분은 경주 부윤慶州府尹 전식全湜과 영천 군수永川郡守 김지복金知復, 참봉參奉 조광벽趙光璧, 지평持平 유진柳袗, 참봉參奉 김추임金秋任, 도사都事 전극항全克恒이었고, 인동仁同과 선산善山에서는 각각 장내범張乃範과 김녕金寧, 김공金䃂, 박규朴䫜, 박황朴愰, 박협朴愶, 이원李垣 등이 와 있었다. 선생은 누樓 위로 나와 앉으시어 여러 노인들과 담소하며 지칠 줄을 모르셨다.

선생은 말씀하시기를, "내가 친구들과 계契를 만들어서 수시로 모이고 계의 이름을 강신講信이라고 명칭하고자 하노니, 어느 사람인들 참여할 수 없겠는가?"라고 하였다. 이에 여러 노인들은 모두 옳다고 말하였으나, 혹 의외의 지목받는 일이 있을까 우려하여 결행하지 않았다.

비록 계로 발전하지는 않았지만 노령의 여헌은 인근 지역의 노령 인사들과 적지 않은 회합을 통해 학문적 교유와 노인으로서의 사업 등을 의논하였던 것이다. 이렇게 노령에 접어들어서도 여헌은 도의 보존을 위한 공부에 매달려 적지 않은 성취를 일구어 내었다. 그리고 이승에서 보낸 마지막 해인 인조 15년(1637), 그의 나이 84세 때 12개 조목으로 정리된 「좌벽제성座壁題省」을 지어 거처하는 방의 좌우에 걸어 두고 또 소옹의 「사사음四事吟」도 직접 써서 벽에 붙이는 등, 마지막까지 노인으로서 도를 보존하는 사업을 잊지 않고자 하였다. 죽음을 예감한 여헌이 마지막으로 작성한 「좌벽제성」은 아래와 같았다.

강령綱領	마음을 도덕에 두고 ——————— [留心道德] 마음을 성경으로 세운다. ——————— [立心敬誠]
주재主宰	마음을 정일함에 두고 ——————— [存心靜一] 마음을 우주에 놀게 한다. ——————— [遊心宇宙]
용공用功	마음을 다스리기를 근신하게 하고 ——————— [治心謹愼] 마음을 갖기를 견고하고 바르게 한다. ——————— [操心堅貞]
모범模範	마음을 처하기를 허명하게 하고 ——————— [處心虛明] 마음을 갖기를 정대하게 한다. ——————— [持心正大]
보양補養	마음을 담박함에 두고 ——————— [棲心淡白] 마음을 고명하게 갖는다. ——————— [玩心高明]
기관機關	본분에 마음을 편안히 하고 ——————— [安心本分] 역경에도 마음을 화평하게 한다. ——————— [平心逆境]

이상 열두 조목은 모두 마음을 다스리는 방법이다. 강령이 이미 서면 그 아래의 열 가지 조목은 모두 들 필요가 없으나, 각 조목을 모두 세운

것은 스스로 살핌에 절실하고자 바랐기 때문이다. 또한 한 구句에 반드시
짝이 되도록 만든 것은 생각하는 방향이 모두 갖추어질 수 있게 하려
했기 때문이다.

<그림> 座壁題省 (『여헌선생문집』 권6, 잡저)

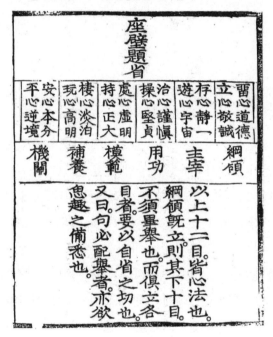

3. 위대한 학자, 영원한 스승으로 기억되다

마지막 불꽃을 불태우며 영면하다

나이 80세를 넘어서면서 여헌은 조정에서 계속 벼슬을 제수해도 이전과 마찬가지로 사양하는 소장만 올릴 뿐 관직에 나아갈 생각이 갖지 않았다. 그리고 83세에 인조가 하사한 약물藥物에 대한 감사의 뜻을 담은 소장을 통해 "신은 오늘 이 말씀을 드리옵고 내일이면 마땅히 땅속으로 들어갈 것이므로 노망한 마음에 일찍이 근심하던 것을 우러러 말씀드리지 않을 수가 없사오니, 바라옵건대 성명聖明께서는 반복하여 굽어 살피소서"라며 인조에게 신민의 모범으로서 '천하의 선을 쌓고 성인의 덕을 기를 것'을 당부하는 뜻을 전하였다. 그리고 이것을 마지막으로 더 이상 조정에 소장을 올리지도 않았으며, 조정에서도 여헌에게 벼슬을 제수하지 않았다.

마지막 소장을 보낸 지 얼마 후 병자호란이 발발하여 국가가 누란의 위기에 처하자, 여헌은 병석의 노구를 이끌고 의병을 모으는 등 미력이나마 힘을 보태고자 하였다. 하지만 두 번째 후금의 침략이 치욕적인 강화조약으로 종결되자 여헌은 주저 없이 집을 나와 인동 주변의 암자로 은거하였다. 그리고 얼마 지나지 않은 인조 15년(1637) 3월에 자신의 거처를 영양의 입암으로 옮겼다.

입암정사로 거처를 옮긴 여헌은 이곳에서 자신의 마지막 생을 정리할 결심을 하였다. 문인들에게 일러 입암에 제사를 지내도록 하고 입암 안의 바위와 골짜기의 이름을 짓는 등 한가로운 시간을 보내는 가운데, 여헌은 80여 년의 짧지 않은 삶을 돌아보았다. 천하제일의 사업을 목표로 천하제일의 인물이 되고자 기약했던 패기에 찬 젊은 시절, 전란을 겪으며 사랑하는 사람들을 잃고 비감에 젖었던 장년기, 길지 않은 출사의 시간과 제자들을 길러내며 학문 연구와 강학에 열중했던 시간들, 산림으로 징소되어 충정을 아끼지 않는 가운데서도 학문의 결실을 하나씩 맺어 왔던 노년의 시간들이 주마등처럼 여헌의 머리를 스쳐 갔다. 그러면서 여헌은 84세에 이른 노쇠함과 마주하였다.

이때 여헌은 문득 조식이 가지고 다녔다는 경의검敬義劍과 성성자惺惺子가 생각났다. 그리고 조식이 경의검에 "안에 밝음은 경敬이요, 밖에 결단함은 의義이다"라는 명銘을 새겼다는 이야기를 듣고 젊은 시절 자신이 가졌던 생각을 떠올렸다. "자신의 덕을 닦는 데는 굳이 외물外物을 빌릴 필요가 없고, 스승과 벗의 절차탁마切磋琢磨가 있으면 충분하다"라고 생각했던 자신의 젊은 시절. 자신이 기약했던 도덕사업을 칼이나 방울에 의지하지 않고 주변 인사와의 학문 강마를 통해 스스로의 힘으로 이루려 했던 패기에 찬 젊은 시절을 떠올릴 때, 여헌은 늙고 지친 자신의 노쇠함과 마주하고 있을 뿐 더 이상 자신의 곁에는 도를 함께 강마했던 스승과 벗이 없음을 보았다. 그리고 눈에 들어온 것은 자신이 늘 지니고 있는 칼집에 달린 두 개의 방울. 여헌은 조식이 그랬던 것처럼 죽음을 앞두고 이 두 개의 방울을 보면서 이것을 보필로 삼아 죽는 날까지 자신이 기약했던 우주사업에의 뜻을 계속하리라 다짐하였다. 그리고 이 뜻을 「이철명二鐵銘」으로 정리하였다.

나는 늙어서 짝이 있으니	我有老伴
한 칼집에 두 쇠붙이네.	一韜二鐵
강력한 보필이 되어	爲之强輔
자리 곁을 떠나지 않는다오.	不離座側

덕德은 원元과 형亨이 먼저이고	德先元亨
이利와 정貞으로 끝을 마치며	終以利貞
오행五行은 목木과 화火가 먼저이고	行首木火
다음에 토土와 금金과 수水이네.	土而金水
이利가 아니고 금金이 아니면	不利不金
조화를 일으킬 수 없네.	造化無紀

이미 하나가 있으면	旣有一焉
둘이 없을 수 없고	不得無二
이미 둘이 있으면	旣有二焉
넷이 없을 수 없네.	不得無四
둘은 하나에서 나왔으니	二出於一
그 근본은 하나이며	其本則一
넷은 둘에서 나왔으니	四出於二
둘이 어찌 다하겠는가?	二焉何畢
이치가 본래 이와 같으니	理自如是
어찌 인위人爲에서 나왔겠는가?	豈由人出
지혜가 여기에 미치면	知及乎此
이 역易의 이치를 알리라.	知有是易

성은 따르고 변하나	性從而革
너의 덕은 한결같고	爾德則一
질은 강하면서도 유하니	質剛而柔
너의 도는 중도中道이다.	爾道則中
네 도를 행하고 네 덕을 간직하니	道爾道德爾德
바로 내가 간직하고 있는 진리이네.	卽我所秉之彝

80을 훌쩍 넘어선 나이에도 도덕에의 지향을 더욱 굳게 다짐하였던 것이다. 그러나 이렇게 어려서부터 기약한 도덕사업에의 열정을 여전히 불태우면서도 여헌은 자신의 운명을 예감하고 있었다. 그래서 이해 4월에 접어들어 하늘을 우러러보고 땅을 살피며 길흉을 점쳤다.

한 해 전 여름과 가을이 교차할 무렵, 태백성太白星이 하늘에 뻗쳐서 천상天象의 변고가 여러 번 나타나자 여헌은 『주역』을 펼쳐 점을 쳤고, 나라에 큰 변란이 생길 것을 예감하였다. 실제로 얼마 지나지 않은 겨울에 이르러 병자호란이 발발하였다. 마찬가지로 입암으로 거처를 옮겨 한 달이 지날 무렵에 여헌은 하늘과 땅의 조짐을 살핀 후 자신에게 닥쳐올 운명을 예감하였다. 그리고 문인들에게 일찍이 짜 두었던 베를 내어 주며 심의深衣를 만들도록 명하였다.

심의를 만들라고 한 지 한 달이 채 지나지 않은 8월에 여헌은 병으로 자리에 눕고 말았다. 평소 지병이 있던 터라 주위의 문인들은 곧 쾌차할 것이라 기대했다. 하지만 여헌의 병세는 더욱 악화되어, 의원이 다녀가고 온갖 약을 다 써 보았지만 백약이 무효였다. 그의 병세가 알려지자 문인들이 속속 입암으로 모여들기 시작하였다. 악화되어 가는 병환 속에서도 여헌은 문인들에게 다음과 같이 당부하였다.

우리 유가儒家의 학문은 마음에 근본하고 몸에 닦아서 물 뿌리고 청소함으로부터 천명天命을 앎에 이르고 격물格物·치지致知로부터 독공篤恭에 이르는 것이다. 그 사이의 큰 절목節目은 어버이를 섬기고 형을 공경하며 군주에게 충성하고 어른을 공경함에 있어 십분 합당하고 좋은 도리를 행하여 위로 올라감에 불과할 뿐 별달리 특별한 방법이 없다. 제군들은 노부老夫가 살아 있지 않다 하더라고 소홀히 하지 말고 내 장차 죽을 때의 말을 몸소 실천하여라.

죽음을 목전에 두고서도 문인들에게 유자로서의 책임을 다할 것을 주문한 것이다. 숨이 가빠오는 중에도 여헌은 가장 아끼던 어린 제자 장학張㷉이 눈에 밟혔다. 이때 장학은 일 때문에 한양에 가 있었는데, 주변 문인들에게 여헌은 수시로 "학이 왔느냐?"고 물었다. 병석에 누운 지 20여 일이 지난 9월 6일, 입암에는 천둥이 치고 거센 비가 내려 산이 무너지는 변고가 생겼다. 다음날 아침에는 하늘이 캄캄해지고 거센 바람이 몰아쳤는데, 여헌의 위중함을 들은 장학이 길을 재촉하여 마침내 입암에 도착하였다. 그가 누워 있는 여헌의 손을 잡자 여헌은, 사랑스러운 어린 제자에게 "과감하면서도 돈독하게 임하라"(夫夫敦臨)라는 말을 남기고 영면하였다. 84세의 나이로 입암정사의 만욱재晩勖齋에서 고요히 숨을 거둔 것이었다. 그가 영면한 만욱재의 좌우 벽에는 그가 마지막까지 마음을 다스리며 도덕사업에 매진하고자 하는 뜻을 담아 적은 「좌벽제성座壁題省」 만이 덩그러니 걸려 있을 뿐이었다.

추모의 열기 속에 여러 서원에 위패가 봉안되다

여헌의 영면 소식은 곧바로 조정에 알려졌다. 인조는 여헌의 부음을 접하자 "장현광은 바르고 어질고 겸손하고 검소하여 옛사람의 풍도가 있었는데, 이제 문득 졸하니 내 매우 슬프다"라며 밀려오는 애통함을 표시하였고, 당시 주관하던 조회마저 중지시켰다. 그리고 "그 장례에 필요한 물품과 묘를 만드는 데 필요한 군졸을 마땅하게 헤아려서 공급하여 나의 뜻을 표현하도록 하라"라고 경상감사에게 명을 내렸다.

여헌의 사망 소식이 퍼져 나가게 됨에 따라 이곳저곳에 그를 추모하는 빈소가 차려졌다. 한양에는 문인 권도權濤(1575~1644)가 주도하여 사대부들과 함께 빈소를 설치하였는데, 한양에 있던 문인뿐만 아니라 조정의 여러 대신들까지도 모두 이곳을 찾아 곡을 하고 조의를 표하였다. 이때 조문객의 명단은 인동의 여헌 본가에 보내졌다.

이해 10월에 발인發靭이 진행되어, 여헌의 시신을 실은 운구 행렬이 입암을 출발하여 인동으로 돌아왔다. 이때 호상護喪하는 선비가 무려 5백여 명이 넘을 정도로 운구 행렬은 기나긴 대오를 이루었다. 그리고 11월에 이르러 인조가 홍문관수찬 유철兪㯙(1606~1671)을 보내어 사제賜祭하였다. 인조는 제문을 통해 "내가 그리워하는 생각은 끊임이 없었습니다. 그래서 멀리 시골에 가 있어도 기둥과 반석처럼 의지가 되고 마음이 든든하였습니다. 멀지 않아 정성으로 모셔다가 여러 신하들의 본보기가 되게 하려 하였는데, 야속하게도 기어이 떠나셨습니다"라며 여헌의 죽음을 다시 한 번 애도하였다.

12월 초, 여헌은 금오산 동쪽 기슭인 오산吳山(현재 경상북도 구미시 오태동)의 양지바른 언덕에 묻혔다. 조선 유학의 영원한 사표인 길재의 묘로부터 멀지 않은 곳이었다. 이날 진행된 여헌의 장례에는 3백여 명의 문인들과 인근 지역의 사림들이 참석하였다.

여헌의 장례 이후 아들 응일은 법도대로 시묘살이를 경건하게 하였으며, 인조 17년(1639) 12월에 무사히 삼년상을 마쳤다. 삼년상이 끝나갈 무렵 문인들은 여헌의 위패를 봉안하는 문제를 논의하였고, 삼년상을 마치자마자 장경우가 주도하고 조임도가 봉안문을 작성하여 길재를 모신 오산서원에 여헌의 위패를 봉안하였다. 이로부터 3년이 지난 인조 20년(1624)에는 영양의 선비들이 조정에 청하여 정몽주를 모시는 임고서원에 여헌을 배향하였다. 그리고 같은 해 성주의 여러 선비들도 정자와 주자의 위패를 모신 천곡서원에 여헌의 위패를 종향하였으며, 이때 선산의 유림들도 여헌의 위패를 금오서원에 봉안하였다.

이렇듯 여헌의 위패가 선현들을 주향으로 하는 서원에 잇달아 봉안되자 문인들 사이에서는 여헌을 주향으로 하는 서원이 없음을 안타깝게 여기는 분위기가 조성되었다. 이러한 분위기 속에서 문인들은 여헌이 오랫동안 머물며 강론을 펼쳤던 부지암에 서원을 건립하기로 의견을 모았다. 그리고 효종 5년(1654) 3월에 이르러 부지암에 서원을 건립하기 시작하였다. 이미 강론을 펼쳤던 강당과 재실에 덧붙여 사당을 건립하기 시작한 것이다. 사당 건립 작업은 순조롭게 진행되어 같은 해 9월에 낙성되었고, 이로써 여헌을 주향으로 하는 '부지암서원'이 마련되어 여헌의 위패가 봉안되었다.

이렇게 조성된 부지암서원은 숙종 2년(1676)에 '동락서원東洛書院'으로 사액되었다. 동락이란 '동국 즉 우리나라의 이락伊洛'이라는 의미였다. 이락이란 정호와 정이 형제가 강학하던 이천伊川과 낙양洛陽을 지칭하는 것으로, 주자가 이러한 이정 형제의 학통을 이었다고 하여 정주학을 의미하는 것으로 이해된다. 이러한 점에서 동락은 우리나라의 정주학을 꽃피운 곳이자 앞으로 꽃피울 곳이라는 의미였다.

여헌을 주향으로 하는 부지암서원이 낙성되자 이어서 영양의 선비들은 여헌이 강학하고 죽음을 맞이한 입암정사에 여헌을 주향으로 하는 입암서원을 건립하여 위패를 봉안하였다. 이때가 효종 8년(1657)이었는데, 같은 때에 의성의 사림들도 김안국·이언적·김성일·유성룡 등 여러 선현의 위패를 모신 빙산서원에 여헌의 위패를 봉안하고 여헌의 학덕을 기렸다. 이 밖에도 숙종 2년(1676)에 이황과 김성일의 학덕을 기리는 청송의 송학서원에 여헌의 위패가 배향되었다.

이처럼 여헌 사후에 경상 지역에서는 그의 학문과 덕행을 기리는 활동들이 줄을 이었다. 여헌의 위패를 주향으로 모시거나 배향한 서원이 부지암서원을 비롯하여 8곳에 이를 정도로 그의 학문과 사상은 높게 평가받았고, 이를 계승하고자 하는 의지 또한 그 깊이와 넓이를 더해 갔다.

한편, 여헌의 나이 80세 때 그려진 초상화도 주요 강학처에 나누어 봉안되었다. 여헌의 초상화는 문인 김응조가 선산부사로 재임하고 있을 때 화사畫師에게 청하여 그린 것이었다. 여헌 문인들은 여헌 사후에 선산 원당에 있는 원회당에 영당影堂을 마련해서 이 초상화를 영정影幀으로 꾸며 봉안하고, 부지암서원과 입암서원에도 각각 영정을 봉안하였다. 이 세 곳은 여헌의 핵심 강학처인 동시에 문인들의 회합 장소로도 자주 이용되었기 때문에 영정을 봉안한 것이었다. 영정을 봉안할 때 문인 김휴는 다음과 같이 「화상찬畫像贊」을 지어 올렸다.

마음은 이치를 간직하여	心涵乎理
달을 비추는 가을 물과 같고	貯月秋水
덕은 용모에 나타나	德發於容
온 방 안에 봄바람이었네.	滿室春風
태산泰山의 높음과 같아	如岳之喬
그 높음을 알 수 없고	莫知其高
바다에 임한 듯하여	如海是臨
그 깊음을 헤아릴 수 없노라.	莫測其深
행하고 감춤은 자신에게 있고	行藏在己
나아가고 물러감은 의리를 따랐으니	進退惟義
염계처럼 깨끗하고	濂溪灑落
소자처럼 안락하였네.	邵子安樂

당대의 산림학자, 영원한 스승으로 기억되다

여헌의 죽음은 문하의 문인들은 물론 조야의 여러 선비들에게 안타까움을 던져 주었다. 그리고 당시 조정은 물론 당대 학자들 사이에서도 여헌이 회자되었다. 물론 후대에 이르러서도 여헌에 대한 그리움과 존경의 뜻이 담긴 수많은 글과 조정에서의 찬사가 이어졌다.

여헌이 사망한 후 『인조실록』에는 다음과 같은 졸기卒記가 실렸다.

전 의정부 우참찬 장현광張顯光이 졸하였다. 장현광의 자字는 덕회德晦이고 본관은 인동仁同이다. 젊어서부터 과거공부를 하지 않고 성리性理의 학문에 전념하였다. 선조宣祖 때에 대신이 천거하여 여러 번 벼슬을 제수하였으나 부임하지 않았고, 또 고을 수령을 제수하자 비로소 명에 따랐으나 곧 버리고 돌아갔다. 반정한 처음에 상이 하교하기를 "국가가 유도儒道를 숭상하지 않으면 어떻게 다스리겠는 가?" 하고는 사헌부장령으로 징소徵召하였다. 한 해 안에 징소하는 명이 잇따르므로 드디어 조정에 나아가니, 상이 매우 후하게 예우하고 앞으로 크게 쓸 뜻이 있었으나 얼마 안 가서 상소하여 돌아가겠다고 청하였다. 그 뒤에 또 교자轎子를 타고 올라오게 하였는데, 여러 번 벼슬을 옮겨 대사헌이 되고 우참찬에 이르렀다. 정축년의 난 때에 영천永川 입암산立巖山 속으로 들어가서 졸하니, 향년 84세였다.

여헌 사후에 조정에서는 여헌의 학문을 높이 평가하였고, 그에 대한 예우에 관한 논의가 그치지 않았다. 인조 26년(1648) 10월 조정에서는 새로운 인재의 천거에 관한 일을 논의하면서 "장현광張顯光·김장생金長生의 문생과 자제들은 모두 선발하여 기용할 만합니다"라는 의견이 제시되었으며, 효종 6년(1655) 11월에 이르러 당시 지경연知經筵이었던 오준吳竣이 "고 신 장현광張顯光이 졸하였을 적에는 막 병란을 겪고 났을 때였으므로 포증襃贈의 은전이 지금까지도 미처 내리지 않았습니다"라고 아룀으로써 전례에 따라 여헌에게 숭정대부崇政大夫 의정부좌찬성議政府左贊成이 증직되었다.

얼마 지나지 않은 효종 8년(1657)에는 경연에 참여한 동지사同知事 홍명하洪命夏를 비롯한 여러 대신들이 여헌에게 시호諡號를 내려 줄 것을 청하였고, 이에 효종은 "장현광의 덕행은 세상이 모두 아는 바이니 비록 시장諡狀이 없더라도 특별히 시호를 내릴 수 있다"라고 하명한 후 이조좌랑吏曹佐郎 김수흥金壽興을 보내어 '문강文康'이라는 시호를 내렸다. 시호의 '문'은 도덕박문道德博聞을, '강'은 연원淵源이 유통流通함을 의미하는 것이었다. 보통 시호는 사후에 문생이나 유림 등이 해당 인물의 행장을 정리하고 시장을 작성한 후에 예조에 제출하면, 이것을 심의하여 국가의 제사나 시호를 관장하는 봉상시奉常寺에서 논의한 후 홍문관에서 시호를 정하는 것이 상례였다. 하지만 여헌은 이러한 절차 없이 효종의 명에 의해 시호가 내려졌으니, 파격적인 사례였다.

경종 대에 이르러서는 경상감사 조태억趙泰億이 영남의 인재를 등용해 줄 것을 청하는 상소에서 여헌의 학문과 도덕을 언급하면서 여헌의 자손에게 은전을 내릴 것을 건의하기도 하였다. 또 영조 10년(1734) 9월에 는 주강에서 영조 자신이 여헌의 학문을 언급하면서 "옛날 인조仁祖께서 장현광에게 효종의 학문에 대해 묻자 장현광이 대답하기를, '꾀가 많아 가르치기가 어렵습니다'라고 하였으니, 이 말이 어찌 순박하고 정직하지 않은가?"라며 여헌의 솔직하면서도 담대한 인품을 지적하였고, 이에 대해 시독관侍讀官을 맡았던 김약로金若魯는 "장현광의 순박하고 정직함뿐만 아니라, 성조聖祖의 정직함을 받아들이는 도량度量 또한 짐작할 수 있습니다"라고 평하기도 하였다.

이와 같이 인조 대 이후 조정에서는 조회와 경연을 비롯한 여러 자리에서 여헌에 대한 인물평이 오가며 그 학문과 도덕을 칭송하였고, 재야 사림들도 여러 상소문을 통해 여헌의 학문과 경륜을 높이 평가하였다. 영조 38년(1762) 10월, 사간 이헌묵李憲默을 사서司書에 제수할 당시의 영조의 말은 여헌이 얼마나 솔직담백하였는지를 짐작하게 한다.

영조가 사간 이헌묵을 사서에 제수하면서 말하였다.

"사간 이헌묵은 선정신(이언적을 가리킴)의 후예이다. 지금 많고 많은 일들 가운데 동궁의 강학講學보다 지나친 것이 없다. 강관講官은 처지를 생각하지 않을 수 없는데, 장현광의 연비어약鳶飛魚躍하는 방언方言은 매우 귀중하다. 이헌묵을 특별히 사서司書에 제수하라."

이어 영조는 이헌묵을 돌아보며 말하였다.

"동궁은 단지 한양 사람만을 보고 시골 사람을 보지 못했기에 특별히 너를 강관에 제수하는 것이니, 너도 또한 장현광처럼 방언을 쓰는 것이 좋겠다."

인조 대에 여헌은 세자에게 연비어약, 즉 "솔개는 날아 하늘에 이르고, 물고기는 연못에서 뛴다"를 "소리개는 하늘에서 비잉비잉 돌고, 물괴기는 펄떠궁펄떠궁 뛴다"라고 경상도 사투리를 써 가며 실감나게 가르쳤는데, 이때 세자는 서울말이 아닌 사투리를 처음 듣고 궁중 이외의 바깥 견문을 넓히는 계기를 가졌다. 영조는 이러한 여헌의 일화를 소개하며 같은 경상도 출신인 이헌묵에게 세자 교육에 만전을 기할 것을 주문하였던 것이다. 이렇듯 여헌은 짧은 입궐 기간 동안 적지 않은 일화를 남겼고, 그런 일화들은 궁중 사람들 사이에 입에서 입으로 전해졌다. 그리고 이러한 일화들은 여헌을 희화화하기는커녕 소신 있고 자존심 강한 학자로 각인시켰던 것이었다.

여헌이 사망하고 150여 년이 지난 정조 9년(1785) 9월에 안동의 유학幼學 김복건金復建이 김우옹의 서원에 대한 사액을 청하자 정조는 김우옹을 종향하는 청천서원晴川書院에 치제할 것을 명하면서 "나의 감회를 일으키는 자가 있으니, 문강공文康公 장현광이다. 그의 동락서원東洛書院에도 일체로 치제하게 하라"라는 명을 내렸다. 그리고 그해 2월 21일 친히 사제문賜祭文을 짓고 예조좌랑禮曹左郎 유경柳畊을 보내어 동락서원 사당의 여헌 영령에 고유하고 제사를 지내게 하였다.

우리나라의 추로는	我東鄒魯
실로 남기南紀이니	寔維南紀
진유가 많이 배출되어	眞儒蔚興
우리 도가 믿음이 있었네.	吾道有恃
드높으신 문강이여	卓乎文康
인리에서 우뚝이 탄생하였네.	挺生仁里
……	
염옹의 깨끗한 흉중이요	濂翁胸次
면재의 착실한 마음이었네.	勉齋心地
시골의 풍속 후덕하고 질박하였으며	鄕俗敦朴
사람들이 흥기하였다오.	士林興起
저 옛날 인묘께서는	粤在仁廟
자나 깨나 선비들을 생각하셨는데	寤寐儒士
첫 번째로 초빙에 응하여	首膺旌招
예우가 부지런하고 지극하였네.	禮遇勤摯
세 번 경연의 자리에 올라	三登經席
격언과 큰 의논을 드렸다오.	格言大議
왕께서는 높은 관직 제수하고	畀以崇秩
그대를 아름답게 여기신다고 말씀하였네.	王曰嘉爾
물러나와 처음의 뜻 이루니	退遂初服
백대에 청풍이 일었도다.	淸風百祀
내가 외람되이 즉위하니	逮予叨基
아득한 세상에 감회가 일도다.	曠世興思
어이하면 숙덕을 일으켜	曷起宿德
어려운 때를 구제할까	以濟艱否
저 서원을 바라보니	瞻彼院宇
낙동강이 끝없이 흐르니	洛波瀰瀰
높은 이름 우뚝하여	高名崒乎
영세토록 우러르네.	永世仰止
이에 예관을 보내어	玆遣禮官
제향을 올리노니	享以盉簋

어둡지 않은 영혼이여 　　　　　　　不昧惟靈

부디 이를 흠향하라. 　　　　　　　庶幾歆此

　정조 15년(1791) 3월에도 유생儒生 이용서李龍舒 등이 정구와 여헌의 문묘종사를 청하는 상소를 올리는 등 여헌의 학문을 추숭하려는 재야 사람의 논의가 활발하게 일어났다. 또한 고종 대에는 여헌의 문묘종사에 대한 상소가 경상도 유림은 물론 전라도 유림들에 의해서도 제출되는 등 여헌에 대한 추숭의식은 19세기에 접어들어서도 식을 줄을 몰랐다.

문집 발간을 통한 여헌학 계승 작업이 본격화되다

　여헌 사후 문집 발간은 아들 장응일에 의해 시작되었다. 여헌의 묘소 옆에서 시묘살이 하는 와중에도 응일은 바로 부친의 시문을 수습하기 시작하였다. 그는 인조 16년(1638) 봄부터 집에 있던 초고를 바탕으로 여헌의 유문遺文을 수집하여, 여헌 문인들과 함께 부지암정사에 모여 유문을 정리하고 교정하는 작업에 착수하였다. 그리고 이듬해부터는 교정을 마친 유문들을 지역별 문인들에게 부탁하여 하나씩 베끼는 작업에 들어갔다. 선산 지역의 사우들에게는 집에서 모은 유문을 베끼도록 요청하였으며, 영양의 문인들에게는 『역학도설』과 『성리설』 중 「경위설」을 베끼도록 부탁하였다. 이렇게 착실하게 문집 간행 준비를 해나가면서 장응일은 문인 조임도, 신열도 등과 함께 문집의 편차編次를 정하는 등 사전 작업에 만전을 기하였다.

　인조 18년(1640) 10월에 장응일은 마침 인동부사로 부임한 사우 김응조에게 문집 간행 작업을 요청하였고, 김응조는 기꺼이 문집 작업에 도움을 주겠다고 확약하였다. 김응조의 전폭적인 도움을 받게 되자 문집 간행 작업은 본격화하였고, 여러 문인들은 김응조의 도움에 찬사를 보내는 한편, 문집 간행 작업에 관심과 정성을 기울였다. 안응창은 경향 각처의 동문들에게 편지를 내어 문집 간행에 협조할 것을 강력히 촉구하였으며, 장경우·이주·노형필·박기朴愭·이여익李汝翊 등은 장응일과 서로 의견을 주고받으며 문집 간행에 힘을 보태었다.

이 과정에서 장응일은『평설』과『구설』등『문집』에 들어가지 않은 글들은 추후에『속집』으로 간행하기로 하고 인조 19년(1641)에 먼저 『성리설』을 간행해 놓았다가, 이듬해에『성리설』8권 6책과 원집原集 11권 6책으로 된『여헌선생문집』초간본을 목판으로 간행하였다.

문집 발간을 진행하면서 장응일은 여헌이 글로 남긴 저술 이외에 여헌의 언행에 주목하였다. 그는 80이 넘도록 문인들과 주변 인사들에게 도덕의 수범자로서 보여 주었던 여헌의 인품과 행실을 그대로 기억 속에 묻어 두기에는 너무도 안타깝다고 생각하였다. 그래서 장응일은 문인들 가운데 여헌과 남다른 관계를 유지하며 학통을 이었던 여러 제자들에게 여헌이 사망한 후 바로 편지를 보내어 여헌의 언행록을 정리해 줄 것을 요청하였다.

> 그대가 우리 선인을 흠모하고 애열愛悅함이 여느 사람에 비할 바가 아님을 제가 잘 알고 있습니다. 평소에 문하를 출입하면서 어찌 한두 가지라도 듣고 본 것이 없었겠습니까? 듣고 본 대로 기록하여 편지로 부쳐 주시기를 삼가 바라옵니다.

장응일로부터 위와 같은 내용의 편지를 받은 조임도는 2년 뒤인 인조 17년(1639)에 「취정록就正錄」이라는 제하에 여헌의 언행록을 적어 보내 주었다. 이 언행록을 받은 장응일은 보내온 언행록의 자구 몇

개를 수정하여 편집할 것이라는 것을 알리며 고마움을 담아 답장을 보내었다. 이렇게 장응일이 편지를 통해 문인들에게 여헌의 언행록을 요청하자, 16명에 이르는 문인들이 「취정록」(조임도), 「배문록拜門錄」(신열도), 「문견록聞見錄」(신급), 「기문록記聞錄」(장내범, 이언영, 박길웅, 장경우, 정극후), 「경모록敬慕錄」(김휴), 「언행일록략言行日錄略」(조준도), 「경원록景遠錄」(김경장, 최린, 이주, 장해, 장학, 권봉)이라는 제하에 여헌의 언행록을 작성하여 보내왔다. 장응일은 조임도의 「취정록」과 마찬가지로 여러 문인들이 보내온 내용을 약간 교정하고, 아울러 자신도 여헌에게서 직접 들은 이야기, 어머니와 누이, 그리고 고모 및 여러 어른들에게서 들은 여헌에 대한 이야기를 정리하여 「추정록檍庭錄」이라 명명하였다. 이렇게 정리된 여헌의 언행록은 부록 2권으로 문집에 붙여서 간행되었다.

한편, 문집 초간 때에 미루어졌던 속집의 간행은 『여헌선생문집』의 중간重刊 작업과 함께 진행되었다. 19세기 순조 연간에 진행된 중간 작업에서는 『여헌선생문집』의 수정 작업이 먼저 이루어졌다. 문집의 수정 편찬 작업은 당초 문집에 수록되었던 『성리설』을 제외시키고 편차를 당초의 11권에서 13권으로 재편집하는 선에서 마무리되었다. 이때 문집의 권1에 실렸던 시 1편이 교체되는 것이 내용 변화의 전부일 정도로 내용이나 체제의 큰 변화는 없었다. 장응일이 속집 발간을 기약하고 정리했던 유문은 시문 8권과 당초 부록 2권으로 결실을 맺었던 여헌의 언행록이 합해져서 『여헌선생속집』으로 편집 간행되었는데, 속집 10권에는 문집에 실리지 않았던 「정종조 사제문」이 추가되었다. 중간본 또한 초간본과 마찬가지로 목판으로 간행되었다.

초간본과 중간본이 발간된 이후 1924년에 이르러 여헌의 11대손 장기상張基相은 문집 중간 당시의 속집을 보완하는 의미에서 활자로 속부록續附錄을 간행하였는데, 여기에는 속집에서 누락되었던 인조의 사제문과 허목의 제문 등 3백 편의 글이 실려 있다.

한편, 3권 1책에 이르는 『연보年譜』도 간행되었다. 이미 문집을 처음 간행할 당시부터 연보의 편정編定에 관해 적지 않은 의론이 있었지만 완성을 보지 못하였다가, 순조 연간 이후 속집을 발간하기 이전에 『연보』을 마무리하여 간행된 것이었다. 『연보』에는 『속집』에 실린 「정종 조 사제문」도 실렸다.

여헌의 행장은 귀암歸巖 이원정李元禎(1622~1680)이 찬술하였다. 여헌과 학문적 교유가 깊었던 석담石潭 이윤우李潤雨(1569~1634)의 손자이기도 한 그는 숙종 대에 접어들어 대사간, 형조판서 등 중요 직책을 맡고 있으면 서 여헌의 행장 찬술에 착수하여 여헌의 생애와 학문을 규모 있게 정리하였다. 그는 행장의 말미에 여헌과 자신의 가문 및 자신과의 깊은 인연을 소개하면서 "그의 아름다운 덕과 큰 사업은 멸렬滅裂한 후학이 감히 그 가운데 한두 개라도 형용할 수 있는 것은 아니나 다른 사람들의 이목耳目으로부터 얻어들은 것은 있었다. 이에 삼가 가승家乘을 참고하여 차례로 서술해서 사관史官이 채택할 것에 대비하였다"라며 여헌의 학덕을 높이 평가하였다.

여헌의 신도비神道碑는 여헌이 사망한 지 99년이 지난 영조 12년(1736)에 동락서원 내의 중정당中正堂 서쪽에 세워졌다. 비문은 미수眉叟 허목許穆 (1595~1682)이 비석을 세우기 전에 미리 작성한 것이었다. 허목은 신도비명 神道碑銘을 작성하면서 "넓게 학문을 연구하고 온갖 덕을 고루 갖추어, 가까이는 인간의 마음과 윤리에 내재하는 법칙에서부터 멀리는 모든 사물이 지니고 있는 이치에 이르기까지, 그리고 더 나아가 소리도 없고 냄새도 없는 상천上天에 이르기까지 궁구하지 않은 것이 없었다"라 고 여헌 학문의 광대함을 평가한 후, 다음과 같이 명銘을 작성하였다.

널리 통달한 학문과	博達之學
남을 이롭게 하는 어진 성품과	利物之仁
깊고 두터운 덕을 갖추시니,	深厚之德
학문은 깊고도 통달하고	邃而通
성품은 온화하고도 도타우며	和而敦
덕은 근엄하면서도 신중하도다.	儼而翼
오호라,	嗚呼
경중을 헤아려 판단하게 하고	可以權
사람들의 마음을 흥기하게 하며	可以動
남들의 본보기가 될 만하도다.	可以式

　이렇듯 여헌의 문집 발간과 행장 및 신도비명의 작성은 순조롭게 진행되었다. 그리고 후대 학자들의 여헌의 학문에 대한 관심은 두 차례에 걸친 문집 간행과 연보, 행장 등의 저술 등을 통해 구체화되었다.

　수다한 여헌 관련 저작들의 결실은 1983년, 인동장씨 남산파종친회南山派宗親會가 주축이 되어 편집 영인한, 중간본 원집 13권과 속집 10권, 연보 3권, 『성리설』, 『역학도설』, 『용사일기』, 「급문제현록及門諸賢錄」 등을 모두 합한 『여헌선생전서旅軒先生全書』로 이어졌다. 그리고 한국고전번역원의 주관 하에 한학자 성백효成百曉가 1996년부터 중간본 문집을 대본으로 번역 작업에 착수하여, 1999년에 원집 13권과 속집 10권에 대한 번역 작업을 마무리 지었다. 하지만 여헌의 학문과 사상을 이루는 핵심인 『성리설』과 『역학도설』은 아직도 번역의 손길을 기다리면서, 영인본으로 후손과 관련 학자들의 손에 남겨져 있다.

에필로그

    84년의 짧지 않은 삶의 여정을 통해 여헌은 불우한 시대와 마주하면서도 불굴의 신념을 바탕으로 조선 성리학의 한 획을 긋는 뛰어난 학문적 업적을 남겼다. 한국 성리학의 논의구조를 한 단계 뛰어넘은 그의 탁월한 학문적 성취는, 특히 역학 분야에서 이룬 결실은 당대는 물론 이후에도 범접하기 어려운 성과였다고 해도 과언이 아닐 정도였다.

    우리가 여헌의 삶을 주목하는 이유는 그가 남긴 뛰어난 학문적 업적과 성취 때문만이 아니다. 여헌은 전란의 와중에도 가족과 친지들을 돌보며 자신이 세운 학문의 목표를 향해 끊임없이 정진하였으며, 자신에게 맡겨진 책임을 완수하기 위해 명분이나 이익을 앞세우지도 않았다. 그는 전란 이후 혼란과 분열로 점철된 시대의 문제를 자신의 책임으로 자임하면서 쉼 없이 도덕적인 사회의 실현을 위해 노력하였다. 보은현감이나 의성현령 등 작은 외직을 맡았음에도 불구하고 그는 시대적 책무를 자신의 소임으로 받아들이고 불철주야 시대의 난제를 해결하는 데 온 정성을 다하였다. 광해군 대에 접어들어서는 정치와 거리를 두면서도 학문과 교육을 통해 도덕적인 이상사회를 구현하기 위한 토대를 마련하는 데 온 힘을 다 바쳤으며, 인조 대에는 산림학자로서 시대를 통찰하며 당대는 물론 미래를 위한 사업에 온 몸을 바쳤다. 이렇듯 여헌은 그의 학문적 결실에 앞서 그 결실을 맺어 가는 지난한 과정을 통해 우리에게 더없는 교훈을 주었다.

우리의 눈에 비친 여헌의 삶은 고단함 그 자체였다. 그의 호에서 드러나듯 '나그네'의 삶이 그의 전 생애를 관통하였다. 하지만 그가 자처한 '나그네'는 '집'(軒)이 있는 나그네였다. 광활하면서도 웅혼한 우주자연을 집으로 삼아 나그네처럼 인생을 살다간 이가 여헌이었다. 그래서 그는 이곳저곳을 떠돌아다니면서도 사대적 소명을 다하였기에 편안함을 느꼈고, 불행과 행복이 번갈아 찾아들어도 그것에 휘둘리지 않았다. 그에게는 우주가 하나의 집이기도 하였지만, 동시에 나그네인 자신의 마음, 진리를 향해 지칠 줄 모르고 자신을 올바른 방향으로 이끄는 '편안한 집'으로서의 마음이 그의 몸에 항상 자리하고 있었기 때문에, 여헌의 나그네 같은 삶은 스스로에게 편안한 삶이었다. 그래서 인간의 본질을 꿰뚫는 혜안慧眼을 통해 여헌은 자신의 삶을 그 누구에게도 부끄러움 없이 살다 갔다.

여헌의 부끄럼 없는 삶은 그가 보여 주었던 삶의 태도에서 여실히 드러났다. 그는 삶과 학문의 중심을 잡고 결코 기성의 가치관에 매몰되지 않았고 그것에 휩쓸리지도 않았다. 자신의 존재 근거에 대한 통찰을 통해 얻은 합당한 이치를 구체적인 삶 속에 용해시켰고, 그것을 몸으로 실천하였다. 부모에게 보였던 지극한 효성, 누이들에게 보여 준 돈독한 우애, 그리고 친족들과 어울려 화합의 장을 열었던 따뜻한 정은 오늘날에도 시사하는 바가 적지 않다. 더구나 자신에게 냉엄하면서도 남들에게는 너그러웠던 그는 자신의 태도를 미루어 제자들을 길러 내고 지역사회의 발전에 이바지하였다. 자기 자신으로부터 출발하여 가족과 사회, 나아가 국가와 천지만물에 이르기까지 올바른 가치를 세우고 실현하려는 그의 인생 역정은 참선비의 모습 그 자체였다.

물론 참선비의 모습을 보여 준 조선의 선비는 비단 여헌만이 아니다. 조선의 유학자를 상징하는 이황과 이이도 참선비의 길을 걸으면서 자기수양과 사회의 도덕 실현에 이바지하였다. 그리고 그의 문하에서 배출된 수많은 선비들도 그 같은 삶을 위해 부단히 노력하였다. 그래서 우리 유학사에는 벼슬에 연연하지 않고 현실 속에서 지식인의 역할을 묵묵히 수행한 참선비가 손으로 헤아릴 수 없을 정도로 많은 것이 사실이다.

그렇지만 안타깝게도 여헌을 비롯한 수많은 참선비들이 오롯이 걸어 온 진정한 삶의 길과 내용은 현대인들에게 잊히고만 과거의 유산일 뿐인 것이 오늘의 현실이다. 어린아이들이 읽는 위인전에서도 우리의 선비는 찾아보기 어렵고, 몇몇 교과서에 단편적으로 실린 선현들의 일화는 그저 흘러간 옛이야기에 불과해져 버린 것이 우리가 마주한 오늘의 현실이다. 과거 선현들이 남긴 뛰어난 지적 자산과 업적은 서양의 그것과 비교하여 그저 진부한 것, 아니면 시대에 맞지 않는 것으로 치부하는 것이 오늘의 지식인들이 보여 주는 행태이며, 심지어 선현들이 남긴 지적인 유산은 물론이거니와 유형의 자산이라도 발견하면 그저 경제적 잣대로만 취급하는 경향이 심심치 않게 발견되는 것이 작금의 모습이다. 현재의 삶을 부조리하게 이끌고 있는 적폐와 마주하면 그저 우리의 유교가 낳은 유산이라고 손가락질하면서 정작 우리의 참선비들이 보여 준 진정한 모습은 외면하려는 것이 우리에게 숨겨진 오늘의 모습이다.

하지만 우리의 정신적·지적·문화적 자산은 현대에도 가용성이 높은 전통의 유산이다. 그 속에는 인류가 진향해야 할 정신적 가치가 담겨 있고, 현재의 삶을 미래로 영속시킬 수 있는 힘이 내재되어 있으며, 긍정적인 미래를 가꾸어 나갈 수 있는 저력 또한 갖추어져 있다. 그래서 우리는 어려운 여건 속에서도 여헌과 같은 참선비의 삶과 학문의 여정을 다시 살핀 것이다.

우리가 짧지 않은 지면을 통해 살핀 여헌의 삶과 학문. 조선 성리학을 대표하는 이황과 이이의 그것과 비교해도 손색이 없는 그의 참된 인생 역정을 기억하는, 아니 살펴보려는 사람조차 그리 많지 않은 것이 오늘의 현실이다. 여헌은 그가 살았던 당시 여느 성리학자들처럼 자기 학설을 내세우려고 하지 않았으며, 문인제자를 통해 자신의 학문적 입장을 세상을 드러내려고도 하지 않았다. 여헌은 평생토록 자신의 학설을 내세우기보다는 우리의 학문이 지향하는 도덕세계를 위해 부단히 전진할 따름이었다. 이황보다도, 아니 이이보다도 더 많은 제자를 배출했음에도 불구하고 그의 제자 가운데 이후에 전개된 학설 논쟁에 뛰어들거나 혹은 정치적으로 입신하여 세력화한 제자가 단 한 사람도 없었다는 점을 통해, 우리는 여헌이 추구하는 학문의 목적이 학술 그 자체에 있었던 것이 아니라 도덕의 근거를 밝히고 인간이 실천해야 할 당위를 실천하려는 데 있었다는 점을 확인할 뿐이다.

우리에게는 지금 여헌이 남긴 수많은 저서들이 있다. 그의 저서에는 남들과 다른 학설을 세우고자 하는 욕망이 개재되어 있지 않다. 오직 그는 여러 저술을 통해 인간은 우주론적인 존재이고 도덕 실현의 주체라는 점을 강조하고, 인간으로서의 자존감과 삶의 가치를 회복해야 한다고 역설하였을 뿐이다. 우주자연의 원리에 대한 지칠 줄 모르는 열정이 빚어낸 도에 대한 자각, 그리고 이것을 근거로 능동적인 인간의 도덕 실천을 강조하고 이를 통해 인간으로서의 역할과 책임을 드러낸 것이 그가 제시한 학문의 요체였다. 그래서 그의 아들 장응일은 여헌이 사망하자 그의 수많은 저술을 모아 엮으면서 다음과 같이 술회하였다.

아! 선군이 저술하신 글에서 높은 도덕과 넓은 사업을 충분히 볼 수 있다. 도덕과 사업이 갖추어져 있는 자는 또한 말과 행실에 드러나게 마련이니, 또한 이 저술에서 충분히 선군의 순수한 말씀과 아름다운 행실을 알 수 있을 것이다. 그렇다면 이 글이 전해지면 도덕과 사업이 드러날 것이요, 도덕과 사업이 드러나면 말씀과 행실이 남아 있을 것이니, 진실로 따로 기록을 만들 필요가 없을 것이다.

학자의 양심에 의거해서 학자적 소신을 펼쳤던 여헌의 수많은 저작. 우리는 그의 생애를 통해 간취한 삶의 의미를 이제 그의 저술을 통해 하나씩 세밀하게 검토하고 음미해야 할 책무를 안게 된다. 그리고 그의 저작을 통해 음미하게 될 그의 학문세계는 오늘의 우리에게 또 다른 미래를 꿈꾸게 하는 자양분이 될 것이다.

부록 여헌 장현광 연보

1세(명종 9년, 1554)

– 인동부仁同府(현재의 경북 구미시) 인의방仁義坊에 있는 남산구제南山舊第에서 정월 22일 미시未時에 태어났다.

7세(명종 15년, 1560)

– 취학就學하였다.

8세(명종 16년, 1561)

– 6월에 부친상을 당하였다.

9세(명종 17년, 1562)

– 모부인의 명으로 일선一善(선산)에 있는 노수함盧守諴에게 배우러 갔다. 노수함은 선생의 매부이며 송당松堂 박영朴英(1471~1540)의 문인이다.

11세(명종 19년, 1564)

– 선생은 기상이 드넓고 컸으며 몸가짐이 보통사람들과 달랐다. 신당新堂 정붕鄭鵬(1467~1512)의 아들인 정각鄭慤이 노수함의 집에 왔다가 선생을 보고 기이하게 여기며 말하기를 "내 평생 이런 아이를 본 적이 없으니 장차 반드시 세상에서 뛰어난 인물이 될 것이다" 하였다. 그리고 선생에게 말하기를 "내가 무엇을 너에게 선물할까?" 하니 노수성이 장난삼아 "진실로 선물을 주고 싶다면 비록 타고 온 말이라도 좋을 것이다" 하였더니, 정각이 집에 돌아가 곧바로 말을 보내 왔다. 선생은 사례하고 말을 돌려보냈다.

14세(명종 22년, 1567)

– 집안의 어른인 장순張岣에게 나아가 배웠다.

16세(선조 2년, 1569)

– 선생이 일찍이 말하기를 "내가 15~6세 때에 선생의 책상 위에 책자 하나가 있는 것을 보았는데, 곧 『성리대전性理大全』 「황극경세皇極經世」편이었다. 그것을 살펴보니 마음에 깨닫는 바가 있는 것 같아 읽기를 청하였는데, 이로부터 전적으로 스승에게 나아가지 않았다"라고 하였다.

18세(선조 4년, 1571)

– 『우주요괄宇宙要括』을 지었다.

- 선생이 집안사람들에게 건의하여 매월 삭망에 모두 종가宗家에 모여 사당에 참배하게 하고, 또 자제들을 모아 강독제술講讀製述하는 것을 매년 상례로 하게 하였다.

20세(선조 6년, 1573)
- 관례冠禮를 행하였다.

21세(선조 7년, 1574)
- 안동의 하과夏課에 나아갔다.
- 그 전에 청도의 하과에 나아갔는데, 시제試題가 "운무를 활짝 걷고 푸른 하늘을 본다"(豁開雲霧見靑天)였으니 그것은 안자顔子의 공부에 탁이卓爾함이 있다는 뜻이었다. 선생의 답 가운데 "하늘은 보았으나 아직 하늘에 도달하지 못하였다"(見天而未到于天)라는 구절이 있었는데, 고관들이 칭찬하기를 "이것은 속유俗儒들의 구이지학口耳之學이 아니다"라고 하였다.

23세(선조 9년, 1576)
- 학업에 몰두하여 침식을 잊는 지경에 이르렀다.
- 조정에서 군읍郡邑에 재행才行이 탁이卓異한 자를 천거하라는 명이 있자, 선생이 선출되었다.

26세(선조 12년, 1579)
- 청주정씨淸州鄭氏에게 장가들어 친영례親迎禮를 행하였다. [부인은 판서에 증직된 정괄鄭适의 딸이다. 이때 판서공은 이미 돌아가셨고 부인의 계부季父인 한강寒岡선생이 그 예를 주관하였다.]

28세(선조 14년, 1581)
- 향시鄕試와 해시解試 두 시험에 급제하였다.

30세(선조 16년, 1583)
- 봄에 향시별거鄕試別擧에 급제하고, 가을에 서울에서 행하는 시험을 보러 길을 떠났다. [충주에서 배를 타고 갔는데, 위태로운 여울을 만나 배가 부서지고 노가 달아나 앞일을 예측할 수 없는 상황이 되어 배에 탄 사람들이 모두 넋이 나갔으나 선생이 홀로 꼼짝 않고 앉아 동요하지 않으니, 사람들이 그 정력定力에 탄복하였다.]

32세(선조 18년, 1585)
- 7월에 부인 정씨가 졸했다.

37세(선조 23년, 1590)
- 충순위忠順衛 송정宋淨의 딸 야로송씨冶爐宋氏에게 장가들었다.

38세(선조 24년, 1591)
- 10월에 모친상을 당하였다. 12월에 판서공의 묘 왼쪽에 부장附葬하였다. [『상제수록喪制手錄』이 있다.]
- 겨울에 전옥서참봉典獄署參奉에 제수되었으나 상중이므로 나아가지 않았다.

39세(선조 25년, 1592)
- 임란이 일어나자 4월에 왜구를 피하여 금오산金烏山으로 피난하였다.

40세(선조 26년, 1593)
- 가을에 가야산으로부터 와서 선조들의 무덤에 성묘하였다.
- 10월에 자형 임이중任而重의 집이 있는 문소聞韶(지금의 문경)의 구지산龜智山에서 대상을 지내고 12월에 복을 벗었다.

41세(선조 27년, 1594)
- 봄에 예빈시참봉禮賓寺參奉에 제수되었으나 나아가지 않았다.
- 여름에 풍기로 가서 소백산에 머무르며 백운암에서 『역경』을 전사傳寫하였고, 백운동서원을 방문하였다.
- 가을에 제릉참봉에 제수되었으나 나아가지 않았다.
- 『평설平說』을 지었다.

42세(선조 28년, 1595)
- 가을에 보은현감報恩縣監에 제수되었다.
- 「관물부觀物賦」를 지었다.

43세(선조 29년, 1596)
- 2월에 또 세 번 병으로 사직을 청하고, 회답을 기다리지 않고 돌아와 일선선산의 고곡古谷에 있는 친구 박수일朴遂一의 집에 머물렀다.

- 3월에 관직을 마음대로 버리고 갔다는 죄목으로 의금부로 잡아들이라는
  명이 있었다. [경연관이 계계啓를 올려 잡아다 국문하는 것은 선비를 대하는 도가 아니라고
  하였으며, 순안어사巡按御史 이시발李時發도 이미 먼저 계사를 올렸으므로, 국문함에 이르러
  다 용서한다는 왕명이 있었다.]
- 여름에 영양永陽(현재의 영천)의 입암으로 찾아갔다.
- 가을에 여씨呂氏 집안으로 시집간 누이의 장례를 치렀다.

44세(선조 30년, 1597)
- 봄에 적을 피하여 청송靑松의 속곡涑谷으로 들어갔다.
- 송생松生으로 가서 대암大庵 박성朴惺을 방문하였다. 박성은 선생과 도의지교道義
  之交를 맺은 친구로서 먼저 적을 피해 여기에 들어와 있었는데, 선생이 매번
  서로 왕래하며 함께 수석水石 사이를 거닐었다.
- 가을에 주왕산을 유람하였는데, 유산록遊山錄이 있다.
- 「여헌설旅軒說」을 지었다.

45세(선조 31년, 1598)
- 봄에 봉화 도심촌道心村으로 옮겼다.
- 서애西厓 유성룡柳成龍(1542~1607)이 우거한 곳으로 가서 배알했다. 서애는 선생
  의 행의行誼에 대해 익히 들었으므로 경연에서 여러 번 천거하였는데, 난리
  중에 서로 만나봄에 이르러 선생이 조차전패造次顚沛의 사이에서도 행동거지가
  안상安詳한 것을 보고 기이하게 여겨 공경하였다. 그리고 아들 유진柳袗에게
  명하여 말하기를, "이 사람은 단정하고 확고하며 혼후渾厚하고 침잠沈潛하여
  뜻을 빼앗을 수 없고 도량의 크기를 엿볼 수 없으며 그를 대하면 사람으로
  하여금 심취하게 하니, 다른 날 세상에 이름을 떨칠 대유大儒가 되어 사도斯道의
  맹주가 될 자는 반드시 이 사람일 것이다" 하고 아들로 하여금 나아가 배우게
  하였다.

46세(선조 32년, 1599)
- 봄에 일선一善의 월파촌月波村으로 옮겼다. 옛집이 다 불타버려 돌아갈 수가
  없어서 생질인 노경임盧景任의 집에 함께 머무른 것이다.
- 겨울에 「혼의婚儀」를 찬정撰正하였다.

47세(선조 33년, 1600)

- 봄에 입암을 유람하고 옥산서원을 심방尋訪하였다.
- 흥해로 가서 바다를 구경하였다. 「관해부觀海賦」가 있다.

48세(선조 34년, 1601)

- 10월에 경서교정청낭청經書校正廳郎廳으로 불렀으나 병으로 사양하고 나아가지 않았다.
- 겨울에 인동으로 돌아와 송정동松亭洞에 있는 종질宗姪 장내범張乃範의 집에 우거하였다.
- 족계族稧를 편찬하고 약조約條를 정하였다.

49세(선조 35년, 1602)

- 2월에 거창현감居昌縣監에 제수되었으나 나아가지 않았다.
- 3월에 경서언해교정낭청經書諺解校正郎廳에 제수하고 역마를 타고 오라는 명이 있었으나, 선산에 이르러 병으로 나아가지 못했다.
- 7월에 청송의 초천椒泉에서 목욕하고 다시 주왕산을 유람하였다. 「동행편東行篇」이 있다.
- 9월에 다시 교정낭청으로 불렀으나 사양하고 나아가지 않았다.
- 11월에 공조좌랑에 제수되자 소명을 받고 나아가 『주역』 교정에 참여하였다.

50세(선조 36년, 1603)

- 2월에 용담현령龍潭縣令에 제수되었으나 부임하지 않았다.
- 9월에 의성현령義城縣令에 제수되어 부임하였다.

51세(선조 37년, 1604)

- 봄에 해직되어 일선 월파촌으로 돌아왔다. 선생이 의성현에 있을 때 문묘에 있는 대성大聖 이하의 세 개의 위판을 분실하였다. 선생은 이 변고를 듣고 놀라고 당황하여 포의布衣로 갈아입고 향교의 문 앞에 나아가 살펴보고는, 먼저 아전을 보내어 곧바로 감사에게 보고를 올리고 자신은 촌사村舍로 나가 대죄하며 위판位版을 만들어 봉안하였다. 그 뒤에 여러 번 스스로를 탄핵하는 소장을 올리고 집으로 돌아왔다.
- 이해에 순천군수에 제수되었으나 부임하지 않았다.

52세(선조 38년, 1605)

- 원당元堂에 작은 서재를 낙성하고 토신土神에게 제사지냈다. 생질 노경임이
  동지들과 의논하여 원당에 작은 서재를 짓고 월파촌으로부터 옮겨와서 거주하
  였는데, 그 집을 '원회당遠懷堂'이라 명명하였다.
- 사촌동생 현도顯道의 둘째아들 응일應一을 후사後嗣로 삼았다.

53세(선조 39년, 1606)

- 봄에 인동으로 돌아왔다. 모원당慕遠堂이 낙성되었다. 문인 장경우가 여러
  종인宗人들과 더불어 인동의 옛터에 조그마한 집을 지었는데, 선생이 모원당이
  라 이름지어 추원追遠의 뜻을 담았다.
- 가을에 입암의 만활당萬活堂이 낙성되었다.

54세(선조 40년, 1607)

- 한강寒岡 정구鄭逑와 함께 함안군의 낙동강 물가에 있는 용화산 아래에서
  배를 띄우고 놀았다. [이때 두 선생은 망우정忘憂亭으로 곽재우郭再祐를 방문하여 함께
  뱃놀이를 하였는데, 따르는 자가 30여 인이었다. 문인 조임도趙任道가 「동범록同泛錄」을 지어
  후세에 전하였다.]
- 여름에 금오산金烏山을 유람하였는데 「야은죽부冶隱竹賦」가 있다.

55세(선조 41년, 1608)

- 『역학도설』을 찬술하기 시작하였다.
- 가을에 합천군수에 제수되었으나 나아가지 않았다.

56세(광해군 원년, 1609)

- 봄에 6대조인 장령공掌令公의 묘를 보수하였다.

57세(광해군 2년, 1610)

- 7월에 사헌부지평에 제수되었으나 나아가지 않았다.
- 부지암정사不知巖精舍가 낙성되었다. 장경우가 고을의 선비들과 더불어 선생을
  위하여 지은 것이다.

58세(광해군 3년, 1611)

- 선산지역 향현鄕賢의 묘전의식墓奠儀式을 정하였다. [일선의 경계에 선현들의 묘가

있었는데, 원임院任으로 하여금 매년 초여름에 전례奠禮를 행하게 하였다. 고문告文이 있다.]

60세(광해군 5년, 1613)

– 오산서원의 봉안의식奉安儀式을 정하고 향례享禮에 참석하였다.

62세(광해군 7년, 1615)

– 「관의冠儀」를 정리하였다.

– 여름에 문인 정사진鄭四震 등과 더불어 부지암 아래에 배를 띄우고 뱃놀이를 하였다.

63세(광해군 8년, 1616)

– 하위지河緯地 선생의 묘갈명墓碣銘을 지었다.

66세(광해군 11년, 1619)

– 금오서원의 묘廟, 당堂, 재齋의 이름을 정하였다.

67세(광해군 12년, 1620)

– 정월에 한강 정구를 곡哭하였다.

68세(광해군 13년, 1621)

– 『경위설經緯說』을 지었다.

70세(인조 원년, 1623)

– 4월에 왕의 소지召旨가 있었다. 이달에 사헌부지평에 제수하고 또 따로 소지를 내렸다. 봉소封疏를 올리고 나아가지 않았다.

– 6월에 성균관사업成均館司業의 벼슬을 내렸는데, 왕의 소지召旨가 있었다. 아프다고 아뢰고 나아가지 않았다.

– 8월에 또 사헌부지평에 제수하였다. 길을 떠나 선산에 이르러 병을 핑계로 사직하였다.

– 9월에 또 병으로 나아갈 수 없다고 사양하였다. 이어 사헌부장령을 제수하였으나 병을 핑계로 사양하였다.

– 10월에 왕이 교지를 내려 거듭 불렀다.

– 윤10월에 또 소지召旨를 받았다. 봉소封疏를 써서 절하고 왕에게 보냈다.

71세(인조 2년, 1624)

- 2월 이괄의 난으로 왕이 공주로 피난하자 행재소로 갔는데, 또 장령의 벼슬을 내렸다.
- 3월 5일에 대궐에 나아가 숙배肅拜하고 자정전資政殿에서 왕을 면대面對하였다. 6일에 소를 올려 체직을 빌었으나 윤허하지 않았다. 13일에 대궐에 나아가 숙배하고 또 자정전에서 인대引對하였다. 대궐에서 나오자 왕이 술을 하사하였다. 14일에 정원政院에서 의원을 보내어 문질問疾하고 약을 조제하여 보낼 것을 계청啓請하였는데, 왕이 이대로 시행하게 하였다. 17일에 특별히 내의內醫를 보내어 병을 살피게 하고 약물을 하사하였다. 20일에 또 사직하는 상소를 올렸으나 왕이 윤허하지 않았다. 23일에 또 상소를 올려 통정대부의 품계를 사양하였다. 25일에 또 사직상소를 올렸다. 27일에 대궐에 나아가 숙배하였는데, 왕이 옥관자를 하사하시고 경연에 입시入侍하라는 명을 내렸다.
- 4월 5일에 원자元子가 사약司鑰*을 보내어 문안하였다. 9일에 또 대궐에 나아가 숙배하고 강학청講學廳에 나아가 원자를 배알拜謁하였다. 12일에 왕이 생선과 술을 하사하자 절하고 받았다. 13일에 글을 올려 돌아간다고 고하였다. 14일에 또 상소를 진술하여 돌아갈 것을 간절히 구하였다.
  * 궁문의 열쇠를 맡은 환관을 가리킴. 別監을 저희들끼리 높여 '사약'이라 불렀다.
- 7월에 본직本職이 체직遞職되지 않았으므로 소를 올려서 해직해 주기를 간청하였다.
- 8월에 이조참의에 제수되었으나 병으로 사양하였다.
- 10월에 또 소를 올려 체직되었다. 한강 정구의 행장을 찬술하였다.

72세(인조 3년, 1625)

- 8월에 승정원동부승지에 제수되었으나 병으로 사양하였는데, 왕이 교지를 내려 거듭 불렀다.
- 9월에 상경하는 길에 선산에 이르러서 낙마하여 다치게 되자 상소하여 사양하였다. 체직되어 용양위부호군龍驤衛副護軍에 제수되었다.

73세(인조 4년, 1626)

- 특명으로 이조참판에 제수되고 이어 소지召旨가 내려왔다.
- 4월 6일에 길을 떠나 19일에 대궐에 나아가 사은하고 21일에 사직소를 올렸다. 이날 사헌부대사헌으로 옮겨 제수하였다. 22일에 사양하는 글을 올렸으나 왕이 윤허하지 않았다. 23일에 다시 글을 올려 사양하였으나 왕이 윤허하지

않았다. 다시 세 번 사양하는 글을 올렸다.

- 5월 2일에 상소하여 사양하였으나 왕이 윤허하지 않았다. 4일에 또 상소하여 사양하였으나 왕이 윤허하지 않았다. 7일에 대궐에 나아가 숙배하고 곧 소를 올려 스스로 탄핵하였는데, 왕이 비답을 내리고 윤허하지 않았다. 또 세 번 사양하는 글을 올리자 부호군으로 옮겨 제수하였다. 17일에 교외로 나가 계운궁啓運宮 예장禮葬의 발인發靷이 지나가고 난 다음 돌아왔다. 27일에 글을 올려 돌아간다고 아뢰면서 '건극설建極說'을 진술하였다.

- 6월 1일에 소를 올려 서울에 머무를 수 없는 형세를 진술하였다. 탑전榻前에서 약물을 하사하시고 대궐에서 나오고 난 뒤 또 하사한 것이 있었다. 시강원侍講院으로 가서 세자를 배알하였다. 물러나자 세자도 또 내시에게 영을 내려 채색 비단 옷감 양단兩段*을 보내 주었다. 3일에 성을 나와 남쪽으로 돌아가는데, 가는 길에 말을 공급하여 호송하라는 왕명이 있었다.
  * 段은 緞과 같은 뜻으로 1단은 반 필이다.

- 한훤당寒暄堂 김굉필金宏弼의 신도비명神道碑銘을 찬술하였다.

74세(인조 5년, 1627)

- 정월에 왕이 본도의 감사에게 특별히 명하여 미찬米饌을 하사하였다.
- 특명으로 호소사號召使를 제수하였다.

75세(인조 6년, 1628)

- 3월에 이조참판에 제수되었는데, 소를 올려 여러 번 사양하여 체직되었다.
- 『만학요회晩學要會』를 지었다.
- 11월에 분황제焚黃祭를 행하였다.

76세(인조 7년, 1629)

- 4월에 특소特召의 교지가 있었다.
- 윤4월에 소를 올려 병으로 나아갈 수 없음을 진술하고 이어 왕에게 진언하였다.
- 또 소를 봉해 올리고 나아가지 않았다.
- 가을에 영양의 초천椒泉에서 목욕하고 입암으로 들어가 한 달 정도 머물렀다가 돌아왔다.
- 9월에 또 상소하여 진언하였다.
- 10월에 아들 응일應—이 과거에 급제하여 처음으로 벼슬한 것으로 인해 선생을

만나 뵈었는데, 선생은 공복公服을 입고 그를 만났다.

- 12월에 부인 송씨가 졸했다.
- 『오선생예설五先生禮說』의 발문跋文을 짓고, 동강 김우옹의 행장을 찬술하였다.

77세(인조 8년, 1630)

- 4월에 사헌부대사헌을 제수하였으나 병을 칭탁하고 사양하였다.
- 『역괘총설易卦總說』, 『구설究說』 등을 지었다.

78세(인조 9년, 1631)

- 「모령인사耄齡人事」 4조條를 좌벽座壁에 써 붙였다.
- 『우주설宇宙說』과 『답동문答童問』 등의 글을 지었다.
- 「청침추숭소請寢追崇疏」를 올려 인조가 생부를 추숭追崇하는 일을 비판하였다.

79세(인조 10년, 1632)

- 『태극설太極說』을 지었다.
- 3월에 사헌부대사헌에 제수되었으나 병을 칭탁하고 사양하였다.
- 6월에 인목왕후仁穆王后의 상이 났다는 소식을 듣고 금오서원에서 애도하고 6일 만에 성복成服하였다.
- 10월에 국장國葬에 참석하러 가려 하였으나 병으로 실행에 옮기지 못하고 드디어 소를 지어 올렸다.

80세(인조 11년, 1633)

- 10월에 구언求言의 교지로 인해 봉사封事를 올려 하늘의 견책을 두려워하여 몸을 닦아 반성하는 도를 극진하게 진술하고, 『주역』 64괘 가운데 진괘震卦가 위에 있거나 아래에 있는 16괘를 가지고 따로 한 책을 만들어 올렸다.
- 12월에 왕이 본도 감사에게 명하여 안부를 묻게 하고 음식물을 하사하였다.

81세(인조 12년, 1634)

- 정월에 소를 올리고, 겸하여 음식물을 하사한 것에 대해 사례하였다. 이달에 특별히 자헌대부의 품계로 높이고 중추부지사에 제수하였으나 소를 올려 사양하였다.
- 5월에 공조판서에 제수하고 이어 왕의 소지가 있었으나 소를 올려 사양하였다.

- 가을에 소를 올려 부묘祔廟하는 일을 논하였다.
- 11월에 종인宗人들을 이끌고 종손 장경우의 집에서 시조始祖의 제사를 지냈다.
- 『도서발휘圖書發揮』를 저술하였다.

82세(인조 13년, 1635)

- 5월에 의정부우참찬에 제수되었으나 병을 핑계로 사양하였다.
- 가을에 인동향교를 이안移安하는 의식을 고정考定하였다.
- 12월에 인열왕후仁烈王后의 부음을 듣고 부지암에서 애도하고 6일 만에 성복成服하였다.
- 제석除夕에 잠경지사箴警之辭를 써서 자손들에게 보였다.

83세(인조 14년, 1636)

- 정월에 향교에 가서 성묘聖廟에 배알하였다.
- 4월에 오산서원으로 가서 국장의 발인일發靷日과 현궁玄宮에 하관하는 날에 모두 망곡례望哭禮를 행하였다.
- 7월에 특소特召의 교지가 있었다.
- 8월에 비답이 내려왔다.
- 12월에 청병淸兵이 갑자기 한양을 침략하여 대가大駕가 남한산성으로 피하였다는 소식을 듣고 열읍列邑에 통유通諭하여 의병을 일으켰다.

84세(인조 15년, 1637)

- 2월에 전란 중에 향학鄕學에서 석전釋奠을 행해야 하는가에 대한 유생의 질문에 답하였다. 남한산성의 포위가 풀려 대가가 성을 나섰다는 소식을 듣고 선조들의 묘소에 작별인사를 하고 집에서 나와 명적사明寂寺에 우거하였다.
- 3월에 영양의 입암으로 들어갔다.
  여름에 또 골짜기 안에 있는 바위와 골짜기의 이름을 정하였다. 「이철명二鐵銘」과 「좌벽제성座壁題省」을 지었다. 소강절의 「사사음四事吟」을 직접 써서 벽에 걸었다.
- 4월에 길흉을 점쳤다.
- 7월에 문인에게 명하여 심의深衣를 만들게 하였다.
- 8월 15일 경신일庚申日에 병으로 자리에 누웠다. 족손 장학張㷀이 과거를 보러 가서 돌아오지 않았는데, 선생이 날마다 그가 왔는지를 물으시고, 그가 돌아오

자 손을 잡고 영결하였다.

- 9월 7일 임신일壬申日에 만욱재晩勗齋에서 임종하였다. 부음을 듣자 왕이 매우 슬퍼하시고 조회를 중지하였으며 본도에 교지를 내려 장례에 필요한 물품을 보내주게 하였다.
- 10월 을미일乙未日에 발인하여 고산故山으로 돌아왔는데, 호상護喪하는 자가 오백여 인이었다.
- 11월에 왕이 홍문관수찬弘文館修撰 유철兪撤을 보내어 사제賜祭하였다.
- 12월 을유일에 금오산 동쪽기슭인 오산吳山의 유좌酉坐 묘향卯向의 언덕에 장사지냈다. 장례식에 참석한 사람은 삼백여 인이었다.

인조 17년(1639)

- 12월에 선생의 위판位을 오산서원의 야은冶隱 길재吉再의 사당에 봉안하였다.

인조 20년(1642)

- 영천의 선비들이 조정에 청하여 선생을 임고서원臨皐書院의 포은圃隱 정몽주鄭夢周의 사당에 배향하였다.
- 성주의 선비들도 조정에 청하여 선생을 천곡서원川谷書院의 정주程朱 이선생二先生의 사당에 종사從祀하였다.
- 선산의 선비들이 선생의 위판을 금오서원에 봉안하고, 영정影幀을 원당에 봉안하였다. 문생門生 김응조金應祖가 전에 선산부사가 되었을 때 화사畵師에게 청하여 초상화를 그리게 하였는데, 이것과 신위神位를 원당과 부지암, 그리고 입암에 나누어 봉안한 것이다.

효종 5년(1654)

- 3월에 부지암에 서원을 건립하였다. 부지암은 선생이 도를 강론하던 곳인데, 따로 사묘祠廟(사당)를 건립한 것이다.

효종 6년(1655)

- 특별히 숭정대부의정부좌찬성을 증직贈職하였다.
- 9월에 부지암서원이 낙성되어 위판을 봉안하였다.

효종 8년(1657)

- 대광보국숭록대부의정부영의정大匡輔國崇祿大夫議政府領議政 겸兼 영경연홍문관

예문관춘추관관상감사領經筵弘文館藝文館春秋館觀象監事 세자사世子師를 더하였다.

- 경연의 신하들이 다시 시호諡號를 내려줄 것을 청하자 왕이 특별히 하교하고, 이조좌랑 김수흥金壽興을 보내어 시호를 내려 '문강文康'이라 하였다.
- 영천의 선비들이 입암서원을 건립하여 선생의 위판을 봉안하였다.
- 의성의 선비들이 선생의 위판을 빙산서원氷山書院에 봉안하였다.

숙종 2년(1676)

- 청송의 선비들이 송학서원에 선생의 위판을 봉안하였다.
- 부지암서원이 동락서원東洛書院으로 사액賜額되었다. '동락東洛'이란 동국東國의 이락伊洛이란 뜻이다.

참고 문헌

1. 여헌선생 저술 및 번역본

張顯光, 『여헌선생전서旅軒先生全書』, 인동장씨남산파종친회, 1983.

張顯光, 『여헌집旅軒集』(한국문집총간 60), 민족문화추진회, 1990.

성백효 역, 『국역 여헌집』 I ~Ⅳ, 민족문화추진회, 1996~1999.

張顯光, 『역학도설易學圖說』, 여헌학연구회, 2007.

장숙필 외 옮김, 『원전으로 읽는 여헌학 – 여헌선역집』, 예문서원, 2016.

2. 단행본

고려대학교 민족문화연구원 한국사상연구소 편, 『여헌 장현광의 학문세계: 우주와 인간』, 예문서원, 2004.

_____, 『여헌 장현광의 학문세계 2: 자연과 인간』, 예문서원, 2006.

_____, 『여헌 장현광의 학문세계 3: 태극론의 전개』, 예문서원, 2008.

_____, 『여헌 장현광의 학문세계 4: 여헌학의 전망과 계승』, 예문서원, 2012.

금오공과대학교 선주문화연구소 편, 『旅軒 張顯光의 學文과 思想』, 금오공과대학교 선주문화연구소, 1994.

_____, 『여헌학의 전개와 수용』, 보고사, 2010.

박병련·정만조·정순우·김학수·곽진, 『여헌 장현광 연구』, 태학사, 2009.

이종문, 『구미 여헌 장현광 종가-모원당 회화나무』, 예문서원, 2011.

장인채,『여헌 장현광 선생의 학문개관』, 여헌학연구회, 2004.

_____,『여헌 장현광 선생의 행록』, 여헌학연구회, 2005.

_____,『여헌 장현광 선생』, 도서출판 신우, 2014.

여헌학연구회 편,『여헌학의 이해 - 여헌 장현광의 학문과 사상』, 예문서원, 2015.

3. 학위논문

이희평,「旅軒 張顯光의 哲學思想 硏究 : 性理學을 중심으로」, 成均館大學校 大學院 박사학위논문, 2001.

전용훈,「朝鮮中期 儒學者의 天體와 宇宙에 대한 이해」, 서울대학교 대학원 석사학 위논문, 1991.

김태수,「조선시대 은거선비들의 산수경영과 이상향」, 고려대학교 대학원 박사 학위논문, 2009.

최정준,「旅軒 張顯光 易學思想의 哲學的 探究」, 성균관대학교 대학원 박사학위논 문, 2005.

4. 연구논문

권진호,「旅軒 張顯光의 文論 硏究」,『동양한문학연구』18, 2003.

김경호,「웰에이징 : 노년의 삶에 대한 여헌 장현광의 성찰」,『東洋古典硏究』 49, 2012.

김낙진,「旅軒 張顯光의 학문에 나타난 우주 사업과 心身의 문제」,『동양철학』 20, 2003.

_____,「張顯光의 理一元論과 善惡의 문제」,『南冥學硏究』10, 2000.

김동욱,「조선중기 은거선비의 집터와 별자리의 관계 - 장현광(1554~1637)의 「입암기」에 대해서」,『건축역사연구』10-2, 2001.

김용헌,「旅軒 張顯光의 성리설에 대한 재검토」,『동양철학』20, 2003.

_____,「여헌 장현광 성리설 연구의 쟁점과 과제」,『한국인물사연구』13, 2010.

_____,「여헌 장현광의 정치운영론과 성리설」,『한국인물사연구』21, 2014.

김학수, 「17세기 旅軒學派 형성과 학문적 성격의 재검토」, 『한국인물사연구』 13, 2010.

_____, 「17세기 영남학파의 정치적 분화 : 유성룡, 정경세 학맥과 정구, 장현광 학맥을 중심으로」, 『朝鮮時代史學報』 40, 2007.

박윤준, 「旅軒 張顯光의 立巖精舍연구 : <立巖記>, <文說>, <旅軒說>을 통해 본 이름 짓기의 건축적 의미에 대하여」, 『한국디지털건축인테리어학회 논문집』 6-2, 2006.

박학래, 「『海東文獻總錄』과 敬窩 金烋」, 『民族文化研究』 50, 2009.

_____, 「旅軒學의 實用的 面貌: 道德 實踐과 우리 文化에 대한 主體意識 彈調」, 『한국 인물사연구』 21, 2014.

_____, 「旅軒 張顯光의 文化意識과 그 實踐」, 『東洋古典研究』 49, 2012.

_____, 「旅軒 張顯光의 시대인식과 經世論」, 『유교사상문화연구』 22. 2005.

안세현, 「旅軒의 人文 精神과 散文의 系譜」, 『東洋古典研究』 41, 2010.

우응순, 「여헌 장현광의 문학연구 현황과 방향 모색」, 『한국인물사연구』 13, 2010.

우인수, 「旅軒 張顯光과 善山 地域의 退溪學脈」, 『퇴계학과 유교문화』 28, 2000.

유권종, 「旅軒 張顯光의 예학사상」, 『동양철학』 20, 2003.

_____, 「여헌 장현광 禮學思想 연구의 성찰과 전망」, 『한국인물사연구』 13, 2010.

_____, 「旅軒의 『易學圖說』의 禮관념」, 『東洋古典研究』 45, 2011.

유흔후, 「旅軒 張顯光 易學 研究의 성찰과 전망」, 『한국인물사연구』 14, 2010.

이영호, 「旅軒 經學의 特徵과 그 位相」, 『선주논총』 9-1, 2006.

장동우, 「旅軒 張顯光의 禮說과 禮學的 問題意識」, 『유교사상문화연구』 24, 2005.

장숙필, 「旅軒 張顯光의 中庸哲學」, 『유교사상문화연구』 22, 2005.

_____, 「여헌의 順天的 삶과 그 의미」, 『東洋古典研究』 45, 2011.

_____, 「여헌의 태극설에 나타난 도덕지향의식」, 『유교사상문화연구』 27, 2006.

장정수, 「설화에 나타난 旅軒 張顯光의 인물 형상」, 『東洋古典研究』 57, 2014.

최원석, 「旅軒 張顯光의 地理認識과 門人들의 地誌編纂 의의」, 『東洋古典研究』 49, 2012.

지은이 **박학래**朴鶴來

고려대학교 철학과를 졸업하고 동 대학교 대학
원에서 박사학위를 받았다. 현재 국립 군산대학
교 역사철학부 철학전공 교수로 있다. 주요 저서
로 『기정진 철학사상 연구』, 『기정진 – 한말 성리
학의 거유』, 『학문과 충절이 어우러진, 영천 지산
조호익 종가』, 『원전으로 읽는 여헌학 – 여헌선
역집』(공역) 등이 있고, 논문으로는 「노사 기정진
철학사상 연구 – 성리설을 중심으로」(박사학위
논문), 「여헌 장현광의 문화의식과 그 실천」, 「사
회관계망과 한국 유학 연구」 등이 있다.